萬善同歸集講義　上

萬善同歸集講義

——上

北宋　永明　延壽　著述

臺灣　釋性梵　講義

然觀　譯

황하의 물도 능히
　　맑혀 세상에
감화를 끼칠 수 있으리

　　　　　　　　　　진주에서 학교 다니던 때, 다른 학교에 다
니던 공부 잘하고 글을 좋아하던 우리 또래의 학생이 학교를 그만 두고 불문에
출가하였다는 소문이 돌았다. 1980년 무렵 보성 대원사에 잠시 살던 연관(然
觀) 스님이 본사인 송광사를 찾아왔을 때 그를 만나게 되었는데 그가 바로 그
소문났던 주인공이며 나와는 같은 면(面)의 동향(同鄕) 출신으로 동갑인 줄도
알았다. 만약 교사이신 그의 부친이 전근하지 않으셨다면 초등학교 입학 때에
한 반이 될 뻔 했던 것이다.

　　30여년 전 필자가 안내하여 연관스님과 수경스님이랑 몇이서 거제도의 해
변길을 따라 섬을 일주하기로 작정하고 여러 날을 함께 걸었다. 일주가 끝날
무렵 하청(河淸)이라는 곳을 지나게 되었는데 그 지명을 보더니 평소 묵묵히
말이 없던 연관스님이 갑자기 희색이 만면이다. 직지사 황악학림에서 관웅큰
스님이 전강하실 때 법호를 하청(河淸)으로 주시었는데 그의 속성인 황(黃)에
다 이으면 바로 황하청(黃河淸)이었다.

천산에서 발원하여 중원의 대륙 만리를 달려 황토 고원을 통과하면서 누런 빛으로 변한 황하(黃河)의 물줄기는 발해만으로 흘러들 때까지 맑을 줄을 모른다. 그래서 예부터 기껏 길어야 백 년을 사는 인생이 황하가 맑아지는 것을 보기 어려우므로 백년하청(百年河淸)이라 하였던 바, 관웅큰스님께서는 연관스님의 자질을 알아보시고 황하의 물도 능히 맑히어 세상에 널리 감화를 끼칠 수 있으리라 하여 하청이라는 호를 주신 것이었다.

연관스님은 일정하게 머무는 곳 없이 제방선원에서 정진하며 인연따라 실상사 화엄학림 학장을 역임하기도 하였고 기본선원 교선사를 맡기도 하면서 후학들을 가르치고 주변의 권유로 틈틈이 경전 어록을 번역하여 책을 내기도 하였다. 그 가운데 '죽창수필'과 '선관책진'은 수행자들 걸망 속의 필수품이 되었다.

또 '조계종 표준금강경'의 번역 책임을 맡기도 했던 스님은 '금강경오가해'를 지은 함허득통선사를 흠모하여 근래 함허스님의 부도가 있는 봉암사 동암에 오래 살았으며, 중국의 법안종을 이은 영명연수선사의 저술을 통해서도 많은 감화를 받았다고 한다.

영명선사는 미륵불의 화현이라 추앙받던 분이었는데 고려 광종(光宗)은 제자의 예를 올리며 그 문하에 영재 36인을 보내 그의 법을 이어왔다. 당시 고려 불교는 영명선사의 종풍이 성행하였으며 특히 보조국사의 사상에도 깊은 영향을 끼쳤다. 사명(四溟) 대사와 친하였던 허균은 청허(淸虛)와 사명이 영명선사의 법통을 이었다고 기록하였으며, 허운선사 문집에도 "법안종은 영명선사 때에 성하여 고려에 들어가버리고 홀로 임제종만 아직까지 향화가 있을 뿐이다(法眼盛於永明而入高麗 獨臨濟尙存香火耳)"라고 할 정도였다.

영명선사의 많은 저술 가운데서도 〈만선동귀집(萬善同歸集)〉은 불법을 원수(圓修)하는 귀감이라 고금에 칭송하였다. 연관스님은 영명선사의 저술들을 차근차근 모두 번역하기로 서원하였는데, 마침 부산 관음사 지현스님의 간절한 청으로 근세 대만(臺灣)의 선지식인 석성범(釋性梵: 1920~1997) 스님이 강의한 '만선동귀집강의(萬善同歸集講義)'를 번역하게 되었다. 스님은 "이 강의본을 번역하면서 금덩이인 줄 알았더니 칠보를 얻은 기분이었으며 이를 통해 불법에 새삼스러운 눈을 떴다."고 토로하였다. 1차 번역 이후로도 여러 번의 퇴고를 거듭한 끝에 사유수출판사 이미현 대표에게 원고를 맡기고 출간을 준비하고 있었다.

그런데 지난 봄, 뜻밖에 암이 전이되었다는 진단을 받고는 부산 관음사로 옮기어 항암치료 대신 곡기를 끊고 물과 차만 마시다가 마지막 사흘간은 아예 물마저 끊고 6월 15일 세연을 다하였다. 평소 행동이 굼뜨던 스님이 가실 때 이렇게 날래 떠날 줄 몰랐던 많은 인연들이 애통해 하며 통도사에서 다비하여 그의 유골을 고향인 섬진강에 흘려보냈다.

지현스님은 연관스님의 마지막 유작이 된 〈만선동귀집강의〉 번역본 출간을 홀로 맡아 소중한 불사를 마치기로 하였다. 연관스님이 남긴 사리(舍利)인 이 책은 바로 황하처럼 혼탁한 우리의 업을 맑히는 수청주(水淸珠)가 되리라.

송광사 삼일암에서
조계총림 방장 현봉 합장

萬善同歸集은 보리심을 일으켜
　　온갖 선행으로
반야지혜를 일으키는 가르침

　　　　　　　　　무명의 움직임은 번뇌이고 번뇌의 작용은
악행이며 악행은 고통을 낳습니다. 모두가 행복을 원하지만 무명에 덮여 있으
므로 고통을 창조하는 악행을 쉬지 않습니다.

　불성의 작용인 행복은 반야지혜에서 나온 자비선행의 결과입니다. 부처님
과 모든 선지식들의 가르침은 무명번뇌를 반야지혜로 변환시켜서 악행을 자
비선행으로 이끌어 줍니다. 자비선행은 허물을 고쳐 선행으로 나아가게 하고,
우리가 본래 갖추고 있는 불성을 믿고 이해하여 간절한 원력으로 정진함으로
써 깨달음의 즐거움을 얻게 합니다.

　만선동귀집은 모든 사람들이 보리심을 일으켜서 보살의 자비선행으로 불
성의 반야지혜를 열어주게 하는 가장 원만한 가르침입니다. 이 책을 지은 영명
연수선사는 중국이 배출한 가장 수승한 선지식 중의 한 분으로 선종, 교종, 율
종, 정토, 진언 등 모든 종파에서 당대는 물론 지금까지도 수행자들의 사표(師

7

表)가 되는 분입니다.

〈만선동귀집〉은 일찍이 성철대종사의 분부로 일장선사께서 1981년 번역하여 미래사 종욱스님 등의 법공양으로 처음 출판되었는데 한평생 저의 수행을 이끌어 주었습니다. 그러다가 대만 성지순례 중 성범(性梵) 스님의 〈만선동귀집강의〉를 공양받고 보배를 얻은 듯하였습니다. 한글 번역을 발원하여 존경하는 선배 연관(然觀) 스님께 부탁드렸는데 흔쾌히 번역을 허락하셨습니다. 스님은 환희심으로 번역하시며 여러 차례 감동을 받아 수행관이 새롭게 정립되었다고 토로하셨습니다.

부처님의 바른 가르침이 영명연수선사의 만선동귀집으로 결집되고, 만선동귀집은 성범선사의 강의로 꽃이 피고, 연관스님의 번역으로 쉽고 분명하게 이해되니 참으로 아름다운 인연입니다.

연관스님은 2021년 가을 사유수출판사와 인연이 되어 2022년 4월 상권의 편집교정을 마칠 즈음 말기암의 진단을 받고 수경스님 등 친지들의 치료 권유를 거부하고 왕생을 발원하며 관음사로 오셔서 절곡으로 세연을 거두고 정토에 왕생하셨습니다. 이런저런 사정으로 늦은 감이 있지만 2023년 음 8월 4일 연관스님의 생신일을 맞아 출판하게 되었습니다.

연관스님의 친한 도반인 조계총림 방장 큰스님께서 인연담과 공덕을 담아 추천서를 주셨고, 토굴정진 중인 연관스님의 후배 육잠스님께서 題字를 써주셔서 이 책이 더욱 빛나게 되었습니다.

어려운 한문과 고어(古語)들을 편집 교정하는 데 연관스님의 애제자 정묵스님과 사유수의 이미현 대표님과 편집진들의 노고가 많았습니다. 감사의 말씀을 드립니다. 또 수승한 선근으로 법공양하신 善謙 진복현거사님의 공덕으로 원만회향 할 수 있음에 축하와 감사를 드립니다.

이러한 승연공덕으로 번역하신 연관스님은 정토에서 승열락(勝悅樂)을 누리시고, 〈만선동귀집강의〉를 보거나 듣는 모든 분들은 보리심을 일으켜서 온갖 선행으로 일심정토에서 환희할 것입니다.

감사합니다.

2023년 8월 좋은 날

늘기쁜마을 관음사 후학 지현 합장

해제

달마대사(?~535)는 "마음을 관하는 하나의 수행법이 모든 수행을 모두 섭수한다(觀心一法 總攝諸行)."하며, 모든 수행법을 '마음을 관하는 한 법'으로 귀납하였으나, 지금 영명연수 선사(904~975)는 "모든 선행이 똑같이 일심실상으로 돌아간다(萬善同歸一心)."고 하며, 구태여 관심일 필요 없이 선행을 행하는 것만으로도 전혀 모자람이 없다고 설파하였다. 굳이 관심일 필요 없이 만선을 행하는 것에 모든 수행법을 갖추었다.

세속적인 것이든 출세속적인 것이든 남을 위한 일이면 똑같이 일심실상으로 돌아간다. 왜 그럴 수 있는가? 놀랄 정도로 광범위한 경론이나 선문을 인용하여 그 이론적인 근거와 실천을 제시한 것이 『만선동귀집』 전 3권이 말하고자 하는 전체 내용이다.

'모든 선행[萬善]'이란 무엇인가?

일체 중생을 위해 하는 모든 선행을 말한다. 망상 속에서 하는 선행일지라도 전혀 문제없다. 언제 흩어질지 모르는, 본래 존재하지 않는 허망한 구름 위에는 늘 찬란한 태양이 빛나고 있기 때문이다. 송나라 文沖이 편집한 『혜일영명지각

선사자행록』에 의하면 지은이 영명스님은 108가지 선행을 매일 실천하였다 한다. 법계 중생을 대신하여 법화참을 닦았고, 안양의 정업을 닦아 법계 유정과 함께 극락에 왕생하는 데 회향했으며, 좌선하며 일체중생과 함께 禪智에 들어갈 것을 발원했으며, 상당 설법하여 온 대중이 心宗인 일승묘지를 깨닫게 하였으며, 『법화경』한 부씩을 염송했으며, 『심경』 8권을 외웠으며, 『화엄경』「정행품」을 읽으며 140가지 대원을 발원했으며, '대비주(신묘장구대다라니주)'를 외우며 중생을 위해 육근의 죄업장을 참회했으며, '불정존승다라니'를 외웠으며, 중생을 위해 밤낮으로 삼보에 귀명 예경하였으며, 중생을 위해 석가불의 진신 사리보탑에 예배했으며, 「대승비지육백원문(大乘悲智六百願文)」을 스스로 지어 중생을 위해 발원하고 예배했으며, 화상본사인 석가불께 예배하고 중생이 삼보를 계승 선양할 것을 발원했으며, 『법화경』에 예배했으며, 문수보살에게 예배했으며, 중생을 위해 아미타불을 머리에 이고 행도했으며, 석가모니불을 돌고 염하며 위없는 寂滅忍 이루기를 발원했으며, 문수보살을 돌고 염하며 미묘한 지혜 이루기를 발원했으며, 아미타불에게 예경했으며, 『화엄경』에 예배했으며, 보현보살에게 예배했으며, 관음보살을 머리에 이고 행도했으며, 보현보살을 돌며 염했으며, 당래하생 미륵존불에게 예배했으며, 『대반야경』에 예배했으며, 시방 법계의 일체 보살에게 예배했으며, 석가모니의 分身佛을 돌며 예배했으며, 관음보살을 돌며 예배했으며, 관음·세지와 청정대해중 보살에게 예배했으며, 지장보살에게 예배했으며, 약사유리광불께 예배했으며, 중생을 위해 시방 삼보에게 분향공양하고 삼보에 귀명하며 삼보를 찬탄했으며, 중생을 위해 보리원을 대신 발하고 先業을 참회했으며, '七佛滅罪眞言'을 염했으며, 중생을 위해 보살계를 주었으며, 중생을 위해 五悔法(죄악을 멸제하기 위해 하는 다섯 가지 참회법. (1) 懺悔; 죄를 참회하고 善果를 닦는 법. (2) 勸請; 시방 제불이 법륜을 굴러 중생을 구원해주시기를 勸請하는 법. (3) 隨喜; 다른 사람의 선행을 기뻐하며 칭찬하는 법. (4) 回向; 선행의 공덕을 보리에 회향하는 법. (5) 發願; 일심성불하기를 발원하는 법.)을 행하고 육근의 죄를 참회했으며, 시방 제불과 이승 범부의 무진한 공덕을 수희찬탄하였으며, 일체 귀신 등에게 밥과 물을 베풀었으며, 중생을 위해 종을 치고 '파지옥진언'을 세 번 외웠으며, 아름다운 꽃으로 시방 존상에게 공양했으며, 모든 사람에게 '아미타불'을 염할 것을 권했으며, 늘 방생을 행했으며, 醫業을 널리 행했으며, 불상과 불경을 인쇄하여 사람들에게 열 가지를 수지할 것을 권했으며, … 하는 것 등이다. (『혜일영명지각선사자행록』에서 밝힌 자세한 스님의 행록은 아래 '부록 제6'에서 보였다).

어떻게 만선을 행하는 것으로 일심실상을 이룰 수 있으며, 그러려면 어떤 실천이 따라야 하는가?

이 책 3권 중 상권에서 처음에는 理·事가 서로 원융하여 무애함과 만행이 마음[心]으로 비롯된다는 뜻을 설하고, 다음에는 서른세 가지 문답으로 그 뜻을 해석하였다. 중권에서는 처음에는 바라밀 등 실천적 행법을 대략 보이고 다시 스물일곱 가지 문답으로 이를 상세히 밝히며, 하권에서는 처음에는 묘행이 원만한 뜻을 들어 보였고 거듭 쉰 네 가지 문답을 들어 그 뜻을 논술하니, 전체에서 비록 선문의 뜻을 선양하는 것으로 큰 뼈대를 삼았으나 화엄·천태·정토 등 제종의 사상적 융합을 도처에서 보였다. 그 가운데 많은 부분을 할애하여 완벽한 실천이란 어떤 것인가를 밝힌 것이 소위 '圓修十義'이다. 첫째는 理·事가 무애하여야 한다. 둘째는 權·實을 쌍행하여야 한다. 셋째는 二諦가 함께하여야 한다. 넷째는 性과 相이 원융하여야 한다. 다섯째는 본체와 작용이 자재하여야 한다. 여섯째는 空과 有가 서로 보충하여 완성하여야 한다. 일곱째는 正

과 助를 겸수하여야 한다. 여덟째는 같고 다름이 차별이 없어야 한다. 아홉째는 修·性이 둘이 없어야 한다. 열 번째는 因·果가 차이가 없어야 한다 한 것인데, 이를 보면 수행의 첫 문턱(因)과 결과(果)는 둘이 아님을 알 수 있다.

저자 영명연수(904~975)는 당말 오대 스님으로 임안부 여항(지금의 강소성 강녕현) 사람이니, 속성은 王, 자는 仲玄, 호는 抱一子라 하였다. 일찍이 불법에 뜻을 두어 오신채를 먹지 않았고 스무 살부터는 하루 한 끼 식을 먹으며『법화경』을 외웠는데, 일곱 줄을 내리 외워 겨우 두 달 만에 모두 암송하니 양떼가 감동하여 무릎을 꿇고 들었다. 스물여덟 살 때는 華亭鎭將(華亭을 다스리는 장군)이 되었다. 군용으로 사들인 생선을 모두 방생하니, 이 일로 체포되어(군사에 쓰는 비용을 사리사욕으로 챙겼다는 죄목) 죽임에 다다랐으나 안색이나 행동거지가 전혀 변함이 없으니 이로써 사실이 증명되어 풀려났다.

그때 翠巖令參 선사가 龍冊寺에 머물며 크게 교화를 일으키니, 吳越 文穆王이 스님(영명)이 도를 사모하는 줄 알고 그의 뜻을 따라 출가하게 하니 나이 서른 살 때였다. 그리하여 취암에게 예하고 스승을 삼았다. 대중을 위해 어려운 일을 마다 않으며 몸과 마음을 모두 잊었으며, 거친 밥과 베로 만든 짧은 옷으로 아침저녁을 지냈다. 마침내 천태산 천주봉에 가서 90일 동안 定을 익히니 까마귀나 새 떼가 옷의 주름에 새집을 지었다. 천태덕소(890∽972) 국사를 뵈니 한 번 보고 그릇임을 알아보고 비밀리 元旨를 주며 "그대는 원수(吳越 文穆王)와 인연이 있으니 훗날 크게 불사를 일으킬 것이네." 하였다.

처음 설두산에 머물 적에, 법상에 올라 "설두에는 빠른 폭포가 천 길이나 되니 잘디 잔 좁쌀(매우 작은 물건)도 머물지 못하고, 기암은 만 길이나 되니 발 디딜 곳이 없다. 너희들은 어디에서 나아가겠는가?" 하니, 한 스님이 "설두의 한 길을 어떻게 걸을 수 있겠습니까?" 하니, 스님이 "걸음마다 눈꽃이 피었고 말마다 얼음이 꽁꽁 얼었다." 하고, "외로운 원숭이는 바위 사이에 떨어진 달을 보고 울부짖고, 나그네는 한 밤중에 꺼져가는 등불을 보고 노래하네. 이 경계와 이 때를 누가 뜻을 얻을 수 있는가? 흰 구름 깊은 곳에 선승이 앉아있네." 하고 게를 설하였다.

그때 마침 충의왕이 영은사를 새로 짓고 개산하기를 청하였고, 다음 해에는 永明道場으로 옮기니 대중이 2천여나 되었다. 한 스님이 "어떤 것이 영명의 깊은 뜻입니까?" 하고 물으니, 스님이 "향 하나를 더 올려라." 하였다. 이 스님이 "스님께서 지시해 주셔서 감사합니다."하니, 스님이 "그렇더라도 아무 상관없네." 하였다. 이 스님이 예배하니, 스님이 "한 게를 들어보라. 영명의 뜻을 알고자 하면 문 앞에 한 호수를 보라. 해가 비치면 광명이 나고 바람이 불면 파도가 인다." 하였다.

"학인이 오래 영명에 있었는데 어찌하여 영명의 가풍을 알지 못합니까?"

"알지 못하는 것을 알아야 한다."

"알지 못하는 것을 어떻게 압니까?"

"소가 코끼리 새끼를 낳고, 푸른 바다에서 먼지가 일어나는구나."

"부처를 이루고 조사를 이루는 것도 내지 못하고, 육도에 윤회하는 것도 역시 내지 못합니다. 어느 곳에서 내지 못하는지 모르겠습니다."

"그대가 묻는 곳에서 내지 못한다."

"교에서 '일체 제불과 불법이 모두 이 경에서 나왔다' 하니 '이 경'이란 무엇입니까?"

"오랫동안 설하더라도 끝이 없다. 뜻에 부합하지 않고 소리로 얻을 수 없기 때문이다."

"어떻게 수지(잊지 않고 마음에 새김)해야 합니까?"

"수지하고자 하면 응당 눈을 부릅뜨고 들어야 한다."

"크고 둥근 거울[大圓鏡]이란 어떤 것입니까?"

"깨져 아무 쓸모없는 오지그릇이다."

스님은 영명사에 거주한 지 15년 동안 제자 천 7백 명을 제도하고, 송 태조 개보 갑술(개보 7년, 974. 스님 나이 71세)에 천태산에 들어가 약 만여 명에게 계를 주고 항상 7중(출가나 재가의 부처님 승단. (1) 비구 (2) 비구니 (3) 사미 (4) 사미니 (5) 식차마나 (6) 우파새 (7) 우파이)에게 보살계를 주었다. 밤에는 귀신에게 시식하고 아침에는 모든 살아있는 중생을 방생하니 그 수는 이루 헤아릴 수 없었다. 6시(밤낮을 여섯 때로 나눈 것)에 꽃을 흩고 행도하고 남는 힘으로는 『법화경』을 염하니 만 삼천 부나 되었다. 『종경록』백 권을 지었고, 詩偈와 賦詠이 무릇 천만 글이나 되었다. 해외에도 전파하여 고려국왕이 스님의 言教를 보고 사신을 보내 서신을 드리고 제자의 예를 올리고는, 금선으로 짠 가사와 자수정 염주와 금으로 만든 세숫대야 등을 바쳤다. 저 나라의 스님 36명이 모두 수기를 받았고 전후로 본국으로 돌아가 각기 어느 한 곳에서 교화하였다.

개보 을해(975, 스님 나이 72) 12월 24일 병을 보이더니 이틀 후 향을 피우고 대중에게 고하고 가부좌하고 적멸에 드시니, 그때 나이는 72요 승납은 42니, 賜號는 '智覺禪師'라 하였다. 대자산에 탑을 세우고, 명나라 만력 경술(1598)에 남병산 종경당 뒤로 옮겼다. 스님은 온 대중이 진심으로 존경하고 따르며 慈氏(미륵)가 하생한 분이라 하였다. 인도와 중국 성현 2백 여 명의 저서를 널리 모아 서로 묻고 답하는 형태로『종경록』100권을 이루어, 당시 각 종파 간에 나뉘어 갈라진 교의에 대해 조화롭게 하였고, 그 외에『萬善同歸集』6권,『神棲安

養賦』1권,『唯心訣』1권,『註心賦』4권 등, 60여 부 197권이 있다.

　　강의자 釋性梵 스님은 1920년 복건성 永定縣 峰市鄕의 작은 농촌에서 태어나, 17세에 고향에서 교원이 되었다. 그때 일본 군벌이 전쟁을 일으켜 중국을 침노하자, 붓을 던지고 병역에 종사하였다. 스님은 中央軍校 제16기로 졸업한 후, 1949년 대만으로 이주할 때까지 제20사단 정치부 科員, 운남부대 정치부 專員, 정치부 中校 科長 등 주로 정치부에 근무하였다. 1949년 정부가 대만으로 파천하자 스님도 군장을 챙겨 대만으로 옮겨 기륭 개발자유서국에 근무하였다. 그곳에 왕래하는 자는 모두 품성이 고상한 불교를 공부하는 자들이었으므로, 이들로 인해 나중에 출가할 인연을 심었다. 慈航법사에 의해 삼보에 귀의하고 법호를 慈萬이라 하고, 자항·인순·도안·백성·도원·참운·회성 법사 등 고승대덕을 가까이하였다. 1955년(35세)에 사두산 원광사에서 보살계를 받고, 58년(38세)에 기륭 해회사에서 도원 법사의『지장경』강의를 들었다.

　　1962년(42세) 묘율 영봉난야사에서 회성 법사에 의해 출가하니, 법호를 振慈, 자는 性梵이라 하였다. 1963년 임제사에서 구족계를 받으니, 三師和尙은 백성·혜상·도원 법사였다. 수계한 후 기륭 해외사에서 도원 법사의『열반경』강의를 들었고, 신죽 복엄정사에서 인순 법사에게서 수학하였다. 사두산 원광사와 礁北 혜일강당, 신죽 복엄정사, 대북 삼협불교 정업림 등의 주지를 맡은 적이 있고, 무량수 放生會와 무량수 印經會를 만들었고 무량수도서관(지금 불광산 분원 신죽 法寶寺)을 개관하였다. 지보 선천사와 상림정사, 묘음정사 등지에서 폐관정진하고, 정율사에서 주지화상의 청을 받아 21일간 佛七을 거행하였다. 그 후 대중의 청에 응해『반야심경』과『관무량수불경』을 강의하고, 녹곡 정율사 정율불학원에 부원장으로 취임하여『대승묘법연화경』을 강의하고, 묘음정사에서 출관한 후 정율사로 돌아와 『무량수경』, 『왕생론』 및 『왕생정토전 집요』를 강의하였다.

1997년 정율사를 떠나 신죽 복엄정사로 옮겨 주석하고, 그해 3월에 병이 들어 대북 대학병원과 신죽의원 등에서 입원 요양하다가 4월 11일, 대중의 염불소리 가운데 우협으로 누워 왕생하시니 승랍은 35요, 세속 나이는 77세였다.

『반야심경관행해』와 『불칠개시관중우득게어』를 합간하고, 『무량수경 강의』, 『대승묘법연화경 강의』, 『안락집 강의』, 『왕생론주 강의』, 『왕생정토전 집요』, 『정토생무생론 강의』, 『만선동귀집 강의』, 『인과선집』 등 정토 대승경론 9책을 저술하였고, 과청 법사의 청에 응해 『관경묘종초』를 찬술하였으나 겨우 5분의 2만 완성하고 보신을 버리고 왕생하였다.

이 책은 처음 부산 관음사 지현 스님의 발의에 의해 번역하게 되었다. 신도님들 공부에 교재로 쓰려 했던 것인데, 스님이나 신도님들 공부에 다소의 도움이 될는지는 모르지만, 이 책을 통해 연관은 불법에 새삼스러운 눈을 떴다고 고백하지 않을 수 없다. 금덩이인 줄 알았더니 칠보를 얻었다고 할는지. 천성이 게으른데다 선관 틈틈이 이 일을 하다 보니 부탁 받은 지 어느덧 몇 년이 흘러 드디어 상재하게 되었다.

번역이 매끄럽지 못하고 오역이 더러 있을 것입니다. 눈 밝은 선지식께서 지적해 주시면 추후에 기쁜 마음으로 받들어 고치도록 하겠습니다.

2022년 4월 8일, 봉암사 동암에서 연관 씀

일러두기

1. 중화민국 85년(1996) 초판본 世樺印刷企業有限公司 印行, 釋性梵 著述, 『萬善同歸集 講義』를 저본으로 썼다.

2. 永明延壽 스님의 집문[集]은 번역하고 원문을 붙였고, 釋性梵 스님의 강의문[講]은 번역만 하였다. 강의문 가운데 頌文은 더러 원문을 달기도 하였다.

3. [講]에서 짙게 쓴 글은 지문임을 표시한 것이다. (예 : '어찌 일념에 돈원함을 알랴' 한 것은)

4. 주석은 주로 『불광대사전』에 의지하고, [講]에서 찾아 읽어 볼 것을 권한 책들은 거의 미처 찾아 읽어보지 못하였다. 그것들은 주로 釋性梵 스님 자신의 저술들인데 구할 수가 없었기 때문이다. 다만 『법화경 강의』의 것은 지적한 내용을 발췌하여 주석으로 달기도 하였다. 인용한 『능엄경』은 운허스님의 『능엄경 주해』를 많이 참고하였다.

5. 내용 중에 정확한 경론의 문구나 구절을 알아야 할 때는 씨베타(CBETA)에서 많은 도움을 받았다.

6. 해제에 수록한 영명연수 스님의 행력은 『오등전서』 권 제20 「南嶽下十世 天台韶國師法嗣 杭州慧日永明延壽智覺禪師」를 따랐다. 너무 번다한 듯도 싶지만 쉽게 대할 수 없는 스님의 법어이기에 빠짐없이 수록하였다.

임금이 지은,
묘원정수 지각영명 수 선사
만선동귀집 서

짐이 전에 "불법이 대·소승으로 나뉜 것은 중생을 인도하는 쪽에서 한 일이다." 하고 말한 적이 있으나, 사실은 소승의 걸음걸이가 모두 대승이요 대승의 깊은 내용이 소승을 여의지 않았다. 그러니 대승을 알지 못하면 소승은 원래 완벽한 것이 아니니 저 깨끗한 허공에 구름이 가로질러 낀 것과 같고, 소승을 경험하지 않으면 또한 완벽한 대승이 아니니 밥을 말로만 해서는 결코 배고픔을 면하지 못하는 것과 같다.

대체로 有는 無로 인하여 有이고, 無는 有로 인하여 無이다. 禪宗은 얻을 것이 없음[無所得]을 얻었기 때문에 실제로는 있고, 敎乘은 얻을 것이 있음[有所得]을 얻었기 때문에 실제로는 없다. 차별을 뛰어넘은 평등 세계[實際理地]에는 철저하게 본래 없으나[無], 불가사의한 열반의 마음[涅槃妙心]에는 갠지스강 모래만큼이나 뚜렷이 있다[有]. 그러니 有와 無를 나눌 수가 없고, 선과 교가 본래부터 길이 같다. 어리석은 자는 有를 미혹한데다 또한 無까지 미혹하지만, 깨달은 자는 無를 깨달으면 곧 有를 깨닫는다. 뚜렷이 있는 一心을 증득하지 않으면 무슨 수로 본래 없는 萬善을 실천하며, 본래 없는 萬善을 실천하지 않으면 또한 무슨 수로 뚜렷이 있는 일심을 원만하게 하겠는가?

그래서 옛 고덕은 오직 한 목소리로 종지를 연창하여 진실절대한 깨달음의 세계[向上事]를 바로 가리켰으나, 敎乘에 대해서는 혹시 학자들이 여러 가지 모양에 집착하고 혼합하여 능히 자심을 깨닫지 못할까봐 대부분 내버려 두고 말하지 않았다. 그러나 교승을 전공하는 자는 모양에 집착하여 얽매이고 업을 쫓고 번뇌에 따라 제법을 실유한 것이라 여기니, 거울속 그림자를 오인하여 머리를 보지 못하고(『능엄경』에 나오는 연야달다의 고사) 손가락에 집착하여 달이라 하는 것과 똑같다. 그러므로 똑같이 불교를 배우는 무리지만, 선을 참구하는 이와 교학을 공부하는 이는, 도가 같지 않은 이와 일을 같이 도모하지 못하는 것과 같다. 선종이 비록 하나의 산대만큼 높이 벗어났으나 만약 완벽하지 못하면 도리어 공에 떨어진다. 대체로 相에 집착하고 性을 버리기 때문에 여러 가지 雜染을 쌓아 구박 범부나 진배 없고, 상을 버리고 마음을 구하는 이도 또한 偏空에 빠져 化城 중간에서 그만두는 것을 면치 못한다. 그래서 옛 종사들이 모두 敎乘을 잎을 들고 어린애가 울음을 그치게 한 것에 비유하고, 性宗을 교 밖에 특별한 뜻이라 여겨, 이야기들이 두 토막이 되지만 짐은 그렇게 여기지 않는다.

짐은 비록 이러한 견해를 갖추었으나 역대 종사 중에 이러한 설을 천양한 자가 없었고, 검증되지 않은 일이라 하며 믿지 않는 이도 또한 감히 스스로 옳게 여기지 않았다. 그래서 힘써 古錐(오래되어 닳아 뭉텅한 송곳. 옛 조사)의 언구를 열람하다가 永明智覺 선사에 이르러 그의 『유심결』과 『주심부』와 『종경록』 등 여러 가지 책을 보니, 그의 종지가 마치 해와 달이 하늘을 날줄로 삼고 강과 내가 땅을 씨줄을 삼아 지극히 높고 지극히 밝으며 지극히 넓고 지극히 커서 역대 여러 고덕보다 뛰어남을 알 수 있었다.

그래서 '妙圓正修 智覺禪師'로 封號를 더하고, 그가 앞장서서 인도한 땅이 항주 淨慈寺에 있는지라, 특별히 지방 관리에게 조칙을 내려 그의 있는지 없는지 희미한 후손을 찾아 앞뒤를 이어줄 사람을 고르게 하고, 塔院을 수리하고 法相을 장엄하여 승도로 하여금 조석으로 예배 공양케 하였으니, 참으로 육조 이후에 永明이 고금에 제일가는 대선지식이다.

그리하여 그의 저작을 열람하다 그가 지은 『만선동귀집』에 이르니, 천백 년 전의 부절을 합한 듯이 짐의 생각과 같았다. 다른 선지식도 이런 말을 하였으나 짐은 회의하고 감히 깊이 믿지 않았더니, 지금 영명스님은 지금까지 선지식 중에 더욱 빼어난 자였다. 그의 말이 이미 짐의 마음과 묵묵히 서로 계합했으니, 짐이 본 견해가 틀리지 않았고 선과 교의 과덕이 같은 이치임을 짐은 믿을 수 있었다.

대저 空과 有를 같이 관함에 性과 行이 둘이 아니니, 조그만 선근력도 모두 보리의 資糧(비용과 양식)이요, 대지 산하가 모두 眞空 寶刹을 건설하였다. 이 책이 그 묘용을 얻어서 본래부터 반드시 마음과 법을 둘 다 잊었고, 속국에 미쳐서도 또한 지혜로운 이나 어리석은 자를 똑같이 제도하였다. 마음은 上諦(宗, 禪)에 통하나 敎의 바다에 들어가 모래를 헤아리고, 발이 虛無(敎)를 밟았으나 宗의 깃발에 의지에 걸음을 옮긴다. 이로 인해 들어간 자는 空亡에 떨어지지 않고 저 언덕에 이른 자도 또한 이와 같으니, 참으로 千佛과 諸祖의 마음을 얻었고 참으로 중생을 응화하는 어머니며, 실로 오직 강을 건넌 큰 코끼리요 실로 바로 여래의 적손이시다.

짐이 이미 중요한 법어와 『종경록』 등 책을 기록하여 『선사어록』에 가려 뽑아 넣어 여러 대선지식의 언구와 같이 함께 간행 반포하고, 또 이 책을 거듭 간행하여 천하 총림 고찰에 나누어주며 항상 도량에 머물게 하였고, 출가하여 불교를 배우는 자가 이것에 의해 수행하게 하였다. 그리하여 이 책을 보는 자는 육바라밀의 지혜 돛을 펴 하나의 대승교의 깨달음의 바다를 건너리니, 찰찰진진(끝없는 국토)에 허공 꽃 같은 萬善을 구족하고, 층층급급(겹겹의 수행)에 진여를 수희하여 왕래하리라. 공덕의 물을 마심에 낱낱이 한 맛이요 전단 뿌리를 자름에 마디마디 모두 향기니, 자신에게 풍기고 남에게도 풍기며 남을 이롭게 하고 자신도 이롭게 하여, 허공에 두루하여 다함이 없고 내세에까지 이르러 다함이 없다. 시작도 마침도 없고 그침도 쉼도 없으니, 이것은 짐과 영명이 正道를 널리 전하고 부처님 은혜를 갚는 것이다.

대저 달마의 心傳은 본래 한 글자도 없고 영명의 『心賦』는 수없이 많은 말이 있으니, 이는 한 글자도 세우지 않으며 三藏을 갖추어 유실함이 없고, 천명하고 해설한 것이 수없이 많은 말에 이르나 한 글자도 찾을 수 없다. 그러므로 (註心賦에) "말이나 글귀를 빌려 眞心을 보조하여 밝히니, 비록 글자나 언어를 사용했으나 깊은 뜻이 여기에 있다." 하였다.

이 수없이 많은 말이 낱낱이 道임을 관찰하면 『만선동귀집』의 모든 법이 근기에 따름을 알 수 있으니, 문채가 어지럽다고 해서 맑고 아름다운 글귀가 끝없이 이어지는 것을 어찌 방애하겠는가? 많이 들음(박학다식함)은 海藏(장경)보다 낫고 말이 오묘한 것은 천상의 꽃에 비교할 수 있으리니, 어찌 법의 깃발을 높이 단 것이 아니겠는가? 곧 寶印을 깊이 든 것이니 어찌 털끝만큼의 장애인 적이 있으랴, 도리어 한없는 광명을 더한 것이다. 언어 문자로 뜻을 표현한 것(敎·理)도 또한 그러하니 어찌 行·果가 그렇지 않겠는가?

그리하여 이 책을 간행한 뒤에 이 글을 부쳐 학자들이 이를 합하여 보아 마치 보주의 그물이 겹겹으로 비추는 것과 같게 하고자 하여 이에 서문을 쓰노라.

옹정 11년(1733) 계축, 하안거 결제 날, 임금이 쓰노라

(원문은 아래 부록 1에 게재하였음)

萬善同歸集 講義 목차

개요를 서술함

(하 권)

개요를
서술함

갑 1. 서설

선종에는 안심(安心:마음을 편안하게 함), 간심(看心:마음을 봄), 명심(明心:마음을 밝힘), 오심(悟心:마음을 깨달음)이란 공안이 있다. 그렇다면 대체 마음[心]이란 무엇인가? 경에는 "만법은 오직 마음[心]뿐이고, 삼계는 식(識)뿐이다." 하였는데, 마음과 식은 같은 것인가, 다른 것인가? 진심과 망심을 어떻게 구별할 것인가? 『법화경』에는 "손을 들거나 머리를 숙이건 간에 모두 불도를 이루었다." 하였는데, 이는 가능한 일인가? 불교를 배우려면 반드시 대승을 배워야 한다는데, 그렇다면 대승의 근본 心要는 무엇인가? 이러한 일련의 문제는 왕왕 사람에게 해답을 어렵게 한다. 이런 것들에 분명하지 않으면 불교를 배우고 수행하고 깨달음을 얻었지만 수행도 깨달음도 맹목적인 것에 불과하여 자신을 그르치고 남을 그르치기 일쑤다. 그러므로 불보살과 대선지식들이 눈썹으로 땅을 쓰는 것을 아끼지 않고, 인연에 따라 법을 설하여 길을 잃고 헤매는 이들에게 길을 가리켰던 것이다.

송나라 항주 영명사 延壽大師(904~975)는 선종의 깨달은 대선사인 동시에 三藏에 정통하여 설법에 뛰어난 보살이었다. 가장 어려운 일은 매일 백여덟 가지 불사를 행하시어[1], 解에 의해 行을 닦고 行으로 말미암아 願을 이루었으며, 萬善으로 정토를 장엄하여 자신을 제도하고 남을 제도하였으니, 참으로 우리들이 본받아야 할 모범이시다. 사람들은 그를 古佛이 다시 오신 분이라 하였으니, 허투루 한 말이 아니다. 그가 불법의 깊은 뜻을 편찬하고 모아 사람들에게 올바른 수행의 길을 보인 것은 모두 61종, 197권이나 된다. 안타까운 것은 대부분 전하지 않고, 현재 『종경록』 100권, 『만선동귀집』 3권(대정장경 48권, p958~993), 『주심부』 4권이 가장 이치에도 맞고 중생의 근기에도 맞다.

청나라 옹정황제가 『만선동귀집 서』에서 "참으로 육조 대사 이후에 영명 선사야말로 고금 제일가는 대선지식이시다. … 천불과 여러 조사의 마음을 얻어, 일체중생을 응화하는 어머니이시며 강을 건넌 큰 코끼리시니, 실로 여래의 嫡宗이시다." 하였던 것이다.

스님의 『註心賦』 첫머리에 이렇게 말하였다.

"『능가경』에서 '부처님 말씀은 마음으로 종지를 삼고 無門으로 법문을 삼는다' 하고, 또한 『雜藏經』 頌에 '세상의 훌륭한 의사가 좋은 약으로 병을 낫게 하듯이, 제불도 이와 같이 사람들을 위해 오직 마음을 설하셨다' 하였다.

【문】

'부처님 말씀은 마음으로 종지를 삼고 무문으로 법문을 삼는다' 하였는데, 이미 『心賦』라 했다면 곧 종지를 표현한 것인데, 문장과 언어를 널리 쓸 필요가 있었을까요?

---

1   108가지 불사의 전문을 보고자 하는 분은 부록 6을 보시기 바란다.

【답】

불교를 좋아하기는 하지만 아직 제대로 깨닫지 못한 사람을 위해 문장과 글귀를 빌려 眞心을 보조적으로 밝혔으니, 비록 문장과 언어를 널리 빌렸으나 큰 뜻은 여기에 있다. 머리를 숙여 중근기와 하근기를 거두어 여러 가지 근기를 모두 건지려 하였으나, 당사자의 각기 자질이나 자기에게 유리한 것에 맡길 뿐이다. 수많은 강물이 비록 윤택하지만 대해가 널리 머금는 것을 어찌 방애하며, 오악이 본래 높지만 태양이 널리 비추는 것을 꺼려하지 않는다. 근기가 같지 않고 좋아하는 것이 다르다. … 그러니 한마디 말로 여러 가지 선행을 권할 수가 없고 하나의 계율로 여러 가지 잘못을 막을 수가 없으니, 어찌 漸과 頓이 다른 것을 의심하여 법문이 꼭 같게 하겠는가? … 나의 이 무애광대한 법문은 마치 허공은 모양이 아니지만 여러 가지 모양을 발휘하는 것을 거부하지 않는 것과 같고, 법성은 몸이 아니지만 여러 가지 몸을 단번에 나타내는 것을 장애하지 않는 것과 같다. 그러므로 法藏법사(화엄 3조)가 '중생이 敎를 찾아 진리를 얻고 理를 알아 걸림이 없으면, 항상 理를 관하지만 敎를 가지는 것을 버리지 않고, 늘 외우고 익히지만 空을 관하는 데 걸림이 없다. 그렇게 되면 理와 敎가 모두 융통하고 이것이 합하여 하나의 觀이 되어 비로소 완벽하고 박통하다. 이야말로 敎와 觀이 차별이 없고 설하는 것과 요지가 같은 근원이다!' 하였다."

학인들이 저들의 어리석음은 헤아리지 않고 『만선동귀집』을 보잘것없는 講解라고 취급해 버린다. 그래서 세화출판사와 함께 이를 인행 유통하여 천하의 뜻있는 사람들에게 봉헌하나니, 이 책을 읽음으로써 불가사의한 一心의 信解를 얻고 理와 事가 무애한 만행을 원만히 닦아, 유심에 본래 구족한 정토를 장엄하고 다 같이 보리열반의 妙果를 깨달아, 다 같이 중생을 교화하며 다 같이 불도를 이루기 바라는 것이다.

천태종의 智者大師가 경문을 해석할 때마다 먼저 다섯 가지 현묘한 뜻[五重玄義]을 설했으니, 곧 경론의 이름과 제목을 해석하고[釋名], 체성(실질)을 밝히며[辨體], 종요를 밝히고[明宗], 역용을 논하며[論用], 교상을 구별[判敎相]하였다. 그리고 이 오중현의를 일곱 가지 법으로 덧붙여 해석[七番共解]하였으니 곧 標章(이름을 표함), 引證(경문을 인용하여 증거를 댐), 生起(차례를 밝힘), 開合(갖가지 개합을 분별함), 料簡(문답으로 철저히 살핌), 觀心(실제로 마음을 관함), 會異(차이점을 해석함)이다.

지금 이 책을 강의하면서도 마찬가지로 먼저 오중현의를 강의한다. '五重'이란 5種(다섯 가지)이란 뜻이요, '玄義'는 경론 가운데 함축된 현묘한 뜻을 말하기도 하고, 또는 요점을 제시한 큰 강령이라 할 수도 있다.

이 책『만선동귀집』은 경론의 요지를 총괄한 것 가운데 하나로, 이치에 맞고 근기에 맞는 해석이라 내가 감당하기에 버거운 일이다. 부족하나마 이 강의를 읽고 일체중생이 '마음'을 알고 근본을 깨달으며, 만선을 닦아 유심정토를 장엄하여 미래가 다하도록 널리 법계 중생을 제도하기 바란다. 이 마음이 부처가 되고 이 마음이 부처니 이 마음을 알면 모두 반드시 부처를 이룰 수 있다. 이러한 인연 때문에 이 강의를 적는 바이다.

갑 2. 다섯 가지 현묘한 뜻[五重玄義]

을 1. 이름을 해석함

모든 경론의 이름과 제목에 전체적[通]인 것이 있고 차별적[別]인 것이 있다. 이 책의 '만선동귀' 넉 자는 차별적인 제목[別題]이요, '집' 한 자는 전체적인 제목[通題]이다. 일반적으로 別題는 사람[人], 법[法], 비유[譬] 처소[處]에서 벗어나지 않지만, 몇 가지만 갖추기도 하고 혹은 완전히 갖추기도 한다. 이 책의 별제는 법에서 이름을 세웠을 뿐이지만, 이 가운데 敎·行·理 세 법을 갖추었다. '만선'은 能歸니 敎에 속하고, '동귀'는 行에 속하고, 所歸인 일심실상은 理에 속한다. 만약 이 책 첫머리의 제목과 이름을 들으면 거기서 얻는 공덕은 이루 말할 수가 없으니, 모든 대승 경론과 꼭 같다.

萬善 ─ 이것은 法相(제법이 갖추고 있는 本質, 혹은 그것의 뜻과 내용)이지 法數(숫자로 표시한 불교 명사)가 아니다. '만'은 많은 숫자를 비유했고, '선'은 자신을 이롭게 하고 남을 이롭게 하는 행위를 말한다. 매우 많고 한량없는 선행을 '만선'이라 하였다. 예를 들면 '萬德莊嚴(만덕으로 장엄함)', '萬家生佛(집집마다 부처가 남)', '萬衆同心(뭇 사람이 마음을 같이함)', '萬行一心(모든 행법이 하나의 마음임)'

등이다. 이 책에서 '만선동귀'라 한 것은 세간과 출세간의 모든 선행이 똑같이 일심으로 돌아간다는 것을 말하였다. 이 책 하권에서도 "만약 假名을 묻는다면 그 숫자는 갠지스강 모래만 하지만, 여기서는 생략하여 '만선동귀'라고 전체적으로 이름붙인 것이다." 하였다. 『화엄경』 「입법계품」과 『법화경』 「방편품」에서 설한 뜻과 같으니, 萬善이 부처의 근본[因]이라 똑같이 하나의 부처의 과덕[果]으로 돌아감을 밝혔다. 오직 일불승만이 두 가지도 없고 세 가지도 없기 때문이다.

이와 연관된 고인의 말씀에 "일념이 잘못되면 온갖 행위가 모두 잘못됨을 알지니, 이를 방비하는 데는 마치 부랑으로 바다를 건너는 것과 같이하여 조그만 바늘구멍도 용납해서는 안 된다. 萬善이 완전해야 비로소 일생이 부끄럽지 않으니, 이를 닦는 데는 구름에 닿을 듯한 보배나무가 여러 가지 나무를 빌려 지탱하듯이 해야 한다." 한 것이 있다.

이를 통해 알 수 있는 것은, 사람이 부처를 배우려면 반드시 악을 그치고 선을 행해야 하니, 만선을 완벽하게 닦아야만 비로소 부끄러움이 없다는 점이다.

同歸 - 이것은 두 가지로 설명할 수 있다. 하나는 歸元無二(본원으로 돌아감에 다른 것이 없음. 『능엄경』에 '歸元性無二 方便有多門'이라 함)의 뜻이니, 이른바 만행이 똑같이 성불로 돌아감을 말하였다. 또 하나는 원융무애의 뜻이니 만법이 똑같이 一性으로 돌아감을 말하였다. 萬善은 항상 다르고 一性은 항상 같으니, 항상 다르지만 항상 같아서 하나도 아니고 다르지도 않기 때문에 '同歸'라 하였다. 마치 큰 파도나 작은 물결이 물 아닌 것이 없고, 노란 꽃이나 붉은 꽃이 모두 봄인 것과 같다. 그러므로 경에서 "번뇌가 곧 보리요 생사가 바로 열반이라 중생이 곧 부처다." 하였던 것이다. 이것은 事相이 모두 理體로 돌아가는지

라 어긋나는 것이 어긋남이 없고, 어긋남이 없으면서 어긋난다는 것을 말했으니, 원교일승의 극진한 말씀이다. 이는 연수 대사가『종경록』제99권에서 "'事와 理가 원융하다'는 것은, 갖가지 事가 理에 맞아 두루하여 眞如의 理라는 큰 화로와 萬事를 녹인 큰 용광로에 쇳물이 흘러넘쳐도 다른 모양이 없다." 한 것과 같다. 또한 화엄종 2조 至相대사가『화엄경(당역 제34권)』「십지품」에 의해 설한 것을 보면, "바라노니, (내가 닦는) 모든 보살행이 광대 무량하여 모든 바라밀을 한 곳으로 모아 諸地를 깨끗이 다스리고, 總相·別相·同相·異相·成相·壞相²의 모든 보살행을 모두 사실 그대로 설해지이다." 하며, 법계연기인 사사무애의 원통하고 정미한 뜻을 발휘하였다. 나중에 3조 法藏과, 4조 澄觀이 연이어 찬술하여 六相과 十玄³의 法界觀門을 성립하였는데, '동귀'는 육상 가운데 同相이다. 예를 들면 벽돌이나 기와 등이 모양이 각기 다르지만 하나의 '집'이라는 공통된 모양을 만드는 것과 같이, 만선과 만행이 각기 차별적인 모양이 있지만 모두 똑같이 '성불'이라는 공통된 모양으로 돌아가는 것과 같으니, 이른바 '五乘 불법이 똑같이 일불승으로 돌아간다' 한 것이다.

위에서는 원교에 입각하여 만선이 똑같이 一佛乘으로 돌아감을 해석하였고, 實理에 입각하여 해석하면 만법이 똑같이 一眞法性(一心)으로 돌아간다. 이것은『논어』에서 말한 "천하가 仁으로 돌아간다." 한 뜻과 같다.

---

2   六相을 말한다.『華嚴經』과『十地經』에 설한, 만유의 사물에 갖추어져 있는 여섯 가지 모양이다.『불광사전』p1280-上 참조.

3   十玄門, 또는 十玄緣起라 한다. 법계 가운데 사사무애법계의 모양을 표시하니, 이 뜻을 통하여 화엄대경의 玄海에 들어갈 수 있기 때문에 玄門이라 하고, 또한 이 十門이 서로서로 연기하여 일어나기 때문에 緣起라 한다. 華嚴宗에서는 十玄門과 六相圓融 설을 근본 교리로 삼아, '十玄六相'을 병칭하여 법계연기의 중심 내용으로 삼았다.『불광사전』p416-中

다시 수행문을 잡아 해석하면, 萬善이 모두 '圓修十義'로 돌아간다 함은 "전체적으로는 '만선동귀'라 하지만 따로 나누면 열 가지 뜻이다. 첫째는 '理·事가 무애하다[理事無碍]'고 하고, 둘째는 '權·實이 쌍행하다[權實雙行]'고 하며, 셋째는 '二諦를 다 같이 펼친다[二諦竝陳]'고 하고, 넷째는 '性·相이 融卽하다[性相融卽]'고 하며, 다섯째는 '체·용이 자재하다[體用自在]'고 하며, 여섯째는 '공·유가 서로 보충하여 이루다[空有相成]'고 하며, 일곱째는 '正·助를 겸수하다[正助兼修]'고 하고, 여덟째는 '同·異가 차별이 없다[同異一際]'고 하고, 아홉째는 '修·性이 다르지 않다[修性不二]'고 하고, 열째는 '인·과가 차이가 없다[因果無差]'."고 한다." 한 것이다. 이 '원수십의'는 이 책 본문에 가서 다시 자세히 해석하겠다. '만선동귀'를 이렇게 해석하지 않으면 이 책의 내용과 합치하지 않고, 그러면 이 책의 제목을 세우지 못한다.

集 - 여기에는 聚合(한데 모아 합하다)과, 彙輯(모으다)과, 成就(이루다)와 齊同(일치함) 등의 뜻이 있다. 고인의 저술은 經書·史書·諸子·文集 네 부[4]로 나누는데, '집'은 그 가운데 한 가지다. 무릇 종류에 따라 늘어놓고[比類], 한데 모으며[聚集], 관련 자료나 저술을 모아 엮은 책[輯錄]을 모두 '집'이라 한다. 불교 경전은 대소승의 경·율·론 삼장으로 나누는데, '집'은 대승 논장에 속한다. 이 책을 '만선동귀론'이라 하지 않고 '만선동귀집'이라 한 것은, 거기에 集大成(여러 가지 학설이나 사상 등을 모두 모아 체계를 세워 정리함)과 集注(여러 사람의 주해를 한데 모음) 두 가지 뜻이 있다. 다시 말하면 불교의 空·有, 性·相 각 宗이 경과 논

---

4   經書는 성인의 언행과 가르침을 적은 四書나 五經 따위. 史書는 역사를 기록한 책. 諸子는 先秦에서 漢나라 초기까지의 각 학파의 학자나 그들의 저술. 文集은 한 사람 또는 여러 사람의 작품을 모아 엮은 책.

에 대해 주석한 것을 모은 것이니, 저술한 것을 융회하고 관통하여 하나의 책이 이루어진 것이다. 예를 들면 불교의 보살 행문인 『제경요집』과 『영가집』과 『안락집』 등과, 유교의 『四書集註』와 『漢書集註』가 모두 같은 종류이다.

결론적으로 말하면 백 천 가지 법문이 마음을 여의지 않았고, 갠지스강 모래 같은 공덕이 모두 心源에 있으니, 善은 지극한 보배라 세세생생 수용하여도 다하지 않고, 마음은 좋은 농토라 대대로 농사지어도 남음이 있는 것과 같다.

무릇 마음이 있는 사람이 불법에 의지해 수행하면 理·事가 무애하니, 여러 가지 악행은 짓지 않고 여러 가지 선행은 받들어 행하면[事] 스스로 그 마음이 청정하고[理], 일심으로 염불하면 모두 반드시 성불하리니, 그러므로 '만선동귀'라고 하였다.

을 2. 본체를 밝힘

이름[名]은 가짜 이름이요 본체[體]는 실질적인 것이다. 모든 법에 그 이름이 있으면 반드시 그 본체가 있다. 그러므로 이름을 해석한 후에는 반드시 체질(본바탕)이 무엇인가를 밝혀야 한다. 용수보살의 『석마하연론』에 "대승경전은 '실상'으로 印(결정된 교리)을 삼으니 경전의 正體이다. 무량공덕이 모두 이것을 장엄하니, 갖가지 수행이 이것으로 돌아가고 언설과 문답이 이것을 밝힌 것이다. 비유하면 뭇별이 북두를 안고 돌고 모든 물이 동해를 알현하듯이, 실상이 경전의 본체가 되는 것이다." 하였다.

이렇게 모든 대승경전이 모두 실상으로 본체를 삼지만, 인연에 따라 이름을 세운 것이 각각 서로 같지 않다. 예를 들면 『화엄경』은 一眞法界로 본체를 삼고, 『능엄경』은 여래장인 妙眞如性으로 본체를 삼으며, 정토종의 세 가지 경전과 한 가지 논(세 가지 경전은 『무량수경』, 『관무량수경』, 『아미타경』. 한 가지 논은 천친보살의 『정토론』)은 無量光壽의 부처님 이름으로 본체를 삼고, 『대열반경』은 三德(법신·반야·해탈)이 비밀리에 갖추어져 있음을 본체를 삼으며, 『법화경』은 實相으로 본체를 삼는 것과 같으니, 이 경 「방편품」에 "나는 모양으로 장엄한 몸[相嚴身]으로 實相印을 설한다." 한 것이다. 이 책을 '만선동귀'라 한 것은 똑같이 이 하나의 '실상인'으로 돌아간다는 뜻이니, 그 뜻을 印定(인가하고 확정함)한 것이 이 책의 바른 체성이다. 그러므로 이 책 첫머리에 "여러 가지 선행이 돌아가는 곳은 모두 실상으로 종을 삼는다." 한 것이다.

그렇다면 '실상'이란 무엇인가? 천태지자대사가 『법화현의』에서 "실상의 '상'은 모양이 없고 모양 아닌 것도 없으니 이것을 '실상'이라 부른다. 이것은 파괴할 수 없고 진실하기 때문에 이와 같은 이름을 얻었다. 이 실상은 제불이 얻은 법이기 때문에 '妙有'라고 하고, 묘유는 비록 볼 수 없지만 제불은 능히 볼 수 있기 때문에 '더할 나위 없이 미묘한 형색'이라 부른다. 실상은 양극단이 있는 것이 아니기 때문에 '畢竟空(완벽한 공)'이라 하고, 공한 이치는 맑고 고요하여 하나도 아니고 다른 것도 아니기 때문에 '如如'라 하며, 실상은 적멸하기 때문에 '열반'이라 한다. 깨달으면 변화하지 않기 때문에 '虛空佛性'이라 하고, 거두어들여 간직한 것이 많기 때문에 '여래장'이라 하고, 고요히 비추어 신령하게 알기 때문에 '中實理의 마음'이라 한다. 有에 의지하지 않고 無에도 의지하지 않기 때문에 '중도'라 하고, 가장 높아 더 지나가는 것이 없기 때문에 '제일의제'라 한다." 하였다.

간단히 말하면, 실상이란 一心의 二門이니, 心眞如門은 모양이 없고 心生滅門은 모양이 없지도 않아서, 一心은 모양이 없지만 모양이 없지도 않으니 이를 '실상'이라 한다. 사람은 누구나 마음이 있으니 마음이 있으면 누군들 실상을 갖추지 않으며, 마음밖에 법이 없으니 어떤 법인들 실상이 아니겠는가? 만약 證知를 말한다면 오직 제불만이 가지고 있지만, 원교보살인 경우에는 발심하면 一心 三觀(空·假·中 三觀.『불광사전』p706-하)의 佛智를 사용하여 一境 三諦(제법실상의 진리를 空·假·中 세 가지로 나눈 것)의 제법을 비출 수 있으니, 그러므로 이 눈앞의 일념 부사의한 일심 이문의 실상을 능히 信解할 수 있다. 반드시 알지니, 부처님의 지혜로 아시고 보신 것은 곧 일체중생이 모두 갖춘 일심 이문의 진실한 모양이니 이를 '중도'라 하고, 또한 '불성'이라 한다. 부처님이 세상에 오신 본의는 중생에게 부처님의 지견을 열고[開:開發], 보이고[示:顯示], 깨닫고[悟:證悟], 들어가서[入:證入] 모두 부처가 되게 하였던 것이니,『법화경』「방편품」에서 "무릇 법을 듣는 자는 한 사람도 성불하지 않는 자가 없다." 한 것과 같다. 보살이 책을 써서 법을 널리 편 것도 이와 마찬가지로 반드시 이 일심 이문의 실상으로 본체를 삼은 것이다.

일심 실상이 能歸의 본체요, '무량공덕' 아래 세 구절[5]은 所歸의 작용이다. 본체로 말미암아 작용을 일으키는 것을 '萬善'이라 하고, 작용을 거두어 본체로 돌아가는 것을 '동귀'라 하니, 본체가 있고 작용이 있어서 본체와 작용이 서로 여의지 않는 것이 이 책의 바른 체성이다.『釋論』에서 말한 "응당 무량공덕을 닦아 이를 장엄하고 크고 작은 선행으로 이곳으로 돌아가, 갖가지 문답을 가설하여 이 思議하기 어려운 일심 실상을 해석한다." 하니, 바로 이 책과 동일한 뜻이다. 여기서 말한 '무량공덕'의 공덕은 곧 力用이니, 모든 악을 없애고 모든 선을 내기 때문에 한없는 공덕이 있다. 이 한없는 공덕으로 함께 일심 실

---

5   위에서 인용한『석마하연론』의 글 중, '무량공덕은 모두 …' 한, 세 구절.

상의 본체를 장엄해야만 비로소 만덕 장엄의 불과를 성취할 수 있다. '갖가지
衆行'의 중행은 곧 육도만행이다. 본체로 인하여 작용을 일으키는 것을 '중행'
이라 하고, 작용을 거두어 본체로 돌아가는 것을 '돌아가는 곳'이라 한다. 예를
들면 물이 파도를 일으키지만 파도가 도로 물로 돌아가듯이, 법도 이와 같다.
'언설과 문답'이란, 이 책에서 한 수많은 문답이다. 이 일심 만행과 만행 일심
의 事와 理를 해석하고 밝히지 않은 것이 없으니, 『대지도론』에서 "불법을 설
하는 사람이 없으면 지혜가 있더라도 능히 알지 못한다." 한 것과 같이, 언설과
문답은 달을 가리키는 손가락이지만 없어서는 안 되는 방편이다.

　『석론』에서는 다시 두 가지 비유를 들어 작용을 거두어 본체로 돌아감을 밝
혔다. '뭇 별'과 '온갖 물[衆流]'은 세간과 출세간의 만선과 일체 보살의 만행을
비유하고, '북두'와 '동해'는 일심 이문의 실상과 만덕 장엄의 불과를 비유하
였다. 별은 반드시 북두를 안고 돌고 물은 반드시 바다로 돌아가니, 우리 불자
들이 닦아야 할 만선은 반드시 일심 성불로 돌아간다는 것을 말한 좋은 비유이
다. 이 책을 '만선동귀집'이라 한 것은, 확실히 불법의 큰 성과물을 모았고, 제
법의 실상을 밝혔으며, 사견을 타파한 날카로운 도끼며, 성불을 보인 지남침이
기 때문이다.

을 3. 宗要를 밝힘

　　　　　　　모든 경전의 理體는 다르지 않지만 모든
경전의 修證은 한 가지가 아니다. 理體는 심진여문에 속하고 修證은 심생멸문
에 속하니, 일심의 이문은 다르지 않으면서 다르므로 종요가 있고, 하나가 아
니지만 하나이기 때문에 체성이 있다. 일심 이문으로 말미암아 修·證과 因·果

를 연기하니, 이것이 다르지 않으면서 다르니 이것이 미묘한 종요[妙宗]요, 수증과 인과가 똑같이 일심 이문으로 돌아가니, 이것이 다르면서 다르지 않으니 이것이 미묘한 체성[妙體]이다. 이 책의 종요는 일심 이문의 '원수십의'로 종취를 삼으니, 법성이 융통함과, 이사가 무애함과, 일심 만행과, 만행 일심과, 만선을 널리 모음과, 만행을 원만히 거둠을 널리 밝혔으니,『화엄경』의 종취와 원교의 종취인 점은 다르지 않다. 이 책에서 설하는 열 가지 뜻[十義]은 이미 앞에 '이름을 해석한 곳'에서 나열하였고, 본문에 가서 다시 해석한다. 이 열 가지 뜻은 中觀과 唯識의 심요를 모두 종합하여 모았으니, 그러므로 이 책에서도 중관과 유식으로 종요를 삼는다.

을 4. 力用을 논함

'力'에는 악을 없애는 공이 있고 '用'에는 선을 내는 덕이 있으니, '역용'은 닦고 증득하여 얻은 공덕이다. 중생의 苦報인 몸과 마음이 惡果요, 중생의 미혹하고 전도된 惑業이 惡因이니, 악인을 제거하지 않으면 악과가 없어지지 않는다. 그러므로 이 책은 질문과 대답을 널리 가설하여 곳곳에서 우리들이 돌아갈 눈앞 일념의 마음에 자성이 청정한 것과, 인연에 따라 자재한 것과, 사사무애하여 불가사의한 큰 힘과 큰 작용을 갖추었음을 말하였다.

이 책은 일체 악을 없애고 일체 선을 낼 뿐만 아니라, 자신을 이롭게 하고 남을 이롭게 하며, 세 가지 근기를 널리 유익하게 하고, 돈과 점을 모두 거두었으니, 본문에서 말한 대로 **"문** : 이 책에서 밝힌 것은 어떤 근기들을 유익하게 하는가? **답** : 자신과 다른 이를 모두 유익하게 하고 돈과 점을 모두 거둔다. 자신을 유익하게 한다는 것은 이 책이 보조적 도행인 원만한 문이요 수행의 밝은 거울이며, 남을 유익하게 한다는 것은 진리에 막힌 이를 위한 밝은 태양이요 二見을 타파하는 좋은 약임을 말하였다. 頓行은 性起에 어긋나지 않는 문이요 능히 법계를 이룰 수 있는 행이며, 漸進은 방편의 폐단을 면한 가르침이요 결국 구경으로 돌아가는 敎乘이다. 만약 이를 믿는 자는 부처님 말씀을 봉행하는 것이요, 이를 비방하는 자는 부처님의 뜻을 비방하는 것이다. 믿고 비방하는 과보는 인과가 분명하다. 敎海 가운데 먼지만큼 대략 서술하여 법계 중생에게 널리 베푸나니, 바라건대 정도를 널리 전하여 부처님 은혜를 갚아지이다." 한 것이다.

그러므로 의심을 끊고 신심을 내며, 선을 내고 악을 없애며, 계율을 청정히 지키고 염불하며, 자신을 유익하게 하고 남을 유익하게 하며, 萬善으로 장엄하여 理事가 무애하여 實修에 힘쓰지 않는 惡風을 되돌리고 입으로만 대승을 말하는 惡習을 바로 잡아 똑같이 극락에 왕생하고 똑같이 불도를 얻게 하는 것이 이 책의 力用이다.

을 5. 敎相을 구별함

이 책의 본체와 종요와 역용은 이미 알았지만, 그 교상은 무엇인가? 경·율·론 삼장을 가지고 말하면 이 책은 논장에 속하고, 대소승을 가지고 말하면 대승 보살장에 속한다. 모든 선행[萬善]이 똑같이 일승으로 돌아가고 우리들이 행하는 모든 것이 보살도라, 점점 닦고 배우면 모두 반드시 성불할 것이기 때문이다. 그리고 五時를 들어 말하면 法華時에 해당되니, 대승을 좋아하는 중생을 위해 오직 일불승만을 설하였기 때문이요 방편을 버리고 단지 무상도만을 설하였기 때문이다. 八敎를 들어 말하면 圓頓敎니, 본문에서 설한 "이 책에서 말한 것은 오직 圓宗만을 밝혔으니, 낱낱 연기가 모두 법계[一心]의 實德이라, 이루어지지도 않고 파괴하지도 않으며, 斷도 아니고 常도 아니라서 인연으로 난 한 법이 性起 功德 아닌 것이 없기 때문이다." 하고, 또한 이 책 頌에 "悲를 일으켜 그것이 同體임을 깨닫고, 慈를 행하여 無緣에 깊이 들어가서 몸이 없으나 몸을 갖추었음을 알며, 말씀함이 없으나 말씀이 있음을 깨달았다." 한 것이니, 이것들은 모두 원돈의 교상을 가장 잘 설명한 것이다. 能說의 사람을 들어 말하면 佛, 弟子, 諸天, 神仙, 化人의 다섯 가지가 있으니, 근본은 부처님이 설하셨으나 자취는 제자가 설한 것이다. 왜냐하면, 연수대사는 미타의 응화이기 때문이다.

　이 책의 다섯 가지 현묘한 뜻(오중현의)을 이미 자세히 해설하였으나, 간단히 종합하여 설명하면, 法뿐인 것은 이름이요, 실상은 본체며, 圓修는 종요요, 성불은 역용이며, 대승을 원돈하는 것은 교상이다.

갑 3. 저술한 사람

(1) 평생의 자취

　　　　　　　연수 대사(904~975)의 자는 沖玄, 속성은 王, 본래 丹陽(지금 江蘇省 江寧縣) 사람인데, 나중에 절강성 餘杭縣으로 옮겼다. 五代 말년에 태어나니 지금부터 약 천여 년 전 11월 17일에 태어났다. 숙세에 선근을 심어 어려서 60일 만에 『법화경』전 권을 외울 수 있었다. 열 살 남짓부터 파 마늘을 먹지 않고 하루에 한 끼만 먹었다. 吳越의 錢文穆王 때 현의 관리가 되어 세금을 거두면서, 언제나 관전을 써서 산 생명을 방생하여 죄를 사 사형에 다다랐다. 그러나 죽음 보기를 마치 집으로 돌아가는 듯 얼굴 표정이 변하지 않으니, 왕의 명으로 석방되었다. 그리하여 절강성 鄞縣 四明山에 들어가 翠巖 선사에게 출가하고, 나중에는 절강성 천태산 국청사 德韶 국사에게 참학하여 심지를 발명하고 법을 전해 받고 法眼宗 적손이 되었다. 智者巖에 머무르며 法華懺을 닦으며 도량을 돌고 있을 때, 보현보살 앞에 공양한 연꽃이 홀연히 자신의 손에 있는 것을 보았다. 그래서 숙세의 원을 결정하지 못하여 지자 대사 상 앞에서 일심으로 선정을 익힐지 만행으로 정토를 장엄할지 결정하는 두 가지 제비를 뽑았다. 지극한 정성으로 기도하며 일곱 번 뽑았으나 그때마다 정토 제비를 뽑았다. 그리하여 한결같이 정업을 닦으며 만행으로 보조행을 삼아 극락에 왕생하기를 구하였다. 천태산에 7년 동안 머문 후에 金華 天柱山에 가서 3년 동안 경을 외우다, 禪觀 중에 관음보살이 그의 입에 감로를 흘려 넣는 것을 보고, 이로부터 변재가 막힘이 없었다. 저서에 『神棲安養賦』, 『註心賦』, 『唯心訣』, 『萬善同歸集』, 『宗鏡錄』 등 백여 권이 있다. 그 내용은 마음을 세워 종취를 삼고, 깨달음으로 비결을 삼으며, 性과 相을 융회하고, 佛心에 잘 계합하는 것이다.

처음에는 설두산에 머물며 대중을 이끌며 수행하였으나, 만년에는 오월 충의왕이 그를 청하여 항주 서호 영명사(지금 정자사)에 머물게 하고 智覺禪師라는 호를 내렸다. 하루에 백여덟 가지 일을 일과로 정하고 밤에는 별봉에 가서 길을 걸으며 염불하였다. 제자는 늘 2천이나 되었고 조용히 따르는 자는 백 명이나 되었다. 고요한 밤에는 사방에서 수행하는 이들이 모두 산중에서 하늘음악 연주하는 소리를 들었다. 충의왕이 찬탄하기를 "자고로 서방에 왕생하기를 구한 사람 중에 이렇게 간절한 분을 본 적이 없다." 하고는, 마침내 西方香嚴殿을 세워 그의 뜻을 이루어주었다. 영명사에 머문 지 15년 동안 일생 『법화경』을 모두 만 삼천 부를 외웠고, 제자 천칠백 명을 제도하였으며, 항상 대중에게 보살계를 주었고, 귀신에게 먹을 것을 주고, 수를 헤아릴 수 없을 정도로 생명을 사서 방생하며 이것들을 모두 정토를 장엄하는 데 회향하니, 四衆이 연수 스님은 미륵보살이 하생한 것이라고 칭송하였다.

북송 개보 8년(975) 2월 26일, 새벽에 일어나 향을 사르고 대중에게 게를 설하기를 "늘 입으로 미타를 부르고 생각마다 백호를 생각하라. 이렇게 하여 물러가지 않으면 반드시 안양에 태어나리라." 하고는 가부좌를 하고 죽었다. 나이는 72세였다.

나중에 志全이란 스님이 강서성 임천부에서 항주에 와서 스님 탑 앞에서 정성을 다해 예배하고 탑을 돌았다. 사람들이 "무엇 때문에 그렇게 하십니까?" 하고 물으니, "내가 병이 들어 죽어서 명부에 들어갔는데, 염라왕이 전각 왼쪽에서 어떤 스님 형상에 공양하며 정성을 다해 예경하는 것을 보고 가만히 다른 사람에게 물으니, '이 분은 항주 영명사 연수 선사입니다. 지금은 이미 서방의 상상품에 왕생했으므로 왕이 그의 덕을 사모하여 이처럼 끊이지 않고 예경하는 것입니다' 하고 말하였소." 하였다. 이 스님은 목숨으로 죽음을 얽어매지 못할 분이라 여기고 염라왕이 사람을 보내 이승으로 돌아가게 하였다. 그래서 일부러 와서 탑을 돌며 공경을 다하였던 것이다.

　　스님에 관한 이런 전설이 있다. 한번은 충의왕이 연수 스님에게 "요즘 천하 선지식 가운데 누가 불보살의 응화로 오셨을까요?" 하고 물으니, 스님이 "서호 영은사 長耳 화상은 정광여래의 응화신입니다." 하였다. 충의왕이 이 말을 듣고 곧 영은사로 가서 장이 화상을 뵙고 한번 절할 때마다 "제자는 일심으로 정광여래께 정례하나이다." 하였다. 그러자 장이 화상이 이 말을 듣고 연거푸 "미타는 말이 많아! 미타는 말이 많아!" 하고는, 금방 단정히 앉아 죽었다. 충의왕은 매우 슬퍼하는 한편 연수 선사가 미타의 응화신임을 알고 다음날 이른 새벽에 영명사에 도착하여 아미타불께 정성을 다해 예배 공양하리라 생각하고는 절에 들어가니 곧 종소리가 들려왔다. 스님이 바로 이때 가부좌하고 왕생하였던 것이다. 이 두 분은 과거와 현재 부처님으로서, 응화한 인연을 단 한 가지씩 말하여 피차 발설하고 곧 세상에 머무르지 않았던 것이다. 중생이 박복하여 인천의 안목이 사라졌으니 실로 애석한 일이 아닐 수 없다. 그러므로 송나라 때부터 지금까지 중국 불교의 명절은 연수 스님의 생일인 11월 17일을 아미타불 성탄일로 친다. 이를 보면 확실히 연수 스님은 미타가 이곳에 응화하신

聖僧임을 알 수 있다.

(2) 설하신 법어 몇 가지

1.『만선동귀집』에 말하였다.

"구품 경문에는 본래 오르내림이 있지만, 위아래를 아우르는 것은 두 가지 마음에서 벗어나지 않는다. 첫째는 定心이니 만약 定觀을 닦으면 상품왕생을 얻을 수 있다. 둘째는 專心이니 단지 부처님 명호만을 염하고 여러 가지 선행을 보조적으로 닦아 회향 발원하면 하품을 얻는다. 그러므로 일생 귀의하여 목숨이 다할 때까지 정밀히 닦아야 한다. 앉거나 눕더라도 항상 서쪽을 바라보고, 행도예경(일정한 차례나 간격을 벌려 줄을 지어 불상이나 탑이나 법당을 돌며 예배하는 것)하며 염불 발원할 때마다 간절히 정성을 다하고 다른 생각이 없어야 한다. 마치 감옥에서 … 일심으로 구해주기를 구하고 고통에서 벗어나기를 바라듯이, 속히 무생을 깨달아 널리 일체 중생을 제도하기를 발원해야 하니, 이와 같은 지성은 반드시 헛되지 않다. 만약 말과 행동이 일치하지 않거나 信力이 가벼우며 생각생각 마음이 이어지지 않고 자주 뜻이 끊어지면 왕생을 얻지 못한다. 지금은 인이요 임종은 과니, 반드시 인이 진실하면 과는 헛되지 않다. 만약 임종에 열 번 염불로 왕생을 성취하고자 하면 미리 다리를 놓고 공덕을 모아야 하니, 이때 회향하여 생각생각 모자람이 없으면 조금도 염려할 것이 없다." 하였다.

또 이렇게도 설하였다.

【문】

견성 오도하기만 하면 곧 생사를 초월하는데, 어찌 저 부처님을 생각하여 저

국토에 왕생하기를 구할 필요가 있겠습니까?

【답】

진정한 수행인은 반드시 자신을 살펴보아야 한다. 마치 물 마시는 사람이 차고 더운 것을 스스로 아는 것과 같다. 여기 우리가 본받아야 할 교훈이 있어 여러 가지 의혹을 타파해 줄 것이다. '여러분! 반드시 자신의 수행과 이해를 관찰하시라! 견성오도하여 여래의 수기를 받고 조사의 지위를 이어 능히 마명이나 용수보살 만큼 될 수 있는가? 걸림 없는 변재를 얻고 법화삼매를 증득하여 능히 천태지자 만큼은 될 수 있는가? 종통과 설통에 모두 능하고 수행과 이해를 함께 닦아 능히 남양충국사 만큼은 될 수 있는가? 이 여러 보살들은 모두 분명히 가르침을 내려 왕생하기를 누누이 권했던 분들이다. 대체로 이는 자신을 이롭게 할 뿐만 아니라 다른 이들도 이롭게 하기 때문이니, 어찌 남을 그릇되게 하고 자신을 그릇되게 하겠는가? 더욱이 부처님께서 찬탄하시고 신신당부하셨으며, 옛 현인들도 따르기 바라고 공경히 부처님의 가르침을 받았음이랴. … 또한 자신을 제도하여 임종할 때 생사에 자재할 수 있는가? 까마득한 예로부터 악업이 무거웠으니 참으로 앞에 나타나지 않을 수 있는가? 이 하나의 報身이 정말로 윤회에서 벗어날 수 있겠는가? 삼악도의 異類(금수, 귀신) 가운데서 행하고 출몰이 자재하여 정말로 고뇌가 없을 수 있겠는가? 천상과 인간의 시방 세계에 마음대로 의탁하여 진정 걸림이 없을 수 있겠는가? 만약 스스로 깊이 믿어 의심치 않는다면 무슨 선행이 이보다 나은 것이 있겠는가? 그렇지 못하면 잠시라도 잘난 체하여 도리어 영겁에 침몰하여 스스로 좋은 이익을 잃지 말지니, 장차 누굴 원망하려 하겠는가?' 하였다.

　2. 네 가지 선별[四料簡]에 "禪만 있고 淨土가 없으면 열에 아홉은 잘못 되니,

만약 죽음이 앞에 닥치면 금방 저를 따라 가고 만다. 선은 없고 정토가 있으면 수행한 사람은 누구나 가서 단지 아미타불을 볼 뿐이니 어찌 깨닫지 못할까를 걱정하랴. 선이 있고 정토가 있으면 마치 호랑이가 뿔을 단 것 같아서 현세에는 사람의 스승이 되고 내생에는 불조가 된다. 선이 없고 정토도 없으면 지옥에 떨어져 만겁 천생에 사람들이 의지하지 않는다." 하였다.

3. 어떤 사람이 연수 스님에게 "염불하면 어떤 이익이 있습니까?" 하고 물으니 스님이 이렇게 대답하였다.

"이 한 구절 '나무아미타불'을 염하는 것은 중생이 세상을 벗어나는 미묘한 길이며 부처를 이루고 조사가 되는 바른 기회이다. 삼계 인천의 안목이고 마음을 밝히고 성품을 보는 지혜로운 등불이며, 지옥을 깨부수는 맹장이고 수많은 사견을 베는 보검이다. 오천 대장경의 골수이고 팔만 총지의 요문이니, 마치 시방 허공이 끝이 없는 것과 같고 어둠을 밝히는 밝은 등불이요 생사를 벗어나는 좋은 약방문이며, 고해를 건너는 배며 삼계를 벗어나는 지름길이라, 본성 미타이고 유심정토며 化佛이고 本師니, 가장 존귀하고 가장 높은 妙門이고 무량무변한 공덕이다. 여러 불자는 이 말을 깊이 명심하여 이 한 글귀 '나무아미타불'을 가슴속에 담아 잊어버리지 마라! 아미타불이 생각생각 항상 눈앞에 있고 언제나 마음을 떠나지 않게 하라! 일이 없어도 아미타불을 생각하고 일이 있어도 아미타불을 생각하라! 편안하고 즐거워도 아미타불을 생각하고 병들고 고통스러워도 아미타불을 생각하라! 살아있을 때도 아미타불을 생각하고 죽을 때도 아미타불을 생각하라!

이렇게 일념이 분명하여 잃어버리지 않으면 어찌 굳이 다른 사람에게서 돌아가는 길을 찾겠는가? 이른바 '한 글귀 미타 뿐, 다른 생각이 없으면 힘들이지 않고 순식간에 서방에 이르네' 하였으니, 어찌 믿지 않겠는가! 어찌 염불하지 않겠는가!"

[해석]

『만선동귀집』에는 스님이 많은 문·답을 시설하여 불교를 배우려면 반드시 진실하게 수행하여 증득하여야 하고, 정말 뱃속은 텅 빈 채 도도한 마음으로 理에 집착하고 事를 폐해서는 안 된다는 것을 누누이 말씀하였다.

앞부분에 적은 것은 일반 스님들이 저지르기 쉬운 일반적인 병통을 위한 증세에 맞춘 양약이니 마음에 새겨두기 바란다!

마명, 용수, 지자대사를 여러분은 잘 알 것이다. 혜충 국사는 당나라 때 서경 광택사 대덕으로 解가 있고 行이 있으며 宗·說에 모두 능통하여 숙종황제가 저를 배수하여 국사를 삼았던 분이다.

정업을 성취하여 구품에 왕생하는 데는 定心과 專心에서 벗어나지 않으니, 이것은 닦음이 있어야[專心] 깨달음이 있다[定心]는 이야기다. 여러분은 응당 스스로 점검해보기 바란다. 비록 專心(마음을 오로지 한곳에만 씀)으로 염불하는 것만으로도 왕생할 수 있지만, 반드시 믿음[信]과 발원[願]이 간절하고 여러 가지 선행이 있어야만 이를 도와 성취할 수 있다. 그러므로 일생 이 가르침에 귀의하여 이 보신이 다 할 때까지 정업을 정밀히 닦아야 한다. 이 가르침은 참으로 말씀이 간절하고 뜻이 깊으니 蓮友들은 마음속 깊이 명심하기 바란다.

연수 스님이 지은 四料簡에 대해 고인들이 여러 가지로 해석하였다. 그중에 淨宗 13조 인광 대사께서 상해 호국사 息災法會와 거사림에서 보인 법어에서 사료간에 대해 매우 정확하게 설명한 것이 있다. 이는 『인광법사문초』 제

3편 하권에 수록되어 있으니 자세히 읽어보고 깊이 생각해보면 올바른 지견을 갖출 수 있을 것이다.

'염불은 어떤 이익이 있는가?' 하는 것은 우리 모두 매우 절실한 문제이다. 연수 스님은 자비심이 깊어 특히 이 문제를 문답으로 들어 설명하였으니, 글귀마다 주옥같고 말씀마다 도에 합한다. 그 중에 최후의 간절한 가르침은 "한 글귀 '미타'에 다른 생각이 없으면 힘들지 않고 순식간에 서방에 이르리.[一句彌陀無別念 不勞彈指到西方]" 하였으니, 어찌 믿지 않겠는가? 또한 어찌 염불하지 않겠는가?

여러분은 생각해보시라! "본성 미타이고 유심정토며, 化佛이고 本師다." 하였으니, 이 네 글귀 말씀이 한가지인가 다른가? 같은가 같지 않은가? 찬찬히 생각해보기 바란다. "가장 높고 가장 귀한 妙門이다." 한 것은 理며, 또한 "본성미타며 유심정토요, 무량무변한 공덕이다." 한 것은 事며, 또한 서방 미타의 안락정토이다. 그러니 理는 事로 인하여 드러나고 事는 理로 인하여 이루어지니, 부디 理에 집착하고 事를 버려 음식을 말로만 하고 남의 보배만을 헤아리는 어리석은 짓을 하지 마시라!

(3) 고덕의 찬탄시

교화가 왕성한 南屛山을 누구와 비교할까
誦經과 萬善으로 몸을 잘 장엄하셨네.
마침내 상품 연대에 오르시니
염왕이 공경히 예경하였네.
化旺南屛孰與倫

誦經萬善妙嚴身

徑登上品蓮臺去

直得閻王敬禮勤

印光대사 찬송

일체중생이 모두 부처임을 보시고

중생을 구제하기만을 바라 國憲도 잊었네.

저자로 끌려가 참수할 때도 마음이 편안하고 얼굴이 변치 않으니

임금의 사면을 얻어 마침내 출가 원을 이루었네.

일과로 정한 불사는 백여덟 가지요

『법화경』 독송 일 부와 아미타불 십만 번이네.

큰 방편으로 세상에 보이지 않았던들

법의 깃발을 누가 이렇게 세울 수 있었으랴.

觀諸衆生皆是佛

只顧救生忘國憲

赴市心樂顏不變

蒙赦得遂出家願

日課佛事百八件

法華一部佛十萬

若非大權示世間

法幢誰能如是建

[해석]

'化旺'은, 정토 법문으로 중생을 교화하는 일이 매우 왕성함을 말한다. '南屏'은 서호 가의 南屏山을 가리킨 것이다. 송나라 때 永明寺는 이 산 아래에 있었고 지금은 淨慈寺라 개칭하였다. 연수 스님은 영명사에 15년 동안 계셨는데, 스스로 수행하며 다른 이를 교화한 것은 아무도 저와 비교할 수 없는 일들이었다. 연수 스님은 어린아이 때부터 『법화경』을 배송(背誦: 책을 보지 않고 돌아앉아 외움)하여, 돌아가실 때까지 『법화경』을 수지하여 일생 일만 삼천 부를 외웠다. 이밖에 일과로 부처님 명호를 십만 번 불렀고 부지런히 만선을 닦아 정토를 장엄하였다. 그러므로 '몸을 잘 장엄하였다' 하였다. 뒤에 두 구절 시는 연수 스님이 임종에 자리에 앉아 돌아가셔서 극락의 상품상생에 바로 왕생했음을 찬탄한 내용으로 염라대왕이 은근히 예경하였던 것이다. 인광 대사는 연수 스님이 대권보살로 시현하여 오탁악세에서 이와 같이 제불이 똑같이 찬탄하시는 올바른 법의 깃발을 세웠음을 찬탄했다.

연지 대사는 『왕생집』에서 이렇게 찬탄하였다.

"영명 스님은 서래의 直指心印(스님은 법안종 3대 조사로 천태덕소 국사의 법을 이었다)과 함께 정토에 간절한 뜻을 두어, 자신을 이롭게 하고 남을 이롭게 하여 널리 行願을 행하여 만세에 환하게 빛나니, 하생하신 미륵보살이신가! 다시 태어나신 善導대사이신가!"

또 정토 詠史(역사적 사실을 읊은 시가)에 이런 것이 있다.

일곱 번 정토 제비 뽑아

한평생 퇴보하지 않고 정밀히 닦았네.

마음은 안양에 깃들어 賦(『心賦』를 말함)를 쓰시니

자비스러운 얼굴이 九幽(저승)에 걸릴 수 있었네.

七返俱拈淨土圖

畢生不退事精修

神棲安養因成賦

堪以慈容卦九幽

[해석]

안양은 극락세계다. 몸은 사바에 있으나 마음은 극락이니 그러므로 '마음은
안양에 깃든다'라고 하였다. 상상품에 왕생하여 염라왕이 저승에 스님의 초
상화를 걸어두고 공경하고 예배하였다.

바로
해석함

갑 1. 전체 줄거리

모든 불법은 모두 경계[境]와 수행[行]과 과덕[果]으로 큰 줄거리를 삼는다. 예를 들면 『아미타경』은 극락세계의 의보와 정보 장엄으로 경계를 삼고, 부처님 명호를 간절히 잡아 一心不亂에 도달하는 것으로 수행을 삼으며, 제불의 호념하심을 입고 미타가 접인하여 정토에 왕생하는 것으로 과덕을 삼는다. 또한 『반야심경』인 경우에는 五蘊(十八界를 포함함)이 모두 空함을 照見(자세히 살펴봄)함으로 경계를 삼고, 다섯 가지 菩提道(깊은 반야를 행함)를 행하는 것으로 수행을 삼으며, 열반과 보리(일체 고액을 건넘)를 증득하는 것으로 과덕을 삼는다.

연수 대사가 이 책을 짓고 分科를 더하지 않았으나, 확실히 경계와 수행과 과덕 세 가지 큰 줄거리가 있으므로 여기서 이 책의 문장을 들어 이를 보이려 한다.

1. 불가사의 경계를 관하다. ─大智로 일심의 실상을 믿고 이해함(性德)

이 책에서는 바로 본론에 들어가서 "대저 萬善이 돌아가는 곳은 모두 실상으로 종취를 삼으니, 예를 들면 허공이 모든 것을 포괄하고 땅이 모든 것을 발생하는 것과 같다." 하였으니, 이것은 불교를 배우고 수행하려면 먼저 반드시 불가사의한 청정심을 관찰해야 함을 말했으니, 또는 '실상으로 경계를 삼는다' 하기도 한다.

『화엄경』에 "마음은 화가가 온 세상을 그릴 수 있는 것과 같다.", "응당 法界性을 관하라. 일체가 오직 마음으로 지은 것이니라." 한 것이다. 또한, 당나라 혜충국사가 지은 『心經序』에 "제불은 오직 일심만을 가리키시니, 어떤 법인들 마음으로 인해 이루어지지 않았으랴. 心地를 깨닫기만 하면 이를 摠持라고 부른다." 하고, 또한, 수나라 때 慧思 선사 偈에 "心源을 돈오하여 보배 창고를 열면, 숨었거나 나타났거나 간에 영통하여 실상이 나타난다. … 평소에 늘 '부사의'라고 말하였으나, 이 한 마디 이름을 표명하여 대번에 모든 것을 표현하였다." 하였다. 그러므로 천태종 十乘觀法[6]의 첫째가 부사의 경계를 관하는 것이

---

6   天台宗에서 圓頓止觀을 닦기 전 예비조건인 25방편을 닦아 마친 후에 正觀 대상의 규범인 열 가지 관법을 말한다. 이 十法을 써서 인으로부터 과에 이르니, 그러므로 '十法으로 乘을 이루는 觀'이라고 말한다. 약칭 十乘觀法이라 하고 또는 十種觀法, 十乘軌行, 十觀成乘 등이라 한다. 능히 중생의 마음을 안주하게 하기 때문에 '앉아 있는 곳[坐處]'으로 비유하여 '十乘床'이라 부르기도 하고, 관법으로 능히 미망을 제거하는 것이 마치 바람이 먼지를 불어 날려버리는 것과 같기 때문에 '十乘風'이라고 한다. 十法 중에 觀不思議境이 觀法의 본체인 正觀이니, 上根이면 이것에 의지하기만 해도 충분하지만 아직 공을 이루지 못한 中根이면 더욱 정진하여 두 번째부터 일곱 번째 관법까지 이르러야 하고, 下根은 다시 여덟 번째부터 마지막까지 반드시 십종관법을 완비해야 한다. 십종관법은 다음과 같다.
(1)觀不思議境 : 범부가 일상에서 일어나는 일념심 중에 인생의 모든 것을 구비하였음을 관하는 것이다. (2)發眞正菩提心 : 자비심을 일으키는 것이다. 수행자가 처음 관법에 의지하여 아직 성공하지 못했을 때, 원교의 無作보리심을 발하여 보리를 구하여 중생을 제도하기 위해 사홍서원을 세우는 것이다. (3)善巧安心止觀 : 安止觀이라고도 한다. 마음이 진실 본성에 안주하게 하는 것이다. (4)破法遍 : 일체 제법에 두루하여 집착하는 마음을 파제하는 것이다. (5)識通塞 : 能破의 觀에 통하는지 막혔는지를 알아 情智의 득실을 식별하는 것이다. (6)道品調適 : 또는 修道品이라고도 한다. 37道品을 낱낱이 검토하여 그 가운데 수행자의 능력이나 성질에 적합한 것을 닦는 것이다. (7)對治助開 : 助道對治라고도 한다. 비근한 것이나 구체적인 선법을 닦아 장애를 제거하는 데 도움을 삼는 것이다. 곧, 三解脫門을 열어 장애를 대치하는 것이다. (8)知次位 : 비록 범위에 거하나 이미 성위에 올랐다는 교만한 마음을 내지 않고 자기의 수행 계위를 아는 것이다. (9)能安忍 : 안팎의 장애에 대하여 마음이 동요하지 않고 능히 安忍하여 도를 성취하는 일이다. (10)無法愛 : 진정한 보리가 아닌 집착을 제거하고 진정한 보리의 지위에 진입하는 것이다.

다. 화엄종에서는 法界觀을 닦는데, 또한 부사의 경계를 알고 믿음과 이해를 마음속에 두는 것으로 시작하여 입문하게 하였다.

　2. 中道 圓融의 수행을 닦다. − 大行으로 유심정토를 장엄함(修德)

　이 책에서 "그러므로 만법이 유심이니 응당 여러 가지 바라밀을 널리 행해야 한다." 하고, 또한 頌에 "바라건대 더러움 없는 번뇌를 끊고 유심정토에 왕생하기를 원하네." 한 것이다. 그러므로 이 책 맨 뒤에 '圓修十義'를 밝혀 중도 원융의 육도만행을 모두 거두었으니 이것이 이 책의 강요요 대의인 것이다. 이것은 『대반야경』에서 "보살은 응당 三心에 의하여 수행해야 하니, 첫째는 一切智智(부처님의 지혜는 모든 지혜 가운데 가장 수승하다)와 상응할 것을 생각해야 하고, 둘째는 無所得으로 방편을 삼아야 하며, 셋째는 大悲로 우두머리를 삼아야 한다." 한 것이니, 맨 앞의 '心'은 부사의 경계를 관하는 것이요, 뒤에 두 가지 '心'은 중도를 행하는 것이다. 무소득은 理이고 空이요, 대비는 事이고 有니, 이것은 空과 有가 서로 보완하여 완성하고, 理와 事가 걸림 없는 중도행이다.

　이것은 이 책 마지막 게송에 "보리는 냄이 없이 내고, 불도는 구함이 없이 구하며, 묘용은 행함이 없이 행하고, 眞智는 지음이 없이 짓는다. … 거울 가운데 마군을 항복 받고, 몽중 불사를 크게 짓는다." 한 것과 뜻이 같다. 위없는 보리심을 내는 것은 대비심이니 곧 대승을 닦고 배우는 시작이요, 眞智와 妙用은 무소득이니 곧 보살도의 과정이요, 위없는 보리를 구하고 증득하는 것(또는 '一切智智'라고도 한다)은 모든 보살행의 종점이다. 그러므로 三心에 의지하여 중도를 행하는 것은 대승의 시작과 끝의 심요이다. 그러므로 이 책의 갖가지 문답이 모두 대승 중도행을 원만히 닦기를 사람들에게 보인 금과옥조와 같이 유익한 말씀이다.

3. 원교 일승의 과덕을 이루다. – 대비로 법계중생을 널리 제도함(果德)

이 책 게송에 "幻化와 같은 중생을 널리 제도하여 똑같이 적멸보리를 깨달아지이다." 하니, 이것은 대승 불과를 깨닫고 일심 실상을 깨달아 불법을 구족하여 유정을 널리 제도하는 것이다. 중생이 幻化와 같음을 관하는 것은 경계요, 함식(중생)을 널리 제도하는 것은 수행에 속하며, 똑같이 적멸[斷果]과 보리[智果]를 증득하는 것은 과덕에 속한다. 그러므로 나는 여기서 이 책을 강해함에 있어서 전집을 경계[境]·수행[行]·과덕[果] 세 가지 大科로 나눈 후에 이를 해석하고자 한다.

갑 2. 이 책 내용을 따로 해석함

을 1. 불가사의 경계를 관함 – 大智로 일심 실상을 信解함(性德)

宗 – 衆善이 돌아가는 곳은 모두 실상으로 근본을 삼는다.

因 – 왜냐하면 一如에 계합하기만 하면 저절로 중덕을 포함하여 … 차별이 없이 평등하기 때문이다

喩 – 허공이 모든 것을 포용하는 것 같고, 땅이 모든 것을 발생하는 것과 같다.

이 책은 제일 먼저 불가사의 일심 실상을 관하는 것으로 경계를 삼으니, 완전히 因明學에 의해 宗·因·喩의 이론 방식으로 그 바른 뜻을 세운다. 이와 같이 해야만 비로소 모든 보고 듣는 이가 바른 믿음을 내고 바른 이해를 얻게 한 후에 이 수행에 의해 聖果를 증득할 수 있기 때문이다. 지금은 이 책에 근거하여 종·인·유 三科를 나누어 간단히 강의하기로 한다.

병 1. 宗을 세우다

대저 여러 가지 선행[衆善]이 돌아가는 곳은 모두 실상으로 宗(근본)을 삼으니

夫衆善所歸, 皆宗實相,

이 두 구절은 宗을 세운 것이다. '夫' 자는 發起語니, 『禮記』와 『禮運』에 "夫禮之初(대저 예의 시초는)"라는 구절과 같다. 또한 '凡(무릇)' 자와 같으니, 『효경』에 "若夫慈愛恭敬(자애 공경에 관해서는. '若夫'는 말을 시작하는 語氣)"이라는 구절과 같다.

무릇 세간이나 출세간의 모든 善法을 '여러 가지 선행[衆善]'이라 부른다. 매 하나의 선법이 모두 인연이 모이면 나고 인연이 흩어지면 없어지며, 이것이 있으므로 저것이 있고 이것이 없으므로 저것이 없어서 결국에는 일심 실상에 돌아가 평등하여 차별이 없다. 이 緣起와 性空을 또한 '中觀'이라고도 하는데, 반드시 이와 같고, 본래 이와 같고, 결정코 이와 같다. 이 중관으로 일심 실상을 관하는 것으로 종을 세웠으니, 그러므로 '중선이 돌아가는 곳은 모두 실상으로 종을 삼는다' 하였다.

'宗'은 지존의 뜻이니 祖宗(조상, 시조)과 같고, 주체의 뜻이니 종주국과 같으며, 본원의 뜻이니 『五燈(宗)會元』(20권. 송 普濟 지음)과 같다. 또한 歸趣(귀착하는 취지나 의도)의 뜻이 있으니 '만선이 다 같은 곳으로 돌아간다[萬善同歸]' 한 것과 같다. 곧 똑같이 중도의 수행과 일심 실상의 경계로 돌아가는 것이다.

이 책의 하권에 나오는 많은 게송에도 우리들이 마음속에서 어떻게 중관을 실천하여 중도실상의 一心을 깨달을 수 있는가를 보이고 있다. 바라건대 인연 있는 분은 모두 일심 만행과 만행 일심의 중관을 깊이 관하여 자신을 제도하고

다른 이를 제도하기 바란다.

또한, 이 책에서 세운 종지는 '삼계유심'과 '만법유식'이다. 왜냐하면, 유식의 교리는 모두 제법에 모두 三性이 있음을 설명하고 있기 때문이다. '삼성'이란, 첫째는 遍計所執性(널리 계교하여 집착하는 성)이니 순전히 더럽기만 하다. 곧 중생의 망견이니 손가락을 달이라고 집착하는 것이다. 그러니 응당 버려야 한다. 둘째는 依他起性(저것(인연)에 의해 일어난 성)이니 더러움도 있고 깨끗함도 있다. 곧 중생의 正見이니 손가락에 의해 달을 보는 것이다. 그러니 응당 찾아서 모아야 한다. 셋째는 圓成實性(圓滿·成就·眞實한 성)이니 순수하게 깨끗하기만 하다. 事는 理로 인하여 이루어지고 理는 事에 의해 드러나 원만하게 성취하였다. 곧 세간 출세간의 진리는 모든 물이 파도이고 모든 파도가 곧 물이라, 물과 파도가 비록 다르나 젖는 성질은 똑같아서 같은 것도 아니고 다른 것도 아니다. 그러니 응당 깨달아 더러운 것을 돌려 깨끗하게 하여야 한다.

　이 책 '종을 세우다'에서 "衆善이 돌아가는 곳은 모두 실상으로 종을 삼는다." 하였는데, 앞 구절(중선 운운)은 깨끗한 부분[淨分]의 의타기성을 가리키고, 뒷 구절(모두 실상 운운)은 순수하게 깨끗한[純淨] 원성실성을 가리킨다. 의타기의 衆善(육도만행을 포함함)의 事相은 반드시 똑같이 원성실성의 一心 理性으로 돌아간다. '心'은 또한 '識'이다. 識은 더럽고 깨끗한 것으로 나누고, 心은 진실하고 허망한 것으로 나누니, 중생의 識은 허망하고 더러운 것이요 제불의 心은 진실하고 깨끗한 것이라, 모양[相]과 작용[用]은 같지 않으나 그 본체[體]는 다르지 않다.

그러므로 모름지기 악을 그치고 선을 닦으며, 더러운 식을 돌려 깨끗한 식으로 삼으며, 범부의 마음을 돌려 부처의 마음으로 삼아 속히 성불하여야 한다.

병 2. 비유를 들다

集

마치 허공이 (모든 것을) 포납(포함·용납)하고, 땅이 (모든 것을) 발생(발기·출생)하는 것과 같다.

如空包納, 似地發生。

講

이 두 구절 문장은 비유를 들었다. '허공이 포납하는 것과 같다' 한 것은, 一心이 만법을 포함하고 용납함을 비유하였다. 예컨대 천태에서 "일념에 삼천의 性相을 갖추었다." 한 것이니, 그러므로 "실상에 돌아가는 것으로 종을 삼는다." 하였다.

'땅이 발생하는 것과 같다' 한 것은, 일심에서 만법의 衆善을 출생함을 비유하였으니, 그러므로 '衆善이 돌아가는 곳'이라 하였다.

허공은 청정한 본래의 자연이라, 광대하고 끝이 없어 능히 만사 만물을 포용하고 간직하고 용납하듯이, 중생의 일심 실상도 그러하여 十法界의 依·正, 事·理를 포용하고 용납하므로 '허공이 포납하는 것과 같다' 하였다. 대지가 모든 종자를 함장하고 모든 생물을 발생하듯이, 마음도 대지와 같이 일체 선법 선행을 발기하고 출생하므로 '땅이 발생하는 것과 같다' 하였다. 그래서 傳法偈에 "心地가 여러 가지 종자를 간직했다가 비를 만나면 모두 다 싹이 튼다." 한 것이다.

불교의 허다한 수행문에서도 항상 '심지법문'이라는 명칭을 사용한다. 예를 들면 『대승본생심지관경』「관심품」에 "중생의 마음은 마치 오곡과 오과가 대지에서 자라듯이, 心法도 이와 마찬가지로 세간 출세간의 선악의 五趣와, 有學

·無學과, 독각·보살과 여래를 출생하니, 이러한 인연으로 삼계가 오직 마음뿐
이라, 마음을 '땅'이라 부른다." 하였다.

병 3. 因을 말하다

集

그러므로 一如에 계합하기만 하면 저절로 衆德을 갖추게 된다. 그러므로 眞際
를 움직이지 않고 萬行이 항상 일어나고, 緣生을 파괴하지 않고 法界가 항상 나
타나니, 고요함[寂]이 작용[用]을 방애하지 않고 俗이 眞을 어기지 않는다. (그러
므로) 有와 無를 다 같이 관하면 서로 차별이 없어 평등하다.

是以但契一如, 自含衆德。然不動眞際, 萬行常興。不壞緣生, 法界恒現。寂不閡
用, 俗不違眞, 有無齊觀, 一際平等。

講

이번 문장은 앞에서 세운 宗의 뜻 가운데 가장 근본이 되는 本因을 설명하였으
니, 또한 中觀과 唯識의 요지이기도 하다.

　'그러므로[是以]'라고 한 것은 앞의 말을 받은 것이다. 앞에서 세운 宗과 비유
에 대해서는 이미 설명하였다. 그러므로 이어서 근본적인 원인[第一因]은 무엇
인지를 설명해야 한다.

　'一如에 계합하기만 하면 저절로 衆德을 갖추게 된다' 한 것은, 근본적인 원
인을 밝히면서 세 가지 방면에서 설명한다.

　첫째는 相宗의 唯識에 의해 설명한다. 보살이 닦고 증득한 인·과와 제불의
체·용은 모두 眞如心 가운데 청정한 무루종자로부터 발생하고, 범부와 외도의

생사윤회는 아뢰야식의 더러워진 유루종자로부터 연기한 것이니, 이러한 유루와 무루 종자가 법계연기의 가장 큰 원인인 것이다. 이렇게 진여 무루종자가 연기한 衆善으로 인하여 자연히 갖가지 공덕과 과보를 함유하니, 예컨대 佛身, 淨土, 五眼, 五通, 十力, 四無畏 등이, 이른바 '이것이 있으므로 저것이 있다' 한 것처럼 자연히 그러하다. 그러므로 '一如에 계합하기만 하면…' 한 것이다.

둘째는 空宗의 中觀에 의해 설명한다. '一如'는 곧 제법의 평등 空性이니, 평등을 '一'이라 하고 공성을 '如'라 한 것이다. 만약 中觀 正見이 있으면 평등 공성을 깨닫고 중선을 닦아 자연히 性에 부합하는 연기의 일체 공덕을 건립할 수 있다. 『정명경』에 "無住의 근본(性空)으로부터 일체법을 세운다.", 『중론』에 "空의 뜻에 의하여 일체법이 성립된다. 제법이 공하지 않으면 일체법이 이루어지지 않는다." 한 것이니, 그렇다면 공성과 연기인 十如是(十法界에 갖추고 있는 열가지 如是 인과의 법. '如'는 다르지 않다는 뜻이고, '是'는 無非의 뜻)가 중선의 근본 원인[因]이요, 갖가지 유루 무루 공덕은 중선의 본체와 현상이 둘이 아닌[不二] 결과[果]인 것이다.

이같은 인이 있으면 반드시 이같은 과가 있으니, 그러므로 "一如에 계합하기만 하면…" 하였다.

세 번째는 性宗에 의해 해설한다. 一心과 二門은 같지도 않고 다르지도 않으니, 이것을 '一如'라고 부른다. 만약 믿고 이해하여 '일심 이문'에 계합하면 어떤 크고 작은 선행을 닦든 모두 中道行이라, 모두 성불하는 제일 원인이 된다. 『법화경』에 "한번 '나무불'하고 부르면 그럴 때마다 이미 불도를 이루었다." 한 것이니, 일념 심성은 비록 空(진여문)이지만 有(생멸문)이고 유이면서 공이며, 항상 同이고 항상 別이며 항상 별이고 항상 동이라, 有·無가 교차하여 자성이 청정하다. 그러므로 이 책에서 또 설하기를 '眞際를 움직이지 않고(一如) 만행이 항상 일어난다(衆德)' 하였다. 이미 만행이 항상 일어났다면 저절로 무량 공덕을 성취(含)한다.

　나는 위와 같이 三宗으로 나누어 해석하였으나, 만약 원교 보살이라면 이에 대해 원융무애 하여 차별이 없다. 왜냐하면, 오직 마음뿐이고 법이 없기 때문에 '공'이라 부르고, 識種(유식종자)이 없지 않기 때문에 '유'라 하니, 일심 이문이 한 가지가 아니요 다른 것도 아니어서 공과 유가 서로 보충하여 완성한다. 이것은 중생과 부처가 평등하게 갖춘 心性이니, 周遍(두루함)의 뜻이 있고, 본래부터 이와 같다는 뜻이 있다.

　이 일심 이문은 법계연기니 사사무애의 제일 원인이다. 일체 법이 모두 이 일심 이문에 의하여 생긴 것이니 그러므로 고덕이 "心地를 깨달을지니, 그러므로 이를 摠持(모든 것을 갖춤)라고 한다. 만약 마음을 알면 대지에 寸土(매우 작은 흙)도 없다." 하였다. 『화엄경』「묘엄품에」 "끝없는 바다 같은 일체 법문이 똑같이 一法 도량 가운데 모인다." 하니, 앞의 한 구절은 '저절로 중덕을 함유한다' 한 것이요, 뒤의 한 구절은 '一如에 계합하기만 하면' 한 것이니, 十玄門 가운데 첫 번째 同時具足相應門(동시에 구족하여 상응하는 문)[7]이 여기에 해당한다.

　앞에서는 이 전체적인 모습[總相]을 설하고, 뒤에서는 갈라진 모습[別相]을 거듭 설한다.

　'그러므로[然]' 한 것은 접속사이며, 또한 조사이다. 갈라진 모습으로 전체적인 모습을 접속시켜주며, 가장 중요한 원인을 이해하는 것을 도와준다.

　'眞際를 움직이지 않고 萬行이 항상 일어난다' 한 이 두 구절은 十玄門 중 열

7　　이 문은 십현문 가운데 전체적인 뜻을 말하니 나머지 아홉 문은 이 문의 갈라진 뜻이다. '同時'란 전후가 없다는 뜻이요, '具足'은 빠뜨림이 없다는 뜻이며, '相應'은 서로 어긋나지 않는다는 뜻.

번째 主伴圓明具德門(주·반이 원명하여 덕을 갖춘 문)[8]에 해당한다. '진제'는 곧 一如니 이것은 심진여문이요, '만행'은 연기의 衆善이니 심생멸문이다. 진여는 비록 움직이지 않으나 생멸은 항상 일어나니, 이것은 性空이지만 緣起하고 연기지만 성공이니, 이것은 제법이 갖춘 원만하고 밝은[圓明] 性德이다. 一如로 말미암아('眞際를 움직이지 않음') 衆善의 공덕이 원만하니('萬行이 항상 일어남'), 그러므로 '원만하고 밝게 덕을 갖춤[圓明具德]'이라 한다.

『반야경』에 "일심에 만행을 갖추니, 보시는 마음으로 인하여 버리고, 계율은 마음으로 인하여 가지며, 인욕은 마음으로 인해 받아들이고, 정진은 마음으로 인해 행하며, 선정은 마음으로 인해 내고, 반야는 마음에서 일어나며, 방편은 마음에서 나고, 力은 마음으로부터 쓰며, 願은 마음에서 일어나고, 지혜는 마음으로부터 통달한다." 하고, 또한 『禪源都觀序』에 "하나의 본체에서 두 가지 작용이 일어난다. 하나는 海印森羅常住用(바다가 삼라만상을 도장 찍듯이 항상 주하는 작용)이니, 바닷물이 맑아서 어떤 모양이든 나타나지 않음이 없는 것과 같다. 그러므로 '삼라만상이 一法에서 도장 찍은 것이다. 일법이란 소위 一心이다. 이 마음은 일체 법을 섭수하니, 곧 一眞法界(오직 하나 밖에 없는 참된 세계)인 大總相法門(진여 실체)[9]이다. 심체는 하나이나 생각을 내면 차별이 있으니,

---

8   主와 伴이 圓明하여 德을 갖춘 문. 이 문은 果에 나아가 말한 것이니, 중생이 一法이 곧 一切法이 될 수 있을까? 하고 의심하는 것을 타파하였다. 제법은 하나의 법이 主가 되면 그 나머지 법은 伴이 되어 서로 의지하여 장애가 없다. 비유하면 여래가 설한 圓敎法은 터무니없이 홀로 일어난 것이 아니라서 반드시 권속이 된다. 그러므로 시방제불 보살이 서로 主가 되고 伴이 되어 겹겹으로 交參하여 동시에 원교 법문을 몰록 말하니, 설한 법문은 性에 부합한 극진한 말씀이라 여러 가지 덕을 구족한다. 만약 圓明함을 알 수 있으면 하나의 법을 관할 적마다 모두 무진 덕상을 구족하였다.

9   진여는 광대하여 모든 것을 함섭하기 때문에 '大'라 하고, 總體가 한 가지 맛으로 평등하여 차별상이 없기 때문에 '總相'이라 하며, 수행자의 모범이 되기 때문에 '法'이라 하고, 觀智가 通遊하기 때문에 '門'이라 한다.

만약 망념을 여의면 오직 하나의 진여뿐이다. 그러므로 해인삼매라고 한다' 하였다. 둘은 法界圓明自在用(법계가 원명하여 자재한 작용)이니, 이것은 華嚴三昧다. 이를테면 널리 만행을 닦아 理에 맞게 덕을 이루어 널리 법계와 같음을 말한다. 이것은 眞이 妄末을 갖추어 어떤 행이든 닦지 않음이 없고, 妄이 眞源을 관통하여 相이 고요하지 않음이 없다." 한 것과 같다. 이것은 모두 '진제를 움직이지 않고 만행이 항상 일어난다' 한 것에 대한 가장 아름다운 해석이다.

'緣生을 파괴하지 않고 법계가 항상 나타난다' 한 것에서, 앞의 한 구절은 일체법의 연기가 거듭거듭 다함이 없어서 파괴할 수 없어서 진실로 이와 같음을 밝히고, 뒤의 한 구절은 온 세계와 모든 사물이 모두 사사무애법계임을 밝혔으니, 그러므로 '법계가 항상 나타난다' 하였다. 이것은 十玄門 중 여덟 번째 託事顯法生解門(事에 의탁해 관하면 모든 事法이 나타나 능히 사사무애의 勝解를 낼 수 있음)[10]에 해당한다. '연생을 파괴하지 않는다' 한 것은 속제를 폐하지 않는 것이요, '法界가 항상 나타난다' 한 것은 진제를 없애지 않음을 밝혔다.

이것은 『중론』에서 말한 "세속제에 의지하지 않으면 제일의(법계)를 얻지 못한다." 한 것과, 경(『대지도론』)에서 "假名(緣生)을 파괴하지 않고 實相(법계)을 설한다." 한 것이니, 그 뜻은 모두 같다.

'고요함[寂]이 작용[用]을 방애하지 않고 俗이 眞을 어기지 않는다. 그러므로 有와 無를 똑같이 관하면 서로 차별이 없어 평등하다'고 한 네 구절은, 일심과 이문이 원융무애함을 말하였다. 이른바 '二諦가 융통하여 三昧印이다' 한

---

10 이것은 智에 의해 말한 것이니, 중생의 事와 理가 다를 것이라고 집착하는 의심을 파하였다. 모든 事法은 모두 서로서로 연기하니 하나의 事에 의탁해 관하면 모든 事法이 나타나고, 능히 사사무애의 勝解를 낼 수 있다. 사사무애의 진리는 결코 추상적인 이론이 아니라 구체적인 사실이고 현상적인 실사라 곧 진리이다. 이른바 주먹으로 치고 팔을 드는, 무릇 눈에 띄는 것이 모두 도다.

것이니, 곧 대승불법의 궁극적인 뜻이다. '고요함이 작용을 방애하지 않는다' 한 것에서 '고요함'은 일심의 본체니, 『법화경』「약초유품」에서 "항상 고요한 상[常寂滅相]이 마침내 空으로 돌아간다." 한 것과 같다. 고요함이 작용을 방애하지 않는 것은 본체에 의한 작용이니, 본체가 작용을 잃지 않아서 性空이면서 緣起이다. 작용이면서 항상 고요한 것은 작용에 의한 본체니, 작용이 본체를 잃지 않아서 緣起이면서 性空이다. 본체가 있고 작용이 있는 것은 空에 의하고 有에 의하여 자재 무애하다.

'俗이 眞을 어기지 않는다' 한 것의 '속'은 세속제요, '진'은 제일의제다. 속이 진을 어기지 않는 것은 세속의 일체법이 모두 緣生이어서 자성이 없으니 바로 이곳이 곧 제일의제다. 그러므로 이 책 뒤 문장에 "眞은 세우기를 기다리지 않고도 항상 나타나고, 俗은 버리기를 기다리지 않고도 스스로 空하여 二諦가 쌍으로 존재한다." 하였다. 이것을 '俗이 眞을 어기지 않는다'라고 부르니, 파도와 물에서 파도(俗)는 물(眞)을 어기지 않고, 물은 파도를 어기지 않아서, 파도와 물이 동시라, 動과 濕이 무애한 것과 같다.

'유·무를 다 같이 관한다' 한 것의 '유'는 色心인 諸法이요, '무'는 性空이다. 이것은 『심경』에서 "색이 곧 공이요 공이 곧 색이며, 색이 공과 다르지 않고 공이 색과 다르지 않으니 수·상·행·식도 이와 같다." 한 것과 같으니, 그러므로 '유·무를 다 같이 관한다' 하였다. 이것은 또한 '유·무가 교체한다'라고 할 수도 있으니, 不二인 中觀이다. 우주 만물의 차별 제법은 비록 有이지만 모두 동일하게 空하여 자성이 없으니, 이것은 항상 다르지만 항상 같음을 관하는 것이요, 법성이 비록 공하나 모두 각기 다른 연기의 모양[相]과 작용[用]이 있으니 이것은 항상 같으면서 항상 다름을 관하는 것이다. 일체법을 깨달으면 항상 다르면서 항상 같고 항상 같으면서 항상 다르니, 마음과 부처와 중생도 또한 그러하다. 이것이 유·무를 다 같이 관하는 것이다.

'서로 차별이 없어[一際] 평등하다' 한 것의 '一際'는 우리 눈앞의 아주 작은 한 생각은 不變이면서 隨緣이요 隨緣이면서 不變이니, 그러므로 '평등'이라 부른다. 불변이기 때문에 수연일 수 있고, 수연이기 때문에 불변이다. 그러니 同에 집착하거나 空에 집착해서도 안 되고, 또한 異에 집착하거나 有에 집착해서도 안 된다. 왜냐하면 『법화경』「방편품」에 "중생이 곳곳에 집착하니 이들을 인도하여 벗어나게 한다." 하고, 또한 『중론』에 "인연으로 생긴 법을 나는 곧 空이라 하며, 또한 假名이라 하고, 또한 中道의 뜻이라 하노라." 한 것과 같이, 색심 제법이 卽[11] 空, 卽假, 卽中이니 이것을 '서로 차별이 없어 평등하다'고 한 것이다. 또한, 일체법이 마음으로 인하여 건립하여 한 법도 마음 밖에서 벗어남이 없음을 관하는 것이니, 『대승지관』에 "心性이 본래 청정하고 제법이 오직 일심뿐이니, 이 마음이 중생을 만들고 이 마음이 보살과 부처라, 생사도 마음이요 열반도 또한 마음이라, 일심이 두 가지를 만들지만 두 가지가 또한 두 가지 모양이 없다." 한 것이니, 이것은 十法界의 의보와 정보가 결국 모두 자성청정심 중에서 연기하여 같지 아니한 것이 없음을 관하는 것이다. 그러므로 '서로 차별이 없어 평등하다' 한 것이다.

---

11 두 물건이 융합하여 일체여서 차별이 없음을 말한다. 곧 不二不離의 뜻. 두 물건이 서로 표리 관계이고 서로 相離의 관계가 아님을 말한다. 또한 相卽이라고도 한다. 예를 들면 번뇌즉보리, 생사즉열반, 사바즉적광 등의 '즉'이다.

을 2. 중도원융 행을 닦음 – 유심정토를 크게 행하고 장엄함(修德)
병 1. 一心에 의해 萬行을 닦음
정 1. 반드시 닦아야 함을 표하다

集

그러므로 만법이 오직 마음뿐[唯心]이라, 응당 여러 가지 바라밀을 널리 행해야 하고,

是以萬法唯心, 應須廣行諸度。

講

이 두 구절 문장에서 앞 구절은 萬行이 一心이요, 뒤 구절은 一心이 萬行임을 말했으니 곧 중도원융 행을 닦는 전체적인 요점이다. 앞에서는 반드시 부사의한 일심 실상을 관해야 하는 것으로 경계를 삼아야 함을 이미 설명했으니, 곧 만행이 일심인 성덕을 철저히 깨닫는 것이다.

'그러므로[是以]'라고 한 것은, "그러므로 응당 性德으로 인하여 修德을 일으켜야 하지만, 만법이 유심으로 지은 것이라 만행이 일심이니 응당 일심 만행으로 갖가지 바라밀[度]을 널리 닦아야 한다. 그러므로 '마음에 이미 만법을 구족했는데 굳이 육도만행을 닦을 필요가 있을까?' 하고 절대 오해해서는 안 된다." 한 것이다.

정 2. 반드시 여의어야 함을 보이다

集

어리석음을 지키고 적막하게 앉아 멈추게해서는 안된다.

不可守愚空坐, 以滯眞修。

講

'어리석음을 지키고 적막하게 앉아 참된 수행을 멈추게해서는 안된다' 한 것은, 空에 빠져 지혜가 없는 외도나 空에 치우쳐 법에 어리석은 이승을 가리키니, 모두 진공묘유의 중도를 깨닫지 못하고 수행에 滯礙(막힘)가 있는 것이다. '滯'는 막혀서 통하지 않거나 장애하여 행하기 어렵다는 뜻이다. 닦아야 할 수행문에 대해 空에 집착하지 않더라도 有에 집착하면 모두 중도원융의 진실 성덕에 계합하지 못하니 이런 수행으로는 능히 성불하지 못하니, 참된 수행[眞修]이라 부를 수가 없다. 수행이 진실하지 않으면 깨달음도 진실하지 않으니 어찌 부질없이 아무 공도 이루지 못한 것이 아니랴! 그러므로 '어리석음을 지키고 적막하게 앉아 眞修를 멈추어서는 안 된다' 한 것이다.

연수 스님은 이 책에서 많은 문답을 가설하여 중도원융의 수행문을 해석했을 뿐만 아니라 몸소 모범을 보였다. 그는 일생 大行(보살이 불과와 보리를 구하기 위해 큰 서원을 세워 백 겁이 지나도록 바라밀 등 수많은 선행을 닦아 큰 공덕을 쌓는 것)에 싫증을 내지 않고 원융무애하였으며, 수많은 선행을 널리 닦아 정토를 장엄하여 定과 慧가 서로 돕고 理와 事가 무애하였으니, 이러한 法行은 중도원융의 모범이라 모든 불제자들의 본보기이다.

또한 '어리석음을 지킨다'는 것은 지혜가 없거나 겉으로만 알고 진정한 깨달음이 없는 것을 가리키니, 맹목적인 수행이나 어리석은 수행이 아니면 게을러 닦지 않는 것이다. '空坐'는 어리석은 禪이나 증상만인(깨달음을 얻지 못했으면서 얻었다고 잘난 체 하는 사람)을 가리키니 定은 있고 慧는 없어서 법에 얽매임을 당한다. 이런 것들은 모두 수행인들이 가장 저지르기 쉬운 공통적인 병이다. 어떤 이는 불 속에 들어가는 등 사도에 빠지는 것으로 수행인 줄 알거나, 혹은 깨닫지 못했으면서 깨달았다고 여기거나, 얻지 못했으면서 얻었다고 말하며 자신을 그르치고 다른 사람을 그르친다. 그러므로 '…해서는 안 된다' 하였으니, 이런 것들을 버려야 능히 성불의 길로 나아갈 수 있는 것이다.

이 때문에 스님이 그의 저술 『유심결』에 "圓常(心性)에 들어가지 않으면 결국 생사에 윤회할 뿐, 性德에 어두워 眞宗(진실로 수행하여 부처의 종지를 성취하는 것)을 얻지 못한다. …斷에 집착하고 常에 미혹하여 인연을 좇고(마음 밖에 법이 있다고 하며 空과 有에 집착함) 性(중도)을 버리며 그릇되게 知解를 내고 그릇되게 행을 닦는다. 어떤 이는 정신을 조화하고 기를 기르며 자연을 지키고, … 혹은 圓理를 돈독하게 하면서 집착하는 마음을 내어 제호를 마시면서 독을 이루기도 한다. 이상으로 120가지 邪宗 見解를 대강 표시하였으니, 결국 종지를 미혹하고 뜻을 어겨 모두 法性이 융통하고 一旨가 화회하지 못하여 방편을 미혹하고 견해의 강에 빠져 본심을 장애하고 중도에 들지 못한다." 하였다.

스님이 든 120종 邪宗 見解는 수행하면서 '어리석음을 지키고 空坐하여 眞修를 멈추어서는 안 된다' 한 것으로 이를 빠짐없이 말하였다. 수행에 뜻을 둔 분은 이것을 반복하여 자세히 읽고 가슴 깊이 새겼다가, 있으면 고치고 없으면 더욱더 노력하라. 반드시 알지니 모든 불법이 원인이 있고 결과가 있으며 모든 수행이 옳은 것이 있고 그른 것이 있다. 원인이 진실하면 결과가 진실하고 행이 원만하면 이익이 크다. 그러므로 불법을 닦고 배울 적에 반드시 거짓을 버리고 진실을 가져야 하고, 치우치고 삿되어 바르지 않아서는 안 된다.

나는 항상 "사람 구실을 하고 부처를 배우는 데는 반드시 정직한 마음과 올바른 견해[直心正見]로 진실하고 거짓이 없어야 한다. 제불 보살의 원인을 닦고 결과를 증득하는 것이 모두 정직한 마음과 올바른 견해에서 온다."고 말한다.

병 2. 만선을 닦음에 똑같이 一心으로 돌아감
정 1. 이·사가 무애함 (圓修十義 중 제1)
무 1. 뛰어난 행과 뛰어난 이익을 대략 보임

集

만약 만행을 고르게 닦고자 하면 궁극적으로 반드시 理·事에 의지해야 하니, 理와 事가 무애하면 그 道(보살도)가 그 가운데 있다. 그리하면 자신과 타인을 똑같이 이익되게 하여 동체의 자비가 원만함을 얻고, 처음과 마지막을 포괄하여 다함없는 수행을 이룬다.

若欲萬行齊興, 畢竟須依理事。理事無閡, 其道在中。遂得自他兼利, 而圓同體之悲, 終始該羅, 以成無盡之行。

講

여기서부터는 어떻게 만행을 고르게 닦아야 중도원융 할 수 있는지를 설명한다. 첫째는 응당 이와 사가 무애해야 한다.

앞의 네 구절은 수승한 행을 대략 보였다. 만약 위없는 보리심을 내어 육도 만행의 보살도를 수행하려면 궁극적으로 반드시 理에 의해 事를 행하고 性으로부터 修를 일으켜 理와 事가 무애해야 비로소 무상정등정각의 보리도를 성취할 수 있으니, 그러므로 '그 道는 그 가운데 있다' 하였다. 유교에서 "내가 仁

이고자 하면 이 仁이 이른다." 한 것과 같이, 만약 理(性)와 事(修)가 서로 어긋나면 비록 만행을 가지런히 닦더라도 결코 성불할 날이 없으니, 이른바 원인이 진실하지 못하면 결과가 바르지 않기 때문이다.

'그리하면 자·타를 겸리하여…' 라고 한 아래 네 구절은 수승한 이익을 대략 보였다. 대승 보살행은 모두 남을 이롭게 하는 것이 곧 자신을 이롭게 하는 것이라, 性 전체로 修를 일으키고[利他], 修 전체에 性이 있어서[自利] 性과 修가 둘이 아니요 自와 他가 둘이 아니어서 모든 것이 둘이 아니다[一切不二]. 不二가 '同體'니, 그러므로 '자타를 겸리하여 동체의 자비가 원만하다' 하였다. 자신이나 남을 유익하게 하는 여러 가지 수행 가운데 정토법문으로 이사무애에 가장 잘 계합할 수 있고, 가장 쉽게 자리·이타를 성취하여 동체대비의 願行을 원만히 실현할 수 있다.

'처음과 마지막을 포괄하여 끝없는 수행을 이룬다' 한 것은, 因을 닦는 것이 처음이요 果를 증득하는 것이 마지막이니, 因은 果의 바다를 포함하고 果는 因의 근원에 사무치니, 마치 닭과 알이 서로 인·과가 되어 처음과 마지막이 없는 것과 같다. 보살의 육도만행의 인을 닦아 과덕을 증득하는 것도 마찬가지다. 性德으로부터 修德을 일으키면 전체 수덕이 또한 똑같이 성덕으로 돌아가서 서로 인과 과가 되어 인·과가 둘이 아니요, 성과 수가 둘이 아니다. 그렇다면 道 전과 도 중간과 도 후의 보현행이 끊어짐 없이 연관되어 처음과 끝이 포괄하고 망라하니 이것을 '다함없는 행'이라 부른다.
불교의 수행의 인·과는 대·소승이 같지 않다. 대승 불법은 모두 성·수와 인·과와 시·종이 관통하여 이와 사가 무애하고 相卽[12]하고 相入[13]하여 하나가 무량이요 무량이 하나다. 청량국사가 순종황제의 물음에 다음과 같이 대답하였다.

【문】

모든 了義經이 꿰고 있는 근본과 지말의 내용은 어떤 것입니까?

【답】

첫째는 부사의한 경계를 분명히 알아 마음속에 믿고 이해하게 한 것입니다. 다시 말하면 만행과 일심의 성덕이 有이기도 하고 空이기도 함을 분명히 아는 것입니다. 둘째는 진정으로 보리심을 내어 뜻이 고상한 것에 머무르게 한 것이니, 곧 일심과 만행의 수덕을 일으키게 하는 것입니다. 셋째는 교묘하게 止·觀을 설치하여 만행에서 수덕을 돕게 한 것이니, 곧 일심과 만행의 수덕을 갖추어 共과 不共이 있게 한 것입니다. 넷째는 보리에 회향하여 인과가 원만하게 한 것이니, 곧 과덕을 성취하여 부처를 이루어 중생을 제도하는 것입니다."

이상 청량국사가 말씀하신 네 가지는 대승불법의 강요라 대승의 각 宗에 통하니, 禪·淨·律·密·화엄·천태·三論·유식 등 어떤 종을 막론하고 모두 이를 갖추었다.

정토종은 萬行을 가지런히 닦는 크고 넓은 길 가운데 특별한 수행문에 불과하지만 위에서 말한 크고 넓은 길의 강요를 여의지 않았다. 우리는 정토종의 강요를 잘 이해하여 크고 넓은 길 가운데 특별한 길이 있고 특별한 길 가운데 크고 넓은 길이 있음을 잘 알아야 한다.

만약 자력에 의해 계·정·혜와 육도만행을 닦아 聖果를 증득하여 생사를 마쳤다면 이것은 크고 넓은 길이요, 信·願·行으로 염불삼매를 닦아 자신의 힘

---

12 一과 多의 관계. 一이 없으면 多가 이루어지지 않으니, 多로 인하여 반드시 一이 있어서 一과 多가 밀접한 관계가 있어 여의지 않는다.

13 一의 작용이 전체의 작용을 불러일으키고 아울러 사전의 영향을 주니, 전체의 작용이 본래 一로부터 시작하였다. 그러므로 두 가지가 모두 밀접한 관계가 있어 서로 여의지 않음을 알 수 있다.

[感]과 부처님의 힘[應]이 서로 교감하여 정토에 왕생하여 성불한다면 이것은 특별한 것이다. 크고 넓은 법문은 수행하기 어려운 도[難行道]라 하고, 특별한 법문은 수행하기 쉬운 도[易行道]라고 한다. '수행하기 쉽다'는 것은, 일심 이문과 진공·묘유에 계합하여 자·타 두 가지 힘을 구족하니, 착수하는 자는 쉽게 높은 공덕을 이루어서 한번 왕생하면 반드시 퇴보하지 않고 바로 성불할 수 있는 것이다.

그러므로 정토법문은 불가사의하여 일체 제불이 호념하시는 법문이니, 바라건대 여러분은 이를 잘 생각하시라!

이 대승불교의 性·修, 因·果에 대해 간단하게 표를 나열하여 설명하면 다음과 같다.

性	大 (一切衆生 皆有覺性) 覺	大 (皆有如來 智慧德相) 智	大 (惻隱之心 人皆有之) 悲
	心　　　法	性　　　空	緣　　　起
	(空不空如來藏) **正因佛性** (直心)	(空如來藏) **了因佛性** (深心)	(不空如來藏) **緣因佛性** (大悲心)
	(理無礙法界) **一心體大**	(事無礙法界) **一心相大**	(理事無礙法界) **一心用大**
德	(一心) 性體‥一念覺性, 生佛體同。 統一切法	(眞如門常空) 性量‥心如虛空, 遍一切處。 泯一切法	(生滅門常有) 性具‥一念具造百 界千如, 染淨二用。 立一切法
	第 一 義 諦	眞　　　諦	俗　　　諦
	無　量　壽	無　量　光	無　量　覺

		皈依佛(信)	皈依法(解)	皈依僧(行)
修	通途共法	一切智智相應	無所得	大悲心
		律儀戒	善法戒	饒益有情戒
		定學	慧學	戒學
		涅槃寂靜觀	諸法無我觀	諸行無常觀
		無相三昧	空三昧	無作三昧
		中觀	空觀	假觀
		不一不異謂之中	一念無相謂之空	無法不備相謂之假
		息二邊分別止	體眞止	隨緣止
		自淨其意	眾善奉行	諸惡莫作
		發菩提心	學習般若	萬善莊嚴
德	特別不共法	無染清淨心	樂清淨心	安清淨心
		(是心是佛故)	(是心作佛故)	(拔眾生苦故)
		至誠心	深心	廻向發願心
		念彌陀佛本願	念彌陀佛名號	念極樂依正
		性起圓通念佛	心境俱泯念佛	持名觀想念佛
		一句佛號	不起分別	了了分明
		(一)禮拜 (二)讚歎 (三)作願 (信願行)	(四)觀察 (念)	(五)廻向
		有佛力攝受	具自力功德	自他感應道交

		法 身 自性身　實相身	報 身 受用身　智慧身	應化身 變化身　色身
果	成　就 佛果三身	**法　身** 自性身　實相身	**報　身** 受用身　智慧身	**應化身** 變化身　色身
	證　入 三德秘藏	**法身德**	**般若德**	**解脫德**
	得如來 三　號	**如　來** (覺滿)	**正遍知** (自覺)	**應　供** (覺他)
	具足佛果 三智三德	無師智·中道智· 一切種智 斷　德·果圓德·	自然智·實　智· 一切智 智　德·因圓德	無礙智·權　智· 道種智 恩　德·恩圓德
德	復　本 淨　心	不　變 隨　緣	清　淨 自　在	安　樂 無　間
	頓　證 三不退	**念不退**	**行不退**	**位不退**
	圓　入 四淨土	常　寂 光　土	實　報 莊嚴土	方　便 同居土

性 전체로 修를 일으키니 修 전체가 性에 있다. 因은 果의 바다를 포함하고 果는 因의 근원에 사무친다.

대승 법문은 性과 修가 둘이 아니고, 因과 果가 둘이 아니어서 理와 事가 무애하다.

依·正, 色·心, 因·果, 淨·穢가 비록 一心인 것은 같으나, 相과 用에 차별이 있다.

一心이기 때문에 태어남이 곧 태어남이 없고, 모양과 작용이 다르기 때문에 더러운 것을 버리고 깨끗한 것을 취한다.

一心의 性·修에 수순하면 부처님 정토가 나타나고, 情念을 짓는 데 따르면 육도에 윤회한다.

悲·智·覺을 갖추어 信·解·行을 닦고 만선으로 유심정토를 장엄하라.

共과 不共, 자력과 타력이 서로 영향을 주어 중생의 感과 부처님의 應이 교환한다.

修德으로 공덕이 있어야 性德이 비로소 나타나니, 이행도에 의해 속히 과덕을 증득한다.

그러므로 반드시 一心으로 중도행을 닦아야 극락에 왕생하여 無量覺을 이룬다.

청정심으로[性] 청정불을 念하면[修] 청정불토에 왕생하여[果] 인·과가 원만하다.

무 2. 이사무애를 자세히 해석하다

集

만약 理와 事에 대해 논하면 뜻이 깊어 밝히기 어렵나니, 자세히 추구하면 (이와 사가) 하나도 아니고 다른 것도 아니다.

若論理事, 幽旨難明, 細而推之, 非一非異。

講

이 네 구절은 먼저 '이사무애'란 무엇인가를 들었다. 곧 '하나도 아니고 다른 그것도 아니다' 한 것이니 또한 '中觀'이라 하기도 한다. 이것은 중도원융 행을 닦는 핵심이니 만행과 만선을 총괄한다.

이사무애의 논제에 관해 말하면, 그 도리('旨')는 매우 깊고 미묘하여 실로 설명하기 곤란하다. 그래서 반드시 '자세히 찾고 연구해야' 그 心要를 얻을 수 있다. 理는 곧 일심의 진여문이요 事는 일심의 생멸문이니 一心에 두 가지 문을 갖추어 본래 한 가지도 아니고 다른 것도 아니다.

集

그러므로 性實의 理가 相虛의 事라, 力·用이 서로 관통하고 펴고 마는 것이 동시이다.

是以性實之理, 相虛之事, 力用交徹, 舒卷同時。

講

이 네 구절은, 한 가지도 아니고 다른 것도 아닌 까닭을 종합적으로 해석하였으니, 그러므로 '그러므로'라 하였다.

理는 제법의 實性이요, 事는 제법의 虛相이다. '性實'이란 性空이 眞實한 理임을 말하였다. 性空으로 말미암아 事相을 연기하고 비록 연기지만 성공하니, 연기의 事相에서 보면 같은 것이 아니요[非一], 성공의 理性에서 보면 다른 것도 아니다[非異]. 이것을 '같은 것도 아니고 다른 것도 아니다' 하니, 곧 中觀의 종요이다. 나타나지 않고 변천하지 않는 것은 '理'요, 밖에 드러나는 차별상은 인연을 따르고 천변하니 이것은 '事'다. 간단하게 말하면, 무위법은 理요 유위법은 事다. 무위하여 늘 주하는 空性(理)에 果를 내는 능력을 갖추니 이를 '힘[力]'이라 하고, 유위하여 덧없는 法相(事)이 완전히 조작을 빌려 일어나는 것을 '작용[用]'이라 한다.

理와 事는 분리할 수 없고 力과 用은 반드시 서로 통하니[交徹], 서로 의지하는 것을 '交'라 하고, 서로 보충하여 완성하는 것을 '徹'이라 하니, 그러므로 '力과 用이 서로 관통한다' 한 것이다.

中觀에서는, "中觀은 반야의 자성이 空한 것으로 體를 삼고, 緣生에 집착이 없는 것으로 相을 삼으며, 미혹을 끊고 진을 증득하는 공능이 있는 것을 力이

라 하고, 경계를 비추고 작용을 일으키는 작용이 있는 것을 用이라 한다. 체·
상과 역·용은 중관의 일념 마음속에 갖추어져 있으니, 그러므로 '역·용이 서
로 관통한다'고 한다." 하였다.

天台에서는, "性은 제일의 공성을 말하고, 理는 중도 법성의 理를 말한다. 이
理性은 삼덕을 소중하게 보관한 理體니 이를 '性德'이라 하니, 십법계에 두루
통한다. 이 성덕을 알아 신·해·행을 일으켜 圓敎 十信位에 들어가 능히 견·사
번뇌를 끊는 것을 '力'이라 하고, 육근이 청정함을 능히 증득하는 것을 '用'이
라 한다. 이 역·용은 완전히 성덕에서 일어나니, 미혹을 끊었기 때문에 청정을
얻고, 청정함을 증득하기 때문에 미혹을 끊는다. 이와 같은 力·用과 斷·證이
똑같이 불가사의 일심 성덕으로 돌아가니, 그러므로 '역·용이 서로 관통한다'
고 한다." 하였다.

唯識에서는, "제법의 원성실성이 理요 의타기성은 事니, 원성실이 의타기의
'역'이요 의타기가 원성실의 '용'이라 본래부터 같지도 않고 다르지도 않으니,
그러므로 '역·용이 서로 관통한다'고 한다. 또한 種子를 '역'이라 하고 現行을
'용'이라 하니, 종자가 현행을 일으키고 현행이 종자를 훈습하니 이것이 '역·
용이 서로 관통한다' 한 것이다." 하였다.

'펴고 마는 것이 동시다'라고 한 것은, 또한 '나누고[開] 합[合]하는 것이 동시
다'라고 할 수 있다. 一心으로 말미암아 萬行을 닦는 것이 開出(열고 나감)이며 舒
展(뻗어나감. 펼침)이요, 만행을 모아 일심으로 돌아가는 것이 綜合(한데 모아 합함)
이며 卷入(거두어 한 곳으로 들어감)이다. 一心은 차별이 없으니 이것을 '이 마음이
부처다[是心是佛]'라고 하고, 萬有는 다른 것이 있으니 이것을 '이 마음이 부처가
된다[是心作佛]'라고 한다. '시심시불'과 '시심작불', 일심과 만행이 한 가지도 아
니고 다른 것도 아니니, 그러므로 이것을 '펴고 마는 것이 동시다'라고 한다.

또한 '편다'는 것은 性空이면서 緣起의 事니, 한없는 차별의 名相(현상)이 있고, '만다'는 것은 연기이면서 성공의 理니, 가리키거나 설할 만한 차별의 名相이 없다. 理와 事는 차별이 없으면서 차별이 있고, 차별이 곧 차별이 없으며, 늘 다르면서 늘 같으니, 그러므로 '펴고 마는 것이 동시다'라고 한 것이다.

또 본체로 말미암아 작용을 일으키는 것을 '편다'고 하고, 작용을 거두어 본체로 돌아가는 것을 '만다'고 한다. 본체와 작용이 서로 여의지 않아 한 가지가 아니면서 다른 것이 아니니, 한 가지가 아닌 것은 '力과 用이 서로 관통한다'라고 하고, 다른 것이 아닌 것을 '펴고 마는 것이 동시다'라고 한다.

이러한 理와 事가 한 가지도 아니고 다른 것도 아니고, 力과 用이 서로 관통하여 동시인 도리는 매우 심오하여 밝히기 어렵다. 그러므로 스님이 자비로 뒷 문장에서 '물과 파도'라는 가장 좋은 비유를 들어 듣는 자가 비유로 인해 이해하게 한 것이다.

集

본체는 완전하고 두루하여 차별이 없지만, 자취는 能(주체)과 所(객체)가 있어서 차별이 있는 것 같다. 事는 理로 인하여 성립하니 理를 숨기지 않고 事를 이루고, 理는 事를 인하여 드러나니 事를 파괴하지 않고 理를 드러낸다. 그리하여 서로 도와주면 각기 성립하고, 서로 섭수하면 모두 空하다. 숨고 나타나면 서로 일어나고, 걸림이 없으면 가지런히 나타난다. 서로 등지고[相非] 서로 뺏으면[相奪] 곧 有도 아니고 空도 아니요, 서로 의지하고[相卽] 서로 이루어주면[相成] 곧 常도 아니고 斷도 아니다.

體全遍而不差, 跡能所而似別。事因理立, 不隱理而成事。理因事彰, 不壞事而顯理。相資則各立, 相攝則俱空。隱顯則互興, 無閡則齊現。相非相奪, 則非有非空。相即相成, 則非常非斷。

이 문장은 理와 事가 본래 서로 장애 되지 않는 도리를 매우 분명히 설명하였다. '본체는 완전하고 두루하여 차별이 없다' 한 것의 '체'는 本體, 理體, 法體니, 오온이 화합한 假體가 아니고 불가사의한 眞心의 본체다. 능히 만법의 근본이 되어 계절에 따라 시들고 떨어짐을 따르지 않으니, 그러므로 '일진법계', '제법실상'이라 한다. '완전하다'는 것은 어느 것에나 없지 않다는 뜻이요, '두루하다'는 것은 모든 존재가 이와 같아서 털끝만큼도 차별이 없음을 말한다. 그러므로 『화엄경』에서 "마음과 부처와 중생, 이 세 가지가 차별이 없다." 하였다.

'자취는 能·所가 있어서 차별이 있는 것 같다' 한 것의 '자취'는 事跡이니 일심으로 인하여 일어난 제법의 事相이니, 그렇게 되면 반드시 能現(나타내는 주체)과 所現(나타난 객체)의 사실적인 자취가 있다. 예컨대 중생의 眼 등 육근이 '能'이요, 色 등 六塵이 '所'니, 근과 진이 비록 모두 마음으로 본체를 삼으나 이 마음의 見分과 相分 두 가지가 근·진의 제자리에서 보면 확실히 다른 차별이 있는 것 같다. 이 두 구절을 합하여 말하면, '체[理]'는 항상 같고 '자취[事]'는 항상 다르니, 항상 같지만 항상 다르니 본체로 인하여 작용을 일으키고 理로 말미암아 事를 일으키기 때문이요, 항상 다르나 항상 같으니 작용을 거두어 본체로 돌아가고 事는 理로 인하여 성립하기 때문이다. 그러므로 理와 事, 본체와 자취가 본래 무애하다.

이 아래는 무애한 진실한 모습을 거듭 설명하였다. '事는 理로 인하여 성립하니 理를 숨기지 않고 事를 이룬다' 한 것은, 제법이 연기한 事相은 제법이 자성이 없는 空理로 인하여 비로소 인연이 화합함을 따라 건립할 수 있으니, 空性의 理를 여의면 연기의 事相이 없다. 『중론』에서 말하기를 "空의 뜻으로 말미암아 일체법이 성립하니, 제법이 만약 공하지 않으면 일체법이 이루어지지 않는다." 한 것이다. 理와 事, 空과 有는 반드시 서로 의지하고 서로 보충하여 완성하니, 그러므로 뒤이어 '理는 事로 인하여 밝게 드러나니 事를 파괴하지 않고 理를 드러낸다' 하였다.

性空의 理는 반드시 인연으로 난 事相을 통하여 나타나니, 절대 연기의 사상을 여의고 공리의 존재가 있는 것이 아니다. 이는 『중론』에서 "부처님은 '인연으로 난 것은 곧 남이 없으니 이 가운데는 태어나는 自性이 없다'라고 설하시니라." 한 것이니, 남이 없는 것은 理요 인연으로 난 것은 事니, 事의 당체가 곧 理라 事를 여의고 理를 찾을 수 없다.

'서로 도와주면 각기 성립하고, 서로 섭수하면 모두 空하다. 숨고 나타나면 서로 일어나고, 걸림이 없으면 가지런히 나타난다'고 한 네 구절은, 제법이 연기하기 때문에 이와 사가 무애한 정황을 설명하였다.

'서로 도와준다'는 것은, 피차 인연하여 이루어지니 서로 의지한 것이다[相卽]. 예컨대 1과 10이 서로 도와주어 성립하지만 본래 제 위치를 잃지 않으니, 10은 1이 쌓여서 이루어진 緣成法(인연으로 이루어진 법)이라 1이 없으면 10도 없고, 반대로 1은 10에 상대하여 이루어진 연성법이니 10이 없으면 1도 없다. 그러므로 10은 1 가운데 10이요 1은 10 가운데 1이다.

화엄종에서는 이를 '一과 多가 서로 용납하여 같지 않고, 제법이 相卽하여 자재하다'라고 하고, 유식종에서는 '종자가 현행을 내고 현행이 종자를 훈습한다'라고 한다. 성종에서는 『기신론』에서 설한 일심 이문에 의해 '진여연기'라 하니, 이를테면 진여의 본체가 理가 되고 因이 되며, 생멸의 모양이 事가 되고 果가 되어, 이·사와 인·과가 서로 인연으로 이루어지지만 본래 제자리를 잃지 않음을 말하였다. 천태종에서는 '법계연기'라 하니, 십법계 일체 사법이 만유의 인연에 의탁하여 일어나고 단독으로 성립한 것이 없음을 말했으니, 그러므로 하나의 법으로 일체법이 이루어지고 일체법으로 하나의 법이 일어나니, 이것은 제법이 相卽하여 자재한 것이다. 이러한 理와 事가 서로 도와주어 각기 성립하는 것은 물과 파도가 비록 相卽하지만 각기 본래 제 위치를 잃어버리지 않는 것과 같다.

'서로 섭수한다' 한 것은, 피차 인연에 의해 이루어진 것이라 서로 걸림 없이 받아들이니[相入], 서로 도와준다[相資]는 것은 법의 본체를 가지고 설한 것이요, 서로 섭수한다[相攝]는 것은 법의 작용을 잡아 설한 것이라 본체와 작용이 모두 인연에 의해 이루어진 것이라서 자성이 없다. 그러므로 '모두 공하다' 하였다.

'숨고 나타나면 서로 일어난다' 한 것은, 하나의 법이 일체법에 의지한다면 일체법이 드러나면 하나의 법이 숨고, 일체법이 하나의 법에 의지한다면 하나의 법이 드러나면 일체법이 숨는다. 이렇게 드러나고 숨는 모양은 인연에 따라 서로 일어나 서로 방해되지 않는다.

'장애가 없으면 가지런히 나타난다' 한 것은, 제석천궁에 매달려 있는 구슬의 그물에 구슬마다 각기 모든 구슬 그림자가 나타나 겹겹으로 나타나 다함이 없듯이, 제법의 理와 事, 體와 用도 이와 같아서 相卽하고 相入하여 거듭거듭 연기(가지런히 나타남)하여 다함이 없고 걸림이 없다.

'서로 등지고 서로 뺏으면 곧 有도 아니고 空도 아니요, 서로 의지하고 서로 받아들이면 常도 아니고 斷도 아니다' 한 네 구절은 八不中道[14]가 이사무애의 실상임을 설하였다.

---

14   八不은 不生, 不滅, 不常, 不斷, 不一, 不異, 不來, 不出. 八不이 곧 中道라는 뜻.

제법이 연기하나 性空한 쪽에서 설하여 '서로 등지고 서로 뺏는다' 하였으니, 곧 일체법의 理體는 모두 有라 하거나 空이라고 설하지 못한다. 제법이 性空이나 緣起한다는 쪽에서 설하여 '相卽·相成'이라 하였으니, 곧 일체법의 事相은 常이라거나 斷이라고 집착해서는 안 된다.

제법의 理와 事는 모두 '일심이문', '팔불중도', '이사무애'의 실상이니, 팔불중도는 不生不滅(태어나지도 않고 죽지도 않음), 不斷不常(斷도 아니고 常도 아님), 不一不異(하나도 아니고 다르지도 않음), 不來不去(오지도 않으니 가지도 않음)이다.

集

만약 事를 여의고 理를 추구하면 성문의 어리석음에 떨어지고, 이를 여의고 사를 행하면 범부의 집착과 같다. 반드시 알지니, 이를 여의고 사가 없으니 물 그대로가 파도요, 사를 여의고 이가 없으니 파도 그대로가 물이다.

이는 사가 아니니 動과 濕이 같지 않고, 사는 이가 아니니 能(물)과 所(파도)가 각기 다르다. 이가 아니고 사가 아니라서 眞과 俗이 모두 없고, 이이면서 사라 二諦가 항상 성립한다. 雙照하면 假니 완연히 환과 같이 존재하고, 雙遮하면 空이니 완전히 꿈과 같이 고요하다. 공이 아니고 가도 아니라서 중도가 항상 밝나니, 不動한 인연이니 어찌 理體에 어긋나랴.

若離事而推理, 墮聲聞之愚。若離理而行事, 同凡夫之執。當知離理無事, 全水是波。離事無理, 全波是水。理卽非事, 動濕不同。事卽非理, 能所各異。非理非事, 眞俗俱亡。而理而事, 二諦恒立。雙照卽假, 宛爾幻存。雙遮卽空, 泯然夢寂。非空非假, 中道常明。不動因緣, 寧虧理體。

講

八不은 不生, 不滅, 不常, 不斷, 不一, 不異, 不來, 不出. 八不이 곧 中道라는 뜻.

여기서는 먼저 이승과 범부의 어리석음과 집착을 보였으니, 모두 理와 事가 서로 의지하고 원융무애함을 깨닫지 못한 잘못이다.

다음은('반드시 알지니' 아래) 물과 파도의 비유를 들어 대승의 이사무애의 중도를 밝혔다. 그런 후에 合法하니('理는 事가 아니니' 아래), 곧 이 앞의 二諦가 무애한 것이다. 성문인이 닦는 것은 생사[事]를 버리고 열반[理]을 증득하지만, 부처님은 방편력으로 휴식하기 위해 열반을 설했음을 알지 못하였다. 이승의 열반은 성불하는 중간에 휴식하는 역이니, 이미 휴식을 얻었다면 반드시 이사가 무애하고 널리 모든 바라밀을 실행하여 佛慧에 들어가야 하고, 그렇지 않으면 愚法 聲聞이 된다.

더구나 아직 불법을 들어보지 않은 범부는 완전히 緣起와 性空의 도리를 알지 못하므로, 하는 일마다 곳곳에서 實有한 것이라고 집착한다.

더욱이 자신의 몸과 마음에 집착하여, 맞으면 탐심을 내고 어긋나면 진심을 일으키니, 탐심과 진심이 곧 어리석음[癡]이다. 이 삼독으로 말미암아 모든 번뇌를 일으켜 일체 有漏 染汚의 생사업을 짓는다. 業因이 이미 이루어졌으면 반드시 생사 고과와 육도에 윤회하여 끝날 기약이 없으니, 실로 애석한 일이다. 그러므로 스님께서 물과 파도가 서로 의지한다는 것을 밝혀 理와 事가 서로 보충하여 이루어져 무애함을 비유하였다. '물을 여의고 파도가 없다'는 것은 理를 여의고 事가 없다는 것을 비유하였고, '파도 그대로가 물이다'는 것은 事 그대로 理임을 비유하였다. '물'은 일심 진여문의 理에 비유하고, '파도'는 일심 생멸문의 事에 비유하였으니, 일심 이문이 본래 하나도 아니요 다르지도 않다. 理는 空觀이요 事는 假觀이며, 하나도 아니고 다르지도 않은 것은 中觀이다. 하나가 아니기 때문에 理는 事가 아니니, 물은 젖는 성질이요 파도는 움직이는 성질인 것과 같고, 事는 理가 아니니 물은 能生이요 파도는 所生인 것과 같다.

그러므로 '동과 습이 같지 않고 능·소가 각기 다르다' 하였다. 다르지 않기 때문에 理도 아니고 事도 아니요, 理이기도 하고 事이기도 한 것은 緣起이나 性空하고 性空이나 緣起한다는 뜻이다.

'遮'는 집착하지 않는다는 뜻이니, '雙遮'는 三觀도 거짓으로 시설한 것이라 곧 달을 보는 손가락이니, 淨心의 실상을 깨달으면 진·속을 모두 설할 수 없어서 삼관도 역시 空하였음을 설하였다. 그러므로 '진·속이 모두 없다' 하였다.

'照'는 경계인 현상을 비추어본다는 뜻이니, '雙照'는 삼관에서 일어난 권·실 二智를 설하니, 진·속 이제를 雙照함에 能照와 所照를 분명히 잃지 않는다. 그러므로 '이제가 항상 성립한다' 하였다. 다만 能照의 觀智와 所照의 二諦(理·事)는 본래 인연으로 생긴 것이라 대립하여 있으니, 마치 환상과 같다. 그러므로 '쌍조는 假니 완연히 환과 같이 존재한다' 하였다.

만약 雙遮 입장에서 보면 청정심 중의 진[理]과 속[事]을 모두 집착해서는 안 되니, 겨우 일심의 인연으로 이루어진 체·용일 뿐이다.

이미 인연으로 생긴 것이라 자성이 없으니 이것을 '空'이라 한다면, 모든 것이 자성이 있다는 집착이 완전히 끊어진다[泯絶]. 『법화경』「약초유품」에 "여래는 한 모습[一相], 한 맛[一味]의 법을 아시니, 이른바 解脫相과 離相과 滅相과 究竟涅槃인 常寂滅相이 결국 空으로 돌아감을…" 한 것이다. 그러므로 '완전히 꿈과 같이 고요하다' 하였으니, 곧 理와 事가 모두 한 가지 맛으로 공적하다.

일심 이문이 하나도 아니요 다르지도 않으니, 진여는 假가 아닌 眞空이요, 생멸은 空이 아닌 妙有다. 그러므로 '空도 아니고 假도 아니어서 中道가 항상 밝다' 하였으니, 이것은 일심 가운데서 공·가·중 삼관을 원만히 닦으면 二智가 원명하고 二諦가 융통하며 理·事가 무애한 참모습이다.

'인연을 움직이지 않고(인연 채로, 인연 그대로) 어찌 理體에 어긋나랴' 한 이

두 구절은 합법이다. '인연'은 有에 속하니 속제요, '이체'는 空이니 진제다. 모든 법은 二諦가 서로 의지하고 서로 보충하여 완성하여 자성이 없으니, 그러므로 모든 존재는 모두 이제(理·事)가 무애하다.

'不動한 인연이니' 한 것은 性空이나 緣起임을 가리키니, 본체로부터 작용을 일으키고 理에 의해 事를 완성하니 어찌 서로 장애 되겠는가?

'어찌 이체에 어긋나랴' 한 것은 緣起가 곧 性空임을 가리키니, 작용을 섭수하여 본체로 돌아가고 事로 말미암아 理를 드러내니, 어찌 모자람이 있으랴.

제불이 깨달은 것은 곧 일심 이문이니 진과 속 이제가 무애하고, 제불이 설하신 것도 일심 이문이라 理와 事가 무애하니, 이 밖에 어찌 깨닫고 설할 불법이 있으랴! 그러므로 『대지도론』에 "제불은 모두 이제에 의해 법을 설하신다." 하였다.

무 3. 인용하여 증명함
기 1. 사람을 들어 증명하다

集

그러므로 보살은 얻은 것이 없음[無所得]으로 방편을 삼아 有에 거닐되 空을 어기지 않고, 실제에 의해 교화의 문을 일으켜 진제를 밟으나 속제에 걸림이 없다. 항상 지혜의 횃불을 밝혀 心光이 어둡지 않아서, 자비의 문에 구름이 널리 퍼지고 수행의 바다에 물결이 솟아올라 마침내 세속과 어우러져 걸림 없고 자재하게 인연을 따르니, 모든 행위가 佛事 아닌 것이 없다.

故菩薩以無所得而爲方便, 涉有而不乖空。依實際而起化門, 履眞而不閡俗。常然智炬, 不昧心光, 雲布慈門, 波騰行海, 遂得同塵無閡, 自在隨緣, 一切施爲, 無非佛事。

여기서는 먼저 보살이 행하는 이사무애를 인용하여 증명하였다. 보살은 세 가지 마음[三心]에 의지하기 때문이니, 첫째는 菩提願心이요, 둘째는 方便慧心이요, 셋째는 大慈悲心이다. 또한 一心 三觀(空觀·假觀·中觀)을 갖추어 육도만행을 닦으니, 그러므로 어느 때 어느 곳에서나 얻은 것이 없는 것[無所得]으로 방편을 삼으니, 범부와 이승이 모두 얻은 것이 있는 마음[有所得心]과는 다르다.

'얻은 것이 없다'는 것은, 보살은 일심 이문의 진리를 깨달아 마음속에 有나 空에 집착함이 없으니, 곧 분별없는 지혜이고 또한 이사에 무애한 것이다. 『대열반경』「범행품」에 "보살은 실로 얻은 것이 없으니, 얻은 것이 없다는 것은 '네 가지 걸림 없는 지혜[四無碍智](法·義·辭·樂說無礙)'라 부른다. 만약 얻은 것이 있으면 '장애'라 하니, 장애가 있다는 것은 '네 가지 전도(身·受·心·法)'라한다. 보살은 네 가지 전도가 없기 때문에 무애를 얻는다. 그러므로 '얻은 것이 없다'고 한다. 또한 얻은 것이 없다는 것은 '지혜(반야)'라고 부르니, 보살은 이지혜를 얻었기 때문에 '얻은 것이 없다'고 한다. 얻은 것이 있는 것은 '무명'이라 하니, 보살은 영원히 무명의 어둠을 끊었기 때문에 '얻은 것이 없다'고 한다. 또한, 얻은 것이 없는 것을 '대승'이라 한다. 보살은 제법에 머무르지 않으니, 그러므로 대승을 얻는다. 얻은 것이 있는 것은 '이승'이라 하니, 보살은 영원히 이승의 도를 끊었으니, 그러므로 불도를 얻었다. 그러므로 '보살은 얻은 것이 없다'고 한다. 또한, 얻은 것이 없는 것을 '第一義空'이라 하니, 제일의공을 관함에 아무것도 보는 것이 없으니, 그러므로 '얻은 것이 없다'고 한다. 얻은 것이 있는 것은 '五見(身·邊·邪·見取·戒取)'이라 하니, 보살은 영원히 이 다섯 가지 견을 끊었기 때문에 '얻은 것이 없다'고 한다. 또한, 얻은 것이 없는 것을 '아눗다라삼먁삼보리'라 하니, 보살은 무상정각을 얻었을 때 아무것도 보는 것이 없으니, 그러므로 '얻은 것이 없다'고 한다. 얻은 것이 있는 것은 '二乘菩提'라 하니, 보살은 영원히 이승의 보리를 끊었으니 그러므로 '얻은 것이 없다'고 한다. 또한, 얻은 것이 있는 것은 '생사의 바퀴'라 하니, 모든 범부는 생사에 윤회하기 때문에 '얻은 것이 있다'고 한다. 보살은 영원히 모든 생사를 끊었으니 그러므로 보살을 '얻은 것이 없다'고 한다." 한 것이다.

'有에 거닐되 空을 어기지 않는다' 한 것은, 보살이 이미 얻은 것이 없는 것으로 방편을 삼았으면 행하는 일(有)이 진리(空)에 어긋나지 않아서 공·유, 이·사가 서로 방애되지 않는다.

吉藏 대사가 『중론소』에서 "반야는 제법의 실상을 바르게 보니, 방편은 반야의 교묘한 작용이다. 작용에 여러 가지 문이 있다. 첫째는 空임을 보아 증득하지 않는 것이요, 둘째는 空임을 관하는 것이 동시에 有임를 보는 것이며, 셋째는 有에 거닐되 다시 집착이 없다(空을 어기지 않음)." 하였으니, 이것은 널리 중생을 제도하되 중생을 제도한다는 모양이 없고 위로 불도를 이루었으나 성불하였다는 모양이 없음을 말한 것이지, 중생을 제도하지 않고 부처를 이루지 않았음을 말한 것이 아니다.

'실제에 의해 교화의 문을 일으켜, 眞을 밟으나 俗에 걸림이 없다' 한 것은, 이 책 뒤 문장에 "實은 진제요 權은 교화의 문이니, 진제로부터 교화를 일으키니 실밖에 권이 없고, 事跡으로 인하여 근본을 얻으니 권밖에 실이 없다. 항상 一旨에 합하여(權·實 二智가 합하여 틈이 없음) 理와 事가 걸림 없이 雙行하니, 遮(空)와 照(假)가 동시요, 如理智(眞)와 如量智(俗)가 나란히 나타난다." 한 것이다.

또한 『사십 화엄』 제34권에 "비록 사성제를 관하나 소승 성과에 머무르지 않고, 일체 십이연기를 관하나 어리석음(무명)을 여읜 법을 증득하지도, 또한 어리석음과 함께 하지도 않으며, 깊고 깊은 연기를 관하나 궁극적 적멸에 머무르지도 않으며, … 비록 五取蘊이 空함을 관하나 영원히 諸蘊을 멸하지도 않고, 六處에 집착하지 않으나 영원히 육처를 멸하지도 않으며, 진여에 안주하지 않으나 실제에 떨어지지도 않으며, 일체법이 태어남이 없고 죽음도 없음을 알지만 실제를 깨닫지도 않으며, 空을 관하나 空見을 일으키지도 않는다." 하며, 또한 『정명경』에 "비록 국토와 중생이 공했음을 알지만, 항상 정토를 닦아 여러 군생을 유익하게 한다." 한 것이다.

『무량수경』하권에도 "법이 번개나 그림자와 같음을 알고(實際에 의함) 보살도를 끝까지 두루 닦아서(교화문을 일으킴) 여러 가지 功德本을 모두 갖추면 반드시 수기를 받아 부처가 되리라. 제법 자성은 모든 것이 空하여 無我임을 통달하고서(實際), 오로지 청정 불토만을 구하면 반드시 이와 같은 불토를 이루리라(교화문)." 하였으니, 이것들은 모두 實際에 의해 교화문을 일으키고, 진을 밟으나 속에 장애되지 않아 이·사가 원융함을 얻은 가장 훌륭한 주해이다.

'항상 지혜의 횃불을 밝혀 心光이 어둡지 않다' 한 것은, 보살이 세 가지 마음에 의지하여 무소득으로 수행 방편을 삼은 것밖에, 또한 평소에 一切智智와 상응하도록 경각심을 가지니, 그러므로 '항상 지혜의 횃불을 켠다' 하였다. 『대반야경』에 "반야는 큰 횃불과 같아 사방에서 접촉하지 못한다." 하니, 지혜의 횃불은 반야요, 반야는 제불보살의 지혜이다. 『보문품』에 "더러움 없는 청정한 광명이여, 지혜의 태양이 어둠을 파하고 능히 재앙의 風火를 항복받아, 普門(일체 중생에게 골고루 미치는 보편적인 법문. 무량문)이 세상을 비추네." 하고, 『심경』에 "관자재보살이 깊은 반야바라밀다를 행할 때 오온이 모두 공함을 照見(자세히 살핌)하고 일체 고액을 건넜느니라." 한 것이다.

보살은 또한 대자대비심을 갖추어 만행의 인도자가 되니, 그러므로 '심광이 어둡지 않다' 하였다. 『관무량수불경』에 "佛身을 관함으로 인하여 또한 佛心을 보나니, 불심이란 큰 자비심이니 무연자비로 일체중생을 제도한다."한 것과 같이 대자비는 제불보살의 심광이다. 그러므로 육바라밀과 사섭법과 더 나아가서 만행과 여러 가지 선행을 생각마다 잊지 않고 환하게 밝아 어둡지 않다. 불보살의 자비심은 無我여서, 세상 사람들의 자비심은 人我의 모양이 있는 것과는 다르다. 이미 무아일 수 있다면 본심인 청정광명이 자연히 나타나니, 선종에서 말하는 "靈光이 우뚝 빛나 멀리 근·진을 벗어났네."한 것이다. 이 청정심광이 출세간을 비추어 깨달음의 길에 오를 수가 있고 피안에 도달할 수 있으며, 이 심광이 세간을 비추어 사람들은 안락을 얻고 세계는 화평할 수 있다. 항상 지혜의 횃불을 밝히는 것은 理에 속하고, 심광이 어둡지 않은 것은 事에 속하니, 이것이 보살의 이사가 무애한 진실한 초상화이다.

'자비의 문에 구름이 널리 퍼지고, 수행의 바다에 물결이 솟아오른다' 한 것에서, '구름'과 '파도'는 비유요 '문'과 '바다'는 형용사다. 보살이 베푸는 무아의 자비는 구름과 비가 능히 한여름의 뜨거운 햇빛을 차단하여 대지를 시원하게 하고, 때맞추어 내리는(근기에 응함) 단비가 만물을 윤택하고 생장하게 할 수 있는 것과 같다.『보문품』에 "불쌍히 여기는 본체는 戒의 천둥이 치는 것이요, 사랑하는 마음은 미묘한 큰 구름이니, 감로의 법 비를 내려, 번뇌의 불을 끄네."한 것이다. 방에는 문이 있어서 아무 걸림 없이 출입하고 통행할 수 있게 하듯이, 보살에게는 무아의 자비가 있어 아무 걸림 없이 출입하고 교화를 행하여 자리이타의 공덕을 성취할 수 있다는 것을 형용하였다. 그러므로 '자비의 문에 구름이 널리 퍼진다' 하였다.

보살이 닦는 육도만행은 마치 바다가 끝없이 깊고 넓은 것과 같이, 理와 事가 무애하고 서로 연기하여 닦은 수행과 얻은 복덕이 중중무진하니, 그러므로 '행의 바다에 물결이 솟아오른다'라고 표현하였다.『보문품』에 "일체 공덕을 갖추시고 자비의 눈으로 중생을 보시는 복덕의 바다가 무량하시니, 그러므로 응당 머리 숙여 예배할지라!" 한 것이다.

'마침내 세속과 어우러져 걸림 없고 자재하게 인연을 따르니, 모든 행위가 불사 아닌 것이 없다' 한 네 구절은, 보살의 수행은 모두 이·사가 무애하고 자재하게 인연을 따르니, 그러므로 능히 모든 일을 할 수 있음을 총 결론지었다. 이·사에 무애하고 자재하게 인연을 따르는 것이 보살이 성불할 수 있는 밑천이라면, 또한 부처님을 대신하여 교화를 행하는 것이기도 하기 때문에 '모든 행위가 불사 아닌 것이 없다' 한 것이다.

'세속과 어우러져 걸림 없다' 한 것은 보살이 닦는 四攝法 가운데 '동사섭'이니, 이를테면 법의 눈으로 중생의 근성을 보고 그들의 욕망에 따르고, 몸을 나누어 나타내어 그들이 하는 일과 같이 하여 똑같이 이익을 입게 하는 것이 한정이 없음을 말한다. 『보문품』에 "만약 국토 중생을 응당 佛身으로 제도할 자이면 관세음보살이 불신을 나타내어 법을 설하며, … 갖가지 형상으로 여러 국토에 다니며 중생을 제도하신다." 한 것이니, 이것은 무리와 함께 더러움을 같이 한다는 것이 아니라, 무리에 따라 몸을 나타낼 적에 먼저 욕망에 따라 끌어들이고, 그 다음에 불지에 들어가게 한다는 것을 말하였다. 또한, 보살은 먼저 근본지를 깨닫고 후득지인 한없는 묘용을 일으키니, 그러므로 자재하게 인연을 따를 수 있으니, 관음보살이나 묘음보살과 같다. 또한, 석가세존이 八相으로 성도하여 중생을 제도한 교화의 자취와 같으니, 이도 '세속과 같이하되 걸림이 없다' 한 본보기다.

기 2. 법으로 증명하다

集

그러므로 『반야경』에 "일심에 만행을 구족하였다." 하고

故般若經云, 一心具足萬行。

講

다시 『반야경』에 '일심에 만행을 구족하였다.' 한 것을 인용하여 증명하였다. '心(마음)'에 다섯 가지가 있다. 하나는 肉團心이니 이것은 물질이다. 둘은 集起心이니 곧 제8식이요, 셋은 思量心이니 제7 말나식이며, 넷은 緣慮心이니 제6식이며, 다섯은 堅實心이니 곧 자성청정심이니 진여의 다른 이름이다.

'일심'이란 중생 눈앞의 한 생각 妄心을 가리키니, 곧 眞如心이다. 여기에 集起·思量·緣慮·淸淨 등의 뜻을 갖추었다. '만행'은 보살이 발심하여 성불할 때까지의 모든 因을 닦아 果를 증득한 일이니, 그 수가 한량없다. 그러므로 '만행'은 대명사이다. 또한, 중생이 까마득한 예로부터 지금까지 마음으로 하는 모든 일이 무량무변하니, 그러므로 '만행'이라 부른다.

『반야경』에서 '일심에 만행을 구족하였다' 한 것을 세 방면에서 설명할 수 있다. 첫째는, 일심의 상대적인 경계를 가지고 설할 수 있으니, 이를테면 十法界 依·正 과보가 모두 마음에 의해 緣生한 경계니 그 수가 매우 많다. 그러므로 '일심에 만행을 구족하였다' 하였다. 천태종에서는 "일념에 3천의 性相을 갖추니, 우주 만유의 일체법을 포괄하였다." 하였다.

둘째는, 일심의 自體·相·用을 가지고 설명할 수 있으니, 이 마음이 곧 대승임을 말한 것이다. '대'란 법계에 두루하여 마음이 태허공를 포괄함이요, '승'이란 중생을 실어 여기에서 저기에 이르게 하니, 마치 수레가 물건을 실어 나

르는 것과 같다. 그러므로 '일심에 만행을 구족하였다' 하였다. 이는 『기신론』에서 "이 마음에 의해 마하연(大乘)의 뜻을 나타내 보인다. 왜냐하면, 이 마음의 진여상이 곧 마하연의 체를 보이며, 이 마음의 생멸인연상이 능히 마하연의 자체·상·용을 보이기 때문이다." 한 것이다.

셋째는, 일심이 짓고 얻은 것으로 설명할 수 있다. 이를테면 이 일념의 마음이 능히 六凡과 四聖의 일체 인과법을 지으니, 그러므로 '일심에 만행을 구족한다' 하였다. 이는 『화엄경』에서 "마음은 화가가 능히 모든 세상을 그릴 줄 아는 것과 같으니, 오온이 모두 그것으로부터 나서 어떤 법이고 짓지 않음이 없다." 하고, "만약 삼세의 모든 부처님을 알고자 하면 응당 法界性을 관하라. 모든 것은 오직 마음이 지은 것일 뿐이다." 한 것이다.

사람들은 누구나 마음이 있고, 『반야경』에서 분명히 "일심에 만행을 갖추었다." 하셨으니, 그러므로 사람은 누구나 반드시 청정한 마음을 내어 육도만행의 공덕을 닦고 모아 자신이 이롭고 다른 이를 이롭게 해야 하고, 空에 빠지고 고요한 것에 막히며 理에 집착하고 事를 버려 이 마음의 본유한 묘용을 매몰해서는 안 된다.

集

『화엄경』에 "해탈 장자가 선재에게 말하기를 '나는 안락세계의 아미타불을 보고자 하면 뜻하는 데 따라 즉시 보며, 더 나아가서 시방 제불을 보는 것도 모두 自心으로 인하느니라. 선남자여, 보살이 제불의 법을 닦고, 제불의 찰토를 깨끗이 하며, 묘행을 쌓아 익히고, 중생을 조복하며, 큰 서원을 내는, 이 같은 모든 것이 모두 자심으로 말미암는 줄 반드시 알지니라. 그러므로 선남자여, 응당 善法으로 자심을 보살피고 도와주며, 법의 물로 자심을 윤택하게 하며, 경계에서 자심을 깨끗이 다스리며, 정진으로 자심을 견고하게 하며, 지혜로 자심을 총명하고 날카롭게 하며, 佛自在로 자심을 개발하며, 佛平等으로 자심을 광대하게 하며, 佛十力으로 자심을 똑똑히 살필지니라!' 하니라." 하였는데,

華嚴經云, 解脫長者告善財言, 我欲見安樂世界阿彌陀佛, 隨意卽見, 乃至所見十方諸佛, 皆由自心。 善男子, 當知菩薩修諸佛法, 淨諸佛利, 積習妙行, 調伏衆生, 發大誓願, 如是一切, 悉由自心。 是故善男子, 應以善法扶助自心, 應以法水潤澤自心, 應於境界淨治自心, 應以精進堅固自心, 應以智慧明利自心, 應以佛自在開發自心, 應以佛平等廣大自心, 應以佛十力照察自心。

講

다시 『화엄경』 「입법계품」 경문을 인용하여 증명하였다. (대정장경 10권 340페이지 상) 지금은 청량국사의 『화엄경소』(대정장경 35권 927~928페이지 하)에 의해 아래와 같이 대략 해석한다.

'해탈장자'는 十住보살 중 제6 방편을 구족한 住(具足方便住)를 비유하였다. 이 장자가 얻은 것은 여래의 걸림 없는 莊嚴解脫門이니, 모두 다섯 가지 뜻이 있다. 첫째, 모든 여래가 각기 일체 무애장엄을 구족함이요, 둘째, 낱낱 여래가 서로 두루 무애하며, 셋째, 모든 여래의 장엄이 모두 장자의 몸에 들어가고, 넷째, 장자가 시방 佛海를 철저히 보고, 다섯째, 장자의 智持(여래의 행과 공덕이 원만하여 일체종지를 증득하고, 또한 지혜와 변재로 갖가지 법을 설하여 중생을 조복하여 퇴실치 않게 함)가 장애되지 않는 것이다.

'내가 안락세계를 보고자 하면…' 한 아래 네 구절은, 마음에 따라 부처님의 본체와 모양을 보고, 마음으로 인하여 부처님을 보지만 마음에 가고 옴이 없음을 밝혔다. 마치 꿈에 즐거운 일을 보는 것과 같이 있지만(有) 空하고, 물속의 달그림자와 같으니 어찌 가고 오는 것이 있겠는가. 또한, 幻은 사실이 아니지

만 幻相이 없지 않은 것과 같이, 비록 가고 옴이 없으나 널리 보는 데 방애되지 않는다. 그러므로 '더 나아가서 시방 제불을 보는 것도 모두 자심으로 인한 것이다' 하였다.

'선남자여!' 한 아래 여덟 구절은 일심의 만행을 설명하였다. 제불의 법을 닦고, 제불의 불찰(세계)을 깨끗이 하는 것은 위로 불도를 구하는 것이요, 묘행을 쌓고 익히는 것은 보살이 닦는 제행을 가리키니 모두 자신이 이롭고 타인을 이롭게 하는 것이다. 그러므로 '묘행'이라 하였다. 중생을 조복하는 것은 아래로 중생을 교화하는 것이요, 큰 서원을 발하는 것은 사홍서원을 가리키니 위로 보리도를 구하고 아래로 중생을 교화하는 큰 보리심원을 모두 포함하였다.

보살의 무량한 행원을 '보현행원'이라 부르는데, 이와 같은 행원의 종자는 모두 자기 진여심 가운데 본래부터 구족하여, 선지식의 개발과 인도하심을 만나면 자심으로 인하여 일어나 닦고 익힌다. 그러므로 '모두 자심으로 인한다' 하였다.

한 가지 행원마다 조그마한 것이 쌓임으로 인하여 무량 무진한 행원에 이르지 않음이 없으니, 그러므로 『보현행원품』 열 가지 큰 원행에 모두 '허공이 다함 없듯이 나의 이 행원도 다함이 없다' 하였으니, 생각마다 서로 연이어 끊어짐이 없어서 몸이나 입이나 뜻으로 하는 일에 피곤해하거나 싫어함이 없다.

'그러므로 선남자여!' 한 아래 열 구절은, 응당 이와 같이 마음을 닦으면 원만한 수행이 무애함을 설하였다.

'선법으로 자심을 보살피고 도와주어야 한다' 한 것은, 마치 병든 사람을 손이나 지팡이를 건네 부축하고 도와주어야만 비로소 몸을 일으켜 움직일 수 있듯이, 중생의 번뇌 병이 깊으면 반드시 선법에 의해 대치하고 도와야만 비로소 미혹을 끊고 진리를 증득할 수 있다.

'법의 물로 자심을 윤택하게 해야 한다' 한 것은, 만약 법의 물로 윤택하게 하지 않으면 진여심 가운데 있는 무루 종자가 싹이 트고 성장할 기회가 없다.

'경계에서 자심을 깨끗이 다스려야 한다' 한 것은, 인연을 만나더라도 무심하고 경계에 대해 부동해야 하니, 곧 六塵에 물들지 않고 자심을 깨끗이 다스려야 하는 것이다.

'정진으로 자심을 견고히 해야 한다'는 것은, 예전의 선행은 뒤섞이지 않고, 새로운 선행은 끊어짐이 없이 정진하고 닦아야만 '견고'라 할 수 있다. 예컨대 유교에서 말한 "날마다 새롭고, 날마다 날마다 새롭다." 한 것이다.

이 구절 뒤에 『화엄경』 원문에는 "응당 인욕으로 자심을 평탄하고 넓게 하고, 응당 智證으로 자심을 깨끗하게 해야 한다."라는 두 구절이 있으나, 여기서는 생략하고 적지 않았다. 여기서 적지 않은 이 두 구절을 『화엄소』에서는 "제 마음에 거슬리거나 순종하는 것에 관계하지 말고 평탄하고 넓게 하고, 內證을 고요히 비추어 환하게 허물이 없이 하라." 하고 해석하였다.

'지혜로 자심을 총명하고 날카롭게 해야 한다'라는 것은, 경계를 만나면 진여(空)임을 알아 자세히 살펴 통달하지 않음이 없게 하는 것이다.

'佛自在로 자심을 개발해야 한다'는 것은, 우리들의 육근의 자재한 작용을 제불과 같이 하라는 것이다. 만약 육진에서 벗어날 수 있으면 육근의 묘용을 일으켜 견문각지에 분명하고 자재하지 않음이 없으니, 『법화경』「법사공덕품」에서 설한 '육근 공덕'[15]과 같다.

---

15 "선남자 선여인이 이 법화경을 수지하여 읽으며 외며 설하며 베껴 쓰면, 이 사람은 마땅히 팔백의 눈의 공덕, 천이백의 귀의 공덕, 팔백의 코의 공덕, 천이백의 혀의 공덕, 팔백의 몸의 공덕, 천이백의 마음의 공덕을 얻으리니, 이 공덕으로 육근을 장엄하여 모두 청정하게 되리라." 하였다.

'佛平等으로 자심을 광대하게 하라'는 것은, 중생의 심성이 부처님과 같이 평등하여 차이가 없어서 본체가 법계에 두루하여 광대무애하면, 어찌 국한된 마음을 내겠는가?

'佛十力으로 자심을 照察해야 한다'는 것은, 부처님은 십력이 구족하시기 때문에 자신을 제도하고 남을 제도할 수 있으니, 보살도 어느 때 어느 곳에서든지 자심을 관조하고 성찰하되, 이 열 가지 힘이 모자람이 있으며 어긋남이 있는가를 살펴보고, 있으면 고치고 없으면 더욱더 힘써야 한다.

무 4. 해석함

集

여기에 대해 고덕이 "마음이 만법을 갖추었으니, 비단 잠깐 佛을 관하는 것이 자심으로 말미암을 뿐만 아니라, 보살의 만행과 佛果의 본체와 작용도 마음을 여의지 않음을 말한 것이다. 또한, 妄執의 잘못을 제거하였으니, 이를테면 어떤 이가 '만법이 모두 마음이니 佛에 맡겨야 하고, 만행을 힘쓰는 것은 어찌 헛된 노력이 아니겠는가?' 하고 생각하는 것을 말한다. (그러므로) 지금 '마음이 비록 佛이기는 하지만 오랫동안 塵勞(번뇌)에 덮여 있었으므로, 만행으로 더욱더 닦아 그것을 환하게 맑혀야 한다' 하고 밝힌 것이다. 다만 만행이 마음으로 인한 것이라는 것만 설하였지, 닦지 않는 것이 옳다고는 말하지 않았다. 또한, 만법이 곧 마음이니 닦은들 어찌 마음에 장애되겠는가?" 하고 해석하였다.

古德釋云, 心該萬法, 謂非但一念觀佛, 由於自心。 菩薩萬行, 佛果體用, 亦不離心。 亦去妄執之失, 謂有計云, 萬法皆心, 任之是佛, 驅馳萬行, 豈不虛勞。 今明心雖卽佛, 久翳塵勞, 故以萬行增修, 令其瑩澈。 但說萬行由心, 不說不修爲是。 又萬法卽心, 修何閡心。

여기서는 經敎에 의해 이사무애의 뜻을 해석하였다. '고덕'은 당나라 청량국사를 말한다. '해석하기를' 한 것은, 그가 지은 60권 『화엄경소』 제56권 가운데 해석문이다(대정장경 35권 928페이지 중). '마음이 만법을 갖추었다'는 것은 곧 일심에 만법을 구족함을 말하니, 또한 삼계 일체법이 오직 일심으로 지은 것임을 가리킨 것이다. 경에서 "마음이 나면 갖가지 법이 나고…" 한 것과 같다.

'잠깐 佛을 관한다' 한 것은 보살이 因行을 닦는 것이요, '불과의 본체와 작용'은 보살이 果德을 증득한 것이다. 이 같은 인행과 과덕은 모두 마음을 여의지 않으니, 이는 일승의 인·과이면서 또한 일심의 인·과이기도 하다. '어떤 이가 만법이 모두 마음이라면…' 한 것은, 어떤 어리석은 자가 마음이 만법을 포함한다는 말을 잘못 이해하여, '만법이 이미 우리들 일심이라면 이 마음이 자연히 생각하고 행동하는 것이 곧 佛이라는 것에 맡겨두면 되지, 굳이 보살이 육도만행을 닦아 갖은 괴로움을 당할 필요가 있는가? 어찌 헛된 근심에 매인 것이 아니겠는가?' 하고 말한 것이다.

'여기서는 마음이 비록 佛이기는 하지만' 한 아래 여섯 구절 가운데, 만행이 일심인 것은 理요, 일심이 만행인 것은 事니, 이와 사가 서로 의지하고 서로 보충하여 완성하니, 理에 집착해 事를 버리거나 이와 사가 서로 장애해서는 안 된다는 것을 설명하였다. '만법이 곧 마음이다' 한 것은 이무애요, '닦은들 어찌 마음에 장애하겠는가?' 한 것은 이사무애이다.

'마음이 비록 불이지만 오랫동안 번뇌에 덮여 있었다' 한 두 구절은, 理性으로는 비록 부처지만 事相으로는 분명히 중생임을 설했으니, 중생의 깨끗한 마음이 무량겁 동안 번뇌에 막히고 덮여 현재 생사를 윤회하는 범부니, 외람되게 범부로 성인을 비교해서는 안 된다.

'만행을 더욱더 닦아 그것을 맑고 환하게 하여야 한다'고 한 이 두 구절은, 반드시 만행을 끊임없이 정진하여 修德으로 하여금 공덕이 있게 하고, 본래 깨끗한 마음을 회복하고 지혜 광명이 맑고 밝고 막힘없이 통해야 性德이 비로소 나타난다는 것을 설하였다. 인행이 원만하면 과덕이 만족하니, 인행이 없이 과덕이 있고 닦지 않고 성불할 수는 없는 일이다.

'만행이 마음으로 인한다는 것만을 설하고, 닦지 않는 것이 옳다고는 설하지 않았다'고 한 이 두 구절은 경전에서 설한 뜻을 해석하였다. 다만 모든 것이 마음으로 인해 지은 것임을 설해, 중생이 마음을 알고 근본을 통달하며, 일심으로 말미암아 만행을 일으켜 위로 보리도를 구하고 아래로 중생을 교화하는 큰 보리심을 내어 육도만행을 널리 닦아 복혜가 원만함을 성취하고, 그런 후에 성불한다는 것을 설하였다.

세상에는 저절로 생겨난 석가가 없고 본래부터 존재한 미륵이 없으니, 중생의 마음이 비록 부처지만 닦지 않으면 절대 성불하지 못한다.

무 5. 의문에 해답하다
기 1. 조사의 가르침을 일부러 어겼다는 의심

集

문 : 조사가 말씀하기를 "선이나 악을 모두 생각하지 마라. 그러면 자연히 심체에 들어가리라." 하였으며, 『열반경』에 "제행이 무상하여 생멸법이나…." 하였으니, 어찌 닦기를 권해 일부러 조사의 가르침을 어기는가?

問曰, 祖師云, 善惡都莫思量, 自然得入心體。涅槃經云, 諸行無常, 是生滅法。如何勸修, 故違祖敎。

講

스님은 자비하여 허다한 의문을 가설하고 해답을 더하여, 보고 듣는 자가 의심을 풀고 믿음을 내게 하였다.

처음은 일부러 조사의 가르침을 어겼다는 의심이다. 질문한 글은 육조 혜능 대사의 『단경』에서 설한 것을 인용하였다. 육조가 慧明 법사에게 말하기를 "그대가 이왕 법을 위해 나를 찾아왔다면, 모든 인연을 쉬고 한 생각도 내지 않으면 내가 그대를 위해 설하리라." 하니, 명이 잠자코 허락하였다. 조사가 말하기를 "선을 생각하지 말고 악도 생각하지 마라. 바로 이럴 때 명 상좌의 본래면목은 무엇인가?" 하니, 명이 언하에 크게 깨달았다. 그러므로 '선·악을 모두 생각하지 마라. 그러면 저절로 심체에 들어가리라' 하였다.

'『열반경』에서 설하기를' 한 두 구절은, 또한 『단경』의 「도를 물어 깨달은 인연[參請機緣]」 제6에 있는 이야기다. 志道 스님은 『열반경』을 10여 년 동안 독송하였으나 그 뜻을 알지 못해 육조에게 가르쳐 주시기를 청한 글이다. 지도가 이렇게 말하였다. "경에는 '제행이 무상하여 생멸 법이나 생멸이란 본래 존재하지 않아서 (그것의 경계인) 적멸이 즐거움이 된다' 하였으니, 이 가르침을 잘 알지 못하겠습니다. … 어떤 몸이 적멸하며 어떤 몸이 즐거움을 받습니까?" 하였으니, 이미 '선악을 생각하지 말라' 하였고, '적멸이 즐거움이다' 했다면, 스님은 어찌하여 사람들에게 만행을 닦을 것을 권했는가? 고의로 조사의 가르침과 서로 어긋나게 한 것이 아닌가? 한 것이다.

集

답 : 조사의 뜻은 宗에 따랐고, 교[經]의 글은 집착을 타파하였다.

答, 祖意據宗, 敎(經)文破着

스님의 해답은 먼저 조사의 뜻은 '직지인심 견성성불'의 설에 의한 것임을 밝혔으니, 그러므로 '종에 따랐다' 하였다. 教文은 중생의 事相에 집착하는 것을 타파한 말씀이니, 그러므로 '집착을 타파하였다' 하였다.

육조는 志道 스님을 꾸짖기를 "너는 부처님 제자인데 어찌 외도의 단·상의 邪見을 익혀 최상승법을 평의하는가." 하고, 또한 "위없는 대열반이여, 원만하고 밝아 항상 적조하네 (곧 '나지도 않고 멸하지도 않으며, 더럽지도 않고 깨끗하지도 않으며, 더하지도 않고 감하지도 않다' 한 것이다). 범부나 어리석은 자는 이를 죽음이라 하고, 외도는 斷이라고 집착하며, 이승을 구하는 사람은 스스로 無作(修作할 필요가 없음)이라고 여기네. 이런 것들은 모두 망정으로 계교(집착함)하는 것에 속하니, 六十二見(외도의 사견)의 근본이네. … 항상 諸根에 응하여 쓰되 쓴다는 생각을 내지 말고, 일체법을 분별하되 분별상을 내지 마라." 하니, '분별상을 내지 마라' 한 것이 곧 집착하지 않는 것이다.

이 책(『동귀집』)에서 서술한 것은 비록 육조의 뜻과 서로 합치하여 理·事가 무애하고 二諦가 원융하지만 『단경』과 教相(教義)이 서로 같지 않을 뿐이다. 이 문제에 대해서는 뒤에 가서 자세히 설명한다.

선종인 돈교인 경우에는 相을 버리고 인연을 여의며 空과 有가 모두 없고 본체와 작용이 둘 다 고요하지만, 만약 화엄 圓旨라면 具(性德)와 德(修德)이 동시요, 理와 行을 가지런히 펴며, 자비와 지혜를 엇갈려 관통하였다. 그러므로 문수는 理로 行을 印證하니 차별의 뜻이 모자라지 않고, 보현은 行으로 理를 장엄하니 근본의 문을 닫지 않았다. 근본과 지말이 차별 없고 범부와 성인이 같은 근원이라 속제를 파괴하지 않고 진제를 표하고, 진제를 여의지 않고 속제를 세웠다. 지혜의 눈을 갖추어 생사에 빠지지 않고, 자비의 마음을 운행하여 열반에 정체하지 않으니, 삼계 有로 보리의 작용을 삼고, 번뇌의 바다에 처하여 열반의 나루에 통한다.

대저 萬善은 보살이 성인에 들어가는 資糧(양식)이요, 衆行은 제불이 도를 돕는 階漸(순서에 따라 점차 나아가는 과정)이다. 만약 눈이 있으나 발이 없으면 어찌 시원한 못에 이르고, 實智를 얻었으나 權智를 잊으면 어찌 자재한 경지에 오르랴. 그러므로 방편과 반야로 항상 서로 輔翼(보필)하고, 진공과 묘유로 항상 함께 成持(돌보아 기름)해야 한다.

若禪宗頓敎, 泯相離緣, 空有俱亡, 體用雙寂. 若華嚴圓旨, 具德同時, 理行齊敷, 悲智交濟. 是以文殊以理印行, 差別之義不虧. 普賢以行嚴理, 根本之門靡廢. 本末一際, 凡聖同源. 不壞俗而標眞, 不離眞而立俗. 具智眼而不沒生死, 運悲心而不滯涅槃. 以三界之有, 爲菩提之用. 處煩惱之海, 通涅槃之津. 夫萬善是菩薩入聖之資糧, 衆行乃諸佛助道之階漸. 若有目而無足, 豈到淸凉之池. 得實而忘權, 奚昇自在之域. 是以方便般若, 常相輔翼. 眞空妙有, 恒共成持.

講

어찌하여 이 책과 『단경』에서 설한 것이 같지 않은가? 『단경』에서 설한 것은 선종인 돈교 법문에 속하지만, 이 책에서 설한 것은 화엄인 원교 법문이니, 서로 끌어 함께 논해서는 안 된다.

선종인 돈교 법문은, 모든 형상을 소멸(空)하고 일체 인연을 여의어(絶) 심성을 돈오하고 진여를 깨달아 空과 有 두 가지를 모두 설할 수가 없고[俱亡], 體와 用의 차별도 얻을 수가 없다[雙寂]. 이것이 이른바 '설사 一物이라 해도 맞지 않습니다' 한 것이다.

화엄 원교의 종지에 의하면, 圓融이 行布[16]를 여의지 않고 항포가 원융에 장애되지 않는다. '具와 德이 동시'란, '구'는 사람마다 본래 구족한 심성이니 또한 '性德'이라고도 한다. '덕'은 제불보살의 일체 二利功德(나와 남을 모두 이롭게 하는 공덕)을 가리키니 또한 '修德'이라고도 한다. 이른바 성덕으로부터 수덕을 일으키고 수덕 전체가 성덕에 있는 것을 '동시'라고 한다.

'理와 行을 가지런히 편다'는 것은, '이'는 諸法 性空의 理를 가리키고, '행'은 諸法 緣起의 事를 가리킨다. '가지런히 편다'는 것은, 理와 事가 다르지 않아 동시에 나타나는 것을 말한다. 이른바 性空이면서 緣起하고 緣起하면서 性空하니, 理 그대로 事요 事 그대로 곧 理이다. 마치 파도 전체가 물이요 물 전체가 파도여서 동시에 밝게 나타나 분명히 볼 수 있는 것과 같으니, 이것이 '이와 사를 가지런히 편다'는 것이다. '편다'는 것은 펼쳐 보인다[開顯]는 뜻이다.

'자비와 지혜가 엇갈려 관통한다'는 것은, '자비'는 대비 방편의 行을 가리키고 '지혜'는 반야의 空을 비추는 慧를 가리킨다. 또한 '자비'는 權智인 後得智가 방편으로 교묘하게 작용하는 것을 가리키고, '지혜'는 實智인 根本智의 반야의 실제 지혜를 가리킨다. 반야와 방편, 실지와 권지는 비록 一心 중에서 얻을 수 있으나, 반야는 본체요 대비방편은 작용이라, 본체는 비록 두 가지가 아니나 작용은 여러 가지 문이 있다. 본체로부터 작용을 일으키는 것을 '大悲'라 하고, 작용을 섭수하여 본체로 돌아가는 것을 '眞智'라 한다. 이것이 자비와 지혜가 엇갈려 통하는 것이다. 또한 '자비'는 연인불성과 복덕장엄이요, '지혜'

16　항포문(차제문)과 원융문을 말함. 화엄종에서 수행 계위를 말할 때, 十信·十住·十行·十廻向·十地·等覺·妙覺으로 범부가 이 순서대로 점점 불과에 이르는 52위를 항포문이라 하고, 처음과 끝이 서로 연관 관계가 있어 처음 발심할 때 곧 정각을 이룬다고 보는 것을 원융문이라 함.

는 요인불성과 지혜장엄이다.[17] '緣因'과 '了因' 두 因은 서로 도와 나타나고, '복덕'과 '지혜' 두 장엄도 또한 서로 도와 성취한다. 그러므로 '자비와 지혜가 헛갈려 통한다' 하였다.

'그러므로 문수는 理로 行을 印證한다' 한 것은, 모든 대승경전은 모두 보살의 수행은 반드시 반야지를 깨달은 진리로 수행을 印證해야 착오가 없음을 밝히고 있다. '문수사리Mañjuśrī'는 범어인데 妙德, 혹은 妙首라고 번역한다. 반야 근본지의 대명사이다. 만약 반야 실지가 있으면 모든 수행이 모두 성불하는 묘법이 된다. 實智로 인하여 權智(방편지)를 일으키니, 곧 갖가지 名相(名은 사물의 명칭, 相은 사물의 모양)과 言敎(말씀과 교법)를 임시로 세워 중생을 널리 제도하니, 그러므로 '차별의 뜻이 모자라지 않는다' 하였다.

'보현은 行으로 理를 장엄한다' 한 것은, '보현Samantabhadra, Viśvabhadra'도 범어인데 遍吉이라 번역한다. 덕으로 법계를 두루 유익하게 하여 자비와 깨달음이 깊고 넓다는 뜻으로 '보현'이라 한다. 곧 방편 후득지의 대명사이다. 만약 방편 후득지가 있으면 시간과 공간에 다함없는 보살행으로 시간과 공간에 다함없는 일심 이문의 理體를 장엄하니, 그러므로 '行으로 理를 장엄한다'고 하였다.

이 두 대보살은 반야와 방편을 대표한다. 『지도론』에 "반야로 畢竟空[18](理)

---

17   二因 : 生因과 了因을 말한다. (1) 生因은 법성을 본래 구족한 理니, 일체 善法을 능히 낸다. 곡식이나 보리 등의 종자가 능히 싹을 내는 것과 같다. (2) 了因은 지혜로 법성을 조료하는 이니, 생성을 보조하는 자연이다. 등불이 사물을 비추어 환하게 볼 수 있는 것과 같다. 正因과 緣因이라고도 한다. 二嚴 : 지혜장엄과 복덕장엄을 말한다. 지혜 · 복덕 두 가지는 모두 능히 법신을 장엄한다. (1)智慧莊嚴은 지혜를 연마하여 그 몸을 장엄하고 (2) 福德莊嚴은 복덕을 모아 그 몸을 장엄한다.

18   18空 가운데 하나. 제법은 궁극(필경)에는 얻을 것이 없고, 또한 空으로 제법을 파하여 남음이 없게 하여, 一物에도 집착하지 않게 한 것이다. 『大智度論』 卷31에 畢竟空과 性空의 뜻을 구별하였다. 곧, 필경공은 남

에 들어가려 하여 모든 戲論을 끊고, 방편으로 필경공에서 나오려 하여 국토를 장엄하여 중생을 성숙케 한다(行)." 하고, 『정명경』에도 "지혜바라밀은 보살의 어머니요 방편은 아버지가 되어, 일체중생의 導師(佛)가 이로부터 나지 않음이 없다." 한 것이다. 그러므로 '근본의 문을 닫지 않았다' 하였다. '근본'은 반야와 방편을 가리키고, '닫지 않았다'는 것은 반드시 서로 의지하고 서로 보충한다는 뜻이다.

'근본과 지말이 차별이 없고, 범부와 성인이 똑같은 근원이다' 한 것은, 앞의 '이사무애' 과에서 자세히 해석하였으니, 사는 이로 말미암아 성립하고 이는 사로 인하여 드러난다. '근본'과 '성인'은 물에 비유하고 '지말'과 '범부'는 파도에 비유하니, 물과 파도가 서로 여의지 않으니 곧 '차별이 없다' 한 것과, '같은 근원이다' 한 것이다.

'속제를 파괴하지 않고 진제를 표하고, 진제를 여의지 않고 속제를 세운다' 한 것도 또한 앞에서 설한 '事를 파괴하지 않고 理를 나타내고, 이를 숨기지 않고 사를 이룬다' 한 것이니, 이것들은 모두 원교의 중요한 뜻이다.

'지혜의 눈을 갖추어 생사에 빠지지 않고 자비심을 운용하여 열반에 정체하지 않는다' 한 것은, 보살은 반야 실지를 갖추었기 때문에 오온이 모두 공함

은 것이 없는 것이고, 성공은 본래 항상 그러함을 말한 것이다. 필경공은 흔히 제불이 짓는 것이고, 성공은 보살이 짓는 것이다. 또한 空으로 제법을 파하여 궁극에 일물에도 집착하지 않아서 삼세가 청정한 것이 '필경공'이요, 일체 제법의 자성이 공하여 여러 가지 인연으로 화합하여 있는 것 같으니, 만약 여러 가지 인연을 여의면 그 성을 얻을 수가 없으니 이것이 '성공'이다 하였다. 『中觀論疏』권1 말에 필경공을 해석하여 중생의 성 쪽에서 보면 또한 허공과 같으니, 그 가운데는 생사왕래가 없으며 또한 해탈한 자도 없으니, 생사가 본래 나지 않기 때문에 왕래가 없고, 이미 생사의 왕래가 없다면 생을 어찌 없앨 것이랴. 그러므로 '열반'이라 하고 '해탈'이라 한다. 그러므로 생사와 열반이 궁극에 모두 공하기 때문에 일체가 태어남이 없다. 또한, 열반도 본래 나지 않아서 생사도 또한 본래 나지 않으니 그러므로 일체가 나지 않는다고 한다. 필경공이란 만약 태어남이 있으면 태어나지 않음도 있으니 이는 필경공이 아니다. 모든 것이 나지 않는 것을 필경공이라 한다 하였다.

을 깨달아 범부의 생사고해에 침몰하지 않을 수 있음을 설하였다. 또한, 근본지로 말미암아 후득지인 방편을 일으켜 대비와 대원을 운용하여 널리 중생을 제도하고, 편공 열반인 이승의 化城에 정체하지 않을 수 있음을 설하였다.

'삼계 25有로 보리의 작용을 삼고, 번뇌의 바다에 처하여 열반의 나루에 통한다'라고 한 네 구절은, 보살이 행하는 이사무애라야 비로소 깨달음이 있어서 닦음을 폐하는 것과 세간을 탐하는 허물이 없다는 것을 전체적으로 보였다. 앞의 두 구절은 사무애요, 뒤에 두 구절은 이무애다. 욕계·색계·무색계를 '삼계'라고 하는데 이 가운데 중생을 스물다섯 가지로 나눌 수 있다. 이것을 '二十五有'라 한다. 『불학사전』을 찾아보기 바란다(『불광사전』 175페이지).

보살은 삼계 25유 중생으로 수행하고 성불하는 작용을 삼는다. 예를 들면 보현의 '십대행원' 가운데 아홉 번째 '항상 중생을 수순하는 원'에 "보리는 중생에 속하니, 만약 중생이 없다면 모든 보살이 결국 위없는 정각을 이루지 못한다." 한 것과 같다. '번뇌의 바다'는 범부의 더러워진 세간에 비유하고, '열반의 나루'는 불보살의 청정한 세간에 비유하였으니, 이 두 가지 세간은 중생의 진여심체에서 보면 더럽지도 않고 깨끗하지도 않으며 있지도 않고 같지도 않으니, 분별해서는 안 된다. 보살은 일진법계의 理體를 깨달음으로 인하여 자재를 얻을 수 있으니, 그러므로 능히 모든 事上에서 자재무애할 수 있다.

'대저 萬善은 보살이 성인의 지위에 들어가는 양식이요, 衆行은 제불이 助道하는 階漸이다' 한 것은, 理는 돈오할 수 있으나 事는 반드시 점수해야 함을 보였으니, 불성이나 진여를 잘못 이해하여 공에 빠지고 고요함에 막혀 있으며 理에 집착하여 事를 폐해서는 안 된다. 그러므로 제불보살은 모두 모든 선행을 두루 빠짐없이 닦아 한 걸음 한 걸음 십신·십주·십행·십회향을 거쳐 십지와 더 나아가 묘각의 성위에 증입할 수 있었던 사실을 거울삼아야 한다.

'만약 눈이 있고 발이 없으면…' 한 네 구절은, 불보살이 능히 범부를 돌려 성인을 이룰 수 있었던 것은 모두 대비방편으로 인하여 이사가 무애했기 때문임을 설명하였다. 만약 이에 집착하여 사를 버리면, 두 눈으로 무엇이든 볼 수 있으나 두 발로 달리지 못하는 것과 같으니, 어떻게 시원한 못(성인의 경계)에 이를 수 있겠는가? 그대가 능히 일체법공의 실지를 증득하였더라도 만약 대비심이 부족하거나 잃어버려 후득지의 방편묘용을 일으켜 중생을 제도하지 않는다면, 어떻게 능히 불과의 땅에 오르고 열 가지 자재를 갖추며 더 나아가 일체법에 자재함을 얻을 수 있겠는가?

불법은 인과를 여의지 않으니, 반드시 중생의 고통을 차마 모른 체하지 않고 대비심을 일으켜 대승에 들어가 중도행을 원만히 닦은 후에 비로소 불보살의 지혜의 꽃과 과실이 있는 것이다.

'그러므로 방편과 반야는…' 한 네 구절은 이사무애와 중도원융 행을 총 결론지었으니, 조사의 뜻과 경전의 글이 서로 어긋나는 것이 아니다. '반야'와 '진공'은 理를 가리키고, '방편'과 '묘유'는 事를 가리키니, 항상 다르기도 하고 항상 같으며, 하나도 아니고 다르지도 않으니, 서로 의지하고 서로 보충하여 아무 장애가 없다. 그러므로 '항상 서로 보필하고 항상 함께 돌보아 기른다' 하였으니, 마치 새의 두 날개와 같이 한 가지도 모자라서는 안 된다.

集

『법화경』의 '세 가지를 모아 하나로 돌아간다' 한 것은 萬善이 모두 보리에 향하는 것이요, 『대품반야경』의 '모든 것이 두 가지가 없다' 한 것은 衆行이 모두 일체종지로 돌아간다는 뜻이다. 그러므로 『화엄경』에 "제7 원행지는 반드시 열 가지 方便慧와 殊勝道를 닦아야 하니, 이른바 '비록 空·無相·無願 삼매를 잘 닦더라도 자비로 중생을 버리지 말아야 하며, 제불의 평등법을 얻었더라도 항상 부처님께 공양하기를 좋아해야 하며, 공임을 관찰하는 지혜문에 들어갔더라도 부지런히 복덕을 모아야 하며, 삼계를 멀리 여의었더라도 삼계를 장엄해야 하며, 궁극적으로 모든 번뇌의 불꽃을 껐더라도 능히 일체중생을 위해 탐·진·치의 불꽃을 꺼주어야 하며, 제법이 환과 같고 꿈과 같고 그림자 같고 메아리 같고 불꽃 같고 환화 같고 물속의 달과 같고 거울 속 형상 같아 자성이 둘이 없는 줄 알았더라도 마음에 따라 한없는 차별을 작업해야(내어야) 하며, 일체국토가 마치 허공과 같은 줄 알지만 능히 청정한 묘행으로 불토를 장엄해야 하며, 제불 법신인 본성이 몸이 없는 줄 알지만 상호로 그 몸을 장엄해야 하며, 제불의 음성이 性空寂滅하여 가히 말로 설할 수 없음을 알지만 능히 일체중생을 따라 갖가지 차별의 청정 음성을 내야 하며, 제불을 따라 삼세가 오직 일심뿐임을 알지만 중생의 意解分別에 따라 갖가지 모양과 갖가지 시기와 갖가지 겁수로 여러 가지 행을 닦아야 한다' 한 것이다." 하였다.

『유마경』에는 "보살이 비록 空을 행하더라도 여러 가지 德本을 심어야 하니 이것이 보살행이요, 비록 無相을 행하더라도 중생을 제도해야 하니 이것이 보살행이며, 비록 無作을 행하더라도 受身을 나타내야 하니 이것이 보살행이며, 비록 無起를 행하더라도 모든 선행을 일으켜야 하니 이것이 보살행이다." 하였다.

法華會三歸一, 萬善悉向菩提。大品一切無二, 衆行咸歸種智。故華嚴經云 第七遠行地, 當修十種方便慧殊勝道。所謂雖善修空無相無願三昧, 而慈悲不捨衆生。雖得諸佛平等法, 而樂常供養佛。雖入觀空智門, 而勤集福德。雖遠離三界, 而莊嚴三界。雖畢竟寂滅諸煩惱燄, 而能爲一切衆生, 起滅貪瞋癡煩惱燄。雖知諸法如幻如夢, 如影如響, 如燄如化, 如水中月, 如鏡中像, 自性無二, 而隨心作業無量差別。雖知一切國土猶如虛空, 而能以淸淨妙行莊嚴佛土。雖知諸佛法身本性無身,而以相好莊嚴其身。雖知諸佛音聲性空寂滅不可言說, 而能隨一切衆生, 出種種差別清淨音聲。雖隨諸佛了知三世惟是一念, 而隨衆生意解分別, 以種種相, 種種時, 種種劫數, 而修諸行。

維摩經云, 菩薩雖行於空, 而植衆德本, 是菩薩行。雖行無相, 而度衆生, 是菩薩行。雖行無作, 而現受身, 是菩薩行。雖行無起, 而起一切善行, 是菩薩行。

講

여기서는 네 가지 대승경전 말씀을 인용하여, 이 책에서 설한 것이 경교와 어긋나지 않는다는 것을 증명하였다.

첫째는 『법화경』 말씀을 인용하였다. 삼승을 모아 똑같이 일불승에 돌아가고 모든 善法이 모두 佛果에 나아가는 양식이라는 것을 말하였다. 理에서 말하면, 중생의 마음이 곧 불성이니 만약 중생이 선을 닦지 않으면 비록 불성이 있더라도 성불하지 못한다. 事에서 설하면, 육도만행과 크고 작은 선법이 성불의 緣因이니 여러 가지 선행을 닦지 않으면 비록 正因이 있더라도 불과가 없다. 이는 그 경에서 말한 "한번 '나무불' 하고 부르거나, 손을 들거나 혹은 머리를 숙이는 등으로 모두 이미 불도를 이루었다." 하고, 또한 『보현행원품』에 "남의 공덕을 따라 기뻐하고 남이 하는 여러 가지 선행을 따라 기뻐해도 오히려 능히 여래 공덕을 성취할 수 있는데, 더욱이 자기가 수행하고서 어찌 만덕장엄의 불과를 이루지 못하겠는가?" 한 것이다.

둘째는 『대반야경』 말씀을 인용하였다. 五乘(부처님의 다섯 가지 가르침. 人乘·天乘·성문승·연각승·보살승)의 불법이 모두 緣起와 性空이라 모든 것이 둘이 아니요, 衆行과 萬法이 똑같이 결국 卽空·卽有의 일체종지로 돌아가니, 『심경』에서 말한 "색이 곧 공이요 공이 곧 색이라, 수·상·행·식도 마찬가지다. 이 제법이 공한 모습은 태어남도 멸함도 없고, 더럽지도 깨끗하지도 않으며, 더함도 줄어듦도 없다." 한 것이다. 이것은 일체가 둘이 없어서 모두 八不中道의 일체 종지로 돌아감을 말한다.

셋째는 『화엄경』 「십지품」 중 제7 원행지의 '응당 열 가지 方便慧를 닦아야 한다'는 경문을 인용하였다. (대정장경 10권 196페이지 상중 단락) 여기서는 당 청량국사가 지은 『화엄경』 疏 제41권, 鈔 제68권(대정장경 35권 815페이지부터 36권 545~6페이지)에 의해 대략 다음과 같이 해석한다.

'遠行'이란 삼계와 거리가 멀고, 행이 법왕의 자리와 가깝기 때문에 '원행지'라 한다. 또한, 순수하여 모양이 없기 때문에 '원'이라 하고, 수행하는 데 장애되지 않기 때문에 '행'이라 한다. 예를 들면 無作(인연의 조작이 없는 것)만을 좋아하고 有를 행하지 않으면 방편이 아니요, 더 나은 행[增上行]을 일으키지 않으면 수승한 도가 아닌 것과 같다. 여기서는 열 가지 중생을 버리지 않는 법[十種不捨衆生法]과, 무아의 지혜[無我智]로 수행 도구[能治]를 삼되, 수행하더라도 無作의 마음만을 좋아하는 것을 '방편의 지혜'라 하고, 방편으로 능히 증상행을 섭취할 수 있기 때문에 '수승함을 일으키는 도[起殊勝道]'라고 한다. 유에 의해 공을 닦기 때문에 공에 주하지 않으니 이것이 공 가운데 방편 지혜요, 공에 의해 유에 이르기 때문에 유에 주하지 않으니 이것이 유 가운데 수승한 도다. 공에 의하기 때문에 범부의 세간보다 수승하고, 유에 이르기 때문에 이승의 출세간보다 수승하다. 이 열 가지는 모두 위 구절은 공을 관하는 것[觀空]이요, 아래 구절은 유를 행하는 것[涉有]이다. 위 구절이 아래 구절을 얻으면 공 가운데 방편의 지혜를 이루고, 아래 구절이 위 구절을 얻으면 유 가운데 수승한 도를 이룬다. 이 열 가지를 가지고 귀납하면 네 가지 공덕이 되니, 앞의 세 가지는 각기 하나니 自利德이요, 뒤의 일곱 가지는 합하여 하나가 되니 모두 利他德이다.

(1) '비록 공·무상·무원 삼매를 잘 닦더라도, 자비로 중생을 버리지 않아

야 한다' 한 것은 허물을 여읜 덕[離過德]이니, 보호하여 두 가지 보살의 악행을 일으키지 않기 때문이다. 위 구절로 말미암아 중생을 사랑하는 악행[愛見惡行]이 없고, 아래 구절로 인하여 중생을 利樂케 하지 않는 악행[不利樂衆生惡行]이 없다. 두 가지 악행이 없으면 이것을 '애견이 없는 대비 보살행'이라 부른다.

(2) '비록 제불의 평등법을 얻었더라도, 항상 부처님께 공양하기를 좋아해야 한다' 한 것은 복보를 보호하는 덕[護福報德]이니, 부처님께 공양하기 때문에 재물과 몸의 수승한 복을 얻기 때문이다. 그러므로 능히 많은 복을 얻을 수 있으니 이것은 평등법(空性)을 얻었기 때문이다. 『금강경』에서 "이 복덕은 곧 福德性이 아니니 그러므로 여래께서 복덕이 많다고 설하시니라." 한 것이다.

(3) '비록 공임을 관하는 지혜의 문에 들어갔더라도, 부지런히 복덕을 모아야 한다' 한 것은 선근을 보호하는 덕[護善根德]이니, 소위 '선근은 부지런히 복덕을 모으는 것으로 보리의 양식을 삼는다' 한 것이다. 여기서는 空智에 의해 공덕을 모으니, 곧 보호와 복덕이 모두 더 나은 바라밀행[增上波羅密行]을 이룬다. 『금강경』에 "이 법이 평등하여 높고 낮음이 없으니, 이를 '아눗다라삼먁삼보리'라 하니, 무아·무인·무중생·무수자로 일체 선법을 닦아 아눗다라삼먁삼보리를 얻는다." 한 것이다.

(4) '비록 삼계를 멀리 여의었더라도, 삼계를 장엄해야 한다' 한 아래 일곱 가지는 모두 중생을 유익하게 하는 이타덕이다. 이 네 번째는 方便殊勝道(방편이 수승한 도)니 원력에 따라 삼계에 태어난 依報다. 중생으로 하여금 과보를 사모하여 인행을 닦게 하기 위해서는 모름지기 삼계를 장엄해야 하니, 중생의 報障을 대치한다. 이미 '삼계를 멀리 여의었다' 하였으니, 그러므로 단지 원력으로 태어난 것일 뿐 업혹에 이끌려 삼계에 태어난 것이 아님을 알 수 있으니, 관음이나 지장보살 등과 같다. '삼계를 장엄한다'는 것은, 물들고 더러운 삼계를

장엄하여 청정불토로 만드는 것이니, 이 정토 중에서 여러 上善人이 함께 한곳에 모여 여러 가지 고통이 없고 여러 가지 즐거움을 받으니, 극락세계와 같다.

(5) '궁극적으로 모든 번뇌의 불꽃을 껐더라도, 일체중생을 위해 탐·진·치의 번뇌 불꽃을 꺼주어야 한다' 한 것은, 앞의 네 번째는 의보로 중생을 유익하게 하는 것이요, 다섯 번째부터 열 번째까지는 정보로 중생을 유익하게 하는 것이다. 곧 신·구·의 삼륜으로 중생을 유익하게 하는 것이다.

다섯 번째는 중생의 번뇌장을 대치하니, 보살이 시현으로 번뇌를 일으키되, 거듭 나타내기만 해서는 어떻게 대치하고 끊고 제거하랴. 중생이 번뇌의 성품이 공한 줄 알아, 중생의 심성이 본래 청정하여 항상 본래 적멸상임을 보게 해야 한다.

(6) '비록 제법이 환과 같고 꿈과 같고 메아리 같고 불꽃 같고 환화 같고 물속의 달과 같고 거울 가운데 형상 같아서 자성이 둘이 없는 줄 알지만, 마음에 따라 한없는 차별을 작업해야 한다' 한 것은, 중생의 智障을 대치하여 중생으로 하여금 제법이 모두 자성이 없음을 알게 하는 것이다. 그러므로 여덟 가지 비유를 들어 중생을 교화하여 그들의 智障을 없게 하였다. 그러나 보살 자신은 공을 관하는 지혜[觀空智]가 있어서 그들의 마음에 하고자 하는 데 따라 쓰고 논하고 헤아리고 고려하는 등, 갖가지 다른 사업으로 잘 다스리고 잘 교화하는 방편을 지어야 한다.

(7) '비록 일체 국토가 마치 허공과 같은 줄 알지만, 청정 묘행으로 불토를 잘 장엄해야 한다' 한 것은, 중생을 성숙하고 요익케 하기 위하여 보살이 청정한 장엄불토 건립하기를 발원하고 대중 집회를 만들어 함께 불도의 작용을 닦는다. 이는 아미타불이 건립한 극락세계와 같다.

(8) '비록 제불 법신의 본성이 몸이 없는 줄 알지만, 상호로 그의 몸을 장엄

해야 한다' 한 것은, 보살이 한없는 상호를 잘 닦아 그의 몸을 장엄하여 중생이 보고[見], 듣고[聞], 가까이하고[親近], 공양하고[供養], 수행하는[修行] 등 다섯 가지 복을 얻게 해야 한다. 부처님은 법으로 몸을 삼아 청정하기 허공과 같은데, 여러 가지 모양을 나타내어 이 법에 들게 한다. 地上 보살은 부분적으로 법신을 증득하여 불신과 같기 때문에, 또한 몸이 없이 몸을 나타낼 수 있다. 몸이 그렇듯이 입과 마음도 역시 그러하여, 모두 말없이 말을 나타내고 앎이 없이 아니, 경에서 말한 것과 같다.

(9) '비록 제불의 음성이 性空寂滅한 줄 알지만, 능히 일체중생을 따라 갖가지 차별의 청정 음성을 내어야 한다' 한 것은, 보살의 구업으로 능히 일체중생의 말과 글을 따라 미묘한 법륜을 굴려 중생으로 하여금 문·사·수를 닦게 해야 한다.

(10) '비록 제불을 따라 삼세가 오직 일념뿐임을 알지만, 중생의 意解分別을 따라 갖가지 모양과 갖가지 시기와 갖가지 겁수로 모든 행을 닦아야 한다' 한 것은, 보살의 意業으로 삼세의 긴 시간이나 일념의 짧은 시간은 상대적인 것임을 알고, 모든 시간에 집착하지 말고 갖가지 길고 짧은 수행 사업을 행할 수 있어야 한다.

넷째는 『유마힐경』에서 말한 네 가지 보살행을 인용했으니, 모두 위 구절은 理行을 들었고, 아래 구절(而 字 아래)은 事業을 들어 이사무애를 밝혔다. 문장은 잘 이해할 수 있을 것이다.

기 2. 무념인가 유념인가 하는 의심

集

고덕이 물었다. "만행은 무념으로 근본을 삼는데, 지금은 선을 보거나 악을 보고서 버리기를 원하고 이루기를 원하니, 몸과 마음만 피로할 뿐 어찌 도가 되겠는가?"

답 : 이것은 有念을 버리고 無念을 구하는 것이니, 아직 진정한 무념도 얻지 못했는데 더욱이 유념과 무념이 무애한 것이랴. 또한 무념은 수행의 한 가지일 뿐이니, 어찌 一念의 頓圓을 알겠는가?

위에서 인용한 것과 같이 부처님 뜻이 분명한데, 어찌 뱃 속은 텅 비었으면서 마음만 높거나, 작은 것에 만족하겠는가? 개구리가 바다의 양을 불만스러워하고 반딧불이가 햇빛을 가리려는 것이다.

古德問云, 萬行統惟無念, 今見善見惡, 願離願成, 疲役身心, 豈當爲道。答, 此離念而求無念, 尚未得眞無念, 況念無念而無閡乎。又無念但是行之一, 豈知一念頓圓。如上所引, 佛旨煥然, 何得空腹高心, 以少爲足, 擬欲蛙嫌海量, 螢掩日光乎。

講

위에서 이미 네 가지 대승경전 말씀을 인용하여 보살의 수행은 응당 이와 사가 무애해야 한다는 것을 밝혔다. 다만 어떤 불자는 無相과 無念을 높은 것이라 여기고, 有修와 有念은 낮은 것으로 여기는 이가 있을까 봐, 지금 다시 두 가지 문답을 가설하여 이를 해석하였다.

질문은 『육조단경』의 돈오 법문을 집착한 데서 왔다. '무념을 근본으로 삼는다' 한 것은, 『단경』에 "有念은 생사요 無念은 열반이다." 하였으니, 보살이 닦는 만행은 모두 열반을 증득하고자 한 것이므로 '무념을 근본으로 삼는다'

하였다. '선을 보고 악을 보고서 버리기를 원하고 이루기를 원한다'는 것은, 생각을 내어 사홍서원을 발원하고 사성제 닦는 것을 지적하여 말한 것이다. 중생을 제도하기 원하고 번뇌 끊기를 원하는 것과, 고·집 이제는 악을 보고 버리기를 원하는 것이요, 법문 배우기를 원하고 불도 이루기를 원하는 것과 멸·도 이제는 선을 보는 것과 이루기를 원하는 것이다. '몸과 마음을 피로하게 한다'는 것은, 네 가지 발원과 사성제의 三乘 聖道는 모두 몸과 입과 마음을 부려서 모든 악을 짓지 말고 여러 가지 선행을 받들어 행하여 오랫동안 육도만행을 닦아 반드시 천신만고 끝에 비로소 도업을 성취함을 가리킨다. '어찌 마땅히 도가 되겠는가?' 한 것은, '이와 같은 有念과 有相의 수행은 아마도 수행하여 성불할 마땅한 도가 아닐 것이다' 한 것이다.

스님의 대답은 먼저 무념에 집착하는 허물을 들었다. '유념을 버리고 무념을 구한다' 한 것은, 이러한 불자는 有念은 事요 無念은 理라고 집착하여 事를 버려야만 비로소 理에 들어갈 수 있다고 오인한다. '오히려 진정한 무념도 얻지 못했는데 더욱이 유념과 무념에 무애할 수 있겠는가?' 한 것은, 無念의 理가 곧 事 가운데 있으니, 만약 事를 버리고 理를 구한다면 마치 파도를 버리고 물을 찾는 것과 같아서 오히려 진리를 볼 수 없는데, 더욱이 事(有念)와 理(無念)가 본래 서로 의지하고 서로 보완하여 성취하니 무념과 유념이 피차 무애함이랴! 이는 마치 파도를 버리고는 물이 없는지라 파도 그대로가 물이라 화합하여 무애한 것과 같으니, 그대가 어떻게 理에 집착하고 事를 버려 스스로 방애하는 마음을 내겠는가? 이것은 미친 자가 아니면 어리석은 자다.

다시 설하기를 '무념으로 도를 구하는 것은 겨우 수많은 수행문 가운데 한 가지일 뿐이다' 하였다. 달마조사가 道育과 慧可 두 스님에게 "壁觀으로 마음을 편안하게 하고, 네 가지 行으로 수행을 시작하라." 하고, 아울러 도에 들어가는 四行觀을 설하기를 "대저 도에 들어가는 데는 여러 가지 길이 있으나 요약해서 말하면 두 가지에서 벗어나지 않는다. 하나는 理入이요 둘째는 行入이다. 이입이란, 敎에 의해 宗을 깨달아 중생과 동일한 진성을 깊이 믿어 … 고요하고 무위한 것을 이입이라 한다. 행입이란, 네 가지 행을 말하니 그밖에 여러 가지 행은 모두 여기에 들어간다. 첫째는 원망을 갚는 행[報寃行]이니, 수도인이 고통을 당할 때 근심하지도 원망하지도 말고 원망을 체달하여 도에 나아가는 것이다. 둘째는 인연을 따르는 행[隨緣行]이니, 얻거나 잃거나 간에 인연을 좇아 마음속에 걸림이 없어서 八風이 불더라도 동요하지 않고 가만히 中道에 수순하는 것이다. 셋째는 구하는 바가 없는 행[無所求行]이니, 삼계가 편안함이 없어 마치 불난 집과 같으니, 그러므로 삼계의 복락을 구하지 않는 것이다. 넷째는 법에 부합한 행[稱法行]이니, 망상을 제거하기 위해 육바라밀을 수행하지만 행하는 바가 없으니, 이것을 법에 부합한 행이라 한다." 하였다. 이를 통해 알 수 있는 것은, 무념 법문은 이입에 속하고 널리 만행을 닦는 것은 행입에 속하니, 비단 이 둘이 무애할 뿐만 아니라 모름지기 병행해야 한다. 마치 새의 양날개나 수레의 두 바퀴와 같이, 하나도 모자라서는 안 된다는 점이다.

또한, 중생은 동물인 이상 어떻게 종일 단정히 앉아 아무 생각도 하지 않고 아무 일도 하지 않을 수 있겠는가? 앞에서 말했듯이, 의보나 정보, 색이나 심, 인이나 과, 더럽거나 깨끗한 것이 똑같이 일심이지만 모양과 작용이 차별이 있다. 그러니 心性을 따라 수행하면 佛身 淨土를 일으키고, 情念에 따라 지으면 반드시 육도 윤회에 들어간다. 그러므로 모름지기 심성으로 인해 수행하여 자비와 지혜와 깨달음을 갖추고, 믿음과 이해와 수행에 의지하여 만선을 장엄하는 것이 유심정토이다.

'어찌 一念의 頓圓을 알랴' 한 것은, 一念 心性에 理(眞如門과 無念)와 事(生滅門

과 有念) 두 문을 頓圓한다는 것을 바로 보였으니, 무념과 유념이 본래 원융무애하니 어찌 理에 집착하고 事를 폐하여 有念과 有修, 만선과 만행을 잘못 알겠는가? 이것은 보살도에 합치하지 않는 것이다! 천태종에서는 "일념 심성에 삼천의 제법을 갖추었다." 하고, 정토종에서는 "생각에 의해 부처를 생각하고 생각에 의해 부처를 이루니, 이 마음이 부처가 되고 이 마음이 부처다." 하였다. 이는 모두 원교의 一念 頓圓이요 이사무애 법문이니, 이것은 장교나 통교나 별교와는 다르다.

'이상에서 인용한 바와 같이'라고 한 아래 여섯 구절은 모두 모든 수행인을 경계한 글이니, 모든 경전의 뜻과 제불의 뜻에 대해 분명히 이해해야 한다. 무릇 경전 가운데서 밝힌 중도원융의 행을 반드시 믿고 이해하고 받들어 행해야 하고, 절대 알지 못하면서 알았다 하거나(空腹高心) 얻지 못했으면서 얻었다고 여겨서는(以少爲足) 안 된다.

'…하려는 것[擬欲]'은 망상이니, 청개구리가 제가 본 한 방울 물로 그것이 곧 바닷물의 양이라고 오인하는 것이다. 혹은 터무니없이 스스로 존대하여 자신이 宗에 통하고 敎에 통한다고 오인하는 것이다. 알음알이가 많은 자가 자신의 조그만 지식(반딧불이 빛)으로 불교의 진리와 수행문을 말살하려는 것(햇빛을 가림)이니, 이런 일은 절대 있을 수 없다.

기 3. 무작인가 유작인가 하는 의심

集

문 : 완전히 끊어져서 의지할 곳이 없고 경계와 지혜가 모두 공했으니, 이것이 조사와 부처님의 근본 뜻이요 성현의 중요한 길입니다. 만약 닦을 것이 있다

[有作]고 한다면 마음과 경계가 분명합니다. (그런데 스님은) 어떤 敎文에 의해 만선을 널리 말하였습니까?

問, 泯絶無寄, 境智俱空, 是祖師指歸, 聖賢要路。 若論有作, 心境宛然。 憑何敎文, 廣陳萬善。

講

세 번째는 無作인가 有作인가 하는 의심이다. 無作(닦을 것이 없음)에 그릇 집착하고 空의 방편을 잘못 이해한 사람은 일체법이 궁극적으로 공하다는 것에 집착하므로, '완전히 끊어져 의지할 곳이 없어 경계와 지혜가 모두 공하다' 하였다. 이것이 조사와 제불께서 가리키신 유일한 수행 목표(歸)이며, 또한 삼현 십성 보살이 반드시 거쳐야 할 수행의 중요한 길이라고 오인한다. 이로 인해 이 책에서 말한 '마음이 있고 경계가 있어 이와 사가 무애하니, 널리 만선을 닦아 [有作] 정토에 회향하여야 한다' 한 것에 의문을 내는 것이다. 그러므로 '만약 닦을 것이 있다[有作]고 말한다면 마음과 경계가 분명하니, 그렇다면 스님은 어떤 敎文에 근거하여 널리 만선을 말하는가?' 한 것이다.

集

답 : 제불여래의 일대시교는 예로부터 지금까지 宗을 나눈 것이 매우 많으나, 그 대략을 모으면 세 宗에서 벗어나지 않는다. 첫째는 相宗이요, 둘째는 空宗이요, 셋째는 性宗이다. 상종인 경우에는 흔히 是를 설하고 공종은 흔히 非를 설하며 성종은 오직 直指만을 논하니, 곧 조계의 견성성불과 같다.

答, 諸佛如來, 一代時敎, 自古及今, 分宗甚衆, 攝其大約, 不出三宗。 一相宗, 二空宗, 三性宗。 若相宗多說是, 空宗多說非, 性宗惟論直指, 卽同曹溪見性成佛也。

講

스님은 먼저 세존의 일대시교는 예로부터 지금까지 갖가지로 宗을 나눈 것이
다르다는 것을 들었다. 예를 들면 소승 20종, 대승 10종 등과 같으나, 이를 줄이
면 모두 대승 3종에서 벗어나지 않는다. 즉 法相인 唯識宗과 性空인 唯名宗과 直
指인 唯心宗이다. '상종은 흔히 是를 설한다' 한 것은 有作(닦을 것이 있음)에 속하
고, '공종은 흔히 非를 설한다' 한 것은 無作(닦을 것이 없음)에 속한다. 유작은 심
생멸문이요 무작은 심진여문이다. 일심의 이문은 본래 하나도 아니고 다르지도
않으니, 이것에 집착하여 저것은 그러다 해서는 안 된다. 오직 성종만이 바로 심
성을 가리키니 무작과 유작은 일심의 두 방면인 모양[相]과 작용[用]이니, 마음
의 체성[體]에서 보면 무작과 유작을 모두 얻을 수가 없다. 이것이 바로 조사선
[曹溪]에서 '직지인심 견성성불'이라고 한, 위 없는 법문인 것이다.

集

요즘은 見性을 논하지 않고 正宗을 알지 못해 대부분 시·비에 집착하여 어지
럽게 다툰다. 이것들은 모두 조사와 부처님의 비밀스러운 뜻을 알지 못하고 말
만을 따른 것이다. 敎에서 간혹 是를 설하는 것은 곧 성에 의해 상을 설한 것이
요, 혹은 非를 말하는 경우는 상을 파하고 성을 나타낸 것이다. 오직 성종 한 문
만이 직지를 밝히고 시·비를 설하지 않았다.

於今不論見性, 罔識正宗, 多執是非, 紛然諍競。皆不了祖佛密意, 但徇言詮。如敎中
或說是者, 卽依性說相。或言非者, 是破相顯性。惟性宗一門, 顯了直指, 不說是非。

講

스님은 이렇게 개탄한다. "요즘 같은 말법에 일반 불자는 유에 집착하지 않으
면 공에 집착하고, 혹은 事에 집착하고 理를 미혹하고서 도를 닦거나, 혹은 이

에 집착하고 사를 폐하고서 이것을 '부처'라 한다. 그 때문에 心地를 향해 한번 참구공부를 하지 않으니(견성을 논하지 않음), 부처를 이루고 조사가 되는 진정한 종지는 알지 못하고 매양 총명한 세속적인 지혜로 자신은 옳다 하고 다른 이는 그르다 하며 생각이 편집되고 관념이 복잡하여 서로 다툰다. 심지어 기이한 것을 높이 내세우고 잘났다고 다투며, 한 사람 눈먼 자가 여러 명의 눈먼 자를 이끌어 서로 불구덩이에 들어가니 어찌 슬프고 애석한 일이 아니겠는가?

이런 사람들은 모두 부처님과 조사께서 법을 설한 깊은 뜻을 알지 못하고, 글과 말만을 따라 조사와 부처님이 설한 遮詮의 경문에서 일체법이 필경 공하다거나 닦을 것이 없고 모양이 없다는 것에 집착하기도 하고, 혹은 表詮의 언교에서 일체법이 실제로 있다거나 모양이 있고 닦을 것이 있다는 것에 집착한다. 그러므로 한결같이 다툼 없는 평등 법문에서 是와 非, 空과 有를 다투니, 실로 웃지 않을 수 없다.

경교에서 갖가지 十如是의 緣起 事相을 설하는데 이것은 性空에 의해 緣起하는 진실한 모습을 설한 것이요, 어떤 때는 제법이 공임을 말하는데 이것은 중생이 실제로 있다고 집착하는 병을 타파하여 모든 緣起 事相의 본성을 밝혔으니, 이는 자성이 空無함을 설한 것임을 전혀 알지 못하였다. 그러므로 세 종 중에서 오직 성종 한 법문만이 비로소 간단명료하니, 손을 대 시작하여 불가사의한 일심 이문을 바로 관하면 이미 유에도 집착하지 않았고 또한 공에도 집착하지 않으니, 이는 앞에서 말한 것과 같다. 그러므로 방편과 반야는 항상 서로 도와주고, 진공과 묘유는 항상 함께 돌보아 기른다."

集

요즘은 여러 가지 非心 非佛이라거나 非理 非事의 泯絶(완전히 없어짐)의 말을 현묘하다고 여기는데, 다만 遮詮인 병을 치료하는 문장일 따름임을 알지 못하고 이 방편에 집착하여 목표를 삼고서, 도리어 表詮인 직지의 가르침을 믿지 않고 實地를 모두 버리고 眞心을 알지 못한다. 마치 초나라의 어리석은 사람이 닭을 봉이라고 여기고, 봄날 연못가에서 놀던 어린 아이가 돌을 집어 구슬이라고 여기는 것과 같다. 천박하고 저속한 생각에만 맡겨두고 깊고 비밀한 뜻을 찾지 않으니, 공의 방편을 미혹해서야 어찌 진정한 귀착지를 알겠는가?

如今多重非心非佛, 非理非事, 泯絕之言, 以爲玄妙。不知但是遮詮治病之文, 執此方便, 認爲標的。卻不信表詮直指之敎, 頓遣實地, 昧却眞心。如楚國愚人, 認鷄作鳳。猶春池小兒, 執石爲珠。但任淺近之情, 不探深密之旨, 迷空方便, 豈識眞歸

講

스님은 이렇게 설하신다.

"요즘은 대부분 텅 빈 공과 구두선에만 편중하여 자비심이 없고 실제적인 수행에 힘쓰지 않는다. 말인즉슨, 마음도 아니고 부처도 아니며 理도 아니고 事도 아니라 모든 것이 空하다 하니, 현묘한 말씀이기는 하다. 그러나 행동하는 것과 말하는 것은 모두 내가 있고 남이 있으며 공을 자랑하고 승부심이 있어서 모든 것이 나를 위하며, 더 나아가서 모든 것이 바라고 요구하는 일이다. 경론에서 '人·法이 공(泯絕이란 말)함을 관찰하라' 한 것은 중생이 실제로 있다고 집착하는 것을 막는(遮) 쪽에서 설(詮)한 것이요, '삼계는 오직 마음이 지었을 뿐이요 만법은 오직 식이 나타난 것일 뿐이다' 한 것은 우주 인생의 진리를 표명(表)한 쪽에서 설한(詮) 것임을 전혀 알지 못하였다. 空을 설한 것은 有에 집착하는 병을 다스리는 방편이니, 어찌 공에 집착하여 究竟了義(標的, 목표, 목적)라 하겠는가? 비유하면 사람이 약을 먹고 병을 다스릴 때 병이 나으면 약을 버리듯이, 어찌 약을 밥같이 여겨 약을 먹고 도리어 병이 되어서야 하겠는가?."

그러므로 용수 보살의 『중론』에 "부처님이 空法을 설하신 것은 諸見을 여의게 하기 위해서니, 만약 다시 空이 있음을 보면 제불이 교화하시지 못한다." 하고, 길장 대사의 『중론소』에 "대승의 방광 도인은 空 일방에만 집착하고 방편이 없다. 그러므로 대승을 배우되 일체법이 태어나지도 않고 죽지도 않아서 필경에 공하다고 이해하고, 태어남이 없는 것(空)에 집착하여 태어남을 잊어버리고, 태어남을 잊어버리고는 또한 태어남이 없는 것마저 잊어버리니, 모두 二諦를 파괴하였다. 그러므로 응당 二諦 中道로 二慧(權慧와 實慧) 正觀을 내어 단견과 상견의 여러 가지 견해를 없애야 하니, 그러므로 불보살이 계신다." 하였다. 보살도를 행할 적에 만약 일심 이문의 실상을 깨닫지 못하면 중도원융과 이사무애의 올바른 수행이 아니다. 그러므로 空에 집착하여 병이 되거나, 혹은 집을 버리고 마음대로 달아나면 범부 이승에 떨어지는 줄 반드시 알아야 한다. 그러므로 '實地를 모두 유실하고 眞心을 잊어버린다' 하였으니, 『능엄경』에 "머리를 잊어버리고 거울 속 그림자를 오인한다." 하고, 『법화경』 「신해품」의 窮子의 비유와 같으니, 문 밖에 처하고 초암에 머물러서는 성불의 보배 장소에 도달할 방법이 없다.

그 경(『법화경』)에 설하기를 "저희들은 청정한 불국토에서 중생을 교화한다는 말을 들어도 도무지 기뻐하는 마음이 없었나이다. 왜냐하면, 일체 제법이 모두 공적하여 나고 죽음이 없고 크고 작은 것이 없으며 번뇌가 없으니 닦을 것도 없다고 생각하기 때문에 기뻐하는 마음이 나지 않았나이다. 저희가 밤새도록 空法을 닦아 삼계 고뇌의 병에서 벗어났더라도 부처님의 교화로 얻은 도는 허망하지 않으니, 이미 얻었다면 부처님 은혜를 갚은 것입니다." 하고, 또한 "제불은 희유하사 제법의 왕이시니, 능히 수준이 낮은 자를 위해 형편에 맞게 법을 설하시고, 一乘道에서 형편에 맞게 三乘을 설하시네." 하였다. 이런 경문들은 모두 사람들이 조사와 부처님이 형편에 맞추어 법을 설하심을 알지 못하고 空의 방편을 미혹하기 때문이니, 어찌 眞歸(성불)의 가장 훌륭한 주해이고 증명임을 알겠는가?

　　스님이 '초나라의 어리석은 사람'과 '봄 연못의 어린아이'라는 두 가지 비유를 가설한 것은 이러한 공복고심의 보살을 가르치고 경계하기 위해서니, 부디 空과 無作이 불법의 완벽한 뜻이라고 오해하지 마라. 자신의 조악하고 근시적인 망심집착에만 따르고 불법의 깊고 비밀한 도리를 탐구하지 않는다면 이는 금을 버리고 삼을 지고서 천한 것을 고귀한 것이라 여기며 우물 속에 앉아 하늘을 보는 것과 같으니, 이것은 자신이 그릇될 뿐만 아니라 남도 그릇되게 하는 것이니, 그 잘못은 결코 작은 것이 아니다.

기 4. 법체와 어긋난다는 의심

集

문 : 제불 여래의 삼승 敎典에는 오직 한 맛의 해탈법문만이 있는데, 어떻게 세계의 생멸연기를 널리 설할 수 있습니까? 마음으로 헤아리면 곧 잊어버리니 진여와 수순하지 않고, 생각을 내면 곧 어긋나게 됨이니 법체에 어긋납니다.

問, 諸佛如來三乘敎典, 惟有一味解脫法門, 云何廣說世界生滅因緣, 擬心卽失, 不順眞如, 動念卽乖, 違於法體.

講

네 번째는 법체와 어긋난다는 의심이다. 이런 불자는 선종 조사의 어록 공안을 읽거나 조사들이 입버릇처럼 말하는 몇 마디 말을 주워 '無住', '無作'이 바로 부처라고 하면서, 만선을 널리 닦는 것은 법체와 어긋난다고 오해함으로써 이런 질문이 있는 것이다.

'삼승 교전에는 오직 한 맛 해탈법문만이 있다' 한 것은, 삼승 경론은 중생이 集을 끊고 苦를 여의고 道를 닦고 滅을 증득하여 생사 해탈을 얻게 하지 않은 것이 없으니, 『법화경』「약초유품」에 "여래 설법은 한 모양이요 한 맛이니, 이른바 解脫相(생사에서 해탈한 모양)이요, 離相(열반상도 떠난 모양)이며, 滅相(생사열반이 없다는 것도 떠난 모양)이라 구경에 일체종지에 이른다." 한 것이다.

'어찌 세계의 생멸연기를 널리 설하는가?' 한 아래 여섯 구절은, 의심하는 뜻을 밝혔다.

'진여법체가 이미 한 모양이고 한 맛이라면 어찌 도리어 허다한 입이나 혀를 놀려 이러한 생멸연기의 법상을 설하는가? 어찌 뱀을 그리면서 다리를 붙인 것이 아니겠는가?' 하였으니, 그러므로 '마음을 내면 곧 잊어버리니 진여와 수순하지 않고, 생각을 움직이면 곧 어긋나니 법체와 어긴다' 한 것이다.

集

답 : 만약 '한 모양 한 맛'을 논한다면 이것은 삼승 권교니, 理를 잡아 말하면 일체 인연은 과실과 우환이다. 지금 이 책에서 말한 것은 오직 圓宗만을 밝혔을 뿐이니, 낱낱 연기가 모두 법계의 참되고 진실한 덕성이라 이루어지지도 않고 파괴되지도 않으며 斷도 아니고 常도 아니다. 더 나아가서 신통변화나 모든 행위가 모두 본래 이와 같기 때문에 神力을 빌리지 않고 잠깐 만에 이와 같을 수 있으니, 인연으로 난 한 법은 성기 공덕 아닌 것이 없다.

『화엄경』에 "이 화장세계해 중에는 산이나 강, 심지어 수풀이나 먼지, 털 등 어느 것을 막론하고 낱낱이 모두 진여법계에 맞아서 무변 공덕을 갖추지 않음이 없다." 하였다.

答, 若論一相一味, 此乃三乘權教。約理而言 卽以一切因緣而爲過患。今所集者,
惟顯圓宗。一一緣起, 皆是法界實德。不成不破, 非斷非常。乃至神變施爲, 皆法如
是故, 非假神力, 暫得如斯。繇有一法緣生, 無非性起功德。華嚴經云 此華藏世界
海中, 無問若山若河, 乃至樹林塵毛等處, 一一無不皆是稱眞如法界, 具無邊德。

講

여기에 스님은 세 단락으로 나누어 대답하신다. 처음은, 질문한 것이 권교를 실교
라고 의심하니 도리에 맞지 않는다고 지적한다. 다음은 지금 이 책(『만선동귀집』)
에서 설한 것은 性起(性으로부터 일어난다는 뜻. 佛果의 경계로부터 사물의 現起를 설명
함)圓通임을 보였고, 세 번째는『화엄경』을 인용하여 이러한 의심을 풀어주었다.

색깔은 제법의 實相 無相을 가리키니, 곧 人과 法 두 가지가 공한 법은 성문
이나 연각이나 보살인 삼승이 똑같이 증득한 理體니, 理 방면에서 본 것이다.
곧 일체 인연 생멸의 事相은 세계의 생·주·이·멸과 중생의 생·노·병·사와
같아서 모두 무상하고 모두 과실과 우환이 있다. 말하자면 제법의 실상은 비록
모양이 없으나(空) 모양 아닌 것이 없다(有). 다만 無相(空)의 理體를 깨닫기만
을 구하고 無不相(有)의 事用을 일으키지 못하면 이것은 실상의 방편과 완전하
게 부합하지 않으니, '권교'라 부른다. 만약 권교를 실교라 의심한다면 이는 초
여드레 반달을 환하게 밝은 둥근 보름달이라 의심하는 것과 같아서, 불가능한
일이기도 하고 있을 수 없는 일이기도 하다. 소견이 좁아 모든 것을 신기하게
보지만 도리에 맞지 않다.

불교를 배울 적에 무엇이 방편이고 무엇이 궁극인가를 분명히 알지 않으면
안 된다.『화엄경』에서 "제법 실상(空)은 삼승이 모두 얻지만(方便) '佛(究竟)'이
라고는 부르지 않는다." 하고,『법화경』「약초유품」에는 "제불 세존이 중생에
맞추어 적절히 법을 설한 것은 이해하기도 어렵고 알기도 어렵다. 오직 여래만

이 이 중생의 種相(姓)은 무언지 體性(本性)은 무언지와, 무슨 일을 염원하는지 어떤 일을 생각하는지 어떤 일을 닦는지와, 어떻게 念하는지 어떻게 생각하는지 어떻게 닦는지, 어떤 법을 念하는지 어떤 법을 생각하는지 어떤 법을 닦는지 어떤 법으로 어떤 법을 얻는지를 아신다. 중생은 갖가지 처지에 있으나 여래만이 환하게 알고 보아 아무 걸림이 없으시다." 하였다. 그러므로 모든 불자는 제불의 설법이 모두 근기에 따라 설하시는 줄 알아야 한다. 만약 權(三乘別教)만을 알고 實(一乘圓敎)을 알지 못하여 작은 것(二空)을 얻은 것으로 만족하여 만행을 널리 닦는 원만한 문을 막고 만덕을 장엄하는 불과를 버린다면, 이야말로 최대의 손실이다.

이 책은 처음부터 끝까지 일승원교의 종지를 열어, 이사가 무애하고 내지 인과가 어긋나지 않는 열 가지 중도원융한 수행법('圓修十義'를 말함)을 자세히 설명한다. 그런데 그대는 어찌 空宗의 방편권교에 집착하고 일승원교를 부정하여 法體(二空의 理)와 어긋남이 있다고 말하는가! 『화엄경』이나 『법화경』에서 설한 온갖 법이 性起圓通의 교의 아닌 것이 없으니, 낱낱 연기 事相이 모두 일진법계의 진실한 덕용이며, 또한 일심 이문의 性에 부합한 공능이어서, 심진여문을 '이루어지지 않는다[不成]'고 하고, 심생멸문을 '파괴되지 않는다[不破]'고 하였다. 이것은 空宗에서 말한 相을 파하고 性을 밝힌 교[破相顯性敎]와는 같지 않고, 또한 相宗에서 말한 인연으로 차별이 이루어진 교[緣成差別敎]와도 같지 않으며, 또한 외도가 집착하는 斷이기도 하고 常이기도 하는 여러 가지 견해가 아니다. 그러므로 '이루어지지 않고 파괴되지도 않으며 斷도 아니고 常도 아니다' 하였다.

'더 나아가서 신통변화나 모든 행위가' 한 아래 여섯 구절은 圓敎 性起인 원통법문을 설명하였다. 우주 진리인 제법 실상은 본래부터 이러하고, 부처가 있든지 부처가 없든지 본래부터 이와 같으니, 천태의 「究竟卽佛[19] 頌」에 "전에는 眞이 妄이던 것이 오늘에는 妄이 모두 眞이네. 다만 본래 性이었을 뿐 다시 한 법도 새로워진 것이 없네." 한 것이다.

十法界 중생은 마음이 있지 않은 이가 없고 마음이 있으면 반드시 생각과 행위가 있다. 그러므로 범부로부터 불과에 이르기까지 생각이나 하는 일이 모두 心性이 인연에 따라 일어난 공덕 작용이라 완전히 性에 부합하여 일어난 것이지, 어떤 신통변화의 힘을 빌려 잠시 이렇게 나타난 것이 아니다. 이 種性(삼승인이 저마다 갖추어 능히 보리를 증득할 수 있는 본성. 여기에는 선천적으로 구족하여 변화하지 않는 性種性과, 후천적으로 수행하여 얻는 習種性 두 가지가 있다)이 실상을 일으키는 것은 마치 바다 가운데서 일어나는 수없이 많은 큰 파도나 작은 파도가 완전히 바다의 정체에서 연기하여 하나의 파도가 모두 온 바다의 질과 양을 관철하고 포함하여 한계가 없고 분별이 없지만, 일어나고 없어지는 생멸이 서로 이어져서 시작과 끝이 없는 것과 같다. 또한 범천의 구슬 그물 가운데 한없는 구슬 광명이 서로서로 비추어 하나의 구슬 광명이 한없는 구슬 속에 들어가고 한없는 구슬이 하나의 구슬 속에 들어가 겹겹으로 다함없는 것이, 본래부터 이와 같고 또한 신력을 빌려 있는 것이 아닌 것과 같다. 그러므로 이 책에서 '한 법의 연기 생멸이 성기 공덕 아닌 것이 없다' 하였다.

불교에서는 항상 "四生과 九有 중생이 똑같이 화장세계의 깊은 문을 증득하고, 八難과 三途 중생이 누구나 함께 비로자나의 性海에 들어간다." 하니, 이것은 원교 대승의 특색이다. 어찌 '법체와 어긋난다' 하고 의심하겠는가!

---

19 六卽佛 가운데 여섯 번째가 究竟卽佛이다. 『불광사전』 1276-上 참조.

스님은 『화엄경』 경문을 다시 인용하여, 이 책에서 설한 '만선동귀'가 열 가지 뜻을 원만히 닦아[十義圓修] 이사가 무애하고 성기 원통하여 확실히 일승 원교인 성불의 위없는 법문임을 증명하였다. 또한 『법화경』에서 "손을 들거나 머리를 숙일 때 모두 이미 불도를 이루었다." 한 것이다. 그러므로 **'낱낱이 모두 진여법계에 맞아 한없는 덕을 갖추지 않음이 없다'** 하였다. 그러므로 법을 듣는 자는 한 사람도 성불하지 않는 자가 없으니, 이것은 진실한 말씀이요, 속이지 않는 말씀이요, 허망하지 않은 말씀이다!

기 5. 조작할 필요가 있을까 하는 의심

集

문 : 경에 "다만 범부가 그 일을 탐착할 뿐이다." 하고, 또한 "모양을 취하는 범부에게 형편에 맞게 설한다." 하였으니, 만약 理本을 얻는다면 萬行이 모두 원만하리니 어찌 事跡으로 조작을 낼 필요가 있겠습니까?

問, 經云 但凡夫之人, 貪着其事。 又云 取相凡夫, 隨宜爲說。 若得理本, 萬行俱圓, 何須事跡, 而興造作乎。

講

이것은 다섯 번째 질문이니, 理에 집착해 事를 폐한 말이다. 『법화경』 「방편품」에 "중생은 곳곳에 집착한다." 한 것과 같이, 이것을 인용하여 여기에서 벗어나게 한 것이다. 스님이 곳곳에서 문답을 가설한 것은, 중생의 갖가지 집착을 타파하여 이사원융의 중도로 돌아가게 하였기 때문이다.

'범부가 그 일에 **탐착**할 뿐이다' 한 것은 『금강경』 말씀이요, '모양을 **취하는** 범부에게 형편에 맞게 설하였다' 한 것은 『법화경』 「신해품」 경문이다. '만약

理本을 얻는다면' 한 아래 네 구절은 理에 집착해 事를 폐한 의혹이다. '理本을 얻는다'는 것은 일심 이문의 실상의 理를 가리킨 것이 아니라, 人·法 二空를 증득한 眞如理體(本)를 말한 것이다. '만행이 모두 원만하다' 한 것은 육도만행이 모두 원만 구족함을 가리킨 것이다. 이것은 만행이 진여의 理에서 벗어나지 않는 것만 알았고 진여 연기가 만행의 事임을 알지 못했으니, 偏空二乘에 떨어졌거나 혹은 自然外道가 되어 無想天 중에 태어날 줄 반드시 알아야 한다.

『금강경』에 "위없는 보리심을 낸 자는 제법의 斷滅相을 말하지 않는다." 한 것과 같이, 대승보살이 설령 일으키더라도 어찌 구태여 事跡을 일으켜 조작적인 생각을 내겠는가! 이것은 제법의 단멸상에 집착한 것이니, 이것은 절대 착오이다.

集

답 : 이것은 탐착과 집취를 타파한 문장이니, 因緣 事相의 법과는 상관없다. 『정명경』에 "그 병을 제거할 뿐, 법을 제거하지는 않는다." 하고, 『금강삼매경』에 "두 가지 들어감[入]이 있으니 첫째는 理로 들어가는 것[理入]이요 둘째는 行으로 들어가는 것[行入]이니, 理로써 行을 인도하고 行으로 理를 원만하게 한다. 또한, 보리는 行으로 無行에 들어가니, 행은 모든 선법으로 인하고 무행은 모든 선법을 얻지 않는 것이다." 하였으니, 어찌 이에 빠져 행을 훼손하고 행에 집착해 이를 어기겠는가!

答, 此是破貪着執取之文, 非干因緣事相之法。淨名經云 但除其病, 而不除法。金剛三昧經云 有二入, 一理入, 二行入。以理導行, 以行圓理。又菩提者, 以行入無行, 以行者, 緣一切善法。無行者, 不得一切善法。豈可滯理虧行, 執行違理

스님의 대답은, 먼저 질문한 자가 『금강경』과 『법화경』 경문을 오해하여 의혹을 일으키기 때문에, 경문은 모두 탐착과 집취를 파한 것이지 수행의 因緣事相과는 아무 관계가 없다는 것을 밝혔다. 왜냐하면, 경문에서 파한 것은 중생의 遍計所執이요 인연사상은 依他起法에 속한 것이라, 제법의 인과율은 타파할 수 있는 것이 아니기 때문이다. 그러므로 『정명경』에서 "다만 그 병(遍計執)을 제거할 뿐, 법(依他起)은 제거하지 않았다." 한 것을 인용해 이런 의문을 풀어주었다.

또한 『금강삼매경』에서 설한 '理入과 行入'을 인용하였다. '理로써 行을 인도한다' 한 것은 이입을 말하니, 곧 無爲의 理體에 머물러 有爲의 佛事를 짓는 것이다. '行으로 理를 원만하게 한다'는 것은 行入이니, 보현보살의 십대행원을 닦아 극락으로 돌아가는 길을 인도하여 일생에 원만한 보리를 얻게 하는 것이다.

'행으로 무행에 들어간다' 한 아래 다섯 구절은 곧 이사무애이다. 『금강경』에서 설한 "위없는 보리심을 내는 자는 반드시 이런 마음을 내어야 한다. 곧, '나는 응당 일체 중생을 멸도하리라, 일체 중생을 멸도하고는(行) 한 중생도 정말 멸도한 자가 없다고(無行). 왜냐하면 만약 보살이 아상·인상·중생상·수자상이 있으면 곧 보살이 아니기 때문이다'라고 한 것이다.

마지막에 스님이 우리에게 이렇게 가르치셨다. "절대 경문의 뜻을 잘못 이해하고 본래의 글 뜻을 무시하고 자신의 뜻을 취하여 이로 인하여 '理에 빠져 行을 훼손하여' 理性에 집착하여 事修가 모자라서도 안 되고, 또한 '行에 집착해 理를 어겨' 事相만을 탐하거나 집착하여 법성의 空理를 위배해서도 안 된다. 응당 二諦가 원융하고 理事가 무애해야 비로소 보리 대도에 나아갈 수 있다."

마명 조사가 지은『대승기신론』에 "신성취발심에 세 가지가 있다(믿음을 성취하려면 이렇게 세 가지 마음을 내어야 한다). 첫째는 정직한 마음[直心]이니 진여법을 올바로 생각하기 때문이요, 둘째는 깊은 마음[深心]이니 일체 모든 善行 모으기를 좋아하기 때문이며, 셋째는 대비의 마음[大悲心]이니 일체중생의 고통을 뽑아주고자 하기 때문이다.

문 : 위에서는 '法界가 하나의 모양이요 佛體는 두 가지가 없다' 하고서, 무엇 때문에 오직 진여만을 생각하지 않고 다시 모든 선법행 배우기를 요구하는가?

답 : 마치 큰 마니보가 본바탕[體性]이 맑고 깨끗하나 광석의 더러움이 있으니, 사람이 비록 보배의 본바탕[寶性]을 생각하더라도 갖가지 방편으로 갈고 다듬지 않으면 결코 깨끗함을 얻지 못하듯이, 이렇게 중생의 진여법도 체성이 텅비고 깨끗하지만 한없는 번뇌의 더러움이 있으니, 사람이 비록 진여를 생각하더라도 방편으로 자주자주 훈습하고 닦지 않으면 또한 깨끗함을 얻지 못한다. 더러움이 무량무변하여 일체법에 두루하기 때문에 모든 선행을 닦아 이를 대치해야 하니, 만약 사람이 일체 선법을 수행하면 자연히 진여법에 귀순하기 때문이다.

방편을 대략 설하면 네 가지기 있다. 첫째는 근본을 행하는 방편[行根本方便]이니, 이를테면 일체법의 자성이 태어남이 없고 망견을 여의어 생사에 주하지 않음을 관찰하고, 일체법이 인연으로 화합한 것이라 業果를 잃어버리지 않음을 관찰하여, 대비를 일으켜 모든 복덕을 닦아 중생을 섭수 교화하고 열반에 주하지 않음을 말하니, 법성이 주하지 않음을 수순하기 때문이다.

둘째는 허물을 잘 금지하는 방편[能止方便]이니, 부끄러워하고 허물을 뉘우쳐 일체 악법을 잘 금하여 자라지 않게 함을 말하니, 법성이 여러 가지 허물을 여의었음을 수순하기 때문이다.

셋째는 선근을 일으켜 증장케 하는 방편[發起善根增長方便]이니, 부지런히 공양을 닦고 삼보에 예배하며 찬탄 수희하고 제불에게 권청함을 말하니, 삼보를 사랑하고 공경하는 순박하고 후덕한 마음으로 인하여 믿음이 자라 능히 위없는 도를 구할 수 있다. 또한, 부처님과 부처님 법과 스님들이 힘써 보호해 주심으로 인하여 업장을 능히 소멸하고 선근이 퇴보하지 않으니, 법성이 어리석음의 장애[癡障]를 여의었음을 수순하기 때문이다.

넷째는 대원이 평등한 방편[大願平等方便]이니, 이른바 미래가 다하도록 일체중생을 교화하고 제도하여 남음이 없게 하고 모두 무여열반을 통달하기를 발원하는 것이니, 법성이 단절이 없음을 수순하기 때문이며, 법성이 광대하여 일체중생에 두루하여 평등하고 둘이 없어서 피차를 생각하지 않아서 필경 적멸하기 때문이다. (대정장경, 32권 580페이지 하단)"하고‥‥

祖師馬鳴(所造) 大乘起信論云, 信成就發心有三, 一直心, 正念眞如法故。二深心, 樂集一切諸善行故。三大悲心, 欲拔一切衆生苦故。(起信)論問, 上說法界一相, 佛體無二, 何故不唯念眞如, 復假求學諸善法之行。論答, 譬如大摩尼寶, 體性明淨, 而有礦穢之垢。若人雖念寶性, 不以方便種種磨治, 終無得淨。如是衆生, 眞如之法, 體性空淨, 而有無量煩惱垢染。若人雖念眞如, 不以方便種種熏修, 亦無得淨。以垢無量無邊遍(一切法故) 修一切善行, 以爲對治。若人修行一切善法, 自然歸順眞如法故。

略說方便有四種, 一者行根本方便, 謂觀一切法, 自性無生, 離於妄見, 不住生死。觀一切法, 因緣和合, 業果不失, 起於大悲, 修諸福德, 攝化衆生, 不住涅槃。以隨順法性無住故。二者能止方便, 謂慙愧悔過, 能止一切惡法令不增長, 以隨順法性離諸過故。三者發起善根增長方便, 謂勤修供養, 禮拜三寶, 讚歎隨喜, 勸請諸佛。以愛敬三寶淳厚心故, 信得增長, 乃能志求無上之道。又因佛法僧力所護故, 能消業障, 善根不退, 以隨順法性離癡障故。四者大願平等方便, 所謂發願盡於未來, 化度一切衆生使無有餘, 皆令究竟無餘涅槃, 以隨順法性無斷絶故。法性廣大, 遍一切衆生, 平等無二, 不念彼此, 究竟寂滅故。

講

스님은 다시 마명 보살이 지은『대승기신론』중 한 부분을 인용하여, 보살의 수행은 반드시 중도 원융하여 여러 가지 선행을 닦아야 자연히 진여로 돌아간다는 것을 증명하였다. 여기서는 현수 국사가 지은『기신론義記』(대정장경 44권 245페이지와 299페이지)를 참고하여 대략 다음과 같이 해석한다.

'대승'은 범어로 '마하연mahā-yāna'이라 하니, 곧 중생심의 體·相·用 三大다. 또한『잡집론』의 설에 의하면, 대승은 일곱 가지 큼[大]을 포함하였다. 첫째는 경계가 크니[境大], 보살도를 행하려면 모름지기 여러 가지 경전의 광대한 교법으로 경계를 삼아야 하기 때문이다. 둘째는 행이 크니[行大], 여러 가지 자리이타의 광대한 행을 바르게 행하기 때문이다. 셋째는 지혜가 크니[智大], 人이 무아임과 法이 무아임을 알기 때문이다. 넷째는 정진이 크니[精進大], 삼대 아승지겁에 한없이 행하기 어려운 행을 방편으로 부지런히 닦기 때문이다. 다섯째는 방편인 수단과 방법이 크니[方便善巧大], 생사와 열반에 주하지 않기 때문이다. 여섯째는 깨달음이 크니[證得大], 여래 법신과 동등한 한없는 대공덕을 얻기 때문이다. 일곱째는 과보가 크니[果大], 생사가 다하도록 여덟 가지 성도[八相成道]를 나타내어 광대한 여러 가지 불사를 건립하기 때문이다.

'기신'은 대승의 신심을 일으켜 성취하는 곳에 나아가서 설하니, 이 신심으로 근본을 이루어 잃어버리지 않게 하기 때문이다.

'논'은 올바른 이치를 의논하는 것이다.

이와 같기 때문에 『대승기신론』이라 한다.

'마명보살'[20]은 불멸 후 약 600년경에 동인도 바라문가에서 태어나, 부나야사Puṇyayaśas 존자에게서 법을 얻으니, 선종 제12대 조사이다. 전기에는 세 가지로 이름을 해석하였다. 첫째는 이 보살이 처음 태어날 때 모든 말[馬]이 감동하여 슬피 울며 그치지 않았기 때문이요, 둘째는 이 보살이 거문고를 잘 타서 이걸로 法音을 전하니, 모든 말이 이를 듣고 모두 슬피 울었기 때문이며, 셋째는 이 보살이 설법을 잘해서 모든 말이 슬피 울고 눈물을 흘리며 이레 동안 먹이를 먹지 않았기 때문에 이런 이름을 얻게 된 것이다.

세존이 입멸하신 지 500년 후 96종 외도의 사견이 치성할 때, 이 보살이 특별히 일체 대승경전의 뜻을 종지로 하여 이 논을 지어 바른 法輪을 굴려 외도가 항복하여 佛日이 더욱 빛나게 하였다.

『기신론』에서 설한 '신성취발심'에 세 가지가 있다.

첫째는 정직한 마음[直心]이니, 진여법을 올바로 생각하기 때문이다. '정직한 마음'이란 무엇인가? 이를테면 정직하게 眞如理體의 마음으로 향하고, 굽히거나 어긋나지 않기 때문이다. 이것은 『대반야경』에서 설한 '一切智智와 상응한' 마음이요, 『관경』에서 설한 '지극하고 성실한 마음'이며, 『왕생론』에서 설한 '더럽지 않은 청정한 마음'이니, 진여는 번뇌 생사에 물들지 않기 때문이다. 진여를 올바르게 생각하는 것은 만행의 근본이니, 대승의 신심을 성취하는 본원이다. 그러므로 천태의 十乘觀法에는 부사의경계를 관하는 것으로 제일을 삼았고, 청량국사도 또한 부사의경계인 一眞(一心)法界를 올바르게 관찰하는

---

20   馬鳴 : 자세한 것은 『불광사전』 p4350-上 참조.

것으로 대승의 시초로 삼았다.

둘째는 깊은 마음[深心]이니, 일체 모든 선행 모으기를 좋아하기 때문이다. '깊은 마음'이란 무엇인가? 만선 만행을 골고루 닦아 마음의 근원인 本寂으로 똑같이 돌아가는 것이다. 이것은 化城에 머무르지 않고 보배 장소로 돌아가기 때문에 '깊은 마음'이라 한다. 또한 『대반야경』에서 설한 '얻은 것이 없는 것으로 방편을 삼는다' 한 마음이요, 『왕생론』에서 말한 '청정을 좋아하는 마음'이니, 중생으로 하여금 완벽한 常·樂을 얻게 하기 때문이다. 그러므로 '일체 모든 선행 모으기를 좋아한다' 하였다.

셋째는 대비심이니, 일체 중생의 고통을 뽑아주고자 하기 때문이다. '대비심'이란 무엇인가? 마음을 내어 일체중생이 생사의 바다를 벗어나 위없는 보리를 얻게 하고자 하는 것이니, 이것이 바로 대승 보리심이다. 또한 『대반야경』에서 설한 '큰 자비로 우두머리가 된다' 한 마음이요, 『관경』에서 말한 '회향하여 발원하는 마음'이며, 『왕생론』에서 말한 '청정에 안주하는 마음'이다. 자비의 문에 의지해 일체 중생의 고통을 뽑아, 편안하지 않은 중생의 마음을 멀리 여의게 하기 때문이다.

이 세 가지에서 앞의 두 가지는 자리행의 근본에 속하고, 뒤에 한 가지는 이타행의 근본이다. 만행이 비록 넓으나 이 세 가지 마음(直心·深心·大悲心)과 두 가지를 이롭게 하는 행(자리행·이타행)으로 모두 거두어 남음이 없으니, 대승의 신심을 성취하고자 하면 하나도 모자라서는 안 된다. 왜냐하면, 이 세 가지 마음도 또한 중생심에 본래부터 갖춘 性德과, 모든 보살이 닦을 三聚淨戒[21] 등 修

----

21 대승보살의 계법을 가리킨다. '聚'는 종류의 뜻이요, 이 계법이 무구청정하기 때문에 정계라 한다. (1) 攝律儀戒는 5계, 8계, 10계, 구족계 등 조목으로 된 일반적인 계행이다. (2) 攝善法戒는 계율이 따로 있는 것이

德을 꿰어 능히 일체 여래의 三德과 三身등 과덕을 이룰 수 있기 때문이다.

내가 앞에서 '수승한 행과 수승한 이익을 대략 보임' 과목에서 '불교의 性修因果 簡要表'를 나열했으니 참고하기 바란다. 또한, 이 세 가지 마음은 곧 세 가지 회향이니, 곧은 마음[直心]은 실제에 회향하는 것[廻向實際]이요, 깊은 마음 [深心]은 보리에 회향하는 것[廻向菩提]이며, 대비심은 중생에 회향하는 것(廻向 衆生]이다.『왕생론』에서 '보살이 이와 같이 잘 회향하여 성취할 줄 알면 3종 보리문22과 서로 어긋나는 법을 멀리 여의고, 세 가지 보리문법을 수순하여 만족할 수 있다'한 것이다. 그러므로 대승의 '신성취발심'에 반드시 이 세 가지 마음을 갖추어야 한다.

『기신론』은 다시 문답을 가설하였다. 질문에서 말한 '法界가 하나의 모양 이요 佛體는 두 가지가 없다' 한 것은 一眞法界(一心)의 실상을 가리키니, 이것은 중생과 부처가 평등하여 두 가지가 없는 것이다. 이것은『화엄경』에서 설한 "마음과 부처와 중생, 이 세 가지가 차별이 없다." 한 것이다.

'왜냐하면…' 한 아래 두 구절은 바로 질문한 뜻을 보였으며, 또한 理에 집착해 事를 폐하기 때문에 이런 질문이 있는 것이다.

논에서 답한 것에 두 가지가 있다. 처음은 질문한 것에 바로 답하였고, 다음은 방편을 거듭 밝혔다. 정답 중에 먼저는 비유요, 나중은 法合이다. '답 : 비유컨대 큰 마니보가' 한 데서부터, '마침내 깨끗함을 얻지 못한다' 한 데까지 여섯 구절은 비유를 든 것이다. '이와 같이 중생도' 한 데서부터, '또한 깨끗함을

아니라 모든 선법은 모두 계율이다. (3) 攝衆生戒는 중생을 위하는 것이라면 모든 것이 계율이라는 계에 대한 정의.

22 세 가지는, 첫째, 지혜문에 의거하고 自樂을 구하지 않는 것. 둘째, 자비문에 의거하여 일체 중생의 고통을 뽑아주는 것. 셋째, 방편문에 의거하여 일체 중생을 불쌍히 여기는 것이다.

얻지 못한다' 한 데까지 여덟 구절은 法合이다. '더러움이 무량하니…' 한 두 구절은 반드시 衆善을 닦아야 하는 까닭을 해석하였다. '만약 사람이 일체 善法을 수행하면…' 한 이 두 구절은, 모든 선행은 밖으로 妄染과 어긋나고 안으로 진여에 수순함을 설명하였다.

방편을 거듭 밝힌 것에, 처음은 숫자를 표하고 다음은 따로 해석하였다. '대략 방편을 설하면 네 종류가 있다' 한 것은 숫자를 표한 것이요, '첫째는 근본을 행하는 방편이니' 한 아래는 분별하여 해석하였다. 네 가지 방편은 또한 二慧 三門이기도 하다. 첫째는 實慧니 行門에 주하지 않는 것이요, 둘째와 셋째는 權慧니 自利行門이며, 넷째도 權慧니 利他行門이다. 한 가지 문마다 모두 세 가지 뜻이 있으니, 처음은 이름을 나열하고, 다음은 내용[相]을 해석하고, 셋째는 수행[修]의 뜻을 밝혔다.

'첫째는 근본을 행하는 방편이니' 한 구절은 이름을 나열하였다. 보살의 수행은 반드시 먼저 반야인 근본지(實)와 나중에 얻는[後得] 방편지(權)를 갖추어 육도만행의 근본을 삼아야 한다. 뒤의 열한 구절은 내용을 해석하였다.

'일체법의 자성이 남이 없고(空) 망견(妄想執着)을 여의어 생사에 주하지 않음을 관찰하여야 한다' 한 것은 근본인 實智를 해석했으니, 곧 지혜문이다.

'일체법은 인연이 화합한 것이라(生起를 얻음) 業果를 잃어버리지 않음(모두 十如是가 있음)을 관찰하여, 대비를 일으켜 모든 복덕을 닦아(方便) 중생을 섭수하고 교화하여 열반에 주하지 않는다' 한 것은 방편인 權智를 해석했으니, 慈悲門이다. 지혜가 있어 생사에 주하지 않고 자비가 있어 열반에 주하지 않는다.

'법성이 주하지 않음을 수순하기 때문이다' 한 구절은 반드시 無住行을 닦아야 하는 진정한 뜻을 설명했으니, 곧 性에 수순하여 닦으면 불과인 보리를 능히 얻을 수 있다. 만약 주함(집착)이 있으면 법성에 합하지 않아 곧 성불을 얻지 못한다. 그러므로 보살 만행의 근본이 되는 것이다.

'둘째는 악법을 금하는 방편이다' 한 구절은 이름을 나열하였다. 自利行 중에 止持門(받은 戒體를 保持하여 악업 짓는 것을 停止하는 것)에 속하니, 이미 일어난 악을 끊어 아직 일어나지 않은 악을 나지 않게 하기 때문이다. '부끄러워하고 허물을 뉘우쳐 일체 악법을 잘 금지하여 자라지 않게 한다' 한 두 구절은 내용을 해석하였다. 만약 사람이 부끄러워하는 마음이 있어 계율을 지키고 악법을 금하는 방편을 지으면 일체 악법이 일어나는 것을 막을 수 있다. 『아함경』에서 제자가 부처님께 "어떻게 하면 능히 여러 가지 악을 짓지 않게 할 수 있습니까?" 하고 물으니, "慚이 있고 愧가 있다." 하고 대답한 것과 같다. '참'이란 자신의 잘못을 자책하는 것이요, '괴'는 부끄럼으로 남을 대하는 것이다. 사람은 성현이 아닌 이상 누가 허물이 없을 수 있겠는가? 반드시 매우 부끄러워하는 마음을 가지고 참회하고 허물을 고쳐야 하니, 이보다 더 좋은 방법은 없다.

'진여법성이 여러 가지 허물을 여의었음을 수순하기 때문이다' 한 구절은 닦아야 하는 뜻을 밝혔으니, 어찌하여 반드시 止持門을 닦아야 하는가? 진여법성이 본래 청정무구하여 일체 물들고 더러운 악법이 나지 않음을 수순하기 때문이니, 비유하면 거울에 묻은 먼지를 털어내고 거울 자체가 청정광명을 회복하게 하는 것과 같다.

'셋째는 선근을 일으켜 증장케 하는 방편'이라 한 구절은 이름을 나열했으니, 自利行 가운데 作持門('止持門'의 대칭. 지계로 몸과 입의 악을 단속하는 것을 근본을 하고, 그런 후에 다시 선을 닦아 삼업을 책려하여 선을 보호하는 것)에 속하고, '부지런히 공양을 닦고, 삼보에 예배하며, 찬탄하고 따라 기뻐하며, 제불에게 권청하는 것이다' 한 네 구절은 내용을 해석하였다. 삼보 경계에 의하여 여러 가지 선행을 부지런히 닦으며, 더 나아가 보현보살의 열 가지 행원을 닦으니, 이것

153

은 선근을 증장하는 가장 좋은 방법이다.

　불교에서 유행하는 네 구절 頌이 있으니, "삼보의 문에 복 닦기를 좋아하라. 일 전을 보시하면 만 전이 돌아오나니, 그대를 위해 단단한 창고에 맡겨놓아 세세생생 써도 모자라지 않게 하노라." 하는 글이다. 만약 삼보의 문에서 복을 닦는다면 반드시 세세생생 선근을 일으켜 더 자라게 한다. 다만 반드시 정성과 공경, 三輪의 체가 빈 마음이 있어야만 비로소 법성과 서로 계합하여 능히 癡障을 여읠 수 있다. 그러므로 논문에서 이어서 '삼보를 사랑하고 공경하는 순박하고 후덕한 마음으로 인하여 믿음이 자라 능히 위없는 도를 구할 수 있다' 하였으니, 이 세 구절은 정성과 공경으로 집착이 없으면 신심이 끊어지지 않고 자라나서 능히 수행하여 이익을 이룰 수 있다는 것을 설명하였다.

　이익에 두 가지가 있다. 첫 번째는 능히 믿음이 자라나 權과 實 두 가지 지혜를 성취하는 이익이다. '또한, 불·법·승의 힘으로 보호해 줌으로써 능히 업장을 소멸하고 선근이 퇴보하지 않는다' 한 두 구절은, 두 번째 모든 업장을 소멸하는 이익을 성취한다. 삼보를 애경하는 데는 네 구절의 料簡(철저히 살핌)이 있을 수 있다. 첫째는 사랑하면서도 공경하지는 않으니 어머니가 자식에게 하는 것과 같다. 둘째는 공경하면서도 사랑하지는 않으니 종이 주인에게 하는 것과 같다. 셋째는 공경하면서 사랑하기도 하니 부처님 제자가 삼보 전에 수행하고 예배하고 공양하는 등과 같다. 넷째는 공경하지도 사랑하지도 않으니 원수가 하는 것과 같다.

　'넷째, 대원이 평등한 방편'이라 한 구절은 이름을 나열했으니, 이타행문에 속한다. '미래가 다하도록 일체중생을 제도하여 남음이 없게 하고, 모두 구경의 무여열반을 얻게 하기를 발원한다' 한 세 구절은 내용을 해석하였다. '미래가 다하도록 … 발원한다'는 것은 오랫동안 하는 마음[長時心]이요, '일체중생을 제도하여 남음이 없게 한다'는 것은 광대한 마음[廣大心]이며, '모두 구경의 무여열반을 얻게 한다'는 것은 제일의 마음[第一心]이다. 요컨대「보현행원품」에서 말한 "허공과 세계와 중생과 번뇌가 다함이 없으므로 나의 이 행원도 다함이 없어서 생각생각 연이어지고 끊어짐이 없어서 몸과 말과 마음의 업에 피곤한 생각이 없다." 한 것과 같으니, 이렇게 해야만 비로소 원교 보살이 낸 오랫동안 한 마음[長時心]이며 광대한 마음[廣大心]이다.

'법성이 단절이 없기 때문에' 한 여섯 구절은 수행의 뜻을 밝혔다. '법성이 단절이 없기 때문에' 한 것은 법성이 시간적으로 삼제에 두루하니, 그러므로 보살의 이타행도 또한 반드시 법성을 수순하여 단절이 없어야 한다는 것을 밝혔다. '법성이 광대하다' 한 것은 법성이 공간적으로 시방에 두루하니, 그러므로 보살의 이타행도 또한 일체중생에 두루하고 평등해 둘이 없어서 피차를 생각하지 않는다는 것을 밝혔다. 법성이 궁극에 적멸하니, 그러므로 보살이 비록 방편 權智를 갖추었으나 보현의 大願을 내어 시간과 공간에 다함없이 유정을 이익되게 하고, 동시에 문수의 大智를 갖추어 중생을 제도하되 중생이라는 상이 없고 성불하지만 부처라는 상에 집착하지 않는다. 이것은 性으로부터 修를 일으켜 修 전체가 性에 있으니, 性과 修가 둘이 아니다.

集

우두 융 대사의 이런 문답이 있다.

문 : "제법의 畢竟空(주 18) 참조)에 보살행과 육도만행이 존재하는가?"

답 : 이것은 三乘의 二見心(두 가지로 보는 마음)이다. 만약 마음이 본래 공한 줄 관찰하면 곧 實慧며 곧 眞法身을 본다. 법신은 이 空에 머무르지 않나니 覺知를 운용하는 것은 곧 方便慧요, 방편혜도 또한 얻을 수 없는 것은 곧 실혜이다. (이

렇게 방편혜와 실혜가) 항상 서로 여의지 않으니, 앞생각과 뒷생각이 모두 두 가지 지혜로 말미암아 일어난다. 그러므로 (『정명경』에) "지혜바라밀은 보살의 어머니요 방편은 아버지라, 모든 불보살[衆導師]이 이로 말미암아 나지 않음이 없다." 하였다.

牛頭融大師 問, 諸法畢竟空, 有菩薩行六度萬行否。答 此是三乘二見心。若觀心本空, 卽是實慧, 卽是見眞法身。法身不住此空, 謂有運用覺知, 卽是方便慧。方便慧亦不可得, 卽是實慧。恒不相離, 前念後念, 皆由二慧發。故云智度菩薩母, 方便以爲父, 一切衆導師, 無不由是生。

講

스님은 우두 융 대사의 문답을 인용하여 眞空妙有인 권·실 두 가지 지혜가 항상 서로 여의지 않았음을 해석하였다. 그러므로 보살은 비록 제법이 空함을 알았으나 부지런히 만행을 닦는다.

'우두'는 남경의 산 이름이요, '융 대사'는 당나라 법융 선사의 존칭이다. 대사의 속성은 韋 씨니 남경 사람이다. 어려서 총명하여 經史에 박통하였다. 나이 스물에 세속을 떠나 출가하여 스승과 벗을 찾아 도를 물으며 천 리를 멀다 하지 않았다. 나중에 융 대사가 우두산에 은거할 때 새 떼가 꽃을 물고 날아오는 서상이 있었다. 어느 날 4조 道信이 그를 찾아가니, 융이 바위 위에 단정히 앉아 돌아보지 않았다. 도신이 "여기서 무엇을 하는가?" 하고 물으니, 융이 "마음을 관합니다." 하였다. 도신이 "관하는 이는 누구이며 마음이란 무엇인가?" 하니, 융이 대답하지 못하고 일어나 예배하며, "대덕께서는 어디에 계시며 도신 선사라는 분을 아십니까?" 하였다. 도신이 "빈도가 바로 그 사람이오." 하니, 융이 도신을 인도하여 그가 머무는 암자에 이르니, 오직 호랑이 자취를 볼 수 있을 뿐이었다. 융이 머리를 조아리며 法要 설해주시기를 청하니, 도신이 "백

천 가지 법문이 모두 마음으로 돌아가고, 항하사 같은 묘덕이 모두 心源에 있소. 계·정·혜 문과 신통변화가 모두 저절로 구족하여 그대의 마음을 여의지 않았소. … 큰 도는 비고 공허하여 생각이 끊어졌소. 이와 같은 법은 그대가 지금 이미 얻어서 조금도 모자람이 없소. … 다만 자기 마음에 맡기고 觀行을 하지 마시오. … 악도 짓지 말고 선도 짓지 마시오. … 쾌락하여 근심이 없으니 이를 부처라 하오." 하였다.

융이 또 물었다.

"관행을 허락지 않는다면 경계가 일어날 때 어떻게 대치합니까?"

"경계는 좋고 나쁜 것이 없고 좋고 나쁜 것은 마음에서 일어나오. 마음으로 억지로 이름 붙이지 않으면 妄情이 어디에서 일어나겠소? 망정이 이미 일어나지 않았다면 진심은 두루 아는 데 맡겨두면 되오."

융이 이로 인하여 크게 깨닫고, 나중에 牛頭禪의 제1대 조사가 되었다. 죽은 곳은 알 수 없다.

스님이 인용한 것은 융 대사가 자문자답한 글이다. 질문한 뜻은, 중생이 空과 有가 서로 보완하여 완성한다는 것을 알지 못하기 때문에 이런 질문을 한 것이다. 답한 글은, 권과 실 두 가지 지혜가 항상 서로 여의지 않음을 밝혔다. 보살은 實慧가 있기 때문에 항상 제법이 모두 空임을 알고, 權慧(방편)가 있기 때문에 항상 육도만행을 닦으니, 서로 의지하고 서로 보충하여 空과 有가 걸림이 없다.

다시 『정명경』 경문을 인용해 증명하여 일체 보살이 모두 중도원융의 행을 닦아 부처를 이루게 하였으니, 그러므로 '모든 불보살이 이로 말미암아 나지 않음이 없다' 하였다.

만약 보살이 반야 破相의 가르침만 안다면 이것은 三乘의 二見의 마음이다.

'삼승'은 삼승의 共般若를 가리키니, 곧 인·법 두 가지가 공한 것이라 또한 '淺
般若'라 하기도 한다. '二見'은 空과 有가 상대한 견해를 말한다.

　'마음이 본래 공함을 관한다' 한 것으로부터, '모두 두 가지 지혜로 말미암
아 일어난다' 한 데 까지는, 원교보살은 응당 二諦의 正觀에 의해 권·실 두 가
지 지혜를 내어 일체 단견과 상견을 없애고 일심 이문의 佛果 菩提를 성취해야
함을 밝혔다. 실혜는 심진여문에 들어가기 때문에 법신을 성취하고, 법신은 상
이 없기 때문에 '이 空에 주하지 않는다' 하였다.

　진여는 인연에 따라 생멸이 있기 때문에 覺知를 운용하는 묘용이 있으나, 二
乘의 素法身[23]은 空體만 있고 妙用은 없는 것과는 다르다. 묘용은 곧 권(방편)혜
요, 생멸묘용은 완전히 진여로 체를 삼기 때문에 방편혜도 얻을 수가 없으니,
얻을 수가 없다는 것이 곧 반야 실혜다. 그러므로 一心의 二慧가 항상 서로 여의
지 않고, 一心의 二門이 하나도 아니고 다르지도 않다. 이것이 있기 때문에 저것
이 있고 이것이 없기 때문에 저것이 없으니, 본래 이와 같다. 보살이 만약 二慧
正觀이 있으면 일체 경계에서 모두 산간의 밝은 달과, 물위의 맑은 바람, 못 속
의 구름, 풀이 자라는 아름다운 봄 경치, 달 아래 아름다운 여자와, 바람 속에 흐
느적거리는 버들과 같이 보아, 천지간에 아름다운 경계 아닌 것이 없다.

　격언 對聯에 "만물을 고요히 관하여 모두 스스로 깨달음을 얻으면, 사시의
아름다운 경치가 사람과 함께 하네.[萬物靜觀皆自得 四時佳趣與人同]"하고, 또한
고덕(無門慧開 선사)의 글에 "봄에는 온갖 꽃, 가을엔 달, 여름에는 시원한 바람,
겨울에는 눈이 있네. 만약 마음에 번뇌가 없으면 이야말로 인간의 좋은 시절이

───────

23　중생이 공덕을 닦아 아직 장엄을 갖추지 못한 법신. 천태종 설. 천태종의 六卽佛 중 '理卽佛'에 해당한
다.

네.[春有百花秋有月 夏有淸涼冬有雪 若無煩惱在心頭 便是人間好時節]" 한 것이다.

이것이 보살이 권·실 두 가지 지혜를 갖추어 올바르게 관찰할 때의 가장 좋은 초상화이다.

集

선덕이 묻기를 "마음이 곧 부처라면 어찌 수행할 필요가 있겠는가?" 하니, "그렇기 때문에(마음이 곧 부처이기 때문에) 수행하는 것이다. 마치 쇠에 금이 없으면 비록 단련을 거치더라도 금 사용을 이루지 못하는 것과 같다." 하고 대답하였다.

先德問云, 卽心是佛, 何假修行。答, 祇爲是故, 所以修行。如鐵無金, 雖經鍛鍊, 不成金用。

講

일반 불자들이 가장 오해하는 것은 "마음이 바로 부처라면 어찌 수행할 필요가 있겠는가?" 하는 것인데, 이로 인하여 삼업을 방종하며 제 마음대로 행동하여 생사에 빠지고 육도에 윤회하니, 천불이 세상에 나오더라도 구원해 줄 수가 없으니 참으로 애통한 일이다.

스님은 특별히 고덕의 문답 공안을 들어 미혹한 생각을 건지려 하였다. 질문한 글에 처음 구절은 理에 집착한 것이요, 뒤 구절은 事를 폐한 것이다. 대답한 말에서 중요한 것은 '그렇기 때문에[祇爲是故]'라고 한 한 구절에 있다. 중생에게 모두 正因佛性[24]이 있으니, 그러므로 반드시 緣因과 了因을 닦아 뚜렷이

---

24 正因佛性의 '正'은 中正을 말한다. 中은 반드시 雙照하여 三諦가 구족하다는 뜻. '중정'이란 邊邪를 여읜 것이요, '쌍조'는 空을 비추고 假를 비추는 것이다. '공'은 일체 相을 소탕한 것이니 곧 眞諦요, '가'는 일체법을 세우는 것이니 곧 俗諦며, 공도 아니고 가도 아닌 것이 中諦이다. 그러므로 '삼제 구족'이라 하였다. 了因의 '了'는 照了(분명히 이해함)를 말하니 앞의 중정으로 인하여 이 조료의 지혜를 발휘하니, 지혜와 理가 상응하

드러내 작용을 일으켜야 한다. 그리고 다시 제아무리 쇠를 단련하더라도 본래 광물 속에 금이 없다면 능히 금을 이루지 못한다는 비유를 들어 사람들이 쉽게 이해하도록 하였다. 正因은 우리들 마음속에 있는 불성이니, 수행하여야 비로소 부처를 이룰 수 있다. 만약 불성이 없다면 닦아도 부처를 이룰 수가 없다. 불성은 理요 수행은 事니, 理와 事는 곧 因과 果이다. 세상 만법 만사는 반드시 인이 있으면 반드시 과가 있고, 과가 있으면 반드시 인이 있다. 어찌 인과를 알지 못하고 理에 집착해 事를 폐하겠는가?

集

현수 국사가 "부처님의 三身과 십바라밀과, 더 나아가서 보살의 남을 이롭게 하는 등의 행이 모두 自法에 의해 화합하고 변화하여 행하는 것이다. 곧, 중생의 마음속에 진여 體大가 있기 때문에 지금 수행하여 법신을 이끌어내고, 마음속에 진여 相大가 있기 때문에 지금 수행하여 보신을 이끌어내며, 마음속에 진여 用大가 있기 때문에 지금 수행하여 화신을 이끌어내고, 마음속에 眞如 法性이 있어 본래 慳貪이 없기 때문에 지금 수행하여 법성이 간탐이 없음을 수순하여 단바라밀 등을 이끌어낸다.

반드시 알지니, 삼아승지겁에 도를 닦더라도 일찍이 마음 밖에서 한 법도 얻은 적이 없고 한 법도 수행한 적이 없다. 왜냐하면, 다만 자심에서 自淨과 行性을 이끌어내어 이를 닦을 뿐이기 때문이다." 하였다.

賢首國師云, 今佛之三身十波羅蜜, 乃至菩薩利他等行, 並依自法融轉而行。卽衆

기 때문이다. 緣因의 '緣'은 緣助(간접적으로 도움)의 뜻이다. 일체 공덕 선근이 了因을 도와 正因의 성을 개발하기 때문이다.

生心中有眞如體大, 今日修行引出法身。由心中有眞如相大, 今日修行引出報身。
由心中有眞如用大, 今日修行引出化身。由心中有眞如法性自無慳貪, 今日修行順
法性無慳, 引出檀波羅蜜等。當知三祇修道, 不曾心外得一法, 行一法。何以故, 但
是自心引出自淨行性而起修之。

스님은 다시 당나라 때 현수 국사가 설한 법문을 인용하여, 이 책에서 설한 理
와 事가 무애하고 性과 修가 둘이 아니어서 萬善이 똑같이 일심 이문으로 돌아
가 부처를 이룸을 증명했으니, 이것은 의심할 여지가 없는 것이다.

　'현수 국사'의 법명은 法藏이니 康居國(우즈베키스탄) 사람이다. 그의 조부가
강거에서 중국으로 와서 섬서 장안에 정착했기 때문이다. 어머니가 기이한 광
명을 꿈꾸고 임신하여 정관 17년(643)에 출생하였다. 16세에 아육왕사 부처님
사리탑 앞에서 손가락 하나를 태워 부처님께 공양하고 『화엄경』을 배울 것을
서원하여 17세에 『화엄경』을 외우고 그 뜻을 이해할 수 있었다. 나중에 雲華寺
에 가서 智儼 화상이 『화엄경』 강의하는 것을 듣고 경전의 뜻을 깊이 얻고, 화
상이 돌아가실 때까지 그를 의지하고 시봉하였다. 나이 28세에 道成 법사에게
출가하였다. 80화엄을 번역하는 데 참여한 것 외에, 日照 삼장 등과 『능가경』,
『밀엄경』 등 10여 부를 번역하였다. 또한, 喜學 법사와 『대보적경』 「문수사리
수기회」 3권을 번역하였다. 80화엄 번역이 완성되자 임금이 스님에게 佛授記
寺에서 개강하기를 명한대, 「화장세계품」에 이르러 강당과 절이 홀연히 진동
하고, 나중에 운화사에서 개강할 때도 흰 광명이 스님 입에서 나와 얼마 후에
덮개를 이루니, 임금이 매우 기뻐하여 '賢首'라는 호를 하사하였다. 일생 화엄
원교를 널리 펴, 전후 30여 차례의 『화엄경』을 강의하였다.

　저서로 『華嚴旨歸』, 『華嚴經問答』, 『華嚴一乘敎義分齊章』 등 10여 부를 지어

후학에게 큰 은혜를 끼쳤다. 이 밖에『五敎儀』,『三寶別行記』,『大乘起信論義記』, 『十二門論義記』,『法界無差別論疏』를 짓고,『반야심경』,『범망경』,『능가경』,『밀엄경』에도 의소를 찬술하여 모두 세상에 유통하였다.『華嚴傳』을 편집하여 미처 완성하지 못하자 제자 慧苑 등이 이어서 완성하였다. 마지막으로『八十華嚴略疏』를 짓다가, 十定 중 第九定에 이르러 육신을 버리고 장안 대천복사에서 입멸하니, 나이는 70이었다. 이 疏도 제자 慧苑, 宗一이 이어서 완성하였다. 일생 신령하고 기이한 일이 매우 많아 당 중종과 예종 황제가 모두 스님을 청하여 보살계사를 삼으니, 세상 사람이 그를 존칭하여 '화엄화상'이라 하였다. 스님은 화엄종 제3대 조사이다.

현수 국사가 설한 '부처님 색깔'은 果德이요, '십바라밀'과 '내지 일체 보살행'은 修德이다. '중생심 가운데 체·상·용 삼대'와, 내지 '법성이 간탐이 없음을 수순하여' 한 등은 性德이다. 성덕(因)으로부터 수덕을 일으키고 수덕으로 인하여 과덕(果)을 성취하니, 이것은 자연스런 성불의 인과다. 앞에서 말한 '불교성수인과간요표'를 참고하기 바란다. 그러므로 삼아승지겁에 도를 닦더라도 일찍이 마음(性) 밖에 한 법을 얻거나(성취) 한 법을 한(수행) 적이 없는 것이다. 다만 '자심'(正因佛性)에서 '自淨'(스스로 깨끗이 함. 緣因佛性)과 '行性'(성을 행함. 了因佛性)[25]을 '인출'(性으로부터 修를 일으킴)하여 이를 수행하는 것이다. 그러므로 알지니, 모든 수행이 중생의 性德에 본래부터 갖추어진 공덕과 능력 아닌 것이 없으니, 어찌 성덕의 理에만 집착하여 수덕의 事를 버리겠는가!

25　正因佛性, 緣因佛性, 了因佛性은 三因佛性이라 한다. 천태지자 대사가 北本『대열반경』에 의해 세운 것. 일체 중생이 이 삼인불성을 갖추었으니 이것이 나타나면 三德妙果를 성취할 수 있다.『불광사전』p546-下 참조.

集

그러므로 알지니, 마니보가 진흙 속에 묻혀 있으면 능히 보배 비를 내리지 못하고, 옛 거울에 때가 쌓이면 어찌 사람을 비출 수 있겠는가? 비록 심성이 원명하여 본래 구족했더라도, 만약 衆善으로 뚜렷이 드러내고 萬行으로 갈고 다듬으며 방편으로 끌어내어 그 묘용을 이루지 않으면, 영원히 客塵에 덮이고 오랫동안 識海에 빠져 허망한 생사를 이루어 청정한 보리를 장애한다. 그러므로 조사의 가르침이 분명하여 理와 事가 서로 의지하니, 한 귀퉁이를 점거하여 지견의 강에 빠져서는 안 된다.

故知, 摩尼沈泥, 不能雨寶。古鏡積垢, 焉能鑑人。雖心性圓明, 本來具足, 若不衆善顯發, 萬行摩治, 方便引出, 成其妙用, 則永翳客塵, 長淪識海, 成妄生死, 障淨菩提。是以祖敎分明, 理事相卽, 不可偏據 而溺見河

講

이 글은 스님이 '어찌 조작할 필요가 있는가 하고 의심하다' 한 것에 대해 대답한 결론이다.

'그러므로 알지니' 한 것은,『기신론』과 법장, 법융 두 대사의 가르침에 따랐음을 가리키니, 그러므로 이사무애의 도리를 알 수 있는 것이다. 그래도 의혹할까 봐 다시 두 가지 비유를 들어 알 수 있게 하였다. '마니maṇi'는 범어니 如意라고 번역하는데, 인도 사람은 '여의보주'라고 부른다. 그것을 높고 깨끗한 곳에 매달아놓으면 사람이 필요한 대로 무슨 물건이든 떨어지는데, 많지도 적지도 않고 적당하다. 그런데 그것을 더러운 진흙 속에 처박아놓으면 어찌 이런 공능이 있겠는가? 그러므로 '마니가 진흙 속에 묻혀 있으면 능히 보배 비를 내지 못한다' 하였다. 이것은 중생이 비록 불성의 여의주가 있으나 만약 무명번뇌의 진흙 속에 묻혀있으면 생사 범부일 뿐 불보살의 신통묘용과 상호 장엄이 없다는 것을 비유하였다.

'옛 거울'은 하늘을 비추고 땅을 비추어 영원히 변하지 않는 깨끗하고 밝은 거울이다. 만약 거울에 오랫동안 두터운 먼지가 덮여 있다면 어떻게 능히 얼굴을 비춰볼 수 있겠는가? 그러므로 '옛 거울에 먼지가 쌓이면 어찌 사람을 비출 수 있겠는가?' 한 것이니, 이것은 중생이 본래 자성 청정심을 갖추어 원래 大覺과 大智와 大悲의 광명(이것을 性德이라 한다)이 있건만, 까마득한 예로부터 무명업장의 재와 먼지에 덮여 현재 생사 범부가 되어 완전한 큰 깨달음과 큰 지혜와 큰 자비의 공능을 잃어버리고 생사를 벗어나지 못하고, 또한 능히 다른 이를 생사에서 벗어나게 하지 못하는 것이다.

그러므로 理性에서는 마음과 부처와 중생 세 가지가 차별이 없으나, 눈앞의 事相에서는 부처와 중생이 분명히 하늘과 땅만큼이나 차이가 있는 것이다. 이로 인하여 제불보살이 인간에 출현하여 중생을 설법 교화하여 三乘 聖道를 닦아 출세간의 성인을 성취하게 하였으니, 이것은 너무나 당연한 도리라, 어찌 중생이 바로 부처라고 오인하여 조작하겠는가? '心性이 圓明하여 본래 구족하다' 한 것은 앞의 두 가지 비유에 법합하니, '여의주'는 심성이 원만한 데 비유하고, '옛 거울'은 심성의 광명에 비유하니, 모두 본래부터 이와 같은 것이지 지금 닦아 이룬 것이 아니다.

'만약 衆善으로 뚜렷이 드러내고 萬行으로 갈고 다듬으며 방편으로 끌어내어 그 묘용을 이루지 않으면…' 한 네 구절은, 앞의 구슬과 거울이 圓明(正因佛性)하더라도, 반드시 방편으로 뚜렷이 드러내고 갈고 다듬으며(惡을 그치고 善을 행함) 인출(了因佛性과 緣因佛性)을 더해야 비로소 능히 본래의 보배 비를 내리고 사람을 비추는(三身과 十力으로 자리이타함) 묘용을 성취할 수 있으며, 또한 修德으로 공덕이 있고 性德이 비로소 드러난다. 만약 성덕만이 있고 수덕이 없으면 영원히 혹·업·고 삼도 가운데('客塵') 덮여 영원토록 三細·六麤의 '八識의 바다' 가운데 빠져 허망하게 태어남이 있고 허망하게 죽음이 있어 육도에 윤회하여 해탈을 얻지 못한다. 그러므로 '허망한 생사를 이루고 깨끗한 보리를 장애한다' 하였다.

앞에서 인용한 조사의 가르침은 모두 우리에게 매우 분명히 일렀으니, 응당 理가 있고 事가 있으며 理와 事가 서로 의지해야 하니, 理性 한쪽에만 집착하여 응당 그쳐야(止) 하고 응당 지어야(作) 하는 수행을 버려서는 안 된다. 그렇지 않으면 자신이 한 쌍의 밝은 눈을 감고 있거나 아니면 일종의 색안경을 쓰는 것과 같으니, 어찌 사물의 진상을 완전히 잃어버리고서 도리어 보는 것이 잘못되지 않았다고 오인하는 것(지견의 강에 빠짐)이 아니겠는가!

정 2. 권·실을 雙行함 (圓修十義 중 제2)
무 1. 세간 출세간에 十善이 근본이 됨
기 1. 질문

集

문 : 善이 비록 惡보다는 나으나 생각을 내면 진심과 어긋나니, 道에서 말한다면 (선·악이) 모두 해탈이 아니다. (그런데) 어찌 이를 널리 권하여 올바른 수행을 막는가? 이미 인연에 속한다면 실로 도에 방애된다.
問, 善雖勝惡, 念卽乖眞。約道而言, 俱非解脫。何須廣勸, 滯正修行。旣涉因緣, 實妨於道。

講

이 책에서 설한 '圓修十義' 중 첫 번째 '이·사가 무애함'에 대한 간단한 해석은 위에서 이미 마쳤다. 이를 이어 두 번째 '권·실을 쌍행함'을 설명한다. '권'은 일심이 만행인지라 방편으로 수행하는 것이니, 이를 '이 마음이 부처가 된다[是心作佛]'라고 한다. 이것은 교화문에 속하니 또한 심생멸문이다. '실'은 만행이 일심이라 마음밖에 법이 없으니 이를 '이 마음이 부처다[是心是佛]'라고 한다. 이것은 진제에 속하니 또한 심진여문이다. 일심과 만행, '마음이 부처가 된다[心作]' 한 것과 '마음이 부처다[心是]' 한 것이 한 몸이라 둘이 아니요, 고요한 것[寂]과 비추는 것[照]이 동시니, 일심의 두 문은 본래 쌍으로 행하는 것이다.

'실'로 말미암아 '권'을 베풀고, '진'으로부터 '교화'를 일으켜, '실' 밖에 '권'이 없으니 한쪽을 버려서는 안 되고, '권'을 열어 '실'을 밝히고 자취로 말미암아 근본을 얻어서, 권 밖에 실이 없으니 어찌 다른 것이 있겠는가? 권과 실이 서로 합하니 쌍으로 행하여 걸림이 없다.

범부 이승과 권교보살은 권·실을 쌍으로 행하는 것이 곧 성불하는 不二法門임을 알지 못하니, 그로 인하여 자신이 닦고 행하는 것이 능히 일심 이문의 심성에 합하지 못하고 불과인 보리를 성취하지 못한다.

그래서 스님이 문답을 가설하고 이를 해설하여, 모든 보고 듣는 자로 하여금 性(實)에 맞게 行(權)을 일으키고 修(權) 그대로가 곧 性(實)이어서 서로 방애되지 않을 뿐만 아니라, 또한 피차 여의지 않게 하였다.

첫 번째 문답은 십선이 만행의 근본임을 밝혔다. 이 하나의 질문은 三因佛性(正因佛性, 緣因佛性, 了因佛性)이 서로 의지하고 서로 보충하여 이루어짐을 알지 못하여, '了因의 반야로 無念無作의 正因을 깨닫는 것이 곧 삼승의 올바른 수행의 길이다. 그런데 도리어 중선의 緣因을 수행하게 하니 어찌 삼승 성도를 방애하는 것이 아니겠는가?' 하고 오인함으로써 이러한 물음이 있는 것이다.

善報로 천당에 태어나고 惡報로 지옥에 떨어지니, 그러므로 '선이 비록 악보

다는 낫다' 하였다. 그렇지만 생각을 내어 선행을 닦는 것은 무념의 진심과 서로 위배되니, 경에 "생각이 있으면 생사요 생각이 없으면 열반이다." 한 것처럼, '**생각을 내면 진심과 어긋난다**' 한 것이다. 삼승 성도를 닦는 측면에서 보면, 생각을 내어 세속의 선법을 닦는 것은 해탈도가 아닌 것이다. 그런데 『만선동귀집』에는 모든 사람에게 善을 닦아야 비로소 성불할 수 있다고 널리 권하니, 어찌 올바른 수행로를 막는 것이 아니겠는가? 신·구·의 삼업으로 선을 행하는 것은 인연생멸법에 속하니, '**이미 인연에 속한다면**' 삼승이 모두 空을 관함으로 말미암아 도를 얻는다는 말씀에 맞지 않는 것 같다 한 것이다.

기 2. 정답

集

답 : 세간 출세간은 최상의 善[上善]으로 근본을 삼는다. 처음에는 善으로 인하여 들어가고, 나중에도 善을 빌려 도와 이루니, 실로 생사 바다를 건너는 배요, 열반의 성에 들어가는 도로며, 인천의 계단이고, 불조의 담장이라, (이 上善으로 인하여) 번뇌에 있기도 하고 번뇌에서 벗어나기도 하니, 잠시도 그만두어서는 안 된다.

十善이 무슨 허물이 있겠는가? 이를 광대하게 하는 것은 사람에게 있으니, 만약 탐하고 집착하면 그 과보로 유루의 하늘에 태어나고, 집착하지 않으면 지위가 무위의 도에 들어간다. 작은 마음을 운용하여 이승의 지위에 떨어지지만, 큰 뜻을 내어 보살의 계단에 오르고, 심지어 구경에 원만하게 닦아 마지막에 불과를 이룬다.

(이로써) 上善이 (도를) 장애하는 원인이 된다는 것과는 아무런 관계가 없음을 알 수 있으니, 전적으로 수행하는 사람에게 달려서 스스로 얻고 잃는 허물

을 이룬다.

答, 世出世間, 以上善爲本。初卽因善而趣入, 後卽假善以助成。實爲越生死海之舟航, 趣涅槃城之道路, 作人天之基陛, 爲佛祖之垣墻。在塵出塵, 不可暫廢。十善何過, 弘在於人。若貪着則果生有漏之天, 不執則位入無爲之道, 運小心墮二乘之位, 發大意昇菩薩之階, 乃至究竟圓修, 終成佛果。以知非關上善能爲滯閡之因, 全在行人, 自成得失之咎。

講

여기서는 스님이 五乘의 불법이 모두 최상의 修善으로 인하여 성취하는 것임을 바로 답했으니, 그러므로 '세간 출세간이 上善으로 근본을 삼는다' 하였다. 人乘과 天乘은 '세간'이요, 성문·연각·보살은 '출세간'이다. 이 五乘人이 모두 선법을 닦아 사람이 되고 더 나아가서 성불하는 근본이 된다.

처음에는 비록 中下品의 선업을 닦아 다만 人天의 몸을 얻어 불도에 들어가지만, 나중에는 上品의 선업을 닦음으로 인하여 삼승의 성과를 이룬다. 그러므로 '처음에는 선으로 인하여 들어가고… 불조의 담장이 된다' 하였다. 선을 행하는 것을 말한다면, 중생의 종류가 같지 않기 때문에 선행도 각기 차별이 있으니, 이름과 숫자도 매우 많으므로 부처님께서 저것들을 '열 가지 선업[十善業]'으로 한데 묶었으니, 이것은 신·구·의 삼업과 모든 선법을 모두 모아 사람이 응당 행해야 할 표준으로 삼은 것이다.

'번뇌에 있다' 한 것은 人·天 중생을 가리키고, '번뇌에서 벗어났다' 한 것은 삼승 불제자를 가리키니, 모두다 응당 십선을 행하고 가져 조금도 모자라거나 잠시도 폐해서는 안 된다.

'십선이 무슨 허물이 있겠는가?' 한 데서부터, '마침내 불과를 이룬다' 한 데까지 여덟 구절은 십선을 행하여 얻은 과보를 설하였다. 작은 것에서부터 큰 것에 이르기까지, 사람에서부터 부처에 이르기까지, 어떤 법의 고하를 막론하고 과보는 사람에게 달려있다. 만약 자신을 유익하게 하고 다른 이를 유익하게 할 수 있으면 과보는 제불에 있고, 만약 탐착심이 있으면 겨우 인천의 유루과보를 얻을 뿐이다. 복덕의 性이 공함을 알아 탐욕이 없고 집착이 없으면 가히 삼승 '열반[無爲]'에 증입할 수 있다. 선을 행하여 자신의 생사를 깨닫기만 하고 남을 교화하지 않으면 이를 '작은 마음을 운용한다'라고 하니, 곧 이승의 불에 볶은 싹이며 썩은 종자에 떨어지지만, 만약 큰 보리심을 내어 자신을 제도하고 다른 이를 제도하면 곧 삼현과 십성의 보살 계위에 들어간다. 만약 이 책에서 설한 '원수십의'에 의해 십선을 닦으면 이야말로 가장 완벽하고 원만한 것이라 할 것이니, 가히 복혜가 구족한 불과를 성취할 수 있다. 이로 말미암아 잘 알 수 있는 것은, 어떤 사람이 衆善 닦기 권한 것을 의심하면 삼승의 올바른 수행의 길이 막히니, 이것이 제일 많은 경우다. 장애가 있고 없는 것은 완전히 선을 행하는 사람에게 반야지혜와 자비심이 있고 없는 것에 달려있으니, 있으면 장애가 없고 없으면 장애가 있다. 그러므로 스스로 '얻고(장애가 없음)' '잃는(장애가 있음)' 허물을 이룬다.

문 : 사람이 악을 짓지 않으면 이것이 곧 善人인데, 스님은 어찌 사람들에게 반드시 십선업 닦기를 권하였는가?

답 : 맞는 말이다. 악을 끊으면 선을 행하는 것이다. 다만 악을 끊을 뿐이면 이는 소극적이요, 노력하여 십선업을 행해야 비로소 적극적이다. 일반인은 불교는 소극적인 염세주의라고 오해하지만, 실제로는 부처님 뜻을 알지 못한 것이다. 많은 사람들에게 십선을 수행하는 올바른 뜻을 알게 하기 위해서 내가 (성범 스님 자신) 지금 다섯 가지 문으로 나누어 십선을 수행하는 중요한 뜻을 다음과 같이 개술하려 한다.

첫째. 선을 행하는 가치는 삼도에 떨어지는 것을 면하고(소극적), 재앙을 없애고 수명을 늘여 인천 복락을 얻는 것(自利)이다. 또한 적극적인 광의의 아홉 가지 뜻은 다음과 같다.

(1) 인간의 특성 – 사람이 금수와 다른 점은 몇 가지나 될까? 능히 선악을 분별할 줄 알고, 옳고 그른 것을 가릴 줄 알며, 부끄러워할 줄 알고, 능히 선을 행할 줄 안다. 게다가 육도중생 가운데 사람만이 능히 마음을 분발하여 보리도에 나아가니, 이는 악을 그치고 선을 행하여 널리 유정을 이롭게 하는 것이다.

(2) 동양 문화의 전형 – 선행과 인과를 소중하게 여겨 평화와 용서로 능히 똑같이 사람들을 교화할 수 있으니, 곧 이는 왕도 문화이다. 이에 반해 서구문화는 다르다. 이롭고 해로움을 소중히 여기니 곧 패도 문화다. 예를 들면, 에덴동산 신화에 '사람은 선과 악을 분별하는 과실을 먹지 말아야 한다' 한 것과 같다.

(3) 모든 종교의 요소 – 일반적으로 모든 사람은 "종교는 모두 좋은 것이다. 왜냐하면, 사람에게 선 행하기를 권하기 때문이다."라고 한다. 일본 불교학자 기무라다이텐[木村泰賢]²⁶ 박사는 "선을 행하는 것이 나의 종교다." 하고, 『七佛教誡經』에는 "모든 악을 짓지 말고 많은 선을 받들어 스스로 마음을 깨끗이 하는 것이 모든 부처님의 가르침이다." 하였다. 盧雲 노화상²⁷은 "불교를 배우려

26　木村泰賢(1881~1930)은 岩手縣 사람으로, 집이 가난하여 侍童으로 자랐다. 동경대학 인도철학과를 졸업하고, 교수가 되었다. 高楠順次郞과 합저인 『印度哲學宗教史』와 『印度六派哲學』으로 學士院 상을 획득하였다. 저서에 『阿毘達磨論』, 『原始佛教思想論研究』, 『解脫의 도』, 『眞空에서 妙有까지』 등 불학 입문서가 있다. 전집 6책이 있다.

27　盧雲 스님(1840~1959)은 湖南 湘鄕 사람이니, 속성은 蕭, 이름은 古巖, 자는 德清이다. 하나의 몸에서 五宗의 법맥을 이은 선종 대덕이시다. 19세에 복건 鼓山 湧泉寺에서 常開 노인에 의해 출가하고, 다음 해 妙蓮 화상에 의해 구족계를 받았다. 그 후에 사방에 행각하며 여러 선지식에게 참방하고, 사천·西康·서장·인도·쓰리랑카·버마 등지를 두루 행각하였다. 43세에 오대산을 참배하고 부모님의 깊은 은혜를 갚을 것을 발심하고, 普陀山 法華庵에서 시작하여 삼보일배로 춥고 배고픔을 견뎠고, 세 번이나 큰 병이 나 거의 죽을 지경

면 반드시 마음을 밝혀 자성을 보는 것으로 근본을 삼고, 악을 그치고 선을 행하는 것으로 행을 삼아야 한다." 하였다.

(4) 인생의 거울 – 부처님이 설하시기를 "일체중생은 모두 불성이 있어서 (곧 善性), 누구나 반드시 부처를 이룬다." 하시고, 맹자는 "사람의 初性은 善으로 근본을 삼는다." 하니, 선행은 인간을 분간하는 하나의 거울이라, 이를 비추어 자신을 확인하고 또한 다른 사람을 알 수 있다. 축생은 대부분 선악을 알지 못하니, 자식이 아버지를 배반하고 서로 잡아먹는 경우다.

(5) 도덕의 잣대 – 도덕과 부도덕은 모두 善과 非善으로 잣대를 삼는다.

(6) 격물·치지·성의·정심·수신·제가·치국·평천하를 한 이치로 뀄 大道는 곧 선을 행하는 것이다.

(7) 천하가 공평하고 세계가 대동하며 국제가 화평하고 인민이 안락한 필요조건은 선을 행하는 것이다.

(8) 善業은 곧 淨業이니, 정토에 왕생하는 올바른 원인이 된다.

(9) 業感緣起의 필연적 가치 – 자신의 노력을 다해 上善을 행하되, 현재의 불행 때문에 선행하는 결심과 가치가 흔들려서는 안 된다. 요임금은 丹朱와 같은 악인을 낳았고, 瞽瞍는 순임금 같은 선인을 낳았으니, 부자간에 절대적으로 서로 같은 관계가 있는 건 아니다. 그러므로 선을 행하는 가치를 가지고 자신과 자손의 복락을 의탁해서는 안 된다. 또한, 하나의 선행이 비록 미미하더라도 능히 여러 가지 악을 파할 수 있으니, 因과 因, 果와 果가 시간과 공간적으로 서

에 이르렀으나 그럴 때마다 문수보살의 구원을 입어 마침내 오대산 현통사에 이를 수 있었다. 3년 만이었다. 56세에 江蘇 高旻寺에서 뜨거운 물로 손을 데어 찻잔을 땅에 떨어뜨리고는 의단을 돈단하여 본래면목을 철오하다. 나중에 雲居山에서 돌아가시니 세수는 120, 승납은 101이었다. 자세한 행적은 생략한다.

로 통하고 겹겹으로 다함이 없다.

둘째. 선행의 표준 – 간단히 말하면, 살·도·음·사음·망언·악구·양설·기어·탐·진·치를 능히 삼가고 범하지 않으면 선이요, 범하면 악이다. 동시에 반드시 다음과 같이 네 가지 표준에 합치해야 한다.

(1) 선이 반드시 갖추어야 할 조건. ① 情에 합하고 理에 합한 것이어야 한다. ② 자신에게 유익하고 남에게도 유익한 것이어야 한다. ③ 현재도 이익이 있고 후세에도 이익이 있어야 한다. ④ 한 사람에게 이익이 있고 여러 생명(중생)에게도 이익이 있어야 한다. ⑤ 깨끗하고 순수하여 계·정·혜와 상응한 것이어야 한다. ⑥ 인간이나 천상의 성현이 되고, 더 나아가 성불의 근본이 되는 것이어야 한다.

(2) 선 비슷한 것이나 선이 아닌 것은 선이 아니다. 예를 들면 ① 예수교가 우상에 절하지 않고 조상을 공경하지 않는 따위(不禮). ② 키우기 번거롭다고 낙태하거나 나무를 키우기 위해 농약을 쓰는 따위(不仁). ③ 공자에게 제사하고 그 소털을 뽑아 지혜를 개발하는 따위(不智).

(3) 소극적이고 적극적인 십선을 갖추어야 한다. – 불살생이나 내지 불사견은 소극적인 것이요, 방생이나 내지 삼보를 바르게 믿고 인과를 깊이 믿는 것은 적극적인 것이니, 이것은 모든 선행의 핵심이다. (자세한 것은 이 책 뒤의 附表를 보기 바란다.)

(4) 解와 行이 합일하고 行과 解가 상응하여야 한다. 연기의 자성이 空한 줄 이해하는 것은 우주 인생의 진리요, 십선과 육바라밀을 실행하는 것은 성불의 근본이다. 그러므로 『금강경』에 "아·인·중생·수자가 없이 일체 선법을 닦으면 곧 아눗다라삼먁삼보리를 얻는다." 하니, 가장 완벽한 선행은 반드시 解와

行이 합일하는 것이다.[28] 유교에서도 "대학의 도는 밝은 덕을 밝히고 백성을 가까이하며 지선에 이르는 것이다." 하였다.

셋째. 십선의 중요한 것을 대략 설하면 여덟 가지가 있다.

(1) 모든 戒法의 요점. —『지도론』에 "십선은 總相의 戒요, 別相에 한없는 戒가 있다." 하고, 南山 율사가 말하기를 "이 십선은 戒善(계율을 지켜 생기는 복)의 으뜸이니, 하나의 선이 비록 미미하지만 능히 여러 가지 악을 파할 수 있다." 하였다. 십선업은 또한 十善戒라고도 하는데, 대소승계가 모두 십선에 포함된다. 우익대사는 "十善 性戒는 여러 가지 계의 근본이다." 하고, 석가모니불은 "입으로 하는 말을 조심하고, 몸으로 여러 가지 악을 짓지 말며, 그 마음을 스스로 깨끗이 하여 이 삼업의 도가 깨끗하면 이것이 大仙人의 도다." 하였다.

(2) 定과 慧의 입문. — ① 定은 있으나 善이 없으면 枯禪(메마른 禪)이요, 善이 있고 定이 없으면 散善(산란한 善)이다. 善이 있고 定이 있으면 定善(안정된 善)이요, 善이 없고 定이 없으면 삼악도에 떨어진다. ② 지혜가 있고 善이 없으면 乾慧(메마른 지혜)요, 善이 있고 지혜가 없으면 有漏善이며, 善이 있고 지혜가 있으면 無漏善이다. ③ 散善과 定善으로부터 無漏善에 이르는 것이 범부가 성불에 이르는 과정이요, 삼학을 수학하는 준칙이다.

(3) 고통과 즐거움에 오르고 떨어지는 근원. —『화엄경』에서 설한 "열 가지 不善業은 삼악도에 태어나는 원인이요, 열 가지 善業道는 인천과 내지 색계 頂天에 태어나는 원인이며, 북구로주 사람은 복락이 자재하니 십선을 수행한 과

---

28 경문의 "아 · 인 · 중생 · 수자가 없이" 한 것은 '解'요, "일체 선법을 닦으면" 한 것은 '行'이다.

보다." 한 것이다.

(4) 전륜성왕이 세상을 다스리는 법보. ― 전륜성왕이 세상에 나오니 세계가 화평하고 천하가 안락하여 사람마다 모두 십선을 행하였다. 전륜왕이 되려면 반드시 십선이 구족해야 하고, 아울러 십선으로 중생을 교화하였다.

(5) 현생에 능히 세간 이익을 얻을 수 있다. ― 십선을 닦으면 현생에 재앙을 소멸하고 수명을 늘리며 복록과 부귀를 얻을 수 있다. 예를 들면 혜원 대사가 "십선이 한 사람, 한 집, 한 마을부터 행하여, 한 나라와 세계에 이르면 금방 풍속이 아름답고 정치는 깨끗하며 형벌이 없는 청정 세계를 이룰 수 있다." 하였다.

(6) 내생에는 능히 출세간 이익을 얻을 수 있다. ― ① 연지 대사가 말하기를 "복만 짓고 염불하지 않으면 복이 다하면 도리어 침윤하고, 염불만 하고 복을 짓지 않으면 人道에 고통과 괴로움이 많으며, 복도 없고 염불도 하지 않으면 지옥의 귀신이나 축생의 무리요, 염불하고 겸하여 복을 지으면 후세에 兩足尊을 증득한다." 하였다. ② 십선을 닦으면 내생에 도솔천 내원궁에 왕생할 수 있다. 『미륵상생경』에 "내가 멸도한 후에 어떤 사람이 하루나 이레 동안 저 도솔천을 생각하며 부처님 禁戒를 지키고 십선을 생각하며 십선도를 행하면서 이러한 공덕으로 미륵보살 전에 태어나기를 발원하는 데 회향하면 생각하는 대로 왕생하리라." 하였다.

(7) 五乘의 공통된 법. ― 『화엄경』 게에 "사람 가운데 생각하는 대로 태어남을 얻고, 내지 頂天의 禪定樂과 독각·성문·불승의 도가 모두 십선으로 인하여 성취한다." 하고, 『열반경』에 "열반이란 (악을) 멀리 여읜 과보니, 모든 악을 여의고 모든 선법을 닦는 것이 열반의 원인이다." 하며, 『아함경』에 "열반이란 탐·진·치가 다한 것이다." 하였다. 십선이 원만하면 신·구·의가 모두 청정하여 열반에 들어가니, 오승의 불법이 십선업으로 근본을 삼아 성취하지 않음이 없

다. 보살 위 가운데 두 번째 지위인 離垢地는 십선업을 닦아 성취한 것이다.

(8) 온갖 복으로 장엄한 몸을 성취한다. - 십선업은 매 선마다 열 가지 복이 있고, 또한 십선마다 서로 인과가 증장한다. 십선을 닦아 원만함을 얻으면 부처님의 온갖 복으로 장엄한 몸[百福莊嚴身]을 성취하여 열 배수로 무진하니, 복도 또한 무진하다.

넷째. 십선업으로 다음과 같은 근기에 맞게 대치한다.

(1) 하늘을 원망하고 사람을 허물하며 밖으로 마음이 내달리고 자신을 잊는 어리석은 마음을 대치한다. 하늘의 재앙과 인간의 재난으로 세상에는 많은 고난이 있으니, 이를 구하는 방법은 오직 힘써 십선을 행하는 데 있다. 불법은 인과를 소중히 여기니 이를 자신에게서 구해야 한다.『역경』에 "많은 복을 스스로 구한다." 하였다. 아난도 오히려 부처님을 의지할 수 없었으니, 불교를 배우려면 자신의 청정 삼업에만 의지해야 비로소 불보살의 감응을 얻을 수 있다. 중요한 것은 몸을 닦아 자신을 바르게 하고, 아울러 다른 사람에게 십선 봉행하기를 권해야 능히 세상의 人心을 만회하여 재난을 소멸할 수 있다.

(2) 마음만 높고 복이 희박하여 흉악하게 생명을 죽이기 좋아하고 시빗거리를 찾아 원수로 삼는 등의 기개를 대치한다. 속담에 "마음이 하늘보다 높으면 목숨은 종이쪽지 같이 얇다." 하였으니, 선행을 하고 복 닦기를 좋아하지 않으면서 배 속 가득 부귀를 누리려는 희망을 품으면, 이로 인하여 목적만을 구하고 수단을 가리지 않고, 자신의 쾌락과 행복을 다른 사람의 고통과 희생 위에서 건립할 생각을 하니, 모든 부귀공명이 부지런히 선행을 닦아 복덕을 심는 데 있음을 알지 못하였다. 중요한 것은 세상에 복락을 얻고 큰 공적과 뚜렷한 사업을 건립하려면 반드시 복덕을 많이 북돋아 기르고 자신을 이롭게 하고 남

을 이롭게 하는 십선업을 닦는 데 있다.

(3) 십선을 수행하는 것은 세상 사람이 불교에 대한 오해, 즉, 소극적이고 염세적이며 현묘하고 신비하고 미신적이라는 생각을 대치한다.

(4) 터무니없이 자랑하는 것과 惡趣空(인과 도리를 부정하고 緣生無性의 이치를 알지 못하며 공의 뜻을 잘못 이해하여 斷空의 견해에 집착하는 것)의 사견을 대치한다. 많은 사람은 모두 터무니없이 자랑하는 미친병이 있어서 성현을 초월했다고 말하며 천박하고 추악한 행동을 한다. 속담에 "하는 말은 인의도덕 군자지만, 뱃속에는 남자는 도둑, 여자는 창녀다." 하니, 이것은 정말 해서는 안 되는 일이다. 불교를 배우는 것은 좋은 일이지만, 다만 바른 견해가 없으면 가끔 방자하게 제멋대로 행동하는 경우가 있으니 이것이 문제다. 『범망경』「보살계」에 "입으로는 空을 말하지만 행동은 有 중에 있다." 하니, 고기를 먹고 처를 두고서 스스로 대승이라 하고, 중도 아니고 속인도 아니면서 스스로 무애자재하다고 하며, 마음대로 악을 저지르면서 스스로 해탈이라 하니, 이런 것들은 모두 삼악도의 종자요 불법 가운데 도둑임을 알지 못하였다. 그러므로 모름지기 십선을 봉행해야 비로소 이런 것들을 능히 대치할 수 있다.

(5) 재난을 두려워하고 구차하게 편안함을 구하며, 몹시 게으르고 용렬하고 속되며, 만족할 줄 모르고 끝없이 추구하며, 자기의 이익만을 꾀하는 악습을 대치하니, 부처님과 공자를 본받아야 한다. 부처님은 "내가 지옥에 들어가지 않으면 누가 지옥에 들어가겠는가." 하고, 『논어』에는 "힘써 행하여(行善) 仁에 가깝고, 부끄러운 줄 알아(止惡) 勇에 가까우니, 그 사람됨이 끼니를 잊을 정도로 열중하고 노력하며, 근심을 잊어버리고 즐겨 늙음이 장차 이름도 알지 못하였다." 하며, 『역경』에 "하늘의 운행은 강건하니, (이처럼) 군자는 자기 향상을 위해 끊임없이 노력한다." 하였다.

(6) 중생이 생사에 유전하는 것과 슬픔과 고뇌를 대치한다. 『능엄경』에 "모든 중생은 음욕으로 正性命을 삼는다." 하고, 또 "그 마음이 음욕하지 않으면 생사가 상속하지 않는다." 하였다. 탐애는 물과 흙이요 업식은 종자니, 만약 물과 흙이 없으면 비록 종자가 있더라도 싹이 나 열매를 맺지 않듯이, 만약 탐하지 않고 음심을 끊을 수 있으면 능히 생사를 끊을 수 있다. 그러므로 고인이 말하기를 "사람은 오로지 사사로운 이익만을 탐하여, 강한 것을 녹여 부드럽게 하고, 지혜를 막아 어둡게 하며, 은혜를 변하여 참독하게 하고, 깨끗함을 물들여 더럽게 하여 인생의 인품을 망친다. 그러므로 탐하지 않는 것으로 보배를 삼아야 가히 한세상을 건널 수 있다." 하고, 또한 "세태는 차고 더운 것이 있으나 나는 성내고 기뻐함이 없고, 세상 재미는 짙고 옅은 것이 있으나 나는 좋아하고 싫어함이 없다. 털끝만큼도 世情의 감옥에 떨어지지 않으니, 이야말로 세상에 살면서도 세상에서 벗어나는 법이다." 하였다.

다섯째. 십선과 왕생정토. ─『정명경』에 "마음이 깨끗하면 국토가 깨끗하고, 마음이 깨끗하면 중생이 깨끗하다." 하니, 그러므로 정토 삼부경이 모두 오탁악세의 고뇌 범부를 위해 정업 닦기를 가르치고 정토에 태어나기를 구하게 했으니, 어찌 십선업을 닦지 않겠는가? 『관경』에서 말한 세 가지 복 가운데, 첫 번째 복은 부모에게 효순하고 어른을 받들어 모시며 자비스러운 마음으로 죽이지 않고 십선업을 닦는 것이요, 『무량수경』 가운데 五惡·五痛·五燒[29]의 경

---

29 五惡은 1. 살생. 2. 투도. 3. 사음. 4. 양설·악구·망언·기어. 5. 음주. 이 다섯 가지 악행으로 현세에는 왕법의 치죄로 몸이 액난을 당하니 이를 五痛이라 하고, 이 오악으로 죽어서는 미래에 고통을 받으니 이를 五燒라 한다.

문도 '十惡'을 반드시 '오악'이라 해야 하니, 오악을 끊으면 십선을 닦는 것이다. 그러므로 몇 가지 異譯本이 있어 비록 오악 끊을 것을 설하였지만, 반드시 십선을 닦아야 한다고 설하기도 하였다. 이로 인하여 오악의 매 악마다 모두 "사람이 그 가운데서 일심으로 마음을 다스리고, 몸을 단정히 하고 행동을 올바르게 하며, 여러 가지 선행만을 행하고 여러 가지 악행을 저지르지 않아, 몸이 인간 세상의 생사 고난에서 해탈하면, 그 복덕으로 세상을 건너 하늘로 오르는 열반의 도를 얻으니, 이것이 大善이다." 하고 결론지어 권하고 있다. 『미타경』에서도 "작은 선근 복덕 인연으로는 저 나라에 왕생할 수 없다." 하니, 이것도 십선을 닦지 않으면 안 됨을 말한 것이다. 왜냐하면, 십선업을 닦아야 능히 세간 출세간의 일체 복덕을 얻을 수 있기 때문이다. 거듭해서 출세간의 복덕은 반드시 세간 선업으로 기초가 되고, 세간 선업을 닦을 적에도 반드시 출세간의 생사를 깨닫는 성불로 목표를 삼아야 함을 설하였다. 이것이 불법의 큰 뜻이며 또한 정토 삼부경의 일관된 宗要이다.

여러분은 반드시 아시라! 五戒와 十善을 닦지 않으면 人天의 몸도 오히려 얻기 어려운데, 더욱이 정토에 왕생할 수 있겠는가? 또한, 반드시 아시라! 염불하여 정토에 왕생하기를 구하는 것과 오계를 지키며 십선을 닦는 것은 결코 서로 방애되지 않고 서로 도와주고 서로 보충하여 성취한다는 것을! 중요한 것은 계율을 지키고 십선을 행한 공덕을 서방 왕생에 회향 발원할지니, 이는 왕생의 밑천이요 양식이다. 그러므로 정토종 조사들은 우리 모두에게 지계와 염불을 병행할 것을 요구하였다. 또한, 반드시 알아야 할 것이 있다. 십선업은 모든 계율을 지키고 선근을 심는 것의 핵심이니, 십선은 總相戒요 그밖에 出家戒나 在家戒는 別相戒다. 남산(596~667)[30] 율사는 불자는 반드시 십선계를 수지할 것을 주장하였고, 대장경에서도 또한 주고받는 방법과 법을 설하였다. 이로 인하여 잘 알 수 있는 것은, 정업행인은 지극한 마음으로 염불하여 극락에 왕생하기를 구하는 것밖에, 응당 십선을 수지해야 하니, 이렇게 해야 비로소 『미타경』에서 설한 많은 선근복덕으로 정토에 왕생할 수 있다.

내가 노래 한 수를 지었으니 여러분들은 잘 기억하기 바란다. "淨業은 因이요 淨土는 果니, 십선과 염불을 겸하여 닦는 것이 가장 좋네."

그렇다면 어찌하여 십선이 정토에 왕생할 수 있는 원인이 되는가? 『지장십륜경』의 「十善業道品」에서 설한 것이 가장 분명하니, 내가 지금 그 가운데 대요를 따서 적으니, 읽어보면 염불과 십선이 확실히 극락에 왕생하는 필요조건임을 알 수 있을 것이다.

(1) 『십륜경』에 "보살마하살의 열 가지 수레[十輪]가 있으니, 만약 보살 마하살이 이 십륜을 이루면 … 두려움 없는 열반의 성에 들어가니 … 이 십륜은 곧 십선업도다. … 능히 수명이 다하도록 살생을 멀리 여읠 수 있으면, … 현신에서 몸과 마음이 안락하여 수명이 요원하며 … 더 나아가서 위없는 보리를 증득한다. 거처하는 불토는 모든 무기가 없어 원망하고 해치는 투쟁의 이름이 없고, 모든 두려움이 끊어져 편안하고 쾌락하다. 무병장수한 유정이 그 나라에 태어나고 여래는 자신의 수명이 무량무변하시다." 하였다. 이를 보면, 극락세계에는 여러 가지 고통이 없고 여러 가지 즐거움만 누리므로 '극락'이라 하고, 무량한 수명을 얻는 것이 모두 살생하지 않은 선업을 닦음으로 말미암아 온다는 것을 알 수 있다. - 不殺生

---

30   終南山 道宣 율사를 말함. 『불광사전』 p5636-下

(2)『십륜경』에 "수명이 다하도록 주지 않는 것을 취하지 않을 수 있으며 …
자신이 얻은 여법한 재산이나 이익에 만족하여 머무르고, 마침내 법답지 않은
재산이나 이익을 희구하지 않으면, … 현신에서 몸과 마음이 안락하여 재보가
구족하며 … 더 나아가서 위없는 보리를 증득한다. 거처하는 불토는 여러 가지
보물로 장엄하여 보배 나무와 보배 못과 보배 누대나 전각 등이 충분히 갖추지
않음이 없으며 … 모든 것이 구족 장엄한 유정이 그 국토에 태어나고 여래는
자신의 수명이 무량하시다." 하였다. 이로써 극락세계의 갖가지 의보와 정보
장엄도 도둑질하지 않는 선업으로 말미암아 있음을 알 수 있다. - 不偸盜

　(3)『십륜경』에 "능히 수명이 다하도록 欲邪의 행을 여일 수 있으며 … 자신
의 부인에 만족하고 마침내 법답지 않은 색욕을 희구하지 않으면, … 현신에서
몸과 마음이 안락하고 부인은 정순하고 선량하며 장차 목숨이 다하려 할 때 몸
과 마음이 근심과 고통의 핍박을 받지 않으며 … 더 나아가서 위없는 보리를
증득한다. 거처하는 국토에 여인이 없어서 모든 음욕을 여의어 매우 청정한 범
행을 구족한 유정이 그 국토에 왕생하고, 모든 유정이 모두 化生을 받아 포태
에 처하지 않으며 … 여래 자신은 수명이 무량하시다." 하였다. 이로써 극락 중
생은 연화에 화생하는 줄 알 수 있으니, 이것은 사음하지 않는 선근 공덕으로
인하여 얻은 과보이다. - 不邪婬

　(4)『십륜경』에 "능히 수명이 다하도록 속이는 말을 하지 않으면, … 현신에
서 몸과 마음이 안락하고 하는 말을 사람들이 모두 신봉하며 … 더 나아가서
위없는 보리를 증득한다. 거처하는 불토가 모두 진실하여 모든 거짓을 여의고,
미묘하고 향기롭고 깨끗한 물건으로 장엄하였다. 아첨과 속임이 없고 마음과
행동거지가 정직하여 순정한 선법을 희구하는 유정이 그 나라에 왕생한다."
하니, 이를 보면 극락의 보배 연못의 연화는 미묘향결하고 의식이 자연스러워

상선인이 모두 모임을 알 수 있으니, 이것은 거짓말하지 않는 선업으로 말미암아 얻어진 것이다. - 不妄語

(5) 『십륜경』에 "능히 수명이 다하도록 이간하는 말을 하지 않을 수 있으면, … 현신에서는 몸과 마음이 안락하고 하는 말이 모두 화순하며 … 더 나아가서 위없는 보리를 증득한다. 거처하는 국토는 모두 견고하고 단단하여 가히 파괴할 수 없고, 모두 아름답고 미묘한 물건으로 장엄한 것이어서 어김도 없고 다툼도 없다. … 선법 유정이 그 국토에 태어나 항상 화목과 공경함을 닦고 정법을 듣는다." 하니, 이를 보면 극락국토에 모든 상선인이 한곳에 모이고, 국토만물을 건립한 것이 항상 자연스러워 쇠함도 없고 변함도 없으며, 또한 사계절이 다름이 없음을 알 수 있으니, 이것들은 모두 두 혀를 놀리지 않는 선업의 과보임을 알 수 있다. - 不兩舌

(6) 『십륜경』에 "능히 수명이 다하도록 추악한 말을 하지 않을 수 있으면, 현신에서는 몸과 마음이 안락하고 하는 말이 모두 다른 이를 기쁘게 하며 … 더 나아가서 위없는 보리를 증득한다. 거처하는 국토는 일체 마음에 맞지 않는 소리를 멀리 여의어, 갖가지 매우 미묘하고 마음에 맞고 평화롭고 유아한 음악의 음성이 법의 음성을 모아 그 국토에 충만하다. 念慧가 구족하여 범음이 매우 맑으며 품격 있고 어진 유정이 그 나라에 태어나 항상 부드러운 말로 서로 정진하기를 권한다." 하니, 이를 보면 극락세계는 유정 무정이 모두 묘법의 음성을 내어 도를 진작시켜 중생을 이롭게 한다는 것을 알 수 있으니, 이것은 상소리를 하지 않는 선업으로 인하여 있는 것임을 알 수 있다. - 不惡口

(7) 『십륜경』에 "능히 목숨이 다하도록 비단같이 번지러운 말을 하지 않으면, 일체중생이 항상 서로 애경하여 하는 말은 모두 옳고 이로우며 … 더 나아가서 위없는 보리를 증득한다. 거처하는 국토는 일체 옳지 않고 이롭지 않은

음성을 멀리 여의어 갖가지 매우 정묘한 보살장으로 큰 법을 섭수한 음성이 국토에 두루하며, 무한한 큰 원력과 미묘한 지혜를 성취하여 능히 갖가지 불법의 근본 뜻을 연설하니, 이 같은 유정이 그 국토에 왕생한다." 하니, 이를 보면 극락세계에 왕생한 자는 모두 퇴전하지 않고, 소리를 듣고는 자연히 삼보를 생각하며, 또한 흔히 일생에 보처보살이 됨을 알 수 있으니, 이것은 모두 비단결 같은 말을 하지 않는 선업으로 얻어진 것임을 알 수 있다. - 不綺語

(8) 『십륜경』에 "능히 목숨이 다하도록 멀리 탐욕을 여읠 수 있으면, 모든 중생이 항상 사랑하고 소중히 하는 바가 되어, 현신에서는 몸과 마음이 안락하고 그 마음이 청정하여 모든 더러운 것을 여의고 … 더 나아가서 위없는 보리를 증득한다. 거처하는 국토는 손바닥같이 땅이 평평하고, 여러 가지 보물이 충만하며, 갖가지 보배 나무가 줄지어 나열하여 장엄하며, 갖가지 보배 옷과 보배 장엄구와 보배 당번과 일산과 칠보로 된 그물이 드리운 나무가 곳곳에 모두 있으니 매우 사랑스럽다. 멀리 교만을 여의어 얼굴이 단엄하고 눈, 귀, 코, 혀 몸의 오근에 결점이 없고 그 마음이 평등하니, 이와 같은 유정이 그 국토에 왕생하여 無貪 공덕을 원만하게 장엄하였다." 하니, 이로써 극락세계 의보와 정보의 수승하고 미묘한 장엄을 알 수 있으니, 이것은 탐하지 않는 선업의 공덕장엄으로 성취한 것이다. - 不貪

(9) 『십륜경』에 "능히 목숨이 다하도록 멀리 성냄을 여읠 수 있으면, … 현신에는 몸과 마음이 안락하고 그 마음이 청정하여 여러 가지 더러운 때를 여의고 … 더 나아가서 위없는 보리를 증득한다. 거처하는 국토는 일체 더러운 바람이나 구름, 엉겨 뭉쳐진 먼지나 때, 여러 가지 거칠고 해진 물건을 멀리 여의어 갖가지 보배로 장엄하니, 매우 사랑스럽다. 얼굴이 단정하고 오근에 결점이 없으며 마음이 항상 고요하니, 이러한 유정이 그 국토에 태어나 자비공덕이 원

만하게 장엄하였다." 하니, 이를 보면 극락세계의 의보 장엄은 밤낮과 모든 먼지의 더러움이 없어서 이곳에 태어난 중생은 자비한 상호를 가졌음을 알 수 있으니, 이는 성내지 않는 선근으로 장엄한 공덕으로 성취한 것이다. - 不瞋

(10) 『십륜경』에 "목숨이 다하도록 邪見을 멀리 여읠 수 있으면, 현신에서는 몸과 마음이 안락하고 그 마음이 청정하여 삿된 분별을 여의고 … 더 나아가서 위없는 보리를 증득한다. 거처하는 국토는 二乘의 人·法과 일체 천마외도를 멀리 여의며, 斷·常의 我見과 我所見과 일체 망집의 길흉을 멀리 여의니, 이 같은 유정이 그 나라에 왕생하여 수명이 길고 대승에 수순한다." 하니, 이로써 극락세계는 대승의 선근 세계라, 비난과 혐오의 이름과 여인과 불구자와 이승의 품류는 태어나지 않음을 알 수 있으니, 이것은 不邪見의 선업 공덕으로 장엄하여 성취한 것이다. - 不邪見

(11) 『십륜경』에 "만약 보살 마하살이 이와 같은 열 가지 수레[十輪]를 이루면, 능히 아뇩다라삼먁삼보리를 속히 증득할 수 있으니 … 열 가지 선업도는 대승의 근본이며, 보리의 원인이며, 열반을 증득하는 단단한 사다리며, 세간 출세간의 수승한 과보 공덕의 근본이며, 능히 일체 선법 공덕을 확고히 다지는 근본이다." 하였다. 그러므로 염불과 십선을 수행하고 발원하여 서방에 회향하면 극락세계에 왕생하여 갖가지 장엄을 구족하니, 이를 '많은 선근, 많은 복덕'이라 부른다.

(12) 『십륜경』에 "만약 열 가지 선업도를 닦지 않으면, 설사 시방 불토에서 미진수겁을 지나도록 스스로 대승이라 부르며 설하거나 듣거나 혹은 발심하고 혹은 서원을 세우더라도 결국 보리열반을 증득하지 못하며, 또한 다른 이로 하여금 생사고를 벗어나게 하지 못한다." 하니, 그러므로 극락세계의 모든 장엄은 완전히 미타 부처님의 본원과 왕생한 중생이 닦은 십선업으로 성취한 것

임을 알 수 있으니, 무릇 정업을 행하는 사람은 반드시 이런 줄 알아야 비로소 성실하게 사리를 이해하여 십선을 수행할 수 있다. 이처럼 성실하게 염불하여 생각생각 상속하면 극락을 기약할 수 있고 왕생은 반드시 정해져 있다.

기 3. 인용하여 증명함

集

그러므로 『화엄경』에 "열 가지 불선업도는 지옥·축생·아귀에 태어나는 원인이요, 열 가지 선업도는 인간이나 천상, 더 나아가서 有頂處에 태어나는 원인이다. 또한, 이 上品 열 가지 선업도를 지혜로 닦고 익히더라도, 마음이 협열하기 때문이며, 삼계를 두려워하기 때문이며, 대비가 부족하기 때문이며, 다른 사람으로부터 소리를 듣고 이해하기 때문에 성문승을 이룬다. 또한, 이 상품 열 가지 선업도를 닦고 익혀 청정하더라도, 다른 이의 가르침을 따르지 않고 스스로 깨닫기 때문이며, 대비·방편이 구족하지 않기 때문이며, 깊고 깊은 인연법을 깨닫기 때문에 독각승을 이룬다.

또한, 이 上品 열 가지 선업도를 닦고 익혀 청정하더라도, 마음이 넓고 무한하기 때문이며, 슬퍼하고 불쌍히 여기는 마음을 갖추었기 때문이며, 방편으로 섭수하기 때문이며, 대원을 내기 때문이며, 중생을 버리지 않기 때문이며, 제불의 큰 지혜를 바라고 구하기 때문이며, 보살의 여러 가지 지위를 깨끗이 다스리기 때문이며, 일체 모든 바라밀을 깨끗이 닦기 때문에 보살의 광대한 행을 이룬다.

또한, 이 上品(다른 본에는 '上上'이라 함) 열 가지 선업도는 일체종지가 청정하기 때문이며, 내지 십력·사무외를 증득하기 때문에 일체 불법을 모두 성취함을 얻는다. 그러므로 내가 지금 십선을 평등하게 행하여 응당 모든 것이 구족

청정하게 하는 것이다." 하였다. (대정장경 10권 185페이지 하)

"더 나아가서 보살은 이와 같이 선근을 모으며, 선근을 성취하며, 선근을 증장하며, 선근을 사유하며, 선근을 마음에 깊이 생각하여 잊지 않으며, 선근을 분별하며, 선근을 좋아하며, 선근을 닦아 모으며, 선근에 안주하나니, 보살마하살은 이와 같이 여러 가지 선근을 쌓아 모으고 나서는 이 선근으로 얻은 依果로 보살행을 닦아, 생각생각 가운데서 한없는 부처님을 뵙고, 부처님과 같이 받들어 섬기고 공양해야 한다." 하였다.

또한, "비록 하는 바가 없으나 항상 선근에 주하며, 비록 제법이 의지하는 바가 없음을 알지만 선법에 의하여 벗어남을 얻는다고 설한다." 하였다.

故華嚴經云, 十不善業道, 是地獄畜生餓鬼受生之因。十善業道, 是人天乃至有頂處受生之因。又此上品十善業道, 以智慧修習, 心狹劣故, 怖三界故, 缺大悲故, 從他聞聲而了解故, 成聲聞乘。又此上品十善業道, 修習淸淨, 不從他敎, 自覺悟故, 大悲方便不具足故, 悟解甚深因緣法故, 成獨覺乘。又此上品十善業道, 修治淸淨, 心廣無量故, 具足悲愍故, 方便所攝故, 發生大願故, 不捨衆生故, 希求諸佛大智故, 淨治菩薩諸地故, 淨修一切諸度故, 成菩薩廣大行。又此上品十善業道, 一切種淸淨故, 乃至證十力四無畏故, 一切佛法皆得成就。是故我今等行十善, 應令一切具足淸淨。乃至菩薩如是積集善根, 成就善根, 增長善根, 思惟善根, 繫念善根, 分別善根, 愛樂善根, 修集善根, 安住善根。菩薩摩訶薩, 如是積集諸善根已, 以此善根所得依果, 修菩薩行。於念念中見無量佛, 如其所應, 承事供養。又云 雖無所作, 而恒住善根。雖知諸法無有所依, 而說依善法而得出離。

講

여기서 인용한 세 단락『화엄경』문장에서, 앞의 한 단락은「십지품」離垢地 글이다. '이구지'라 한 것은 무슨 뜻인가? 그릇된 마음으로 계율을 범하여 번뇌의 때[垢]를 일으킴을 여의어[離], 청정한 계율이 구족한다는 뜻이다. 또한,『십주비바사론』에 "십선도를 행하여 여러 가지 때[垢]를 여의기[離] 때문이다." 하기도 하였다.

경문에는 먼저 열 가지 불선업도를 대략 관찰하였다. '업'은 원인의 뜻이요, 색깔은 크고 넓은 길[通途]이란 뜻이다. 중생이 악도에 떨어지는 것은 無因(만물의 존재는 어떤 원인이 있어 그런 것이 아니라고 보는 견해. 자연외도) 때문이 아니고, 또한 邪因(만물이 존재하는 것은 모두 大自在天(하나님)이 기뻐하고 노하기 때문이라는 사견 때문이 아니라, 오직 열 가지 불선업 때문이다. 그러므로 '열 가지 불선업도는 지옥 등에 태어나는 원인이다' 하였다.

다음에는 네 가지 수행과 上品 십선업의 차별을 관찰하였다. 소극적 십선은 中下品이요, 적극적 십선은 上品이니, 능히 큰 자비심을 내는 등 열 가지 마음이 上上品이다. 뒷면에 붙인 '십선인과간요표'를 읽어보기 바란다.

또한, 경계에 낮고 못함이 있음을 밝혔으니, 마음에 경·중이 있고 결과에 유루·무루가 있으며, 스스로 짓기도 하고 혹은 남을 그렇게 하도록 시키기도 하여 실로 여러 가지 품별이 다르다. 三乘이 닦는 것은 모두 상품 십선업도니 공덕과 작용이 각기 같지 않기 때문이다. 그러므로 삼승의 차등과 구별의 결과를 이룬다.

'지혜로 닦고 익히더라도' 한 이 구절은, 인간이나 천상은 지혜가 없어서 십선을 닦는 것이 각기 다름을 밝혔다. '마음이 狹劣하다' 한 것에서 '狹'은 작은 선을 가리키고, '劣'은 오직 自利만 하는 것을 말한다. '삼계를 두려워하기 때문이다' 한 것은 고통을 두려워하는 것이다. '대비가 부족하기 때문이다' 한 것은 중생을 버리는 것이다. '다른 사람으로부터 소리를 듣고 깨닫는다' 한 것은, 반드시 스승의 가르침에 의지해야 하니, 다른 사람의 無我法의 소리를 듣고 마음에 통달을 얻으면 곧 성문승의 과보를 성취한다.

'닦고 다스림이 청정하다' 한 이 구절은, 일체 무루선근에 의해 수행함을 전체적으로 밝혔다. '다른 이의 가르침에 따르지 않고 스스로 깨닫는다' 한 것은 수행 공덕이 성문과 다름이요, '대비·방편이 구족하지 않기 때문이다' 한 것에서, 능히 법을 설할 줄 모르는 것을 '대비가 구족하지 못한 것이다'라고 하고, 법을 설하여 사람을 제도할 마음이 없는 것을 '방편이 구족하지 못한 것이다' 하였으니, 이것은 수행 공덕이 보살과는 다르다. '깊고 깊은 인연법을 깨달았기 때문이다' 한 것은 苦·集 二諦를 관하여 깊고 깊은 12인연을 깨달았으나 단지 人無我法만을 관하여 보살과는 다르니, 독각승의 과보를 성취한다.

'닦고 다스리는 것이 청정하여 마음이 광대하고 무량하기 때문이며' 한 것은, 닦고 다스리는 것이 청정하여 능히 法無我法을 관할 수 있으니, 自利에 속한다. '마음이 넓고 무한하기 때문이다' 한 것에서 '넓다'는 것은 利他心이요, '무한하다' 한 것은 대승심이니, 이 두 가지 마음은 利他에 속한다. 보살은 자리와 이타로 만행의 본체로 삼는다. '슬퍼하고 불쌍히 여기는 마음을 갖추었기 때문이며' 한 것은 본체로부터 작용을 일으키는 것이요, '방편으로 섭수한 것이기 때문이며' 한 것은, 능히 사섭법으로 중생을 섭화하는 것이다. '대원을 내기 때문이며' 한 것은, 청정하고 깊은 마음을 갖추어 사홍서원을 내는 것이다. '중생을 버리지 않기 때문이며' 한 것은, 이미 不退轉地에 들어가 생각마다 중생을 버리지 않는 것이다. '부처님의 大智를 희구하기 때문이며' 한 것은, 위없는 보리 大果를 구하는 것을 말한다. '보살의 諸地를 깨끗이 다스리기 때문이며, 일체 모든 바라밀을 깨끗이 닦기 때문이다' 한 이 두 구절은, 行·證을 구하여 지혜바라밀이 원만하기 때문이며, 諸地의 장애와 폐단을 모두 깨끗이 하기 때문임을 말하였다. '보살의 광대행을 이룬다' 한 이 구절은, 보살이 이와 같이 십선을 닦음을 결론지었으니, 이를 '광대행'이라 한다.

'또한, 이 上上 십선업도는…' 한 이 구절은 佛乘이 닦는 십선의 행상을 전체적으로 밝혔으니, 삼승과는 다르다. 그러므로 '上上'이라 하였다.[31] '일체종이 청정하기 때문이다' 한 이 구절 아래는 행상을 따로 밝혀, 어떤 것이 上上의 선업인가를 밝혔다. 일체 유루 종자와 습기가 모두 없어져 남음이 없으니, 이것이 일체종지가 청정한 것이다. 이것은 證·滅에 속하니 삼승과는 다르다. '내지 십력·사무외를 증득하기 때문이다' 한 것은, 삼승이 얻은 공덕법과는 다르다. 부처님의 '십력', '사무소외'는 『불학대사전』을 찾아보라. '모든 불법을 모두 성취한다' 한 것은, 上上 십선업도로 능히 일체 불법을 성만할 수 있음을 총 결론지었다. '그러므로 내가 지금 십선을 평등하게 행[等行]하여 응당 일체가 구족청정케 하였다' 한 이 두 구절은, 上上 십선업이 곧 보현행임을 밝혔다. '等行'은, 시간과 공간이 다함이 없고 생각과 생각이 연이어져서 끊어짐이 없으며 신·어·의 업이 싫증나지 않는 것이다.

'내지 보살이 이와 같이 선근을 쌓아' 한 것부터, '선근에 안주한다' 한 데까지 아홉 구절은, 地上 보살이 닦는 십선 선근을 설명했으니, 범부와 地前 보살과는 같지 않다. '이와 같이 모든 선근을 쌓은 후에 이 선근으로 얻은 依果로 보살행을 닦고… 받들어 섬기고 공양한다' 한 이 여섯 구절은 보살의 得果는 부처님과 다름을 밝혔다.

'비록 지은 것이 없으나' 한 아래 네 구절은, 원교보살이 권·실을 쌍행하고 중도가 원융한 행을 밝혔으니, 첫째와 셋째 구절은 實을 밝혔고, 둘째와 넷째

---

31 '上上 십선업도는' 한 것을 본문에는 '上品'이라 하였다. 대정장경에는 '上上'이라 하였고, 甲本에는 '上品'이라 하였다. 강의에는 '上上'이라 하였다.

구절은 權을 밝혔다.

　이 세 단락의 경문을 인용한 것은, 이 책에서 서술한 권실쌍행이 보살의 전체 요점이며, 성불의 불이법문임을 증명하였다.

集

『대지도론』에 "부처님이 말씀하시기를 '나는 과거에 또한 악인이나 작은 벌레가 된 적도 있었으나, 선행을 쌓았기 때문에 성불할 수 있었느니라' 하였다." 하고,

　"또한 十八不共法[32] 중에 '하고자 하는 것을 그만둠이 없다[欲無滅]'는 것이 있는데, 부처님은 선법의 은혜를 알기 때문에 항상 모든 선법을 모으고자 하였으니, 그러므로 하고자 하는 것을 그만둠이 없었고, 모든 선법을 닦고 모아 마음에 만족함이 없었으니, 그러므로 하고자 하는 것을 그만둠이 없었다. 예를 들면 어떤 눈먼 장로 비구가 스스로 승가리를 꿰매는데 실이 바늘에서 빠지자 여러 사람들에게 말하기를 '누구 복덕 짓기 좋아하는 자는 나를 위해 바늘을 꿰어다오' 하니, 그때 부처님이 그의 앞에 나타나 '나는 복덕 짓기를 좋아하여

32　열여덟 가지 공통되지 않은 법. 곧, 성문·연각과 공통하지 않고 오직 부처님과 보살만이 특별히 가진 열여덟 가지 공덕법. (1) 부처님 몸은 허물이 없음. 부처님은 무량겁 동안 지계가 청정하시어 이 공덕이 만족하기 때문에 모든 번뇌가 다하여 몸에 잘못이 없다. (2) 입이 잘못이 없음. 부처님은 한없는 지혜와 변재를 갖추어 설하시는 법이 중생의 근기에 따라 모두 깨달음을 얻게 하였다. (3) 생각이 잘못이 없음. 부처님은 깊고 깊은 선정을 닦아 마음이 산란하지 않고 마음이 제법에 집착함이 없어서 제일의 조용하고 편안함을 얻었다. 이상 세 법은 신·구·의 삼업에 과실이 없음을 말한다. (4) 다른 생각이 없음. 부처님은 일체 중생을 평등하게 널리 제도하여 마음에 간택이 없다. (5) 定心 아님이 없음. 부처님은 행·주·좌·와에 항상 깊고 깊은 勝定을 여의지 않아 마음을 섭수하여 선법 가운데 주하여 제법 실상 가운데 퇴실하지 않는다. (6) 자기를 알고 마음을 버리지 않음이 없어 고통을 평등히 받아들임. 부처님은 생각마다 생·주·멸 등의 상을 깨달아 적정과 평등에 주하신다. (7) 하고자 하는 것을 그만둠이 없음. 부처님은 衆善을 갖추어 항상 여러 중생을 제도하고자 하여 마음에 싫증이 없다. (8) 정진을 그만둠이 없음. 부처님의 몸과 마음은 정진이 만족하시어 중생을

만족함이 없는 사람이다. 너의 바늘을 다오' 하니, 이 비구가 빛나는 부처님의 광명을 보고 또 부처님 음성을 듣고서 부처님께 아뢰기를 '부처님의 무량한 공덕해는 모두 그 밑바닥까지 다하였습니다. 어찌 만족이 없나이까?' 하니, 부처님이 비구에게 고하시기를 '공덕 과보는 깊고 깊어 나만치 그 恩分(은정)을 아는 자가 없다. 내가 비록 그 갓과 바닥을 다했으나 나는 본래 공덕 짓기를 좋아하는 마음에 만족함이 없었으므로 부처를 이루었나니, 그러므로 지금도 여전히 쉬지 않노라. 비록 다시 더 얻을 공덕이 없지만 나의 공덕 짓고자 함도 쉬지 않노라' 하니, 모든 하늘이나 세상 사람들이 놀라 '부처님도 오히려 공덕 짓기에 싫증이 없으신데, 더욱이 다른 사람들이랴' 하였다. 부처님이 비구를 위해 법을 설하시니, 그때 육안이 금방 밝아져 혜안을 성취하였다." 하고,

"또한, '부처님이 말씀하셨다. 만약 중생이 불국토를 청정히 함을 성취하지 못하면 능히 무상도를 얻지 못한다. 왜냐하면 인연이 구족하지 못하면 능히 아눗다라삼먁삼보리를 얻지 못하기 때문이다. 인연이란 이른바 일체 선법이다. (그러나) 처음 마음을 내어 단바라밀을 행할 때부터 십팔불공법에 이를 때까지, 이 행법 가운데 억측과 분별이 없어야 하기 때문이다' 하였다."

제도하기 위하여 항상 갖가지 방편을 행하여 휴식이 없다. (9) 생각을 그만둠이 없음. 삼세제불의 법은 모든 지혜와 상응 만족하여 퇴전함이 없다. (10) 지혜가 모자람이 없음. 부처님은 모든 지혜를 갖추고 또한 삼세의 지혜가 무애하기 때문에 지혜가 모자람이 없다. (11) 해탈이 부족함이 없음. 부처님은 모든 집착을 멀리 여의고 유위·무위 두 가지 해탈을 갖추어 모든 번뇌의 습기를 모두 다하여 남음이 없으시다. (12) 해탈지견이 부족함이 없음. 부처님 지견과 여러 가지 해탈상은 분명하여 어두움이나 장애가 없다. (13) 모든 身業이 지혜에 따라 행함. (14) 모든 口業이 지혜에 따라 행함. (15) 모든 意業이 지혜에 따라 행함. 이상 세 가지는 부처님이 신·구·의를 행하실 때 먼저 득실을 관찰하고 그런 후에 지혜를 따라 행하기 때문에 과실이 없고 모두 능히 중생을 유익하게 할 수 있다. (16) 지혜와 지견이 과거세에 아무 장애가 없음. (17) 지혜와 지견이 미래세에 아무 장애가 없음. (18) 지혜와 지견이 현재세에 아무 장애가 없음. 이상 세 가지는 부처님의 지혜로 과거·미래·현재의 모든 일을 비추어보고 모두 통달 무애함을 말한다. (『대품반야경』권5 「광승품」)

大智度論云, 佛言, 我過去亦曾作惡人小蟲, 因積善故, 乃得成佛。又如十八不共法
中, 有欲無減者, 佛知善法恩故, 常欲集諸善法, 故欲無減。修集諸善法, 心無厭足,
故欲無減。如一長老比丘目暗, 自縫僧伽梨, 線脫 於諸人言, 誰樂欲爲福德者, 爲
我穿針。爾時佛現其前, 語言, 我是樂欲福德無厭足人, 持汝針(線)來。是比丘斐亹
見佛光明, 又識佛音聲, 白佛言, 佛無量功德海, 皆盡其邊底, 云何無厭足。佛告比
丘, 功德果報甚深, 無有如我

知恩分者。我雖復盡其邊底, 我本欲心無厭足故得佛, 是故今猶不息。雖更無功
德可得, 我欲心亦不休。諸天世人, 警悟, 佛於功德尚無厭足, 何況餘人。佛爲比
丘說法, 是時肉眼卽明, 慧眼成就。又云, 佛云, 若不成就衆生, 淨佛國土, 不能得無
上道。何以故, 因緣不具足, 則不能得阿耨多羅三藐三菩提。因緣者, 所謂一切善
法。從初發意行檀波羅蜜, 乃至十八不共法, 於是行法中, 無憶想分別故。

講

여기서는 『대지도론』 가운데 세 단락의 문장을 인용하였다. 첫 번째 단락은 일
체 선근을 쌓아 모으는 공덕을 설했으니, 성불하는 데 조금도 모자라서는 안
되는 조건이다.

　두 번째 단락은 佛果의 열여덟 가지 다른 사람과 다른 행법 가운데, '좋아하
는 것은 그만둠이 없다(십팔불공법 중 일곱번 째, 欲無減을 말함)' 한 것이 있는데,
곧 선행 닦기를 그만두지 않는 것이다. 또한 세존이 늙은 비구를 위해 승가리
를 꿰매주는 공안을 들어 부처님이 많은 선공덕 짓기에 조금도 싫증 내지 않았
음을 증명했으니, 그러므로 '좋아하는 것은 그만둠이 없다' 하였다. '부처님의
광채만을 보았다'는 것은 부처님 眞像을 보지 못했다는 표현이다.

　세 번째 단락은 부처님의 가르침을 들었다. 중생이 여러 가지 선행을 성취
하여 불국토를 청정하게 하는 것이 도를 얻어 부처를 이루는 위없는 인연이니,

조금만 부족해도 성불하지 못한다. 다만 보살이 衆善의 법을 행하되 거기에 집착해서는 안 된다. 이것은 닦되 닦음이 없어서 權에 의해 實이어야 하니 이를 '진정한 닦음'이라 하고, 실만 있고 권이 없거나 닦지 않는 것을 특별히 좋아하는 것을 '진정한 수행'이라고는 하지 않는다. 그러므로 '수행법 가운데 억상분별이 없기 때문이다' 한 것은, 일체 방편으로 선행을 닦을 적에 人我의 억상 분별이 없으면 이것이 三輪의 본체가 공한 것이니, 곧 권실쌍행이다. 『금강경』에서 말한 "아상·인상·중생상·수자상이 없이 일체 선법을 닦으면 곧 위없는 보리를 얻는다." 한 것이다. 이것은 삼세제불이 성불한 훌륭한 궤칙이니, 불자들은 반드시 지키고 행해야 한다.

무 2. 二因이 완비해야 佛體가 비로소 이루어짐
기 1. 질문

集

문: 대저 여래 법신은 고요하고 청정하건만, 일체중생은 다만 객진번뇌에 덮여 앞에 나타나지 못합입니다. (그러니) 지금 반연을 쉬기만 하면 定의 물이 맑으니, 어찌 여러 가지 선행으로 밖을 향해 어지럽게 달아날 필요가 있겠습니까? 도리어 진정한 수행을 등지고 번거로운 생각을 이룰 뿐입니다.

問, 夫如來法身, 湛然淸淨。一切衆生, 祇爲客塵所蔽, 不得現前。如今但息攀緣, 定水澄淸。何須衆善, 向外紛馳。反背眞修, 但成勞慮。

講

이 질문은, 이승인은 素法身(주 23) 참조)만을 알고 妙法身을 모르는 것을 들었다. 예를 들면 『법화경』 「제바달다품」에, 8세 용녀가 설한 게에 "미묘하고 청정한 법신은 삼십이상을 갖추며 팔십종호로 법신을 장엄하네." 하니, 이승인인 사리불이 용녀에게 "이 일은 믿기 어렵다." 하였다. 나중에 용녀가 홀연히 남자로 변하여 보살행을 갖추어 바로 남방 무구세계에 가서 성불하고 몸에 삼십이상 팔십종호를 갖추어 널리 시방을 위해 묘법을 연설하였다. 이때 성문과 인천 대중들이 용녀가 성불하는 것을 멀리서 보고는, 법을 설하는 것을 듣고 解悟하여 비로소 이를 묵묵히 믿고 받아들였다.『법화경』을 듣기 전에는 모두 이러한 의문을 면하기 어려웠다.

'여래 법신'이란 무엇인가?

(1) 相宗의 설에서 보면, 總相과 別相 두 가지가 있다. 총상법신은 理·智가 나타나 일체 유위·무위 공덕법의 의지처가 되니, 그러므로 '법신'이라 한다. 별상법신은 三身 가운데 自性身이니, 오직 理體의 법신일 뿐이고 智法身은 포함하지 않는다. 마치『성유식론』에서 "청정법신이 자성신이다" 한 것과 같다.

(2) 性宗의 설로는, 법성의 理·智가 둘이 아닌 것이 나타나 이룬 몸을 '법신'이라 부른다. 예를 들면『기신론』에서 "본래부터 자성에 모든 공덕을 모자람 없이 갖추었으니, 이른바 자체에 大智慧光明의 뜻이 있기 때문이며 … 이와 같이 恒沙를 초월하여 여의지 않고 단절하지 않고 다르지 않은 부사의 불법을 갖추어 … 만족하여 모자라는 뜻이 없기 때문이니, 이를 '여래장'이라 하고, 또한 '여래 법신'이라 한다." 하고, 법장 대사『기신론 의기』에 "숨어있을 때 능히 여래를 출생하니 이를 '여래장'이라 하고, 드러났을 때 만덕의 의지처가 되니 이를 '법신'이라 한다." 하며,『대승의장』에 "법신이라 한 것에 두 가지 뜻이 있다. 하나는 本法性을 나타내 그 몸이 된 것을 법신이라 하고, 둘째는 일체 공덕법으로 몸이 된 것을 법신이라 한다." 한 것이다.『화엄경』에서는 두 가지 여래 十身을 설하였다. 하나는 삼세간을 융통한 십신 가운데 일곱 번째 如來身과, 아

홉 번째 法身과, 열 번째 虛空身을 모두 여래 법신이라 할 수 있다. 둘째는 부처님이 갖춘 십신 중 相好莊嚴身, 勢力身, 如意身, 福德身, 智身, 法身 등이 모두 여래 법신에 속한 것들이다.

(3) 空宗의 설로는, 『지도론』 제9권에 "법성신은 곧 실상신이니, 시방 허공에 가득하고 무량무변하여 색상이 단정하고 상호가 장엄하며 한없는 광명과 한없는 음성으로 항상 갖가지 몸을 내어 … 항상 일체 중생을 제도하여 잠시도 쉴 때가 없다." 한 것이다.

'여래 법신은 고요하고 청정하다' 한 것은 청정법신의 자성신을 가리키니, 본래 고요하고 청정한 법성을 나타내어 그 몸을 이룸을 말하였다. '일체 중생' 아래 세 구절은 법신이 번뇌 속에 있음을 가리키니, 이를 '여래장'이라 하고 '법신'이라고는 하지 않는다. '반연을 쉬기만 하면 …' 한 아래 여섯 구절은, 소승인이 戒·定 등 五分法身만이 옳고, 대승의 여러 가지 선행으로 이룬 공덕법신은 그르다고 집착한 것이다. '반연을 쉰다'는 것은 戒法身이요, '정의 물이 맑다' 한 것은 定法身이다. '어찌 중선을 닦아 밖을 향해 어지럽게 달아날 필요가 있는가?' 한 것은, '三學을 닦기만 하면 곧 법신을 증득하는데, 어찌 여러 가지 공덕을 닦아 법신을 이룰 필요가 있는가?' 한 것이다. '도리어 진정한 수행을 등지고 번거로운 생각을 이룰 뿐이다' 한 것은, 實에 집착해 權을 폐한 모습이다. '공덕을 닦고 모으는 방편은 도리어 진여를 깨닫는데 어긋나니, 어찌 한갓 수고롭기만[勞] 하고 아무 공이 없어 妄情[慮]에 떨어지는 것이 아니겠는가?' 한 것이다.

제불은 閒適에 처하시건만(청정 묘법신이 고요히 모든 것에 응함) 범부는 도리어 바삐 일생을 보내고, 제불은 진실 수용처(常樂我淨과 無量光壽)에 계시건만 이승인은 또한 한 세상을 허망하게 보내니, 모두 空에 빠지고 妄을 쫓아 색신을 파하지 못하였다고 보고(범부), 법신은 진실하지 않은 것이라 여기니(이승) 참으로 개탄스럽다!

기 2. 정답

集

답 : 무심하고 고요히 나타난 것, 이것은 了因이요, 복덕 장엄은 반드시 緣因으로부터 일어나니, 二因을 쌍으로 갖추어야 佛體가 비로소 이루어진다.

答, 無心寂現, 此是了因。福德莊嚴, 須從緣起。二因雙備, 佛體方成。

講

이 여섯 구절은 '권실쌍행'을 바로 대답하였다. 색깔이란 了因과 緣因이다. 반야는 제법 실상을 직관하여 무심하고 고요히 나타나 모든 희론이 끊어졌으니 이를 '요인'이라 하고, 방편은 空으로부터 假를 내어 모든 공덕을 닦아 국토를 장엄하고 중생을 제도하니 이를 '연인'이라 한다. '실'은 반야인 요인이요 '권'은 방편인 연인이니, 두 가지 因이 쌍으로 갖추어진 것이 '권실쌍행'이다. 오직 二因이 구족하고 권·실이 쌍행해야만 비로소 불과인 三身·四智와 내지 일체 과덕을 성취할 수 있다. 앞에서 나열한 '불교성수인과간요표'를 보기 바란다.

기 3. 인용하여 증명함

集

여기에 대해 모든 대승경전에서 구체적으로 기재하지 않은 곳이 없다.『정명경』에 "불신은 곧 법신이니, 한없는 공덕지혜로부터 나며, 자·비·희·사로부터 나며, 보시와, 지계와, 인욕과, 부드럽고 화합한 것[柔和]과, 부지런히 정진하는 것과, 선정의 해탈삼매와, 다문지혜와 여러 가지 바라밀로부터 나며, 내지 일체 불선법을 끊고 일체 선법을 모으는 것으로부터 여래신이 난다. (대정장경 14권 539페이지 下)” 하고, 또한 “복덕을 갖추었기 때문에 無爲에 주하지 않고, 지혜를 갖추었기 때문에 有爲를 다하지 않으며, 대자비로 인하여 無爲에 주하지 않고, 本願이 만족하기 때문에 有爲를 다하지 않는다. (대정장경 14권 554페이지 下)” 하였다.

諸大乘經, 無不具載。淨名經云, 佛身者, 卽法身也。從無量功德智慧生, 從慈悲喜捨生, 從布施持戒忍辱柔和 勤行精進 禪定解脫三昧 多聞智慧 諸波羅蜜生。乃至從斷一切不善法, 集一切善法, 生如來身。又云 具福德故, 不住無爲。具智慧故, 不盡有爲。大慈悲故, 不住無爲。滿本願故, 不盡有爲。

講

‘모든 대승경전에서 구체적으로 기재하지 않은 곳이 없다’ 한 이 두 구절은 모든 대승경전에 설하지 않은 곳이 없으니, 반드시 권실쌍행의 보살행을 닦아야 비로소 성불할 수 있다는 것을 전체적으로 인용하였다. 그리고 다시 『정명경』에서 설한 두 단락의 경문을 인용하여, 二因이 쌍으로 완비하여야 佛體가 비로소 이루어진다는 것을 증명하였다.

부처님은 법으로 몸을 삼기 때문에 ‘불신은 곧 법신이다’ 하였으니, 법신은 본체요 보신과 화신은 작용이다. 그러므로 여기서 두 가지 몸을 설한 것은 물론, 더 나아가서 『화엄경』의 스무 가지 불신이 모두 법성의 실상법신으로 본체를 삼는다. 이 본체가 능히 법신의 큰 작용을 일으키니, 마치 물이 파도를 일으켜 법계(大海)에 두루한 것과 같고, 일체 더럽고 깨끗한 제법의 의지처가 되니 마치 파도가 물을 의지하여 본래 여의지 않은 것과 같다. 그러므로 연·요 二因의 福·慧 淨用이 능히 正因의 법신 묘체를 일으키니, 이것이 곧 한없는 공덕지혜로부터 법신을 내는 것이다. ‘공덕’은 복덕이니 연인이요, ‘지혜’는 반야니 요

인이다. 육바라밀과 사무량심과 모든 바라밀이 모두 복·혜에 속하니, 또한 전체적으로 연·료 二因에 통합된다. 내지 일체 악행을 끊고 일체 선행을 모으는 것으로부터 비로소 여래의 갖가지 몸을 출생한다.

마지막 일단의 경문은 二因이 쌍으로 완비한 것과 권·실이 쌍으로 행함을 분명히 증명했으니, 곧 無爲의 理體에 머물러 有爲의 佛事를 지어 자신을 제도하고 다른 이를 제도하여 똑같이 불도를 이룰 수 있다. 일체 복덕을 모으는 것은 有爲와 有作으로 성취한 것이니, 그러므로 '복덕을 갖추었기 때문에 무위에 주하지 않는다' 하였다. 반야지혜가 있기 때문에 空을 관찰하되 滅을 깨달아 얻지 않고, 有에 의지하면서 집착하지 않으니, 그러므로 '지혜를 갖추었기 때문에 유위를 다하지 않고, 대자비가 있기 때문에 愚法 二乘에 떨어져 無爲의 化城에 주하지 않을 수 있다' 한 것이다. 보살은 모두 사홍서원을 발하여 行으로 願을 만족하기 위해 시간과 공간으로 다함없이 보현행을 닦으니, 그러므로 '본원이 만족하기 때문에 有爲를 다함이 없다' 하였다.

기 4. 결론

集

(그러니) 어찌 圓詮을 배신하여 부처님 말씀을 따르지 않겠는가? 열반의 포승줄에 묶이고, 해탈의 구덩이에 빠지며, 고원에 연꽃을 심으려 하고, 허공에 단감나무를 심고서 보리의 꽃과 열매를 구하려 한다면 무슨 수로 이를 얻을 수 있겠는가? 그러므로 "無爲 正位에 들어간 자는 부처님 법신에 태어나지 못한다. … 비유하면 큰 바다에 들어가지 않으면 능히 무가보주를 얻지 못하는 것과 같이, 번뇌 대해에 들어가지 않으면 능히 일체지의 보배를 얻지 못한다." 하였다.

何乃自背圓詮, 不遵佛語。擬捉涅槃之縛, 欲沈解脫之坑, 栽蓮花於高原, 植甘種於空界, 欲求菩提花果, 何由得成。所以云 入無爲正位者, 不生佛法(身)耳, 乃至譬如不下巨海, 不能得無價寶珠。如是不入煩惱大海, 則不能得一切智寶。

講

스님은 여기서 보살은 응당 衆善을 닦아야 한다는 것을 결론지었다. 그러니 어찌 대승 불법인 중도원융의 종지를 잊어버리고, 부처님의 가르침을 따르고 행하지 않겠는가? 이런 이야말로 어찌 부처님의 불효자가 아니겠는가!

불교를 배우는 것은 해탈열반을 구하여 증득하는 데 있다. 다만 몸과 마음과 인생을 떠나서 열반과 해탈경계를 찾을 수 없다. 이는 나무에 올라가 물고기를 구하는 것과 같으니, 결코 있을 수 없는 일이다. 설사 얻은 것이 있더라도 이는 化城[33]과 草庵[34]이라 다만 잠시 쉬어갈 수 있을 뿐이다. 만약 열반을 구하려 하면서 도리어 열반에 집착하여 버리지 않으면 열반에 얽매여지고, 해탈을 얻으려 하면서 도리어 고적한 깊은 구덩이에 떨어지면 부모를 버리고 도망간 궁자가 되거나 혹은 바위로 풀을 누른 외도가 되고 마니, 어찌 지혜 있는 보살이겠는가?

그대가 집착하는 '어찌 衆善을 닦아 밖을 향해 어지럽게 달아나 도리어 진정한 수행을 등지는가? 다만 생각을 수고롭게 할 뿐이다' 한 것은 불법 가운데 사견이다. 이는 마치 물이 있는 연못이 아니라 물이 없는 높은 산기슭에 연꽃

---

33 『법화경』「화성유품」에 "저 도사가 사람들을 쉬게 하기 위해 신통력으로 큰 城을 만들고, 쉴 줄을 안 뒤에 그들에게 이르되 '보배 있는 곳이 가까우니 어서 떠나라. 이 성은 진실이 아니다. 내가 신통력으로 만들었을 뿐이다' 하니라." 하였다.

34 「신해품」에 "(그러나 아들은) 아직 문 밖에 처해 草庵에 止宿하며 '가난하여 나에게는 이런 물건이 아무 것도 없노라' 하고 스스로 생각하더니…" 하였다.

을 심는 것과 같다. 또한 이는 단감나무를 허공 가운데 심는 것과 같으니, 이렇게 해서 어떻게 꽃을 피우고 열매를 맺을 수 있겠는가? 불법을 배우면서 올바른 견해가 없고, 중선 만행의 공덕을 쌓지 않으면서 위없는 보리의 꽃과 열매를 구하려 하는 것은 도무지 이루어질 수 없는 일이다.

『보현행원품』에 "일체 중생을 나무뿌리로 삼고 제불보살은 꽃과 열매로 삼아 대비의 물로 중생을 유익하게 하면 능히 제불보살의 지혜 화과를 이룰 수 있네. 그러므로 보리는 중생에 속하니, 만약 중생이 없으면 일체 보살이 결코 위없는 보리를 이룰 수 없네." 하였으니, 권과 실을 쌍으로 행하고 널리 중선을 닦아야만 비로소 보살도의 바른 견해이며 바른 수행이라 할 수 있다.

'그러므로 이르기를' 한 것은, 모든 대승경전에서 설한 것을 가리킨다. '無爲 正位에 들어간다' 한 '무위 정위'는 有餘(남음이 있는)의 無餘涅槃이니, 또한 '偏空涅槃'이라고도 한다. 잠깐 수행하여 깨달음에 들어가면, 梵行이 이미 이루어지고 하는 일이 이미 이루어져서 後有를 받지 않고 일체를 성취하였다고 생각하면서, 여기에만 그치고 다시 상구보리 하화중생의 불사를 할 생각을 내지 않으니, 그러므로 '부처님 법신에 태어나지 못한다' 하였다.

『법화경』「신해품」에 "저희들이 內滅(無爲 正位에 들어감) 만으로 스스로 만족하며, '오직 이 일뿐이고 다른 일은 다시 없다'고 하였나이다. 저희가 '불국토를 깨끗이 하고 중생을 교화해야 한다'는 말씀을 들으면 아무도 기쁘게 여기지 않았나이다. 왜냐하면, '일체 제법이 모두 공적하여 태어남도 죽음도 없어 無漏·無爲하다'고 여기며, 즐거운 마음을 내지 않았나이다. 저희는 긴긴 세월 동안 空法을 닦아 삼계 고뇌의 근심을 벗어나 최후신인 유여열반에 주하여 부처님이 교화하신 곳에서 도를 얻음이 허망하지 않았으니, 이미 얻었고 부처님 은혜를 갚았다 여겼나이다. 저희가 비록 여러 불자를 위해 보살법을 설하여 불도를 구하게 하였으나, (저희는) 이 법을 영원히 좋아하지 않았나이다." 하니, 그러므로 부처님이 『방등경』 등에서 이런 이승인을 '불에 그슬린 싹이요, 썩은 종자'라고 꾸짖은 것이다.

또한 『법화경』 「방편품」에 "너희들은 의심하지 마라. 나는 제법의 왕이 되어 여러 대중에게 널리 법을 설하였나니, 다만 일승도로 여러 보살을 교화할 뿐, 성문 제자는 없었노라." 하였다.

부처님이 또 비유를 들어 '큰 바다에 들어가지 않으면 능히 무가보주를 얻지 못한다' 한 것은, 불제자에게 반드시 번뇌 대해 중에 들어가 선행을 행하여 중생을 제도해야 일체종지의 불보를 취득한다는 것을 가르치신 것이다. 『법화경』 「약초유품」에도 "또한 여러 불자가 불도에 전념하여 항상 자비를 행하여 부처가 될 줄 스스로 알아 결정코 의심이 없는 것은 '작은 나무'요, 신통에 안주하여 불퇴전의 바퀴를 굴려 수많은 백천 억 중생을 제도하면 이런 보살은 '큰 나무'라 한다. … 지금 너희들을 위해 최상의 진실한 일을 설하노니, 여러 성문 대중은 滅度(열반)가 아니거니와, 너희들이 행하는 것이 보살도니 점점 닦고 배우면 모두 반드시 성불하리라." 하였다.

이를 보면, 공적에 빠져 중선을 닦지 않고 중생을 교화하지 않는 일은 절대로 해서는 안 됨을 알 수 있다.

무 3. 얻음이 없기 때문에 얻고, 하는 것은 함이 없다
기 1. 질문

集

문: 법에 들어가는 데는 얻음이 없는 것으로 문을 삼고, 도를 행하는 데는 함이

없는 것으로 길잡이를 삼습니다. 만약 여러 가지 선행을 일으킴에 얻을 것이 있다는 마음을 내면, 첫째는 正宗을 어김이 되고 둘째는 實行을 손상합니다.

問, 入法以無得爲門, 履道以無爲先導。若興衆善, 起有得心, 一違正宗, 二虧實行。

講

여기서 한 질문은 원교 보살의 권실쌍행을 알지 못하기 때문에 이런 질문이 있는 것이다. '법에 들어가는 데는 얻은 것이 없음[無得]으로 문을 삼고, 도를 행하는 데는 함이 없음[無爲]으로 길잡이를 삼는다' 한 두 구절은, 實은 알았으나 權을 알지 못해 반야는 있으나 방편은 없다. '무득'과 '무위'는 般若 破相敎지, 일심 이문의 원교 실상이 아니다. 일반적으로 地前 권교 보살이라야 이런 집착이 있고, 만약 地上 실교 보살이면 이런 집착이 없다.

보살이 보살도를 수행하는 데는 二道 五菩提의 반드시 거쳐야 할 과정이 있으니, 표를 열거하여 설명하면 다음과 같다.

보살이 伏心菩提 중에 있어도 오히려 두 가지의 상대적 相이 있으니, 그러므로 空으로 有를 버리고 無得과 無爲로 일체 幻色과 妄心을 버려야 한다. 地上의 明心菩提에 진입한 후에야 비로소 상대적 상을 여의고 닦아 理·智가 명합하니, 비록 일체가 모두 없으나[無], 세간이나 출세간 법을 건립하지 않고 가지고 있지 않은 적이 없다. 만약 空寂에 빠지고 탐닉하면 삶은 싹이나 썩은 종자와 같아서 대승 원교의 실교보살이 아니다. 이 책 뒷장에서 頌하기를 "實際理地를 밟고 얻음 없는 관문에 출입하며, 거울 속 영상 같은 마군을 항복받고 꿈속의 불사를 크게 짓네." 한 것이다. 그러므로 보살이 萬善의 일을 널리 행하면서 아울러 無得無爲의 理와 서로 어긋나지 않으니, 어찌 '얻음이 있는 마음을 내면 첫째 正宗을 어기고, 둘째는 실행을 손상한다' 하겠는가! 만약 범부가 처처에

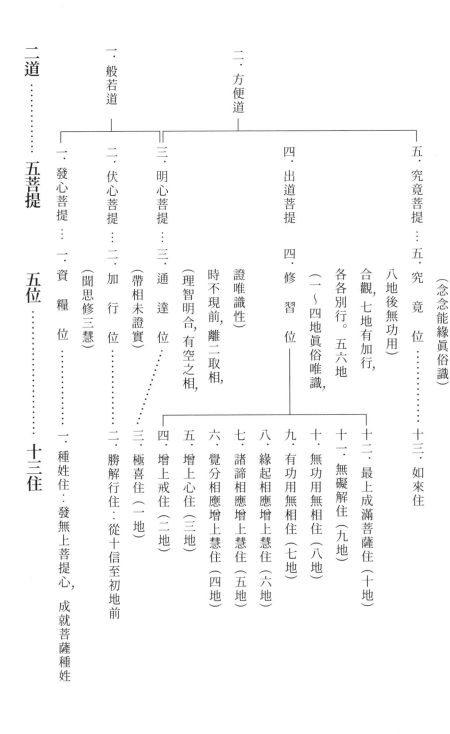

二道 ……………… 五菩提 ………… 五位 ………… 十三住

一．般若道

二．方便道

一．發心菩提 … 一．資糧位（聞思修三慧） … 一．種姓住：發無上菩提心，成就菩薩種姓

二．伏心菩提 … 二．加行位（帶相未證實） … 二．勝解行住：從十信至初地前

三．明心菩提 … 三．通達位（理智明合，有空之相，時不現前，離二取相，證唯識性）

三．極喜住（一地）
四．增上戒住（二地）
五．增上心住（三地）
六．覺分相應增上慧住（四地）
七．諸諦相應增上慧住（五地）
八．緣起相應增上慧住（六地）
九．有功用無相住（七地）
十．無功用無相住（八地）
十一．無礙解住（九地）
十二．最上成滿菩薩住（十地）

四．出道菩提　四．修習位（一～四地真俗唯識，各各別行。五六地合觀，七地有加用，八地後無功用）

五．究竟菩提 … 五．究竟位 … 十三．如來住

（念念能緣真俗識）

서 實有라고 집착하고, 인·아, 득·실의 마음을 낸다면 참으로 이러한 책망을 받아 마땅하다. 반드시 알지니, 二道 五菩提는 보살의 難行道이거니와, 정토법문인 易行道가 있으니 그것은 권실쌍행의 묘법이다. 신·원·행으로 정업을 닦고 극락에 왕생하기를 구하면 이것은 有爲有得의 방편(權)에 속하고, 미타 본원과 감응의 길이 교차하여 부처님의 섭수를 받아 정토에 왕생함을 얻으면, 불퇴전지에 이르고 더 나아가서 일생보처에 이르니, 이것은 최상으로 성만한 보살 주(實)에 속한다. 權에 의해 實인 것이 二道 五菩提지만, 이 정토법문은 일생에 원만함을 얻으니, 실로 쉬운 것 가운데 쉬운 일이고 지름길 가운데 지름길이니, 권실쌍행의 가장 수승한 방편이다.

기 2. 정답

集

답 : 얻음이 없기[無得] 때문에 얻지 못하는 것이 없고, 함이 없기[無爲] 때문에 하지 않는 것이 없으니, 無爲가 어찌 有爲에서 벗어나며 이 有得 밖에 있으리요. 유득과 무득이 이미 전혀 다른 것이 아니라면 유위와 무위도 또한 나누어지거나 같은 것이 아니다. 다른 것이 아니고 같은 것도 아니니, 누가 하나라거나 두 가지라 하겠는가? 같으면서도 다르니 천차만별이 장애되지 않는다. 만약 같고 다른 두 문에 미혹하면 斷·常 두 가지 집착에 떨어진다.

答, 以無得故, 無所不得。以無爲故, 無所不爲。無爲豈出(有)爲中, 無得非居(有)得外。得與無得, 旣非全別。爲與無爲, 亦非分同。非別非同, 誰言一二。而同而別, 不閡千差。若迷同別兩門, 卽落斷常二執。

여기서 답한 것은 전부『대반야경』에서 설한 '얻은 바가 없기 때문에 얻는다' 한 것에 의거하였다. 왜냐하면, 일심 이문에서 심생멸문은 권(有得)에 속하고 심진여문은 실(無得)에 속하니, 일심에서 보면 항상 같고[同], 이문에서 보면 항상 다르니[別], 항상 같고 항상 다른 것이 권실쌍행이다. 그러므로 '얻은 것이 없기 때문에 얻지 못하는 것이 없고, 함이 없기 때문에 하지 않는 것이 없다' 하였다.

여러 가지 선행을 짓는 것은 십선업을 닦는 것과 같으니, 이것은 심생멸문에 속하여 반드시『법화경』에 설한 十如是가 있고, 또한 닦아야 하는 십선의 인과가 있다. 이러한 有得과 有爲는 인과율이니 불법은 이를 버려서는 안 된다. 만일 일심의 두 문에 대해 그것이 항상 같기도 하고 항상 다르기도 한 것을 미혹해 알지 못하면, 당연히 제법 실상을 알지 못해 단·상 이견의 삿된 그물 가운데 떨어져 능히 자신도 건지지 못하니, 어찌 슬프지 않겠는가!

얻은 것이 없는 마음[無所得心](마음에 집착이 없음)으로 선행을 닦아 이것으로 근본을 삼으면 능히 세간 출세간의 모든 좋은 과보를 얻을 수 있으니, 이것은 대승불법의 정종이자 요지요, 보살 수행의 처음과 끝의 아름다운 규칙이다. 처음이 철저하면 發心과 伏心과 明心과 出到菩提를 성취하고, 끝이 철저하면 얻은 것이 없기 때문에, 究竟菩提[35]와 불과인 삼신과 사지와 오안과 육통의 한없는 백천 다라니를 얻는다.

---

35   부처님의 다섯 가지 보리를 五菩提라 하는데, 보살이 발심한 후에 모름지기 다섯 단계를 거쳐야 비로소 무상 보리를 얻기 때문에 五菩提라 한다. 곧, (1)發心菩提: 한없는 생사 가운데서 아뇩보리를 위하여 발심하는 것. (2)伏心菩提: 번뇌를 항복받고 여러 가지 바라밀을 행하는 것. (3)明心菩提: 삼세 제법을 관찰하고 반야바라밀을 행하는 것. (4)出到菩提: 반야바라밀에서 방편력을 얻었으면서 또한 반야바라밀에 집착하지 않고 모든 번뇌를 멸하고 무생법인을 얻어 삼계를 벗어나 일체지에 이르는 것. (5)無上菩提(구경보리): 도량에 앉아 모든 번뇌를 끊어 다하고 아뇩보리를 얻는 것. [『大智度論』 권53]

『대열반경』「범행품」에 "보살은 실로 얻은 것이 없으니 얻은 것이 없는 것을 '四無礙智'[36]라 하고, 만약 얻은 것이 있으면 '장애'라 하니 장애가 있는 것을 '四顚倒'[37]라 한다. 보살은 사전도가 없기 때문에 사무애를 얻으니 그러므로 '얻은 것이 없다'고 한다. 얻은 것이 없는 것을 '지혜(반야)'라 하니 보살은 이 지혜가 있기 때문에 '얻은 것이 없다'고 한다. 얻은 것이 있으면 이를 '무명'이라 하니 보살은 무명의 어둠을 영원히 끊었기 때문에 '얻은 것이 없다'고 한다. 얻은 것이 없는 것을 '대열반[淨心]'이라 하니 보살이 대열반에 안주하면 일체 제법의 性相을 보지 않는다. 얻은 것이 있는 것을 '二十五有'라 하니, 보살은 25유를 영원히 끊어 대열반을 얻었으니 그러므로 '얻은 것이 없다'고 한다. 얻은 것이 없는 것을 '대승'이라 하니, 보살은 제법에 주하지 않으니 그러므로 대승을 얻는다. 얻은 것이 있는 것을 '二乘'이라 하니, 보살은 이승의 도를 영원히 끊었기 때문에 불도를 얻으니 그러므로 '보살은 얻은 것이 없다'고 한다. 얻은 것이 없는 것을 '方等經'이라 하고, 얻은 것이 있는 것을 '十一部經'이라 하니, 보살이 닦고 설하는 것은 순전히 방등 대승경전이다. 그러므로 보살을 '얻은 것이 없다'고 한다. 얻은 것이 없는 것을 '허공'이라 하니, 보살은 이 허공삼매

---

36   또는 四無礙辯으로 법계를 벗어나는 차제라 한다. 이를테면 보살이 이 四法에 지혜가 명료하여 통달무체하기 때문에 四無礙智라 하고, 그 辯說이 융통하기 때문에 四無礙辯이라 한다. (1)義無礙智: 보살이 일체 제법의 義理를 알아 통달무체한 지혜. (2)法無礙智: 보살이 일체 제법의 名字를 알아 분별함이 막힘이 없는 지혜. (3)辭無礙智: 보살이 제법의 名字와 義理에 일체 중생의 殊方·異語에 수순하여 연설하여 得解케 하되 변설이 無礙한 지혜. (4)樂說無礙智: 보살이 일체 중생의 근성에 듣기를 좋아하는 법에 수순해 그들을 위해 설하되 圓融無礙한 지혜.

37   네 가지 전도된 妄見을 말함. 여기에 두 가지가 있다. 1.有爲四轉倒: 범부가 생사유위법에 집착하는 네 가지 잘못된 견해. (1)常전도 – 세간이 無常한 것을 常이라고 아는 것. (2)樂전도 – 세간이 苦인 것을 樂이라 아는 것. (3)我전도 – 無我인 것을 我라고 아는 것. (4)淨전도 – 不淨한 것을 淨이라 아는 것. 2.無爲四顚倒:성문·연각 이승이 열반무위법에 내는 네 가지 망견. 곧 常·樂·我·淨인 것을 無常·無樂·無我·無淨이라고 아는 것.

를 얻으나 보는 바가 없어 생사를 영원히 끊고 또한 볼 만한 생사도 없다. 그러 므로 보살을 '얻은 것이 없다'고 한다. 얻은 것이 없는 것을 '第一義空'이라 하 니, 제일의공을 관하는 것은 아무것도 보는 바가 없으니 그러므로 '얻은 것이 없다'고 한다. 얻은 것이 있는 것은 '五見(身·邊·邪·見取·界取)'이라 하니, 보살 은 오견을 영원히 끊었기 때문에 '얻은 것이 없다'고 한다. 얻은 것이 없는 것을 '아눗다라삼먁삼보리'라 하니, 보살은 무상정각을 얻을 때 아무것도 보는 것이 없기 때문에 '얻은 것이 없다'고 한다. 얻은 것이 있는 것은 '二乘의 菩提'라 하 니 보살은 이승의 보리를 영원히 끊었기 때문에 '얻은 것이 없다." 하였다.

그러므로 연수 스님이 '무위가 어찌 유위 가운데서 벗어나며 무득은 유득 밖에 것이 아니다. 유득과 무득, 유위와 무위는 같은 것도 아니고 다른 것도 아 니요, 하나도 아니요 다르지도 않으니 (누가 하나라거나 두 가지라 하겠는가?) 같 으면서 달라 천차만별에 장애되지 않는다' 하였다. 왜냐하면, 보살은 三性의 觀 門에 의지하기 때문에, 일체중생의 갖가지 고액이 無爲 淨心 중에서 근기에 응 해 섭수 교화하는 천차만별의 작용을 냄을 알고, 중생과 부처가 평등하여 四相 을 멀리 여의어 三輪의 본체가 공함을 안다. 그리고 보살은 三性의 止門에 의지 하기 때문에, 얻었으면서 얻음이 없고 하면서도 함이 없음을 알아 항상 한없는 방편으로 중생이 더러운 것을 돌려 깨끗하게 하고, 고통을 여의고 즐거움을 얻 어 마음속에 중생을 제도하지만 중생이라는 생각이 없고 부처를 얻지만 부처 라는 생각이 없어 能度·所度와 能得·所得을 보지 않는다.

기 3. 인용하여 증명함

集

그러므로 『화엄경』「이세간품」에 "일체법이 無相이 相이요 상이 무상이며, 無
分別이 分別이요 분별이 무분별이며, 非有가 有요 유가 비유며, 無作이 作이요
작이 무작이며, 非說이 說이요 설이 비설이라 불가사의한 줄 안다. 마음이 보리
와 같음을 알며, 보리가 마음과 같고 마음과 보리가 중생과 같으며, 또한 心顚
倒와 想顚倒와 見顚倒를 내지 않아 불가사의함을 안다. 생각 생각에 멸진정에
들어가 일체 漏(번뇌)가 다했으나 實際를 증득하지 않고 또한 유루 선근을 다하
지 않는다.

비록 일체법이 무루이나 루가 다함을 알고, 또한 루가 멸함을 안다. 비록 불
법이 곧 세간법이요 세간법이 곧 불법임을 알지만, 불법 가운데서 세간법을 분
별하지 않고 세간법 중에서 불법을 분별하지 않는다. 일체 제법이 모두 법계에
들어가지만 들어간 바가 없기 때문에, 일체법이 모두 두 가지가 없고 변화함이
없어 불가사의함을 안다.(대정장경 10권 285페이지 중)" 하였다.

所以華嚴離世間品云, 知一切法, 無相是相, 相是無相。無分別是分別, 分別是無分
別。非有是有, 有是非有。無作是作, 作是無作。非說是說, 說是非說, 不可思議。
知心與菩提等, 知菩提與心等, 心及菩提與衆生等。亦不生心顚倒, 想顚倒, 見顚
倒, 不可思議。於念念中, 入滅盡定, 盡一切漏, 而不證實際, 亦不盡有漏善根。雖
一切法無漏, 而知漏盡, 亦知漏滅。雖知佛法卽世間法, 世間法卽佛法, 而不於佛法
中, 分別世間法, 不於世間法中, 分別佛法。一切諸法, 悉入法界, 無所入故, 知一切
法, 皆無二, 無變易, 不可思議。

여기서 인용한 경문은, 이 품에서 설한 보살의 '열 가지 불가사의' 가운데 뒤에 세 가지다. 여기서는 청량국사의 『화엄소』(대정장경 35권 888페이지 상~ 894페이지 중·하)에 의해 대략 다음과 같이 해석한다.

'이세간'은 前法(차별 인과법)에 의탁하여 정진수행[託法進修]하여, 세상에 처하되[世間]) 물들지 않고[離], 하는 바가 무애하여 중도원융하기 때문에 이런 이름을 붙인 것이다. 여기에 네 가지 뜻이 있다. 첫째는 따른다[隨]는 뜻이다. 범부는 세간에 빠져 여읜 것도 아니고 세상을 따르는 것도 아니다. 이승은 자비가 없어서 능히 세간을 따르지 못하고, 비록 여의었더라도 眞이 아니다. 보살은 능히 세상을 따르나 물듦이 없으니, 그래야만 비로소 진실한 '이세간'이다. 둘째는 여읨[離]의 뜻이다. 큰 지혜가 있기 때문에 세간의 性이 空했음을 알아 비록 세간에 처하나 능히 일체 더러움을 여읠 수 있으니, 범부나 이승과는 같지 않다. 셋째는 함께 함[俱]의 뜻이다. 大悲하기 때문에 항상 세간에 행하고, 大智이기 때문에 세간에 물들지 않는다. 이렇게 자비와 지혜가 함께 있어 動과 靜이 둘이 없고 오직 一念뿐이니, 소위 無念이다. 무념하여 평등하기 때문에 세간 출세간에 모두 무념하여 장애가 없다. 넷째는 소멸[泯]의 뜻이다. 자비와 지혜가 모두 소멸하여 유·무 두 가지 생각이 모두 끊어졌으니, 이것이 진정한 '이세간'이다.

'무상이 상이요 상이 무상이다' 한 것은 권과 실을 쌍으로 운용함을 말하니, 그러므로 '불가사의'이다. (뒤에 네 단락도 모두 같다) 경계에 대하여 미·오가 있음을 가지고 설하면, 진여 無相을 미혹하여 상이 이루어지고, 깨달으면 相이 無相이니 곧 如다. 법체를 가지고 설하면, 無相은 진제요 相은 속제니 서로 相卽하다. 그러므로 '무상이 상이요 상이 무상이다' 하였다. (뒤에 네 단락

도 모두 똑같다)

'무분별이 분별이요 분별이 무분별이다' 한 것은, 正智인 無分別을 미혹하니 곧 망상분별을 이루고, 깨달으면 망상분별이 곧 정지인 무분별이다.

'非有가 有요 有가 非有다' 한 것은, 만약 眞如 非有를 깨달으면 眞有가 如如하고, 만약 實有 眞如에 집착하면 眞如의 有가 아니다.

'무작이 작이요 작이 무작이다' 한 것은, 正智는 無所作으로 作을 삼으니, 만약 所作이 있으면 곧 作의 正智가 아니다.

'비설이 설이요 설이 비설이다' 한 것은, 제법의 名字性이 空하여 설할 수 없는 줄 아는 것이 진정한 說名이요, 만약 제법의 名字가 實有하여 설할 수 있다면 說名이 아니다.

이상 다섯 가지 단락이 곧 五法이니, 一은 相이요 二는 妄想이요 三은 如如요 四는 正智요 五는 名이다. 이 오법을 모두 여의었으나 여의지 않았으니[離而不離], 전체적으로 중도원융을 밝혔다. 그러므로 '불가사의'라 하였다.

'마음과 보리가 같음을 안다. …' 한 아래 일곱 구절은, 마음과 부처와 중생 세 가지 일이 모두 평등하여 차별이 없음을 밝혔다. 覺林보살이 설한 偈에 "마음과 부처와 중생, 이 세 가지가 차별이 없네." 한 것이니, 그러므로 '불가사의'라 하였다.

'넘넘 중에서 멸진정에 들어가 …' 한 아래 여덟 구절에, '다했으나 다하지 않았다' 한 것은, 正智로 번뇌(漏)를 끊었을 때를 잡아 설하여 체와 용이 서로 여의지 않았음을 밝혔고, '없으나 없지 않다' 한 것은, 法性 당체를 잡아 설하여 체와 용이 서로 여의지 않았음을 밝혔다. '다함[盡]'과 '없음[無]'은 본체를 가리키고, '다하지 않음[不盡]'과 '없지 않음[不無]'은 작용을 가리키니, 본체는 실이요 작용은 권이다. 본체와 작용이 서로 여의지 않은 것이 곧 권실쌍행이다.

'비록 불법이 곧 세간법임을 아나 …' 한 아래 열두 구절은, '서로 의지하되 의지하지 않음[卽而不卽]'을 설명하였다. 처음 여섯 구절은 바로 설명하였고, 뒤에 여섯 구절은 뜻을 해석하였다. '모두 법계에 들어간다' 한 것은 서로 의지하는 것[相卽]이요, '들어가는 바가 없기 때문이다' 한 것은 법체가 본래 공하니 이것은 의지하지 않음[不卽]이다. '일체법이 모두 두 가지가 없음을 안다' 한 것은, 불법과 세간법 가운데서 서로 구해서는 안 됨을 가리킨다. '변역이 없다' 한 것은, 세간법이 변하여 불법이 되는 것이 아니요, 또한 불법이 바뀌어 세간법이 되는 것이 아님을 가리키니, 이것은 서로 의지하되 의지하지 않음[卽而不卽]이다. 그러므로 '불가사의'라 하였다.

무 4. 인연으로 인해 일어날 뿐, 有·無에 떨어지지 않음
기 1. 질문

集

문 : 일체 중생이 해탈을 얻지 못하는 것은 모두 그 가짜 이름을 오인하여 허망한 윤회를 쫓기 때문입니다. 『능엄경』에서는 오직 그 허망한 생멸을 분명하게 돌려 元覺으로 돌아가 元明한 깨달음인 생멸이 없는 자성을 얻는 것으로 因地의 마음을 삼고, 그런 후에 果地인 修證을 원만하게 성취하게 하였을 뿐입니다. 어찌 한결같이 이 가짜 이름을 쫓고 그 자질구레한 선행을 논하여 더욱 허망만을 더하십니까? (그래서야) 어찌 초심 학인을 유익하게 하겠습니까?

問, 一切衆生不得解脫者, 皆爲認其假名, 逐妄輪廻。楞嚴經中 唯令以湛旋其虛妄生滅, 伏還元覺, 得元明覺無生滅性, 爲因地心, 然後圓成果地修證。云何一向徇斯假名, 論其散善, 轉增虛妄, 豈益初心。

講

여기서는 『능엄경』에서 설한 '두 가지 근본'[38] 경문의 뜻을 인용하여 질문하였다. '이 책에서 말한 만선을 원만하게 닦는 것은 더욱 허망을 더할 뿐이니, 어찌 초심학인을 유익하게 하겠는가?' 한 것이다. 이것은 『능엄경』 제10권에서 설한 '理로는 단번에 깨달았으나[頓悟] 事는 단박 제거되는 것이 아니니, 차제로 인하여 다한다' 한 것을 알지 못하기 때문에 이런 질문을 한 것이다.

'오직 그 허망한 생멸을 돌려서' 한 아래 네 구절은 모두 '理로는 돈오하였으나' 한 것에 속하고, '그런 후에 과지인 수증을 원만하게 이루게 한다' 한 한 구절은 '事로는 돈제하지 못하니 차제로 인하여 다한다' 한 것에 속한다. 만약 상근인이라면 돈오하고 점수할 수 있겠지만, 중·하 근기라면 반드시 점수하고서 깨달으니, 어찌 두루뭉술하게 한 가지로 논할 수 있겠는가? 더욱이 이 책에서 말한 '원수 십의'는 이·사에 장애되지 않고 인·과와도 차이가 없으니, 『능엄경』에서 설한 돈오점수와는 같지 않다. 『능엄경』의 뜻을 원교 교의로 해석하니, 어찌 모난 나무를 둥근 구멍에 맞추는 것과 같지 않겠는가? 또한, 남쪽으로 가려면서 북쪽으로 수레를 모는 것과 같으니, 맞는 말이 아니다.

연수 스님이 자비하여 한 무리 불자들이 혹시 이런 이치를 알지 못할까 봐, 이런 문답을 가설하여 이를 해석하여 모든 보살이 모두 '원수 십의'의 정견을 확실하게 알게 한 것이다.

---

38 첫째는 無始生死根本이니, 중생이 무수겁을 지나도록 생사에 유전하니 그 시초를 찾는다면 실로 불가능하다. 다만 본성을 잃어버리고 생사에 따르기 때문에 '無始'라 한다. '생사근본'은 반연하는 마음을 가리키니 곧 반연하는 마음을 써서 자성을 삼는 것이다. 둘째는 無始菩提涅槃元淸淨體니 性淨理體가 虛融寂滅하여 옮기지도 않고 변하지 않으며 시작이 없고 끝이 없으니, 그러므로 '無始菩提涅槃'이라 하고, 번뇌에 물들지 않고 생사에 따르지 않으니 그러므로 '元淸淨體'라 한다. 곧 보리 열반의 근본이다.

기 2. 정답

集

답 : 名字의 자성이 공하여 모두 오직 실상일 뿐이다. 다만 인연으로부터 일어날 뿐, 있고 없는 것에 떨어지지 않는다.

答, 名字性空, 皆惟實相, 但從緣起, 不落有無。

講

스님은 '가짜 이름을 파괴하지 않고 실상을 설한다' 한 中觀 正見으로, '가짜 이름만을 좇아 더욱 허망을 더할 뿐이다' 한 의문에 대해 대답하였다.

'명자의 자성이 공하다' 한 것은 가짜 이름을 말한 것이다. 세상의 언어나 문구는 인연에 의해 생긴 제법의 假相에 의해 성립한 것이라, 실재성과 독립성과 불변성이 없으니 이것을 '자성이 공하다'라고 한다. 인연으로 생겨 자성이 공하다는 것이 일체법의 진실한 모습이다. 그러므로 '모두 오직 실상뿐이다' 하였다.

예컨대 한 사람의 여인을 어려서는 '딸아이'라 하고, 차츰 크면 '처녀', '아가씨'라 하며, 결혼한 후에는 '여사', '부인', '주부'라 하며, 아기를 배면 '임산부'라 하고, 자식을 낳은 후에는 '어머니'라 하며, 늙으면 '할머니', '조모', '외조모'라 하는 것과 같다. 이것이 명자의 자성이 공하다는 가장 좋은 실례이다. 그대가 '이런 이름은 절대로 없다' 하거나, '이런 이름은 진실로 있다' 하기 때문에, '다만 인연에 따라 일어날 뿐, 있고 없는 것에 떨어지지 않는다' 한 것이다. 이를 유추해 보면, 악행을 그치고 선행을 하는 것도 마찬가지다. 다만 인연에 따라 일어나 名相과 體用과 果報 등이 있으나 자성이 없으니, 실제로 있다거나 실제로 없다고 집착해서는 안 된다.

그러므로 고덕이 "닦고 증득함은 없지 않으나(有), 더럽고 물듦은 얻지 못한다(無)." 하였으니, 어찌 선행을 행하는 것이 공부의 길에 들어선 초심학인에게 무익하다고 오해하겠는가!

기 3. 인용하여 증명함

集

『법구경』에 "부처님이 보명보살에게 말씀하였다. '그대는 또한 제불의 名字를 관찰하라. 만약 있다고 보면, 음식을 말하여 사람에게 응당 주린 배를 채워줄 수 있어야 하고, 만약 명자가 없다면 정광여래께서 나에게 수기를 주어 너의 이름은 아무개라고 하지 않았을 것이요, 만약 수기를 주지 않았다면 나는 응당 부처를 얻지 못했을 것이다. 반드시 알지니, 字句는 이미 오래되었으나(性空) 나는 예나 다름없이 제법의 명자의 자성이 공하여, 있고 없는 것에 있지 않음을 분명히 밝히느니라.'" 하고,

『화엄경』에 "비유하면 제법이 자성을 분별하지 않고 음성을 분별하지 않지만, 자성을 버리지 않고 명자를 없애지 않듯이, 보살도 그러하여 수행을 버리지 않고 세상이 하는 일(악을 그치고 선을 행함)을 따르나, 이 두 가지에 집착이 없느니라." 하였다.

法句經云, 佛告寶明菩薩, 汝且觀是諸佛名字, 若見有, 說食與人應得充饑。若名字無者, 定光如來不授我記, 及於汝名。如無授者, 我不應得佛。當知字句, 其已久如, 以我如故, 備顯諸法名字性空, 不在有無。華嚴經云, 譬如諸法, 不分別自性, 不分別聲音, 而自性不捨, 名字不滅。菩薩亦復如是, 不捨於行, 隨世所作, 而於此二無執着。

講

스님은 『법구경』과 『화엄경』 경문을 인용하여, 이 책에서 만선 닦기를 권하며,

정토를 장엄하는 것은 연기이면서 성공이요 성공이면서 연기라, 세상에서 하는 일을 따르나 있고 없는 것에 집착하지 않아야 함을 증명하였다.

마땅히 알아야 것은, 제법의 이름이나 소리가 비록 자성이 공하여 자성이 분별이 없으나, 확실히 연기의 모양과 작용이 있어 이름과 소리가 없을 수 없다는 점이다. 그러므로 용수보살의 『중론』에 "空의 뜻에 의해 일체법이 성립되나, 세속제(假名)에 의거하지 않으면 제일의(性空)를 얻지 못한다." 하였다. 설사 『능엄경』의 '돈오' 문구(理卽頓悟)로 대승 원교인 중도행을 힐책하더라도, 이것은 이치에 맞지 않는다.

기 4. 결론으로 중도를 말하다

集

그러므로 實際를 움직이지 않고 수행문을 건립하고, 假名을 파괴하지 않고 자성이 원통하다.

是以不動實際, 建立行門, 不壞假名, 圓通自性。

講

여기서는, 보살의 수행은 有라거나 空이라 하는 邊見에 있지 않으니, 응당 일심 이문의 중도에 의거해야 함을 총결론 지어 대답하였다.

'실제를 움직이지 않는다' 한 것은 심진여문이니 곧 제법의 자성이 없는 것이요, '수행문을 건립한다' 한 것은 심생멸문이니 연기의 모양과 작용이다. 연기는 반드시 十如是가 있기 때문에 假名을 파괴하지 않고, 제법은 결국 공으로 돌아가기 때문에 자성을 얻지 못한다(圓通).

일심의 이문은 하나도 아니요 다르지도 않아서 서로 의지하고 서로 보충하여 이루어지니, 부처가 있든지 부처가 없든지 본래부터 이와 같다. 이것을 '제법의 실상'이라 부르며, 또한 '중도원융의 보살행'이라 한다. 곧 부처의 지견을 열고 보이고 깨닫고 들어간[開示悟入] 것이다.

그대가 의심한 질문은 실로 이 책 앞에서 설한, 초나라 어리석은 사람이 닭을 봉이라 오인하고, 봄 못의 어린아이가 돌을 집어 구슬이라 하는 것과 같으니, 어찌 지혜로운 자에게 웃음거리가 되지 않겠는가!

무 5. 일념에 모든 것을 갖추어 만행을 행함
기 1. 질문

集

문 : 어찌 시원하게 마음에 맡겨 무심히 도에 합하지 않고, 만행으로 마음을 쓸 필요가 있겠습니까?

問, 何以不任運騰騰, 無心合道。豈須萬行, 動作關心。

講

어떤 불자는, '만법이 비록 많으나 마음과 경계에서 벗어나지 않으니, 마음이 공적하고 경계도 고요하면 규례에 거리끼지 않고 마음에 맡겨 소요자재하다' 하고 오인한다. 그러므로 '어찌하여 마음에 맡겨 무심히 도에 합하지 않는가?' 하였다. 고덕은 '무심이 도라고 말하지 마라. 무심도 오히려 한 겹 관문에 막혔다' 하고, 영가 대사『증도가』에 "텅 비어 공하다 하며 인과를 부정하면, 아득하고 끝없이 재앙을 부르네. 有를 버리고 空에 집착하는 것도 병이기는 마찬가지니, 물에 빠지는 것을 피해 불로 뛰어드는 것과 같건만, 학인은 이를 알지 못하고 수행하니, 참으로 도둑을 오인해 자식이라 여기는 것과 같네." 하였다. 만약 보살이 한결같이 유를 버리고 공에만 집착하여 인과와 수증을 인정하지 않고 이를 無事 無心한 도인이라 여긴다면, 그 죄는 바닷물이 아득하고 끝이 없는 것과 같으니, 절대 해서는 안 된다.

반드시 알아야 할 것은, 세간이나 출세간의 일체 선·악, 인·과가 털끝만큼도 어긋나지 않는다는 점이다. 경에 "백천만겁이라도 제가 지은 업은 없어지지 않나니, 인연을 만나면 과보를 도로 스스로 받는다." 한 것이다.

불법은 절대 외도의 斷滅見과는 다르다. '마음을 내어 선행을 하는 것은 無念 淨心에 장애되니, 어찌 만행을 행하여 억지로 마음을 낼 필요가 있겠는가?' 하고 오해해서는 안 된다.

스님께서 특별히 문답을 가설하여 후학에게 '비록 일념에 모든 것을 갖추었으나(實) 만행을 행하는 것에 장애되지 않고(權), 비록 만행을 행하나 일념을 여의지 않으니, 권·실을 쌍행해야 옳다' 하는 것을 가르쳤다. 영가 대사 『선종집』에 "그러므로 중도를 배워 自適하면 실상을 기대할 수 있나니, 만일 유에 집착하거나 무에 빠지면 결국 邊見으로 돌아간다." 하였다.

기 2. 정답

集

답 : 고덕(이통현 장자)이 佛果를 밝힌 것에 세 가지가 있다. 첫째는 말을 잊고 행을 끊고서 법신의 無作만을 밝힌 果다. 둘째는 行으로 인하여 점차 닦아 지위가 삼아승지겁에 가득 찬 果다. 셋째는 처음 理·智로부터 자재 원융한 果니, 이것이 상상근인의 원만한 닦음이며 원만한 증과이다.

비록 일념에 모든 것을 갖추었으나 만행을 행하는 일에 방애되지 않고, 비록 만행을 행하지만 일념을 여의지 않는다. 만약 생각을 잊고 계합한다면 각기 하나의 문이라, 더디고 빠른 것은 근기에 맡기니 법에는 전후가 없다.

答, 古德顯佛果有三, 一 亡言絶行, 獨明法身無作果。二 從行漸修, 位滿三祇果。三 從初理智, 自在圓融果。此是上上根人, 圓修圓證。雖一念頓具, 不妨萬行施爲, 雖萬行施爲, 不離一念。若亡情冥合, 各是一門, 遲速任機, 法無前後。

講

이른바 '불과에 세 가지가 있다' 한 것은, 부처님의 법신·보신·화신 세 가지 몸이기도 하고, 또한 불과에 있는 법신·반야·해탈 세 가지 덕을 말한다. 앞에서 말한 '불교성수인과간요표'를 참고하기 바란다.

법신은 본체니 '실'이라 하고, 보신과 화신은 모양과 작용이니 '권'이라 부른다. 그러므로 佛果의 三身은 곧 권과 실이 동시다. 범부위에서는 '三因佛性'이라하고, 수행위에서는 곧 一心三觀이다. 정토종에서는 '마음이 부처요(實), 마음이 부처를 짓는다(權)'고 한다. 하나를 들면 셋을 갖춘 것은 세 가지의 본체가 하나임을 말하니, 그러므로 '상상근인은 원만하게 닦고(權實雙行), 원만하게 증득한다(三身·三德)' 하였다. 비유하면 마니주의 본바탕이 둥근 것[體圓]과, 밝고 깨끗한 것[瑩淨]과, 보배를 갖추었다[具寶]는 세 가지 뜻이 있는 것과 같다. 비록 세 가지 뜻이 있으나 하나의 구슬이니, 어찌 본바탕이 둥근 無作法身(인연에 의해 생긴 것이 아닌, 생멸의 변화를 초월한 법신)만이 있고 밝고 깨끗한 것과 보배를 갖춘, 보신과 화신 두 몸은 없다고 집착하겠는가! 비록 법신 하나의 성이지만, 성 전체에 의해 반야와 해탈 두 가지 수행을 일으킬 뿐이다. 그러므로 법신 하나의 성에 반드시 반야와 해탈을 갖추고, 반야와 해탈도 서로 세 가지 덕을 갖추어, 하나에 의해 세 가지요 세 가지에 의해 하나니, 이것이 불가사의한 性德이다.

一心三觀을 가지고 말하면, 일념이 모양이 없는 것을 '공'이라 하고, 법을 갖추지 않음이 없는 것을 '가'라고 하며, 하나도 아니요 다르지도 않은 것을 '중'

이라 한다. 다만 우리들 지금 현재 눈앞 일념 속에 三觀과 三德을 갖추었으니, 삼덕 가운데 법신이 곧 삼관의 중관이요, 반야는 공관이며, 해탈은 가관이다. 공을 관하는 것은 삼관과 삼덕이 모두 공하니, 가를 관하고 중을 관하는 것도 마찬가지다.

또한, 性에서는 '법신의 無作만을 과'라고 하고, 修 중에는 '지위가 삼지법에 가득한 과'라 하며, 果에서는 '자재원융한 과'라고 한다. 원만하게 닦고 원만하게 증득한 보살은 비록 일념에 모든 것을 갖추었지만 만행을 행하는 것에 방애되지 않아서, 한 가지만을 닦는 것과 두 가지를 닦는 것과 부족함이 없이 두루 닦는 것이 모두 옳다.

'생각을 잊고 계합하면' 한 것은 삼신과 삼덕을 가리키니, 세 가지가 곧 하나임을 말한 것이다. '각기 하나의 문이다' 한 것은, 하나에 세 가지가 있음을 가리킨다. '더디고 빠른 것은 근기에 맡긴다' 한 것은, 보살은 권·실과 별·원의 근기가 다르니, 근기를 따르면 날카롭고 둔한 것이 있고 성불에는 더디고 빠른 것이 있으니, 이것은 근본적인 인과다. '법에는 전후가 없다' 한 것은, 원교 법문에는 因에 果의 바다를 갖추고 과에 인의 근원을 사무쳤음을 말한 것이다. 『화엄경』에 "만행이 일심이요 일심이 만행이니, 초발심이 곧 정각을 이룬 것이다." 하고, 또한 『법화경』에 "한번 '나무불' 하고 부르면 모두 이미 성불하였다." 한 것처럼, 법에 전후가 없을 뿐만 아니라, 또한 모든 근기에 널리 두루 하며, 또한 원만하게 닦고 원만하게 증득하여 미묘 불가사의하다.

이 책에서 설한 '佛果의 三身'에 대해 천태와 유식 두 종에 의해 설명하면 다음과 같다.

(1) 集文에서 '말을 잊고 행을 끊고서 법신 무작만을 밝힌 과'라 한 것을, 천

태의 설에 의하면 " '법신'이란 중도인 理體며, 본래부터 있는 三千(三千法. 三千法門. 三千世間. 三千諸法)이다. 이체는 이름이 없고 모양이 없어서 설할 수가 없으니, 그러므로 '말을 잊고 행이 끊어졌다' 하였다. '본래부터 있다'는 것은 性德을 말하니, 말길이 끊어지고 심행의 처소가 없어진 상·락·아·정이다. 그러므로 '법신 무작과'라 한다." 하였다.

유식의 설에 의하면, " '자성신'은 여래의 眞淨 法界요, 보·화 두 몸의 소의처이다. 모양을 여의어 고요하고(법신 무작) 모든 희론이 끊어져(말을 잊고 행이 끊어짐) 한없는 진실하고 청정한 공덕을 갖추니, 일체법이 평등하고 진실한 性이다. 이 자성신을 '법신'이라 하니, 큰 공덕법의 의지처가 되기 때문이다." 하였다.

(2) 集文에서 '행으로 인하여 점점 닦아 지위가 삼아승지겁에 가득 찬 과'라 한 것을, 천태의 설에 의하면 "因行(因位:수행위-초지 이상 등각까지 지위)의 공덕으로 부처[果位]가 나타난 實智를 말한다. 여기에 또한 두 가지로 나누니, 스스로 內證인 法樂을 수용하는 몸을 '자수용보신'이라 하고, 초지 이상 보살을 대하여 응현하는 것을 '타수용법신'이라 한다." 하였다.

유식의 설에 의하면 "자수용신은 여래가 삼무수겁에 한없는 복과 지혜를 닦고 모아 (行으로 인하여 점차 닦아 지위가 삼아승지겁에 가득함) 일으킨 한없는 진실 공덕과, 지극히 원만 청정하고 常遍(시간적으로 常, 공간적으로 遍)한 색신을 말하니, 상속하고 맑고 고요하여 미래가 다하도록 항상 스스로 수용하는 광대한 法樂이다. 타수용신은 여래가 평등성지로 인하여 보인 미묘한 淨功德의 몸이니, 순정한 국토에 주하며 십지에 주하는 보살을 위하여 큰 신통을 나투고 올바른 법륜을 굴려 여러 가지 의심의 그물을 풀어 저들이 대승 법락을 수용케 한다." 하였다.

(3) 集文에서 '처음 理·智로 말미암아 자재원융한 과'라 한 것을, 천태의 설

에 의하면 "理와 智가 둘이 아닌 *妙體*로부터('처음 理智로 말미암아'한 것은 곧 법·보 두 가지 몸이다) 중생을 제도하기 위해 갖가지 몸을 응현하는 것(자재 원융)을 '응화신'이라 한다. 초지 이상 보살을 대하여 응현한 것은 '*劣應身*'이요, 地前과 범부와 이승을 대하여 응현한 것은 '*勝應身*'이다." 하였다.

유식 설에 의하면 "*變化身*(자재원융한 과)은 여래가 성소작지로 말미암아 한없는 *隨類化身*을 변현한 것을 말하니, 청정하기도 하고 더럽기도 한 국토에 거주하며 아직 登地하지 못한 보살과 이승 중생을 위해 저들의 근기에 맞게 신통을 나투고 법을 설하여 각기 이익과 즐거움을 얻게 한다." 하였다.

반드시 알 것은, 유식종 수행은 八識을 돌려 四智를 이루어 성불을 얻는다는 점이다. 대원경지와 평등성지는 理에 속하고, 묘관찰지와 성소작지는 智에 속하니, 이 理와 智에 의해 능히 일체 자재원융한 자리·이타의 행을 일으킬 수 있다. 관음보살이 서른두 가지 응신을 나투는 것이다.

정 3. 二諦를 함께 보임 (圓修十義 중 제3)
무 1. 속제로부터 진제에 들어감
기 1. 질문

集

문 : 눈에 보이는 것이 모두 보리요, 발을 들 때마다 모두 道입니다. 어찌 따로 事相의 도량을 세워 생각을 내고 몸을 수고롭게 필요가 있겠습니까? 어찌 妙旨에 맞겠습니까?

問, 觸目菩提, 擧足皆道。何須別立事相道場, 役念勞形, 豈諧妙旨。

講

圓修 十義 가운데 '권실쌍행'에 대한 해석은 이미 마쳤으니, 이어서 설하고자 하는 것은 二諦를 함께 보이는 것이다. 진제는 理性이요 속제는 事相이다. 마치 파도와 물, 움직이는 것과 습한 것이 차별이 없는 것과 같다. 그러므로 '함께 보인다' 하였다. 뒤『동귀집』문장에 "진제는 설립하기를 기다리지 않고 항상 나타나고, 속제는 버리기를 기다리지 않고 스스로 공하다." 하고,『중론』에 "세속제에 의하지 않으면 제일의를 얻지 못한다." 한 것이다. 그러므로 비록 이제를 함께 밝혔으나 수행 과정에서 보면 반드시 속제로 인하여 진제에 들어가야 비로소 보리를 증득할 수 있다.

　지금 질문한 것은 이런 뜻을 밝히지 않았다. 진제에 집착하여 속제를 폐하는 것은 앞에서 설한 것과 같거니와, 理에 집착해 事를 폐하여 事相 도량을 건립할 필요가 없다고 오인한 것이니, 이는 옳지 않다. 예를 들면 송나라 때 소동파가 "계곡 물소리 모두 광장설이니, 산색이 어찌 청정신이 아니랴." 했으니, 이것이 '눈에 보이는 것은 보리요, 발을 들 때마다 모두 道다' 하는 이치다. 理에서 보면 비록 어느 때 어느 곳을 막론하고 있지 않음이 없지만, 事에서 보면 도리어 어느 곳 어느 때나 있기는 어렵다. 그러므로 소동파가 임종에 사람들을 대해 "옳지 않은 것이 없는 줄 분명히 알았는데, 도리어 힘을 얻지 못했다." 하였다. 결과는 업에 따라 생사를 유전하니, 어찌 슬프지 않으며 애석하지 않은가!

기 2. 정답

集

답 : 도량에 두 가지가 있으니 첫째는 理道場이요, 둘째는 事道場이다. 이도량은

利塵 세계에 두루하고, 사도량은 국토를 깨끗이 하고 장엄한다. 그러나 사로 인해 이를 밝히고 이를 빌려 사를 이루니, 事虛가 理에 의지하면 理의 事 아님이 없고, 理實이 인연에 응하면 事의 理에 막힘이 없다. 그러므로 事에 의해 理를 밝히려면 모름지기 장엄을 빌려야 하고, 속제로부터 진제에 들어가려면 오직 건립에만 의거해야 한다. 歸敬의 근본이며 策發의 문이니, 모양을 보고 마음을 장엄하면 자신이나 다른 이가 함께 이익을 얻는다.

答, 道場有二, 一理道場, 二事道場。理道場者, 周遍利塵。事道場者, 淨地嚴飾。然因事顯理, 藉理成事。事虛攬理, 無不理之事。理實應緣, 無閡事之理。故卽事明理, 須假莊嚴。從俗入理, 唯憑建立。爲歸敬之本, 作策發之門, 睹相嚴心, 自他兼利。

講

범어 보리만다라Bodhi-maṇḍa를 우리말로 번역하면 '도량'이라 한다. 석가세존이 성도한 곳을 '도량'이라 부르니, 이것은 理와 事에 통한다. 三乘 제자가 도를 배우고 법을 행하는 곳을 '도량'이라 하니 이것은 事道場이요, 『유마경』 「보살품」에 "直心이 도량이요 … 37도품이 도량이다.(대정장경 14권 542페이지 하)" 한 것처럼, 모든 공덕의 집합처를 '도량'이라 하니 이것은 理道場이다. 『대일경』소에 "도량이란 '모음[聚集]'의 뜻이다. 지금 여래의 진실 공덕을 한곳에 모으고, 더 나아가서 十世界 미진수의 차별 智印을 둥근 수레바퀴 같이 한곳으로 모아 大日心王을 도와 일체중생이 보문법문에 나아가게 하니, 그러므로 '도량'이라 한다." 한 것이다.

스님이 대답한 말씀에 '도량에 두 가지가 있으니 곧 理와 事다' 한 것에서 '이도량'은 중생의 성덕이요 제불의 과덕이니, 법계에 두루하지 않음이 없다. '사도량'은 절의 깨끗한 땅이나 혹은 갖가지 법단이니, 모두 칠보나 향이나 꽃이나 깃발이나 일산 등 갖가지 물건으로 장엄하고 치장하였다.

또한, 삼승 제자가 소유한 정진 수행하는 법문의 事相을 말하기도 하니, 이것은 수덕에 속한다. 性 전체로 修를 일으키고 修 전체가 性에 있으면, 수덕에 공덕이 있어 성덕이 비로소 이루어진다. 그러므로 '事로 인하여 理를 드러내고 理를 빌려 事를 이룬다' 하였다. 事는 속제에 속하기 때문에 '虛'라 하고, 理는 진제에 속하기 때문에 '實'이라 한다. 理는 事 중에 있고, 사는 이를 여의지 않아서 진과 속 이제가 본래부터 서로 의지하고 서로 보충하여 이루어지니, 이것이 이제를 함께 펴는 것이다.

속제인 사는 진제인 이에 의지하여[攬] 있어서 절대 이가 없이 사가 있는 것이 아니고, 진제인 이는 연기인 작용을 따르니[應] 또한 절대 事를 장애하는 理가 없다. 이와 사, 진과 속은 나누면 모두 파괴되지만 합하면 이루어진다. 사에 의해 이를 밝히려면 모름지기 장엄의 事相을 빌려야 하고, 속으로부터 진에 들어가려면 오직 중선에 의지해[建立] 널리 닦아야 한다. 그러므로 반드시 갖가지 장엄과 갖가지 선행을 닦는 事相으로 중생이 삼보에 귀경해야만 진여에 나아가 증득[策發]하는 입문이 된다.

왜냐하면, 중생은 마음이 있지 않은 이가 없고, 또한 마음이 경계를 따라 구르지 않음이 없기 때문에, 장엄한 사상 도량을 보면 장엄하고 청정한 공경심과 자신을 제도하고 다른 이를 제도하려는 마음을 낼 줄 안다.『화엄경』「정행품」중 141願은 모두 우리에게 인연을 만나고 경계를 대하며 상을 보고 마음을 장엄하여, 자신과 다른 이를 모두 유익하게 한 것이다.

기 3. 인용하여 증명함

集

『마하지관』에 "원교 초심인은 理觀이 비록 진실하나 아직 *法忍*을 이루지 못하였다. (그러니) 모름지기 땅을 깨끗이 하고 도량을 장엄하고 건설하여, 밤낮 六時에 五悔를 수행하고 육근의 죄를 참회하여 觀行卽佛에 들어가고, 乘·戒를 모두 중요하게 여겨 理와 事에 허물이 없어야 제불의 위덕과 가피로 眞明이 단박에 나타나 바로 初住에 이르러 일생에 가히 오를 수 있다." 하고,

止觀云, 圓敎初心, 理觀雖諦, 法忍未成。須於淨地, 嚴建道場。晝夜六時, 修行五悔, 懺六根罪, 入觀行卽。乘戒兼急, 理事無瑕, 諸佛威加, 眞明頓發, 直至初住, 一生可階。

講

스님이 인용하여 증명한 聖言量에 네 가지가 있다. 첫째는 지자대사의 『마하지관』이다. 글은 대정장경 제 46권에 있으니 살펴보기 바란다.

'圓敎'란 무엇인가? 圓妙하고 圓滿하며 圓足하고 圓頓한 가르침[敎]이기 때문이니, 능히 일심 이문에 의해 성불하는 『법화경』 수행을 하는 이를 '원교보살'이라 한다. '초심'이란 무엇인가? 천태는 '여섯 가지 부처[六卽佛]'를 세웠다. 첫째는 理부처[理卽佛]니, 일체 중생이 모두 불성이 있음을 말한다. 둘째는 명자부처[名字卽佛]다. 듣고 이해한 대승이니, 『화엄경』이나 『법화경』의 보살을 말한다. 셋째는 관행부처[觀行卽佛]니, 理觀으로는 비록 진리이나 法忍을 아직 이루지 못한 보살이다. 이를 '초심보살'이라 한다. 넷째는 상사한 부처[相似卽佛]니, 곧 원교 十信보살이다. 다섯째는 부분적인 眞의 부처[分眞卽佛]니, 곧 원교 初住부터 등각에 이르기까지다. 여섯째는 완전무결한 부처[究竟卽佛]니, 곧

복과 지혜가 원만한 *妙覺佛*이다.

　'모름지기 땅을 깨끗이 하고 도량을 장엄하고 건설해야 한다' 한 데서부터, '*觀行卽佛*에 들어간다' 한 데까지 여섯 구절은 원교 초심보살의 행법을 밝혔다. '*乘·戒*를 모두 중요하게 여긴다' 한 데서부터, '일생에 가히 오를 수 있다' 한 데까지 여섯 구절은 *觀行卽佛*로 인하여 *分眞卽佛*에 들어가는 행상이다. 원교보살이 *名字位*로 인하여 *觀行位*에 들어가려면 반드시 깨끗한 땅에 *事相道場*을 장엄 건설하여 *五品觀行*[39]을 닦아야 하니,『법화경』「분별공덕품」에서 설한 것이다.

　도량을 엄정하고, 오회를 수행하며, 육근죄를 참회하는 것에 대해서는 지자대사의『법화삼매참의』에 자세히 설명한 것이 있어서, 여기서 다음과 같이 소개한다.

　– 도량을 장엄하고 깨끗이 하는 법

　한가하고 조용한 곳에 방 하나를 깨끗이 치우고 도량을 만들되, 도량과 떨어져 자신이 앉고 눕는 곳을 따로 만든다. 도량 가운데 높은 자리를 만들고『법화경』한 부를 안치한다. 굳이 부처님 형상과 사리와 다른 경전을 안치할 필요는 없고, 오직『법화경』만 둔다. 깃발이나 일산 등 갖가지 공양구도 안치한다. 도량에 들어가는 날, 이른 아침에 반드시 땅을 깨끗이 청소하고, 향탕을 뿌리

39　五品은 (1)隨喜品: 실상원묘한 법을 듣고 信解隨喜하여 안으로는 三觀으로 三諦의 境을 관하고, 밖으로는 懺悔·勸請·隨喜·發願·迴向 등 五悔를 써서 더욱 부지런히 정진하는 것. (2)讀誦品: 信解隨喜하면서 아울러 妙法의 經을 讀誦講說하는 것. (3)說法品: 정확하게 설법하여 다른 사람을 인도하고, 다시 이 공덕으로 自心을 관하는 수행을 하는 것. (4)兼行六度品: 관심하는 여가에 보시·지계·인욕·정진·선정·지혜 등 육바라밀을 닦는 것. (5)正行六度品: 관심 공부에 매진할 때 自行·化他의 事理가 具足하니 그러므로 여기서는 육바라밀을 실천하는 것으로 주를 삼아야 한다.

고, 향기 나는 진흙을 땅에 바른다. 갖가지 香油燈을 밝히고, 갖가지 꽃과 抹香 (가루 향)을 흩으며, 갖가지 이름난 향을 사르고 삼보에 공양하되, 힘닿는 대로 정성을 다해 매우 엄정하게 한다. 왜 그렇게 해야 하는가 하면, 행자는 마음속 으로 삼보를 공경하고 소중히 여기는 마음이 삼계를 초월해야 하니, 지금 공손 히 청하여 공양하려 하면서 어찌 경솔한 마음으로 할 수 있겠는가? 자신의 재 산을 기울여 대승에 공양하지 않으면 끝내 성현을 감동하여 중죄를 멸하지 못 하니, 어찌 삼매를 얻을 수 있겠는가?

　– 六根을 참회하고 勸請 · 隨喜 · 回向 · 發願(五悔) 하는 법

　행자가 부처님께 예배하고 난 후에는 법좌 앞에서 몸을 바르게 하고 위의를 갖추고는 향을 피우고 꽃을 흩고는, 삼보가 두루 허공에 가득하고 보현보살이 여섯 어금니가 난 흰 코끼리를 타고 있는데, 거룩하고 장엄한 무수한 권속이 에워싸고 있는 모습이 눈앞에 마주한 것 같다고 생각한다. 한마음 한뜻으로 일 체 중생을 위해 참회법을 행한다. 깊은 참괴심을 내어 무량겁이나 금생에 일체 중생에게 육근으로 지은 일체 악업을 발로참회하고, 지금부터 미래가 다할 때 까지 일체 악업을 짓지 말아야 한다. 왜냐하면, 업의 자성은 비록 공하지만 과 보는 없어지지 않기 때문이니, 공한 줄 아는 사람은 선행도 짓지 않거든 더욱 이 죄를 짓겠는가?

　만약 악행을 저지르는 일을 그만두지 않으면 모두 전도된 인연이라서, 곧 허망한 과보를 받게 된다. 그러므로 행자는 공한 줄 알기 때문에 큰 참괴심을 내어 향을 피우고 꽃을 흩으며 발로참회해야 한다.

　아래에 설한 참회 문장은 『보현관경』의 뜻을 많이 참고하였다. 참회하는 방 법을 자세히 알고자 하면 이 경을 읽어보면 잘 알 수 있겠고, 찾아볼 수 없으면

지금 여기서 경의 뜻을 간단히 설한 것을 참고하여 행법을 실천하기 바란다.

－ 眼根 참회하는 법

행자가 일심으로 호궤합장하고 위의를 바르게 하고 향을 사르고 꽃을 흩고는, 마음속으로 참회한다. 내가 중생에게, 눈이 예로부터 자성이 항상 공적하나 전도된 인연으로 여러 가지 중죄를 지었으니, 이를 눈물을 흘리고 슬피 울며 다음과 같이 입으로 참회를 말한다.

"지극한 마음으로 참회하옵나니, 비구(비구니, 청신사, 청신녀. 아래도 모두 같음) 아무개는 일체 법계 중생에게 한없는 세계에서 눈의 인연으로 諸色을 탐하고 집착했나이다. 색에 집착하기 때문에 諸塵을 탐하고 사랑했으며, 제진을 탐하고 사랑하기 때문에 여인의 몸을 받아들여 세세생생 태어나는 곳마다 諸色에 미혹하고 집착했나이다. 색이 나의 눈을 파괴하여 은혜와 사랑의 노예가 되었나이다. 그러므로 色이 나를 삼계가 지나도록 폐망케 하고, 눈이 멀어 아무것도 보이는 것이 없게 하며, 안근이 좋지 못하여 나를 많이 상해했나이다. 시방 제불은 항상 계시어 돌아가시지 않건만, 나의 혼탁한 눈이 장애하여 보지 못하나이다. 지금 대승 방등경전을 읽고 보현보살과 일체 세존께 귀의하며, 향을 사르고 꽃을 흩으며 눈의 죄과를 말하여 감히 숨기지 않나이다. 바라건대 제불보살은 혜안의 법수로 저를 씻어주소서. 이 인연으로 제가 일체 중생에게 눈으로 저지른 모든 중죄를 마침내 청정케 하소서." 하며 참회하고 삼보에 예배한다.

이렇게 하고 나서 오체투지한다. 『보현관경』에는 육근을 참회하고 반드시 세 번 말하도록 했으나, 시간이 너무 오래 경과하여 행하기 어려우면 한 번만 해도 된다. 다만 이 말을 할 때 행자는 반드시 경전을 생각하며 눈으로 지은 중죄를 보현보살에게 발로참회한다. 아래 오근도 모두 이렇게 한다.

- 耳根 참회하는 법

"지심으로 참회하나이다. 비구 아무개는 일체 법계 중생에게 다겁에 귀의 인연으로 바깥 음성에 따라서 좋은 소리를 들을 때는 마음에 의혹과 집착을 내고 나쁜 소리를 들을 때는 백여덟 가지 번뇌의 해침을 일으켰나이다. 이와 같은 나쁜 귀로 나쁜 일의 과보를 얻었으며, 항상 나쁜 소리를 듣고 여러 가지 반연을 내었나이다. 비뚤어지게 들었기 때문에 반드시 악도와 邊地(불법을 보고 듣지 못한 변경의 하천한 종족)와 사견에 떨어져 정법을 듣지 못하여 곳곳에서 미혹하고 집착하여 잠시라도 머물 때가 없었나이다. 이 동굴 속 음성에 들어앉아 나의 神識을 피로하게 하여 삼악도에 떨어졌나이다. 시방 제불이 항상 계시어 법을 설하시건만 나의 혼탁한 귀가 장애하여 듣지 못했나이다. 지금 비로소 이를 깨닫고 대승 功德海藏을 외우며 보현보살과 일체 세존께 귀의하고, 향을 사르고 꽃을 흩으며 귀의하고 죄과를 말씀드리며 감히 숨기지 못하나이다. 이러한 인연으로 제가 일체 중생에게 귀로 지은 모든 중죄가 마침내 청정해지이다." 하며 참회하고 삼보에 예배한다.

- 鼻根 참회하는 법

"지심으로 참회하나이다. 비구 아무개는 일체 법계 중생에게 무량겁에 이 코에 앉아 여러 가지 향기를 맡았나니, 남녀 몸의 향기나 음식의 향기 등 갖가지 향기를 맡고서 미혹하고 깨닫지 못해, 여러 가지 번뇌와 여러 가지 번뇌 도적이 활동하고, 잠들어있던 것은 모두 일어나 한없는 죄업이 이로 인해 증장했나이다. 향기를 탐하기 때문에 諸識을 분별하여 곳곳에 물들고 집착하여 생사에 타락하여 여러 가지 苦報를 받았나이다. 시방 제불의 공덕 妙香이 법계에 충만하건만, 저의 혼탁한 코가 장애하여 맡지 못했나이다. 지금 대승의 청정 妙典

을 외우며 보현보살과 일체 세존께 귀의하옵고, 향을 사르고 꽃을 흩으며 코의 죄과를 말하여 감히 숨기지 못하나이다. 이 인연으로 제가 일체 중생에게 코로 인하여 저지른 일체 중죄가 마침내 청정해지이다." 하며 참회하고 삼보에 예배한다.

- 舌根 참회하는 법

"지심으로 참회하나이다. 비구 아무개는 일체 법계 중생에게 무수겁 동안 혀로 저지른 옳지 않은 악업으로 여러 가지 아름다운 맛을 탐하여 중생을 해치고 여러 가지 계율을 파하며 게으름의 문을 연, 여러 가지 죄업이 혀로부터 났나이다. 또한, 혀로 입의 죄과인 망언과 기어와 악구와 양설을 저질러, 삼보를 비방하고 사견을 찬탄하며, 무익한 말을 하고 서로 맞서 혼란을 일으키며 법도에 어긋나는 법을 설했나이다. 여러 가지 악업의 가시가 혀로부터 나왔고 바른 법륜을 끊는 것도 혀로부터 일어나, 이와 같은 나쁜 혀로 공덕의 종자를 끊었나이다. 경의 뜻에 맞지 않는데도 여러 가지를 억지로 설하여 사견을 찬탄한 것이 마치 불에 섶을 더한 것 같았나니, 이렇게 혀의 죄과가 무량무변했나이다. 이 인연으로 반드시 악도에 떨어져 백겁 천생에 영원히 벗어날 기약이 없었나이다. 제불의 法味는 법계에 가득하건만, 혀의 죄악으로 인해 능히 깨닫지 못했나이다. 지금 대승 제불의 秘藏을 읽으며 보현보살과 일체 세존께 귀의하옵고, 향을 사르고 꽃을 흩고 혀의 죄과를 설하여 감히 숨기지 않나이다. 이 인연으로 제가 일체 중생에게 저지른 혀로 인한 일체 중죄가 마침내 청정해지이다." 하며 참회하고 삼보에 예배한다.

- 身根 참회하는 법

"지심으로 참회하나이다. 비구 아무개는 일체 법계 중생에게 아주 먼 과거부터 옳지 못한 몸으로 여러 가지 접촉을 탐하고 집착하였으니, 이른바 남녀 몸의 부드럽고 미끄러운 등 갖가지 접촉에 전도되고 깨닫지 못해, 번뇌가 세차게 불탔나이다. 몸의 업을 지어 세 가지 不善業인 살생과 도적질과 음행을 저질러 여러 중생에게 큰 원결을 맺고, 오역죄를 저지르고 계율을 파괴하였으며, 더 나아가서 탑이나 절을 불사르고 삼보의 물건을 사용하였으나 부끄러운 마음이 없었나이다. 이처럼 신업으로 일어난 죄악이 무량무변하여 이루 말할 수 없나이다. 이러한 죄악의 인연으로 미래세에 반드시 지옥에 떨어져 맹렬한 불이 나의 몸을 불태워 억겁에 큰 고통을 받을 것이리다. 시방 제불은 항상 청정한 광명을 놓아 우리를 비추시건만, 몸의 중죄가 장애하여 이를 깨닫지 못하고, 단지 추악한 접촉만 탐하고 집착할 줄 알아, 현재는 여러 가지 고통을 받고 나중에는 지옥과 아귀와 축생 등의 고통을 받으리다. 이와 같은 갖가지 고통이 그 가운데 있으나 깨닫지 못하고 알지 못했나이다. 오늘 이를 부끄러워하며 대승의 진실 법장을 외우며 보현보살과 일체 세존께 귀의하옵고, 향을 사르고 꽃을 흩으며 몸의 죄과를 말하며 감히 숨기지 못하나이다. 이 인연으로 제가 일체 중생에게 몸으로 저지른 일체 중죄가 마침내 청정해지이다." 하며 예참한 후 삼보에 예배한다.

- 意根 참회하는 법

"지심으로 참회하나이다. 비구 아무개는 일체 법계 중생에게 무시이래로 옳지 않은 意根으로 제법에 탐착하고 어리석어 깨닫지 못하여, 所緣 경계에 따라 탐·진·치를 일으켰나이다. 이와 같은 삿된 생각으로 여러 가지 잡업인 十惡

과 五逆을 저질렀으니, 마치 원숭이 같고 나무진과 같이 처처에 탐착하여 여러 가지 六情(喜·怒·哀·樂·愛·惡)의 根에 두루 이르렀나이다. 이 六根 업의 가지와 꽃과 잎은 모두 삼계 25유 일체 태어나는 곳에 가득하고, 또한 능히 무명과 老·死의 열두 가지 고통스러운 일(12인연)을 증장했나이다. 八邪와 八難을 거치지 않음이 없고, 무량무변한 옳지 않은 과보인 죄악이 의근으로 인하여 났나이다. 이와 같은 의근이 일체 생사의 근본이요 갖가지 고통의 근원입니다. 경에서 설하시기를 '석가모니를 비로자나라 하나니, 모든 처소에 두루하리라. 반드시 알 것은, 일체 제법이 모두 불법이건만 망상분별로 모든 열뇌를 받는다는 점이니라' 하였으니, 이것은 보리 가운데서 더러움을 보는 것이요 해탈 가운데서 묶임을 일으키는 것입니다. 지금 비로소 이를 깨달아 깊은 참괴심을 내어 대승을 외우고 설한 바대로 수행하며 보현보살과 일체 세존께 귀의하옵고, 향을 사르고 꽃을 흩으며 의근의 죄과를 말하고 발로참회하며 감히 숨기지 못하나이다. 이 인연으로 제가 일체 중생에게 이미 저질렀거나 지금 저질러거나 미래에 저지를 의근의 일체 중죄와, 내지 육근으로 저지른 일체 악업을 씻고 참회하노니, 마침내 청정해지이다." 하며 참회하고 나서 삼보에 예배한다.

하루 중에 아무 때나 해도 상관없으나, 만약 말이 번다하다 싶으면 그 뜻만을 취하여 이를 줄이거나 생략해도 괜찮다.

– 勸請하는 법

일심으로 호궤하고 위의를 바르게 하고 향을 사르고 꽃을 흩고는, "제불보살께서 법을 설하여 중생을 제도해주시기 권청하나이다." 하고 마음속으로 생각하고 입으로 말한다. 아래 세 가지 법도 반드시 이와 같이 이 말을 하라.

"저 비구 아무개는 지극한 마음으로 시방 법계의 무량불에게 권청하나니,

바라건대 오랫동안 머물러 법륜을 굴려 일체 중생이 本淨을 회복하게 하시고, 그런 후에 여래께서 常住로 돌아가소서."하고 권청하고 나서, 삼보에 예배하고 오체투지한다. 행자가 만약 여러 가지로 자신의 뜻을 밝히고자 하면 생각하는 대로 하면 된다. 아래 세 가지 법도 이와 같이 한다.

- 隨喜하는 법

"저 비구 아무개는 지극한 마음으로 수희하나니, 제불보살의 모든 공덕이나 범부의 고요하거나 어지러운 有相善인, 有漏 無漏 일체 업을 모두 수희하나이다." 하고 수희하고 나서, 삼보에 예배한다.

- 回向하는 법

"저 비구 아무개는 지극한 마음으로 회향하옵고, 삼업으로 닦은 일체 선을 시방 항하사 부처님께 공양하노니, 허공 법계의 미래제가 다하도록 이 복을 회향하여 불도 구하기를 원하나이다." 하며 회향하고 나서, 삼보에 예배한다.

- 發願하는 법

"저 비구 아무개는 지극한 마음으로 발원하나이다. 목숨이 다할 때 정신이 어지럽지 않고 바른 생각으로 바로 안양에 왕생하여 아미타불을 직접 받들고 여러 성인들을 만나 十地의 훌륭한 常樂 수행하기를 원하나이다." 하며 발원하고 나서, 삼보에 예배한다.

발원하는 방법은 행자가 반드시 보현보살과 일체 세존 앞에서 하되, 마음속에 가지고 있는 여러 가지 소원을 마음속으로 생각하고 입으로 말한다. 이른바 '이 몸이 도를 닦는 데 아무 장애가 없고, 四魔가 일어나지 않으며, 깊은 삼매를 얻어 여러 가지 법문에 들어가며, 정법을 널리 전하여 중생을 제도하며, 목숨을 버릴 때 정념을 성취하며, 미래세에 항상 삼보를 만나 바른 신심을 가진 집안에 태어나 출가 수도하고 삼보에 공양하며, 대승을 수지하여 모든 바라밀이 모두 눈앞에 이루어져 일체 중생과 함께 등정각을 이루어지이다' 하는 등이다. 이와 같이 갖가지 마음속에 가지고 있는 소원을 모두 마음 내키는 대로 말하면 된다. 이것은 행자의 생각에 따른 것이라 낱낱이 자세히 말할 수는 없다.('비구 아무개'는 발원하는 자에 따라, '비구니 아무개', '청신사 아무개', '청신녀 아무개'로 바꾸어야 한다.)

'乘·戒를 모두 중요하게 여긴다'는 것의 '乘'은 圓解(敎乘)를 크게 열거나, 혹은 마음을 맑혀 견성하는 것을 말한다. '戒'는 계율을 엄정하여 삼업에 허물이 없는 것을 말한다. '모두 중요하게 여긴다'는 것은, 계·정·혜가 구족하여 치우쳐 버림이 없는 것을 말한다.

'이·사가 허물이 없다'는 것의 '허물'은 白玉 가운데 험을 말한다. '이·사가 허물이 없다'는 것은, 안으로 제법 실상의 理를 증득하고, 밖으로 육도만행의 事를 닦는 것이니, 모두 청정하여 더럽히거나 결점이 없는 것이다.

'제불의 위신력과 가피'는, 보살이 이미 승·계를 모두 중요하게 여겼고 이와 사에 허물이 없는 感이 있다면, 제불의 위덕과 신통지혜의 應(加被, 加持)이 있으니, 소위 물이 맑으면 달이 나타나 感과 應의 도를 주고받는 것은 당연한 일이다.

'眞明이 단박에 나타나…' 한 것은, 무명을 단박에 타파하여 법신을 부분적으로 증득하여 부처님 지견을 여는 것이니, 곧 원교의 初住요 별교의 初地다. 이를 '부분적인 眞의 부처[分眞卽佛]'라고 한다.

'바로 初住에 이르러 일생에 오를 수가 있다'는 것은, 利根인 원교 초심보살이 事道場에 의하여 理道場에 들어가 일생에 五品觀行으로 말미암아 바로 부분적으로 법신을 증득[分證法身]한 初住位에 들어가 이승과 별교의 삼현위를 거치지 않는 것을 말하니, 천태종의 慧思 선사 같은 분이 여기에 해당하고, 무릇 정토법문을 닦아 극락에 왕생하는 것도 이런 경우다.

集

『上都儀』에 "대저 삼보에 귀의한 자는 반드시 방위에 의해 형상을 세우고 마음에 머물러 경계를 취해야 하고, 형상을 없애거나 생각을 버리는 것은 옳지 않다. 부처님은 범부를 미리 아시지만 마음에 두는 것은 오히려 하지 못하시는데, 더욱이 형상을 버리겠는가? (그렇게 하는 것은) 도술에 능통하지 않은 사람이 공중에 집을 짓는 것과 같다. 實相 등에 의지하면 三觀을 반드시 얻을 수 있는 것은 의심할 여지가 없다. 부처님이 '내가 멸도한 후에 능히 (나의) 형상을 관할 수 있는 자는 나의 (眞相과) 다르지 않느니라' 하고 말씀하였다." 하였다.

上都儀云, 夫歸命三寶者, 要指方立相, 住心取境, 不明無相離念也。佛懸知凡夫, 繫心尙乃不得, 況離相耶。如無術通人, 居空造舍也。依實相等, 三觀必得, 不疑。佛言, 我滅度後, 能觀相者, 與我無異。

講

두 번째는 『상도의』를 인용하였다. 이 책은 아마도 『釋門歸敬儀』[40]와 같은 종류가 아닌가 싶은데, 『대정장경』이나 『卍字속장경』에는 편입되지 않아서 참고할

---

40   당나라 道宣 지음. 2권. 약칭 『歸敬儀』라 함. 불교의 예배와 歸敬에 관한 방법을 자세히 서술하였다.

길이 없다. 인용하여 증명한 글은 먼저 삼보에 귀경할 적에 형상을 없애거나 생각을 버려서는 안 된다는 것을 밝혔다.

'보상 등에 의거하면 삼관을 반드시 얻는 것은 의심할 여지가 없다' 한 이 세 구절은, 비록 住持三寶의 事像에 의지하여 닦지만, 반드시 空·假·中 三觀을 증득할 수 있는 것은 의문의 여지가 없다는 것을 설하였다. 그러므로 부처님 말씀을 인용하여, 세간을 주지케 하는 불상을 관할 수 있으면 부처님 진신을 친견한 것과 같아 아무 차이가 없다는 것이다. 왜냐하면, 三觀은 한 가지에 의하여 곧 세 가지요 세 가지에 의해 곧 하나라, 假像을 여의고는 中觀의 眞身이 없기 때문이다. 이것은 형상 있는 것으로 인하여 형상 없는 것에 들어가고, 事道場으로 인하여 理道場에 들어가는 당연한 인과이다.

집

『대지도론』에 "보살은 오직 세 가지 일에 만은 싫증 내지 않으니, 첫째는 부처님께 공양하는 것을 싫증 내지 않고, 둘째는 법 듣기를 싫증 내지 않으며, 셋째는 스님들께 공양하는 것을 싫증 내지 않는다." 하였다.

大智度論云, 菩薩唯以三事無厭。一供養佛無厭。二聞法無厭。三供給僧無厭。

강

셋째는 『지도론』에서 설한 '세 가지 일을 싫증 내지 않는다' 한 것을 인용하였다. 이 세 가지 일은 모두 事道場에 속한다. 싫증 내지 않는 것은 곧 버리지 않는 것이다.

집

천태지자대사가 말했다.

"**문**: 세상에는 空을 행하거나 痴空에 집착하는 자가 있으니, 수다라와 맞지 않다. (이들은) 이 觀心의 설을 들으면 이러한 의문을 낸다. '만약 觀心이 法身과 평등하다면 응당 어떤 상황에서든 평등해야 하는데, 무엇 때문에 경전이나 불상에는 공경심을 내고 종이나 나무에는 업신여기는 마음을 내는가? 공경하고 업신여기는 것이 다르므로 평등이 아니요, 평등이 아니므로 법신의 뜻이 성립되지 않는다' 라고."

답: 나는 범부의 지위에서 이 같은 형상을 관하게 할 뿐이다. 이 실상을 밝히기 위해 경전과 불상을 공경하되 지혜에 매이지 않게 하고, 수많은 사람에게 선을 숭상하고 악을 제거하게 하였으나 방편에 얽매이지 않게 하였으니, 어찌 그대와 같겠는가? 더 나아가서, 법회를 널리 일으키고, 법단의 의식을 세우며, 손으로 加持를 맺고, 수승한 일(법회)를 장엄하여, 마침내 도량에서 (불보살이) 나타나 증명하고 제불의 위신력과 가피를 얻는 것은, 모두 대성께서 자비를 베풀어 중요한 법칙을 보이신 것이다.

어떤 때는 향기로운 꽃의 모양을 보고 戒德이 거듭 청정해졌고, 어떤 때는 보현의 몸을 보고 죄의 근원이 모두 깨끗해져 이로 인하여 法事가 완비되고 불도가 영원히 융성하기도 하니, 이러한 감통을 나타냄으로써 귀의하는 근거가 되니, 그러므로 모름지기 옛 성인을 따라 典章(제도와 법령)을 봉행하고 새겨야 하고, 터무니없이 제 생각대로 덕을 헐고 선행을 파괴하여 삿된 법륜에 거꾸로 떨어지고, 有를 폐기하고 空에 집착하여 삿된 올가미에 헛되이 뛰어들어서는 안 된다."

天台智者大師問云, 世間有空行人, 執其痴空, 不與修多羅合。聞此觀心, 而作難言。若觀心是法身等, 應觸處平等, 何故經像生敬, 紙木生慢。敬慢異故, 則非平等, 非平等故, 法身義不成。

答, 我以凡夫位中, 觀如是相耳。爲欲開顯此實相, 恭敬經像, 令慧不縛。使無量
人崇善去惡, 令方便不縛, 豈與汝同耶。乃至廣興法會, 建立壇儀, 手決加持, 嚴其
勝事, 遂得道場現證, 諸佛威加, 皆是大聖垂慈, 示其要軌。或睹香華之相, 戒德重
淸。或見普賢之身, 罪源畢淨。因玆法事圓備, 佛道遐隆。現斯感通, 歸憑有據。
是以須遵往聖, 事印典章, 不可憑虛, 出於胸臆, 毀德壞善, 翻墮邪輪, 撥有凝空, 枉
投邪胃。

講

네 번째, 지자대사가 스스로 설정한 이 묻고 답한 문장은 후학에게 범부로서
함부로 성인을 흉내 내어 有를 폐기하고 空에 집착하지 말기를 가르친 것이다.

  '세상에는 空을 행하는 사람과 痴空에 집착하는 이가 있으니, 수다라와 맞
지 않다' 한 것은, 불교 가운데 方廣道人(대승 空의 올바른 뜻을 오해하여 虛無를 주
장하는 무리)을 '공을 행하는 사람'이라 하고, 외도 가운데 斷見外道를 '痴空에
집착하는 자'라 한다. 한결같이 空에만 집착하는 것은, 불교의 대승경전(수다
라)과 합치하지 않는다. 예를 들면 『법화경』「방편품」에 "다시 여러 가지 방편
으로 제일의를 보조적으로 밝히니, … 꽃으로 부처님께 공양하고 합장하고 머
리 숙여 부처님께 예배하며, 내지 동자가 모래를 쌓아 탑을 만드는 것으로 모
두 이미 불도를 이루었다." 한 것이다. 부처님은 경에서 여러 가지 다른 방편
事行으로, 第一義 空性은 진·속 이제가 병행하여 무애함을 밝히셨다. 그런데
저 空을 행하는 사람은 어째서 경전과 불상에 공경심을 내는 것이 법신의 뜻이
성립되지 않는다고 하는지 알 수 없다.

  '만약 觀心이 法身과 평등하다면' 한 구절은, 평등 공성의 법신에 집착하여
모든 것이 모두 空이라고 생각하기 때문에 '응당 어떤 경우에도 평등해야 한
다' 한 것이다.

‘무엇 때문에 경전과 불상에는 공경심을 내고…’ 한 아래 여섯 구절은 痴空에 잡착하여 의심을 낸 문장이다.

지자대사의 답 글은, 먼저 범부로서 성인을 함부로 흉내 내어서는 안 된다는 것을 말하였다. 이미 법신을 증득한 불보살이라야 비로소 제법이 모두 空한지라 경전이나 불상, 종이나 나무가 평등하여 차이가 없다 할 수 있겠지만, 범부의 지위에서 본다면 경전이나 불상에는 존경심을 내어야 하고, 종이나 나무는 절대 똑같이 보지 말고 업신여기는 마음을 내어야 한다. 이렇게 해야 비로소 세속제에 의해 제일의제를 증득할 수 있는 바른 법이 되고 (실상을 밝히려 하되 지혜에 얽매이지 않게 함), 또한 실상 법신을 밝히려 하되 方便慧가 부족해서는 안 되니 그래야만 비로소 空慧에 얽매이지 않게 된다. 더욱이 중생은 능히 경전과 불상에는 공경심을 내니, 그것은 사람에게 선을 숭상하고 악을 제거하여 삼승 성과를 성취하게 한 것이니 (방편에 얽매이지 않게 함), 그대가 유를 폐하고 공에 집착하는 사견과 어찌 같겠는가?

佛事門에서는 경전과 불상을 공경할 뿐만 아니라, 갖가지 법회를 열고 크고 작은 법단을 세워 顯敎나 密敎의 의례를 두루 닦아 훌륭한 불사를 장엄하는 일을 모두 버려서는 안 된다. 그러므로 고덕이 “實際理地에는 먼지 하나도 세우지 않지만, 佛事門에서는 한 법도 버리지 마라.[實際理地 不立一塵 佛事門中 不捨一法]”했으니, 이렇게 해야 비로소 제불의 위신력과 가피가 도량에 나타나 증명해주시는 이익이 있다. 이야말로 제불보살이 대소승 경·율·론에서 자비를 보이신 매우 중요한 법칙이니, 어찌 부처님 가르침에 따라 봉행하지 않을 수 있겠는가!

‘어떤 때는 향기로운 꽃의 모양을 보고 戒德이 매우 청정해졌다’ 한 두 구절은, 『범망경』보살계 가운데 제41輕戒에서 설한 것이다. “만약 十戒(十重大戒)를 범한 자가 있으면 응당 참회하도록 가르치되, 불보살 형상 앞에서 밤낮 여섯 때에 십중대계와 사십팔경구계를 외우고 삼세의 천불에 정성을 다해 예배하면서, 이레나 열나흘 동안이나 스무하루 동안이나 더 나아가 일 년 동안이라도 좋은 상호를 보고자 하여야 하니라. '좋은 상호'란, 부처님이 와서 이마를 만지시는 것을 보거나, 부처님 광명을 보거나 꽃을 보는 등 갖가지 특이한 모습을 보는 것이니, 그렇게 되면 곧 죄를 소멸할 수 있느니라." 한 것이다.

'혹은 보현의 몸을 보고 죄의 근원이 모두 깨끗해졌다' 한 두 구절은, 『법화경』「보현권발품」에서 설한 것이다. "보현보살이 부처님께 아뢰기를 '세존이시여! 후오백세의 탁악한 세상에 이 경전을 수지하는 자가 걷거나 서서 이 경을 독송하면, 제가 그때 여섯 어금니를 가진 흰 코끼리 왕을 타고 큰 보살 대중과 함께 그의 앞에 이르러 스스로 몸을 나타내 공양수호하며 그의 마음을 안위하고, 만약 앉아서 이 경전을 사유하면 제가 다시 흰 코끼리 왕을 타고 그 사람 앞에 나타나리다. 그때 『법화경』을 수지 독송하는 자는 저의 몸을 보고 크게 기뻐하리니, 저를 보았기 때문에 곧 삼매와 다라니를 얻으리다' 하였다." 한 것이다. 얻은 것을 '법화삼매'와 '旋다라니'[41]라 한 것은, 무명을 타파하고 법신을 증득했기 때문이니, 그러므로 '죄의 근원이 필경 청정하다' 한 것이다. 예컨대 陳나라 때 慧思 선사가 항상 『법화경』을 외우고 경을 외운 후에 눈을 감으면, 석가와 보현이 와서 법을 설하는 것을 본 것과 같다.

'이 法事가 원만함으로 인하여 불도가 오랫동안 융성한다' 한 두 구절은, 불제자가 세속제에 의해 도량을 장엄하여 경전과 불상을 공경하고 독송하고 강

---

41   천태종에서 『법화경』「보현보살권발품」 설에 의해 선다라니, 백천만억선다라니, 법음방편다라니 등 세 가지 다라니를 세워 공, 가, 중 三觀에 배대하였다.

설하는 갖가지 法事를 행해야만 비로소 자신이나 다른 이를 유익하게 하리니, 이야말로 널리 중생을 제도하여 모두 부처가 되는 목적을 원만하게 달성하고, 또한 삼보를 오랫동안[遐] 세상에 머물러 불법이 융성하게 하며, 세계가 평화롭고 인민이 안락하게 할 수 있으니, 이런 것들이 모두 위없이 훌륭한 인연이며 또한 불법의 필연적인 인과이다.

예로부터 이러한 갖가지 感通에 이른 사실은 이루 열거할 수 없을 정도로 많다. 중생은 이로 인하여 불문에 귀의하였고, 삼보께서 이들을 제도하심에 의해 배가 피안에 닿았던 것이니, 세상을 구원하고 사람을 구원한 뚜렷한 증거는 수도 없이 많다. 그대가 痴空의 행에만 집착한다면 마치 광명천지 아래 맹인이 햇빛이 널리 비치는 것을 알지도 보지도 못하는 것과 같아서, 자신의 방자한 마음만으로 ('터무니없이 제 생각대로 함') 佛門의 모든 공덕 닦는 일을 훼방하고 중생이 선행을 닦고 복덕 심는 마음을 파괴하니, ('덕을 훼방하고 선을 파괴함') 참으로 그 죄와 허물은 끝이 없다.

'삿된 수레'의 '수레'는 법륜을 가리키니, 불교를 배우면서 정법을 배우지 않으면 바른 견해가 없어 도리어 삿된 법을 배워 외도에 집착한다. 그러므로 '삿된 수레에 떨어진다' 하였다. '삿된 그물에 잘못 뛰어든다' 한 것은, 나방이가 조심하지 않아 가는 거미줄에 걸리는 것과 같으니, 곧 법의 그물에서 벗어나지 못하는 것이다. 중생이 불교를 배우는 것은 좋은 일이지만, 훌륭한 스승을 만나지 않고 옛 성현의 가르침을 따르지 않으며 삼보를 존경하지 않고 세지변총만으로 망상 집착하여 입으로만 空을 설하며 행동은 有에 있으면, 하루아침에 사마외도의 우리에 들어가 반드시 좋은 과보에 이르지 못한다는 것에 비유하였다. 소위 '적의 배에 잘못 뛰어들었다' 한 것이니, 어찌 슬프지 않은가!

무 2. 二諦가 융통함
기 1. 질문

集

문 : 『금강반야경』에 "만약 모양으로 나를 보거나 음성으로 나를 찾는다면, 이 사람은 삿된 도를 행하는 것이라, 능히 여래를 보지 못한다." 했는데, 어찌 모양을 세우고 형상을 표시합니까?

問, 金剛般若經云, 若以色見我, 以音聲求我, 是人行邪道, 不能見如來。如何立相標形。

講

이 질문은 『금강경』의 '相을 파하고 性을 드러낸 가르침[破相顯性敎]'으로써 본 집의 원융중도의 뜻을 물은 것이다. 수행하는 데 있어서 형상을 표시하고 세워서는 안 된다는 생각은 痴空에 집착한 것이니, 일승 원교와 합하지 않는다.

반드시 알 것은, 『금강경』은 중생의 망상분별상을 파하고 여래 법신인 無名無相을 드러냈으니, 그러므로 저 경에서 "어떻게 사람을 위해 법을 설할 것인가? 모양을 취하지 말고 여여부동하게 하라." 했으니, 二道(般若道와 解脫道) 五菩提(주 34) 참조) 중에 이것은 般若道의 明心菩提行法에 속하고, 五位[42] 十三住[43]

---

42   유식 5위. 곧 (一) 資糧位- 유루선을 모아 불과를 통달한 지위. (二) 加行位- 四加行位(煖·頂·忍·世第一)보살을 가리킨다. (三) 通達位- 또한 견도위라고도 한다. 초지보살이 진여를 깨달아 지혜가 理를 비추고 중도를 보았기 때문이다. (四) 修習位- 또한 수도위라고도 한다. 二地에서 十地에 이른 보살이 見道한 후에 장애를 끊고 다시 근본지를 닦고 익히기 때문에 수습위라 한다. (五) 究竟位- 묘각불이 이 과위를 증득하고서 더없이 청정하여 더 이상이 없기 때문에 구경위라 한다. 곧 불과의 지위를 가리킨다.

43   보살이 因으로부터 果에 이르는 行位. (一) 種性住- 習種性과 性種性 菩薩. (二) 解行住- 出世道에서 正觀을 수행하여 불퇴에 들어간 지위. (三) 歡喜住- 십지 가운데 처음 歡喜地. (四) 增上戒住- 십지 가운데 제2 離垢

가운데 겨우 通達位 행법에 불과하다. 보살이 만약 이것만으로 만족한다면 더
는 향상 증진하지 못하여 성불하지 못하고, 이러한 지견으로 중생을 제도한다
면 또한 성불할 방법이 없다.

　　그래서 스님께서 이러한 문답을 가설하여 이를 해석했으니, 모든 보살이 모
두 5보리도의 올바른 수행을 구족하여 二諦가 원융하면, 복과 지혜가 만족하
여 모두 불도를 이룰 것이다.

기 2. 정답

集

답 : 인연을 쉬고 事相를 없애는 것은 破相宗이요, 바로 논하여 理를 밝힌 것은
곧 大乘始教니, 유와 무를 가지런히 행하고 본체와 작용이 서로 통함은 아직 얻
지 못하였다. 만약 圓門이 무애하고 性相(二諦)이 융통함을 말한다면, 하나의
작은 먼지를 들어 법계를 망라하리라.

　　答, 息緣泯事, 此是破相宗° 直論顯理, 卽是大乘始教° 未得有無齊行, 體用交徹° 若
約圓門無閡, 性相融通, 擧一微塵, 該羅法界°

講

이 답문은 부처님의 일대시교가 화엄종의 설에 의하면 小·始·終·頓·圓의 각
기 다른 다섯 가지 應機가 있음을 설하였다.

地. (五) 增上意住- 십지 가운데 제3 明地. (六) 菩提分法相應增上慧住- 십지 중 제4 焰地. (七) 諦相應增上慧住-
십지 중 제5 難勝地. (八) 緣起生滅相應增上慧住- 십지 중 제6 現前地. (九) 有行有開發無相住- 십지 중 제7 遠行
地. (十) 無行無開發無相住- 십지 중 제8 不動地. (十一) 無礙住- 십지 중 제9 善慧地. (十二) 最上住- 십지 중 제
10 法雲地. (十三) 如來住- 佛果究竟地.

'인연을 쉬고 事相을 없애는 것은 파상종이다' 한 것은 전에 이미 설명했듯이, 非를 설하고 空을 설한 가르침이다. 인연 事相이 모두 空하기 때문에 '인연을 쉬고 사상을 없앤다' 하였다.

'바로 논하여 理를 밝힌 것은 곧 대승시교다' 한 것에서, '대승시교'는 화엄종에서 세운 五敎에 의하면, 첫째는 소승교니 곧 네 가지 『아함경』과 『발지론』, 『파사론』 등이 사제, 십이인연을 닦아 灰身滅智의 열반을 증득한다고 설한다. 둘째 대승시교는 대승 初門이니 여기에 두 가지가 있다. 첫째는 有相始敎니 곧 『해심밀경』과 『유식론』 등이 五法(色法·心法·心所法·不相應法·無爲法)과 三自性(변계소집성·의타기성·원성실성)과 八識, 二無我를 분별하여 依他緣起의 만법을 건립하였다. 둘째는 空相始敎니 곧 『반야경』과 『중론』 등으로, 제법이 연기하여 자성이 없고 智가 없고 또한 얻음이 없음을 밝혔다. 이 두 가지 대승시교는 모두 일체 중생이 모두 불성이 있어서 반드시 성불한다는 것을 설하지 않았으니, 이것은 성불의 전 방편에 불과하다. 그러므로 '始敎'라 하였다. 셋째 대승종교는 『능엄경』과 『기신론』 등이니, 진여연기의 이치를 설하여 일체 중생이 모두 성불함을 연창하였다. 넷째 대승돈교는 문자나 언어에 의지하거나 위차를 세우지 않고 일념에 돈오하는 것으로 교리가 되니, 조사선과 같은 것이다. 다섯째 대승원교는 『화엄경』, 『법화경』과 천태종의 『마하지관』과 화엄종의 『일진법계관』 등이다. 이 가운데 또한 『화엄경』을 別敎一乘圓敎라 하니 삼승의 일승과 다르기 때문이요, 『법화경』은 同敎一乘圓敎라 하니 삼승을 모아 일승을 삼기 때문이다. 그러므로 『금강경』에서 바로 논하여 理를 밝힌 것은[破相顯性] 곧 大乘의 空相始敎이다.

'유와 무를 가지런히 행하고 본체와 작용이 서로 통함은 아직 얻지 못하였다' 한 두 구절은 바로 空相始敎를 설명했으니, 性空의 한쪽 부분만을 많이 설하고, 일심 이문이 하나여서 空과 有가 둘이 아님은 아직 설하지 못하였다. 그러므로 '유·무가 가지런히 행함을 얻지 못하였다' 하였다. 또한 진여[空]인 본체와 생멸[有]인 작용이 본래부터 相卽함을 아직 설하지 못했으니, 이것을 '체와 용이 교철함을 아직 얻지 못하였다' 한 것이다.

'만약 圓門이 무애하고' 한 아래 네 구절은, 이 책이 원교인 무애법문에 속하여 '圓修十義'를 구족했음을 설명하였다. 원문이 무애함을 설한다면, 성[空]은 진제요 상[有]은 속제니, 性·相 二諦와 性·空 緣起가 본래부터 융통무애하다. 그러므로 '하나의 작은 먼지 속에 법계를 망라' 하였다. '가는 먼지'는 相 가운데 가장 작은 것이요, '법계'는 법성이니 性 가운데 가장 큰 것이니, 性과 相이 융통할 뿐만 아니라 또한 크고 작은 것이 相入하니, 『화엄경』에서 설한, "계자가 수미산을 용납하고, 하나의 미진을 깨뜨려 大千 經卷을 끄집어낸다." 한 것은 곧 二諦가 융통한 모양이다.

기 3. 인용하여 증명함

集

『화엄경』에 "청정 자비의 문이 찰진수건만 똑같이 여래의 하나의 妙相을 내네. 낱낱 상이 그렇지 않음이 없으니 그러므로 보는 자 싫증냄이 없네.(대정장경 10권 16페이지)" 하고,

華嚴經云, 淸淨慈門刹塵數, 共生如來一妙相, 一一諸相莫不然, 是故見者無厭足.

講

이 네 구절 송을 지금 청량국사의 『화엄경소』 제7권(대정장경 35권 553페이지)에 의해 해석하면 다음과 같다.

'청정한 자비'란, 분별 집착이 없는 대자비를 말하니 모든 허물을 여의었기 때문이다. '문이 찰진수와 같다'는 것은, 무량 중생의 근기에 따라 이익 되고 안락한 일을 행하기 때문이다. 예컨대 관음보살이 중생의 종류에 따라 몸을 나타내어 중생의 종류에 맞는 법을 설하는 것과 같다.

자비로 因을 삼아 妙相의 果를 얻고, 妙相으로 인을 삼아 보는 자 한없는 果를 얻으니, 앞에 두 구절은 묘상의 인·과를 밝혔다. 셋째 구절은 낱낱 상을 例했으며, 네 번째 구절은 이익을 밝혔다.

반드시 알 것은, 여래의 모습[相]은 순수한 것[純]이 있고 뒤섞인 것[雜]이 있으니 여기서는 순수한 문[純門]에 의해 청정한 因으로 미묘한 果를 낸다는 점이다. 만약 순수하지 않은 雜門이라면 하나의 모양이나 하나의 털마다 모두 華嚴世界海에 들어가고, 또한 여래의 法界行을 거두어 다하였다. 모양과 모양이 모두 그러하여 純과 雜이 무애하고, 인과 과가 서로 융통하여 하나의 본체가 원만하게 이루어졌으니, 부분적으로 이루어진 것이 아니기 때문이다. 부처님의 하나의 모습이나 하나의 털은 법계와 같아 分量(경중, 심천, 차이)이 없으니, 그러므로 頌文이 하나의 자비의 문에서 한없는 모양에 들어갈 뿐임을 설하였다.

이것은 『화엄경』 「여래십신상해품」의 妙相에 의해 설한 것이라, 여래 32상의 하나의 모양이나 하나의 因을 설한 것이 아니니, 『지도론』과 『유가사지론』과 『열반경』에서 설한 것과는 다르다.

集

『법화경』에는 "그대가 일체지와 십력 등의 불법을 증득하고 32상을 갖추었으니, 이야말로 진실한 멸도네.(대정장경 9권 27페이지)" 하며,

法華經云, 汝證一切智, 十力等佛法, 具三十二相, 乃是眞實滅。

'그대가 일체지를 증득하고' 한 것은, 圓頓의 空觀을 닦아 見·思의 미혹을 끊어 一切智를 성취함으로 말미암아 대열반의 般若德을 증득한 것이다. '십력 등의 불법'이라 한 것은, 假觀을 닦아 塵沙惑을 끊어 道種智를 성취함으로 말미암아 대열반의 解脫德을 증득한 것이다. '32상을 갖추었다' 한 것은, 中觀을 닦아 無明惑을 끊어 一切種智를 성취함으로 말미암아 대열반의 法身德을 증득한 것이다. 용녀가 게를 설하기를 "미묘하고 청정한 법신은 삼십이상을 갖추었네." 한 것처럼, 삼관을 닦아 삼혹을 끊고 삼지를 이루고 삼덕을 증득한 것은 일승원교의 당연한 인과이며, 성불의 불이법문이다. 오직 불과의 머무름 없는 대열반만이 비로소 진실한 滅度니, 그러므로 '이야말로 진실한 멸도네' 하였다.

『대열반경』에는 "색을 부정[非]하는 것은 성문 연각의 해탈이다. 색은 제불여래의 해탈이니, 범부가 어리석고 한계가 있는[頑閡] 경계에 터무니없이 집착하여 진실한 색이라고 여기고, 이승이 灰斷의 몸을 치우쳐 증득하는 것으로 진정한 모양을 삼는 것과 어찌 같겠는가?" 하였다.

大涅槃經云, 非色者, 卽是聲聞緣覺解脫。色者, 卽是諸佛如來解脫。豈同凡夫, 橫執頑閡之境, 以爲實色。二乘, 偏證灰斷之質, 而作眞形。

'색을 부정한다'는 것은 이승인과 통교보살을 가리키니, 모두 析空觀과 體空觀[44]으로 생멸사제와 무생사제를 닦아 色을 멸[非]하고 空에 들어가므로 '非色'이라 한다.[45] 見·思 번뇌를 끊은 것 같고 삼계를 벗어난 것 같기 때문에 '곧 성문 연각의 해탈이다' 하였다.

'색은 제불여래의 해탈이다' 한 것은, 因位의 원교보살과 果位의 제불여래를 가리키니, 모두 次第三觀이나 혹은 圓頓의 一心三觀[46]으로 無量四諦와 無作四諦[47]를 닦아, 하나의 색과 하나의 향이 一境三諦의 중도 아닌 것이 없어서 모두 중생의 性德이요 제불의 果德이라고 보니, 그러므로 '색이 제불여래의 해탈이다' 하였다. 경에서 "산하대지, 모두 법왕신이네." 하고, "하나가 청정하면 일체가 청정하며, 하나가 해탈이면 일체가 해탈이네." 한 것과 같으며, 선문(『密雲禪師 語錄』)에서 "백화 만발한 곳을 지나가도 이파리 하나 옷을 더럽히지 않네." 한 것이 제불 해탈의 가장 좋은 초상화이다.

'어찌 범부와 같겠는가?' 한 아래 여섯 구절은 범부와 이승의 허물을 보였

---

44 제법이 空임을 관찰하는 두 가지 관점. 析空觀: 諸法을 분석하여 공에 들어가는 관법. 體空觀의 반대. 析色入空觀, 析假入空觀, 析法入空觀이라고도 한다. 小乘이나 成實論에서 설한 空觀. 곧, 人은 五蘊·十二處·十八界 등 요소에 의해 구성한 것이라고 분석하고, 색법은 극미(물질 구성의 최소 단위)에 이른다고 분석하며, 혹은 心은 一念(60찰라)에 이른다고 분석하니, 이렇게 분석한 결과로 人·法 二空의 理에 들어간다. 이것은 소승의 공관이다. 體空觀: 색을 體達하여 공에 들어가는 관법. 또는 體假入空觀, 體法入空觀이라고도 한다. 분석한 결과로 공임을 아는 것이 아니라, 제법 本身에 나아가서 그것이 몽환과 같아 본래 공함을 직접 체달하는 것을 말하니, 곧 제법의 존재를 파괴하지 않고 공임을 관찰하는 것이니 이것은 대승 공관이다. 천태종 교관에 의하면 장·통·별·원 사교 중에 三藏敎는 석공관이고, 通敎는 체공관이다.

45 색을 부정하는 것은 이승인과 통교가 마찬가지지만, 이승은 석공관이며 생멸사제를 닦고, 통교는 체공관과 무생사제를 닦는다.

46 천태의 化法四敎 가운데 別敎에서 세운 관법을 次第三觀이라 한다. 별교에서는 공·가·중 삼관이 서로 떨어져서 융통하지 않다고 보기 때문에, 차례대로 점차 이를 관하고, 이로 인해 차례대로 見思, 塵沙, 無明三惑을 파하고 일체지와 도종지와 일체종지 등 三智를 얻는다. 이와 반대로 원교에서 세운 관법을 '원돈의 일심삼관'이라 한다. 원교에서는 일념 중에서 능히 공·가·중 삼제를 원만히 관할 수 있다고 보고, 차례대로 이를 닦고 익히지 않는다. 원융삼관 혹은 不次第삼관이라 한다.

47 無量四諦는 천태지의가 세운 네 가지 四諦 가운데 하나니 別敎의 설이다. 별교에서는 삼계 내나 삼계 밖에 무량의 차별상이 있다고 보고, 이 무량법문은 보살만이 이 법을 통달하여 무량중생을 제도한다. 無作四諦는 圓敎의 설로서, 미·오의 당체가 곧 실상이라 주장하며 대승보살은 제법을 원관하여 事事가 理에 의해 조작이 없다고 본다. 苦諦를 예를 들면, 무량사제에서는 보살이 중생의 고에 무량한 모양이 있다고 보는 반면, 무작사제에서는 五陰, 十二入 등 법이 모두 진여라 실로 버려야 할 고상이 없다고 본다. 다른 것도 예하여 생각하면 된다.

다. '頑'은 색법이 지각 작용이 없는 것을 가리키고, '閡'는 색법에 質礙의 본체
가 있는 것을 말하였다. 색법은 '색온'이라고도 하는데, 오온 가운데 하나다.
법상종에는 색법을 五根(안·이·비·설·신)과 五塵(색·성·향·미·촉)과 법처에
속한 색[法處所攝色]으로 모아 모두 열한 가지가 있다. 혹은 세 가지 색으로 모
으니, 첫째는 볼 수도 있고 대할 수도 있는 색[可見有對色] - 눈으로 보는 청·황
·적·백·흑의 顯色과, 대·소·방·원 등의 形色과 동작과 행위의 表色 -이요,
둘째는 볼 수는 없으나 대할 수는 있는 색[不可見有對色] - 眼 등 四根과 聲 등 四
塵-이요, 셋째는 볼 수도 없고 대할 수도 없는 색[不可見無對色] - 法處에 속하는
색- 등이다.

'터무니없이 집착한다'는 것은, 색법이 본래 거짓이건만 실제로 있다고 집
착하는 것이다. 이것은 사실 그대로 알지 못하는 범부의 허물을 꾸짖은 것이
다. '치우쳐 증득한다'는 것은, 색법의 실상은 본래 性空이 緣起하고 緣起가 性
空이건만, 도리어 空의 한쪽에만 치우쳐 증득[偏證]하여 空性의 본체는 있으나
緣起의 작용은 없으니, 그러므로 灰斷의 몸을 진정한 몸이라 하니(偏空으로 眞法
身을 삼음), 이것은 偏空涅槃을 증득한 이승의 허물을 꾸짖은 것이다.

기 4. 설명함

集

그러므로 육근의 所對(六塵)에서 모두 여래를 보니, 만상을 가지런히 관함에 원
만하고 밝은 법계니, 어찌 형체를 소멸하고 그림자를 없애기를 기다리고서 비
로소 깊은 뜻을 이루겠는가!
是以六根所對, 皆見如來。萬像齊觀, 圓明法界。豈待消形滅影, 方成玄趣乎。

위에서 말한 세 가지 대승경전이 모두 속제를 폐해서는 안 된다는 것을 설했으니, 육근이 대하는 육진과, 더 나아가서 십팔계의 우주만상이 곧 진속불이의 법신여래상이라, 법신여래를 보고자 하면 俗諦 事相 가운데서 모두 볼 수 있다. 이것은 『금강경』에서 설한 "능히 여래를 보지 못한다." 한 것이 속제 중에서 능히 법신여래를 보지 못한다 한 것과는 다르다. 더욱이 마음이 있는 이는 자유롭게 견문각지의 작용이 있으니, 어찌 눈을 감는다고 사물을 보지 못하고 귀를 막는다고 소리를 듣지 못하겠는가? 이미 보고 듣는 작용을 폐하지 못한다면 또한 사물이나 소리의 모양도 폐하지 못한다.

무릇 부사의한 일심을 능히 관할 수 있는 원교보살이라면, 一心三觀으로 방편을 삼아 낱낱 경계가 모두 二諦가 아울러 펼쳐진 것이라, 색 등 오온이 비록 공하나 환상이 없지 않아서('萬像齊觀') 오직 원각묘명의 자성청정심('圓明法界')에서 나타난 것이니, 거울에 나타난 형상과 같이 有가 곧 有가 아니어서 고요히 항상 주한다.

그렇다면 幻妄의 만상이 본래 공한 줄 통달하여 소멸하기를 구하지 않고, 진여 정심이 본래부터 있음을 알아 인연에 따라 자재하니('玄趣'), 이승이 색을 분석하여 공을 구하고 권교보살이 空相임을 보고 心體를 보지 않는 것과는 절대 같지 않다. 그러므로 '어찌 형상을 버리고 그림자를 소멸하기를 기다려 비로소 玄趣를 이루겠는가!' 하였다.

당나라 혜충 국사가 지은 『心經 序』에 "중생이 드넓어 끝이 없고, 법의 바다 아득히 머니 어찌 끝이 있으리오. 만약 문장이나 뜻을 널리 찾는다면 마치 거울 속에서 모양을 찾는 것과 같으니, 이는 생각을 쉬고 공을 관하는 것이요, 또한 태양 아래서 그림자를 피하는 것과 같다." 하였다.

고인이 이런 말을 한 것이 있다. "幻跡임을 말하면 부귀공명은 물론이요 몸뚱이 또한 위탁받은 몸(우리 몸의 형상은 하늘과 땅에 위탁받은 것이요 여러 가지 인연으로 이루어진 것이라, 저절로 있는 것이 아니다)에 속하고, 眞境임을 말하면 부모형제를 막론하고 만물이 모두 나와 한 몸이니, 사람이 능히 꿰뚫어 보고(妄이 본래 空함을 앎) 사실로 여긴다면(진이 본래 있음을 앎) 천하의 무거운 짐을 맡을 수 있고(여래 家業을 짊) 또한 세상의 속박에서 벗어날 수 있다(더러움에서 벗어나 물들지 않음)."

무 3. 마음이 부처요 마음이 부처를 지음
기 1. 질문

集

문 : 마음이 부처인데 어찌 밖으로 구할 필요가 있겠습니까? 만약 저 六塵을 인정한다면 自法(本心)은 숨습니다.

問, 卽心是佛, 何須外求。若認他塵, 自法卽隱。

講

이 네 구절 질문은 일심 이문을 알지 못하기 때문에, 진제에 집착해 속제를 폐해 邊見해 떨어져서 이런 질문을 한 것이다. 『관무량수불경』에 "이 마음이 부처를 짓고 이 마음이 부처." 한 것과 같아야 비로소 일심 이문의 중도에 합한다. '저 塵'은 색·성·향·미·촉·법의 육진 경계가 모두 마음 밖에 것에 속하니, 그러므로 '저[他]'라 하였다. '自法'은 자신의 靈靈覺覺한 본심이니, 본심을 잃고 육진 경계로 전환하기 때문에 '숨는다' 하였다.

기 2. 정답

集

답 : 제불 법문은 한결같지 않아서, 모두 自力과 他力, 自相과 共相이 있어 十玄門으로 통괄하고 六相義로 융통한다. 인연을 따르면 나누어진 것 같으나 性을 잡으면 항상 합하여, 마음으로 인하여 경계를 나타내니 경계가 곧 마음이요, 所成의 부처를 섭수하여 能成의 마음으로 돌아가니 남이 바로 자기다.

答, 諸佛法門, 亦不一向。皆有自力他力, 自相共相, 十玄門之該攝, 六相義之融通。隨緣似分, 約性常合。從心現境, 境卽是心。攝所歸能, 他卽是自。

講

'제불 법문은 한결같지 않다'는 것은, 제불 보살이 중생을 제도하는 법문은 각기 같지 않다는 것을 말한다. 서방 극락세계 아미타불과 관음보살은 중생이 그의 명호를 稱念(명호를 부름)케 하여 제도하시고, 상방의 향적세계 향적여래는 언어문자를 쓰지 않고 설법하시되 다만 여러 가지 향기로 중생에게 향기를 맡게 하여 제도하시니, 『유마힐경』「보살행품」에서는 부처님이 아난에게 "향기나는 밥으로 능히 불사를 지을 수 있으니, 어떤 불토에서는 부처님 광명으로 불사를 짓고 … 제불이 하시는 일은 불사 아닌 것이 없다.(대정장경 14권 553페이지 하)" 하였다. 자세한 것은 『화엄경』 가운데 선재동자가 쉰세 분의 선지식을 찾아뵈니, 선지식마다 중생을 제도하는 각기 한 가지씩의 능력을 갖춘 것과 같다.

'모두 자력 타력, 자상과 공상이 있다' 한 것은, 중생이 닦은 선근으로 능히 부처님을 뵐 수 있는 것은 '자력'이요, 불보살이 발한 본원으로 중생에 응하여 보이는 것은 '타력'이니, 일체중생을 제도하는 법문은 모두 자·타의 인연으로 이루어지고 감·응의 길이 서로 교환하여 성취한다. '자상'은 제법의 別相과 異

相이요, '공상'은 제법의 總相과 同相이다.(주 2) 六相 참조)

'십현문으로 통괄하고 육상의로 융통하다' 한 것은, 화엄종 2조 至相 대사가 『화엄경』初地에 의해 설한 것이니, 十玄緣起로 사사무애의 원통 관법을 창립하였다.

육상의로 융통한 것에 대해서는 내가 앞의 玄談 釋名 중에서 대략 설명한 적이 있으니 거듭 강의하지 않겠다. 지금 화엄종의 十玄門을 적으면 다음과 같다.

一은 同時具足相應門이요, 二는 因陀羅網境界門이요, 三은 秘密隱現俱成門이요, 四는 微細相容安立門이요, 五는 十世隔法具法門이요, 六은 諸藏純雜具德門이요, 七은 一多相容不同門이요, 八은 諸法相卽自在門이요, 九는 唯心回轉善成門이요, 十은 託事顯法生解門이다.

자세한 것은 『화엄일승십현문』(대정장경 45권 514-518페이지)을 보라.

'인연을 따르면 나누어진 것 같으나, 性을 잡으면 항상 합한다' 한 두 구절은 진제와 속제를 아울러 편 것이다. 더럽고 깨끗한 인연으로부터 일어난 만법을 세속에서 보면 각기 분별이 다른 十如是가 있어서 절대 같지 않은 것 같지만, 제법의 진제인 실성을 잡아 설하면 도리어 항상 하나의 모양이요 하나의 맛이어서 마침내 空으로 돌아가고, 또한 절대 차별이 없다(항상 합함). 항상 다르면서 항상 같고 항상 같으면서 항상 달라서 진과 속 이제가 본래 서로 여의지 않으니, 이것을 '제법의 실상'이라 하고, 또한 '법계의 큰 뜻'이라고 한다.

'마음으로 인하여 경계를 나타내고' 한 아래 네 구절은, 마음과 경계가 서로 의지하고 서로 보충하여 완성하며, 자·타가 하나도 아니고 다르지도 않아서 二諦가 원통함을 증명하였다. 경계는 마음으로 말미암아 나타나니, 그러므로 성불하고자 하면 반드시 마음으로 말미암아 성불의 인연을 닦아야 비로소 부처의 依·正 과보를 일어나게 할 수 있으니, 이를 '이 마음이 부처를 짓는다' 하고 부른다. 마음이 만약 부처를 짓지 않으면 마음이 능히 부처를 나타내지 못하기 때문이다. 부처가 곧 마음이라서 남[他]이 곧 자신[自]이요, 所成의 부처를 섭수하여 能成의 마음으로 돌아가니, 이것을 '이 마음이 부처다' 한 것이다. 마음에 만약 불성이 없으면 비록 닦더라도 부처가 없기 때문이다. '是心是佛'은 진제에 속하고, '是心作佛'은 속제에 속하여 본래 병행하여 걸림이 없다.

기 3. 인용하여 증명함

集

고덕이 말하기를 "만약 마음과 경계가 두 가지라고 집착한다면 두 가지가 아니라고 말하며 차단하니, 마음 밖에 별다른 경계[塵]가 없기 때문이다. 만약 하나라고 집착한다면 하나가 아니라고 말하며 차단하니, 인연이 없는 것이 아니기 때문이다." 하고,

古德云, 若執心境爲二, 遮言不二, 以心外無別塵故。若執爲一, 遮言不一, 以非無緣故。

講

고덕의 말씀은 모두 이치에도 맞고 근기에 맞아 부처님 말씀과 같으니, 그러므로 응당 신수 봉행해야 한다.(여기서 인용한 고덕의 글은 法藏의 『華嚴經義海百門』을 말함)

　　스님이 인용한 '만약 마음과 경계가 두 가지라고 집착한다면…' 한 아래 여섯 구절은, 고덕이 근기에 맞게 한 말씀을 인용하여, 진과 속 이제에 대하여 다르다고 해서도 안 되고, 또한 하나라고 해서도 안 된다는 것을 설하여, 이 책에서 二諦를 아울러 밝혀 '마음이 부처요 마음이 부처를 짓는다' 하는 바른 뜻을 증명하였다.

만법이 비록 많으나 마음과 경계에서 벗어나지 않건만, 사람들은 마음과 경계는 확실히 다른 두 가지 법이라고 생각하니, 이것은 망상분별의 二分法이다. 경전에서는 이를 '戲論'이라고 부른다. 이렇게 俗만 알고 眞을 알지 못하는 집착을 타파하기 위해, 불경이나 고덕의 말씀은 모두 마음과 경계가 다르다고 집착하지 말 것을 설하였다. 그러므로 고덕이 "마음 밖에 법이 있으면 생사에 윤회하고, 마음 밖에 법이 없으면 생사를 영원히 버린다." 하고, 혜사 선사의 『대승지관』에 "심성은 본래 청정하고 제법은 오직 일심뿐이니, 이 마음이 중생을 짓고 이 마음이 불보살이라, 생사도 이 마음이요 열반도 이 마음이다. 일심이 두 가지를 짓지만 두 가지가 다시 두 가지 모양이 없다." 하였다. 이것은 마음 밖에 경계가 없고 마음과 경계가 두 가지가 아님을 설한 것이다.

또한 『능가경』頌에 "경계가 오직 마음뿐임을 깨닫지 못하여 갖가지 분별을 내거니와, 경계가 오직 마음뿐임을 깨달으면 분별이 나지 않는다. 이미 경계가 오직 마음뿐임을 알았으면, 곧 밖의 塵相을 버리고 이로부터 분별을 쉬고 평등 진여를 깨닫는다." 했건만, 어떤 불자들은 도리어 마음과 경계가 절대 하나라고 집착하니, 이것도 또한 세간의 모양을 파괴한 것이라 이도 옳지 않다. 그러므로 경전과 고덕의 말씀이 모두 '제법이 인연으로 나고 제법이 인연으로 멸하니, 일체 인연생멸의 세속제가 진실하고 옳아서 차별이 한 가지가 아니다' 한 것이다. 『법화경』「방편품」에 "오직 부처님과 부처님만이 능히 제법 실상을 깊이 깨달으시니, 이른바 제법의 이 같은 相(형상)과 이 같은 性(특성)과 … 이 같은 本末究竟等(본체와 현상이 궁극에서는 평등한 것)이네." 하시니, 이 十如是의 인과율은 제법의 실상이니 어떻게 제법에 인연차별상이 없다고 말하겠는가!

集

『정명경』에는 "제불의 위신력으로 건립한 것이며…" 하며,

淨名經云, 諸佛威神之所建立。

講

여기서 인용한 『정명경』 말씀은 이 경 「불국품」에서 따온 것이다. 원문은 이렇다. "이와 같이 나는 들었다. 한때 부처님이 비야리 菴羅樹園에서 훌륭한 비구 대중 팔천 명과 보살 삼만 이천 명과 함께 계셨다. 그들은 대중이 아는 분들이라, 大智本行을 모두 성취하고 제불의 위신력으로 건립한 것이니… 모든 공덕을 모두 구족한 분들이었다."(대정장경 14권 537페이지 상)

이것은 법회에 참석한 보살과 비구들이 일체 자리와 이타 공덕을 갖추었음을 찬탄한 것이다. 이 같은 공덕은 모두 대지본행의 자력[自相]과, 제불 위신력의 타력[共相]으로 말미암으니, 이것들이 서로 의지하여 성취한 것이다. 『법화경』 「묘음보살품」에 묘음보살이 부처님께 "세존이시여! 제가 지금 사바세계에 이른 것은 모두 여래의 힘이며, 여래의 신통유희이며, 여래의 공덕지혜로 장엄한 것입니다." 하고 아뢴 것은, '마음이 곧 부처다[卽心是佛]' 한 것이니 어찌 밖으로 구하겠는가! 반드시 알 것은, '제불의 위신력으로 건립한 것이다' 한 것은 대승 불법의 특징이며 법계연기의 인과라는 점이다. 그대들은 藏·通·別敎 가운데 사람이니, 어찌 단지 자력의 업감연기와 아뢰야연기와 여래장연기[48]만을 알고, 안도 아니고 밖도 아니며 안이면서 밖이어서 자·타가 둘이 아닌 법계 원통의 연기는 알지 못하는가!

---

48 업감연기는 세간의 일체 현상과 유정의 생사 유전이 모두 중생의 業因으로 난 것이라는 연기론. 소승의 여러 종파가 모두 이 설을 주장하지만 특히 설일체유부가 더욱 그러하다. 아뢰야연기는 대승시교의 주장이

255

集

지자대사는 "대저 한결같이 無生만을 관하는 사람(통교보살)은 다만 (自)心의 이익만을 믿고 밖으로 부처님의 위신력과 가피 이익은 믿지 않는다. 경에는 '안도 아니고 밖도 아니며 안이면서 밖이다' 하였으니, 안이기 때문에 제불의 해탈을 심행 가운데서 구하고, 밖이기 때문에 제불이 호념하시니, 어찌 밖의 이익을 믿지 않겠는가?" 하였다.

智者大師云, 夫一向無生觀人, 但信(自)心益, 不信外佛威加益。經云, 非內非外, 而內而外。而內故, 諸佛解脫於心行中求, 而外故, 諸佛護念。云何不信外益耶。

講

스님은 다시 지자대사의 말씀과 경전을 인용하여 증명하였다. '어찌 바깥 이익을 믿지 않겠는가?' 한 구절은, '만약 他塵을 인증한다면 自法은 숨는다'라고 한 것을 바로 꾸짖었으니, 경의 뜻과 부처님의 뜻에 맞지 않는다. '안도 아니고 밖도 아니며 안이면서 밖이기도 하다' 한 두 구절은 法界緣起를 바로 설명했으니, 自·他가 두 가지가 아니어서 서로 인연이 되니, 한 가지만 폐해서는 안 된다. 자신의 힘을 '안'이라 하고 부처님 힘을 '밖'이라 하였다. 진제에서 설하면 동일한 법성이라 안도 아니고 밖도 아니요, 속제에서 보면 여러 가지 인연으로 이루어진지라 안이면서 밖이다. 예를 들면 밝은 거울에 여러 가지 모양이 나타나는데, 모양은 거울이 스스로 낸 것이 아니므로 안에 것이 아니요, 또한 다른 물건이 나타난 것이 아니므로 밖에 것이 아니다. 거울 안에는 본래 모양이 없기 때문에 안팎이 함께 낸 것이 아니요, 인연이 화합하여 모양을 나타

고, 여래장연기는 대승종교의 주장이다.

내기 때문에 아무 까닭 없이 나는 것이 아니며, 인연으로 일어나기 때문에 안이면서 밖이요, 性이 공하기 때문에 안도 아니고 밖도 아니다.

기 4. 설명함

集

대저 인연의 도와 정진 수행의 문은 모두 여러 가지 인연으로 이루어진 것이라 하나도 독립된 것이 없다. 만약 자신의 힘만으로 충분히 갖추었다면 곧 인연을 빌리지 않겠지만, 자력만으로 감당하지 못한다면 모름지기 다른 것의 힘에 의지해야 한다. 비유하면 세상 사람이 관청의 재앙을 만나 스스로 벗어날 힘이 없으면 모름지기 힘 있는 사람에게 구제해 주기를 빌려야 하고, 또한 무거운 물건을 옮길 때 자신의 힘만으로 감당하지 못하면 반드시 다른 사람의 여러 가지 힘을 빌려야 비로소 이동할 수 있는 것과 같다.

안으로 實德만을 헤아려 마침내 자신으로 다른 사람을 비방해서는 안 된다. 또한, 만약 집착하여 內力이라고만 말하면 곧 自性이요, 만약 外力이라 말하면 곧 他性을 이루며, 만약 (중생의) 機와 (부처님의) 感이 서로 투합해야 한다고 말하면 곧 共性이요, 만약 因도 아니고 緣도 아니라고 하면 곧 無因性이니, 모두 집착에 막혀서 圓成에 들어가지 못하거니와, 만약 眞心을 깨달으면 곧 주착하는 바가 없다.

夫因緣之道, 進修之門, 皆衆緣所成, 無一獨立。若自力充備, 卽不假緣。若自力未堪, 須憑他勢。譬如世間之人, 在官難中, 若自無力得脫, 須假有力之人救拔。又如牽拽重物, 自力不任, 須假衆他之力, 方能移動。但可內量實德, 終不以自妨人。又若執言內力, 卽是自性, 若言外力, 卽成他性, 若云機感相投, 卽是共性, 若云非因非緣, 卽無因性。皆滯閣執, 未入圓成, 若了眞心, 卽無所住。

講

'인연의 도와' 한 데서부터, '하나도 독립된 것이 없다' 한 데까지 네 구절은, 二諦를 함께 펼치는 필연적인 도리를 결론지었다. '자력만으로 충분히 갖추었다' 한 것은, 심성이 본래 청정하고 제법이 오직 일심뿐이라는 설에 의해 말한 것이다. 만약 眞如 淨心과 '이 마음이 부처다[是心是佛]' 한 것을 깨닫는다면 이것이 '바로 인연을 빌리지 않는다' 한 것이다. 비록 淨心이 있으나 아직 깨닫지 못하여 '자력으로 감당하지 못한다면' 반드시 다른 이의 세력(佛力의 加持)을 빌려 감·응의 길이 서로 교섭해야 비로소 능히 깨달을 수 있다. 왜냐하면, 세간과 출세간법이 모두 진·속 이제의 인연으로 이루어진 것이라, 절대 독립적인 자력만으로 일어나는 것이 아니기 때문이다.

그러므로 세상의 두 가지 일을 들어 비유했으니, 자신[內]이 어떤 실덕(법신 진여 공덕)이 있는지를 따져, 처음부터 끝까지 모두 자신의 힘에만 집착하여 자신을 그르치고 다른 사람을 그르치게 해서는 안 된다는 것을 경계하였다.

'집착하여 內力이라고만 말하면' 한 것부터, '곧 無因性이다' 한 데까지 여덟 구절은, 四生의 四性(自性·他性·共性·無因性)을 얻지 못하는 性空緣起의 바른 뜻으로, 불교를 배워 이루려면 眞에 막히거나 俗에 한정하지 말고, 응당 진과 속에 걸림 없이 일심 이문의 실상을 깨달아야 진·속, 공·유, 자·타 두 가지에 모두 집착[住]하지 않는 이제 융통의 三昧印을 이룰 수 있다는 것을 증명하였다.

무 4. 부처님을 부르고서 부처가 되다
기 1. 질문

集

문 : 경에 "몸의 실상을 관하는 것처럼 부처를 관하는 것도 그렇게 하라." 하였습니다. 일념도 내지 않으면 天眞이 단박에 밝으니, 어찌 저 부처님 명호를 부르고 많은 경전을 널리 외우겠습니까? (그렇게 해서는) 오르내리며 윤회하고, 앞뒤로 나고 죽을 뿐입니다. 이미 선정을 방해하고 다만 음성을 따를 뿐이니, 물이 요동하고 구슬이 탁하여 어찌 (진여실상에) 합하겠습니까?

問, 經云, 觀身實相, 觀佛亦然。一念不生, 天眞頓朗。何得唱他佛號, 廣誦餘經。高下輪回, 前後生滅。旣妨禪定, 但徇音聲。水動珠昏, 寧當冥合。

講

여기서 '경'은 『文殊師利所說摩訶般若波羅蜜經』을 말한다. 질문한 뜻은 진제에 집착하여 속제를 폐한 것이다. '몸의 실상을 관한다' 한 것은, "불교를 배우려면 반드시 실상인 진제를 관해야 하고 幻色인 속제를 알아서는 안 된다. 마음과 부처와 불성, 이 세 가지가 차별이 없으니, 그러므로 '부처를 관하는 것도 또한 그러하다' 하였다. 만약 제법이 오직 일심 이문의 실상뿐임을 안다면 선종에서 말하는 '일념이 나지 않으면 전후가 단절된다' 한 것과 같이, 그렇게 되면 자연히 '천진이 단박 밝아' 본래면목[淨心]을 친견하리니, 이것은 수행의 극칙 공안이다. 그런데 무엇 하러 저 부처님 명호인 아미타불이나 약사여래 등을 부르거나, 혹은 『화엄경』이나 『법화경』이나 『금강경』 등을 널리 독송하겠는가? 이렇게 해서는 구업으로 윤회에 오르내리고, 의업으로 앞뒤 생멸 가운데 이리저리 왔다 갔다 하는 것을 면치 못하리니, 나고 죽는 마음으로 나지도 죽지도 않는 과득 증득하기를 바라는 것은 전혀 있을 수 없는 일이다. 이미 선정 공부를 방애했고 언구와 음성만을 따르니, 물이 진동하고(定이 없음) 구슬이 혼탁(지혜가 없음)한 것과 같으니, 정·혜가 이미 없다면 그 가운데서 어떻게 진여 실상과 합하겠는가?"한 것이다.

기 2. 정답

集

답 : 대저 음성은 여러 가지 뜻이 담긴 곳집이요, 언어는 모두 해탈로 들어가는 문이니, 모든 것이 음성에 들어가면 음성이 법계가 된다. 경에 "낱낱 제법 가운데 모두 일체법을 포함하였다." 하니, 그러므로 하나의 언어나 음성 가운데 모든 것을 포함하여 밖이 없고, (하나의 언어나 음성 가운데) 십계가 구족하여 삼제의 이치가 원만함을 알 수 있다. (그러니) 어찌 이것은 옳지 않다 하고 저것은 소중히 여기며 모양을 버리고 眞을 구하겠는가? 움직이는 것과 고요한 것의 근원을 다하지 못하여 마침내 말하고 침묵하는 잘못에 이른 것이다.

그러므로 경에 "일념이 처음 일어날 때 처음 모양이 없으면 이것이 진정한 護念이다." 하니, 군이 생각을 쉬고 소리를 없애고서 비로소 실상에 합하는 것은 아니다. 그러므로 莊嚴門 안에 만행이 부족함이 없고, 진여의 바다 가운데 티끌 하나도 버릴 것이 없다. 더욱이 일과를 정하여 부처님 명호를 염하라고 가르친 분명한 문장이 있으니, 부처님 명호를 부르는 한 소리로 먼지나 모래 같은 죄가 없어지고, 열 번 부처님 명호를 부르면 몸이 정토에 깃들이랴! 위태로움을 건지고 고난을 벗어나며 장애를 끊고 원한을 소멸하되, 금생뿐만 아니라 잠깐 동안에 고통의 나루를 건너나니, 이 인연에 의탁하여 마침내 깨달음의 바다에 들어가게 되는 것이다.

答, 夫聲爲衆義之府, 言皆解脫之門, 一切趣聲, 聲爲法界。經云, 一一諸法中, 皆含
一切法。故知一言音中, 包羅無外, 十界具足, 三諦理圓。何得非此重彼, 離相求
眞。不窮動靜之源, 遂致語默之失。故經云, 一念初起, 無有初相, 是眞護念。未必
息念消聲, 方冥實相。是以莊嚴門內, 萬行無虧, 眞如海中, 一毫不捨。且如課念尊
號, 敎有明文。唱一聲而罪滅塵沙, 具十念而形棲淨土。拯危拔難, 殄障消寃, 非但
一期, 暫拔苦津, 託此因緣, 終投覺海。

講

여기서 설한 것은 전부 원융무애의 중도니, 인용하여 근거를 댄 聖言量도 또한
대부분 圓敎에 속한다. 이런 뜻을 알아야 비로소 뜻을 미혹하지 않게 된다. 여
기서 답한 글과 인용하여 증거를 댄 것은, 부처님 명호를 불러 부처가 될 수 있
고 염불하여 부처를 이룰 수 있는, 직접적이고 편안하여 모든 방편 가운데 가
장 훌륭하고 가장 행하기 쉬운 방편법문에 대해 바로 설명하였다.

名·句·文身[49]은 비록 생멸의 塵境이지만 원교 법문은 마음과 경계가 둘이
아니다. 곧 아뢰야식의 見分과 相分 二分이 하나도 아니요 다르지도 않다. 그러
므로 만약 識을 돌려 지혜를 이루기만 하면 어느 법에서나 만법의 근원인 청정
본심을 원만히 깨닫고 원만히 증득할 수 있다. 『능엄경』에서 설한 25원통[50]이

---

49   名은 事에 의해 이름을 세운 것. 句는 여러 가지 말이 합성한 것. 文은 여러 가지 뜻을 연합한 것. 이것들
을 모두 '身'이라 한 것은, 身은 모은다는 뜻이니 이 세 가지가 길고 짧고 높고 낮게 차례대로 널어놓아 능히
교법을 밝힐 수 있다.

50   보살이나 성문이 證悟하는 25종 수행 방법. '圓通'은 圓滿周遍, 融通無礙의 뜻. 중생의 근기가 천차만별
이니 그러므로 원통을 얻는 방법도 각기 같지 않다. '二十五'는 六塵·六根·六識과 七大를 말한다. 자세한 것
은 생략함.

나, 『화엄경』에서 설한 부사의 해탈경계에 들어간 것이나, 『법화경』에서 설한 갖가지 방편으로 실상을 보조적으로 밝힌 뜻이 이 같지 않은 것이 없다.

'소리는 여러 가지 뜻의 곳집'이라는 것은, 명·구·문신의 이름과 모양은 능히 제법의 뜻과 이치를 모으고 합할 수 있다. '말이 모두 해탈의 문이다' 한 것은, 말을 하거나 묵묵하거나, 심지어 행·주·좌·와 일체 행동거지가 모두 해탈열반에 들어갈 수 있는 경계니, 그러므로 '불가사의'라 하였다. 『지도론』에 "소승법에는 부사의사가 없고, 오직 대승법에만 있다." 한 것처럼, 대승의 열 가지 법행[51]에는 낱낱이 모두 명·구·문신이 있으나 낱낱이 모두 三德의 비밀 창고에 들어가 도과를 이룰 수 있다.

그러므로 천태종은 '일즉일체'의 뜻에 의해 일념에 삼천 性相을 갖춘다는 교관을 창립하였다. 일체가 일념에 들어가고 일념이 법계를 통섭하여 일체가 하나의 소리에 들어가니, 하나의 말이나 하나의 음성도 또한 삼천 법계를 갖추었다. 그러므로 '낱낱 제법 가운데 모두 일체법을 함유하였다' 하니, 하나의 언어나 소리 가운데 모든 것을 포함하여 밖이 없고, 하나의 언어나 소리 가운데 십계가 구족하여 삼제의 이치가 원만하다. '십계'는 六凡(지옥·아귀·축생·수라·인간·천상 등 六界)과 四聖(성문·연각·보살·불)의 유정을 가리키니, 십계

---

51   열 가지 法行. 1. 書寫-부처님이 설한 경·율·논을 쓰고 베끼고 유통하여 끊어지지 않게 하는 것. 2. 供養-부처님 경전이 있는 곳을 부처님 탑묘와 같이 모두 공경하고 존중하고 공양하는 것. 3. 施他-자신이 들은 법을 다른 사람을 위해 연설하거나, 혹은 경전을 보시하여 자신만 사용하지 않고 남을 유익하게 하는 것. 4. 諦聽- 다른 사람이 경전을 독송하고 해설하는 것을 듣고는 깊이 愛樂을 내어 마음을 다해 자세히 듣는 것. 5. 披讀-제불이 설하신 경전을 항상 펴고 읽어 손에서 놓지 않는 것. 6. 受持- 제불이 설한 교법을 스승에게 받아 지녀 잊어버리지 않는 것. 7. 開演-여래가 설한 정법을 항상 열어 보이고 연설하여 사람들에게 믿고 이해하게 하는 것. 8. 諷誦-여래가 설한 일체 도법을 읽고 외워 선양하되 범음이 맑아 사람들이 듣고 기뻐하게 하는 것. 9. 思惟-여래가 설한 모든 법의 뜻을 사유하고 헤아리고 기억하여 잊어버리지 않는 것. 10. 修習-여래가 설한 법을 정밀히 닦고 자주 익혀 도과를 이루는 것.

가 십계를 서로 갖추어 곧 백계가 있고, 하나의 세계마다 모두 十如是가 있으니, 그러므로 천 개의 여시가 이루어진다. 假名과 國土와 五陰, 세 가지 세간에 각기 천 개의 여시가 있으니, 세 가지 세간을 합하였기 때문에 '삼천 성상'이라 하고, 세간 출세간의 만법을 총섭하기 때문에 '모든 것을 포함하여 밖이 없다' 하였다. 이 삼천 성상이 바로 진제니 性이 공하기 때문이요, 바로 속제니 인연으로 이루어졌기 때문이며, 바로 제일의제니 공과 유가 둘이 아니기 때문이니, 이렇게 삼제의 이치가 원만구족하다.

'어찌 이것은 옳지 않다 하고, 저것은 중히 여기랴' 한 아래 네 구절은, 질문한 것이 이치에 합당하지 않다는 것을 꾸짖었으니, 아직 원교의 불이법문에 들어가지 못한 것이다. '모양을 버리고 참을 구한다'는 것은, 事를 버리고 理를 찾으니 眞에 집착하여 俗을 폐하는 편견이다. '동·정의 근원을 다하지 못하였다' 한 것은, 만법의 相이 모두 識으로 인하여 변화하고, 識은 性에 의해 일어나니, 상과 식이 모두 공하여 그 성이 여여부동하다. 그래서 오직 여여부동한 자성 청정심만이 만법의 근원임을 알지 못한 것이다.

'마침내 語·默의 잘못을 이룬다' 한 것은, 언어 문자가 있는 것에 집착하여 이를 옳게 여기거나, 혹은 언어 문자가 없는 것에 집착하여 이를 옳게 여기든, 이렇든 저렇든 집착이 있으면 곧 邊見에 떨어진 것이라, 이는 보살이 수행 성불하는 데 가장 큰 허물이다.

그러므로 경에 '一念이 처음 일어날 때 처음 모양이 없으니, 이것이 진정한 護念이다' 한 세 구절은 『화엄경』과 『기신론』 문장을 인용하여, 생각을 하거나 생각이 없거나 간에 이제가 원융하여 제불이 호념하신다는 것을 증명하였다. 예를 들면 우리들이 아미타불을 부를 때, 마음을 내어 입을 벌리는 한 생각 가운데 능념과 소념의 성이 공적하여 염이 곧 무념이요 무념이면서 염하니, 이렇게 무념으로 염하는 염불은 연기의 性이 공하여 최초로 일어나는 실법을 얻을 수가 없으나, 도리어 연기의 명·구·문·성에 진실한 相用이 있어서 능히 미타의 본원과 감·응의 도가 교차하여 부처님의 섭수로 극락에 왕생하며, 더 나아가서 일생에 성불하는 불가사의한 역용을 얻는다. 이것을 '부처님의 진실 호념'이라 부르며, 또는 '불법의 진실 수용에 이른다'고도 한다. 고금에 이와 같은 불가사의한 이익을 얻은 불자가 매우 많은데,『법화경』「방편품」에 설한 것이나,『왕생정토전』에 실려 있는 이들이다. 이로써 증명할 수 있는 것은, 반드시 無念·無聲이라야 비로소 제법 실상에 증입할 수 있는 것이 아니라는 점이요, 또한 불법을 닦고 배우는 데는 여러 가지 방편 법문이 있으니, 절대 자신이 옳고 다른 이는 그르며, 혹은 이것을 그르다 하고 저것을 중히 여기며 공에 집착하여 유를 폐하거나 진에 집착하여 속을 폐해서는 안 된다. 그러므로 佛果를 장엄하는 방편문에서는 육도만행과 크고 작은 善事을 하나도 버려서는 안 된다.

　진여 법신의 性海 가운데는 크고 작은 파도는 물론, 한 방물 물도 절대 버리지 않는다. 더욱이 제불의 명호를 부르는 것은 곧 여래 공덕을 칭찬하는 것이니, 이야말로 여래 공덕을 성취하는 데 조금도 부족함이 없는 수행법이다.『화엄경』중에 이런 분명한 글이 실려 있는데 어찌 보살도를 행하는 데 방애된다고 하겠는가! 또한『관무량수불경』제16관 중에 "나무아미타불을 부르면 부처님 명호를 불렀기 때문에 생각생각에 80억겁 생사 중죄를 소멸하고, 목숨이 다할 때 금색 연화를 보고 그 사람 앞에 머무르면 잠깐 사이에 금방 극락세계에 왕생한다." 한 것과 같으니, 이를 보면 부처님 명호를 부르는 한 소리로 능히 먼지와 같이 많은 죄를 소멸하고, 한 번 생각하는 데 열 번 생각하는 공덕을 갖추어 능히 몸이 정토에 왕생할 수 있음을 알 수 있으니, 어찌 이익이 없다고 말하겠는가!

위에서 설한 것을 다시 부연하면, 부처님 명호를 부르고 여러 가지 경전을 독송하면 수행에 아무런 장애가 되지 않을뿐더러, 중생의 위험과 재난을 건지고 업장과 원수를 구제하여 고통을 여의고 안락을 얻게 하는 등의 이익이 매우 많다. 이에 의하면 염불 송경의 수승한 인연으로 최후에 반드시 제불 정토로 돌아가고, 법성의 깨달음의 바다에 들어갈 수 있다. 이른바 "四生·九有 중생이 똑같이 정토법문에 오르고, 八難·三途 중생이 함께 미타 願海에 들어가지이다." 하였으니, 이와 같이 불가사의한 이익을 어찌 비방하겠는가! 고인(영가 대사)이 "만약 무간업을 초래하지 않으려거든 여래 정법륜을 비방하지 마라." 하였으니, 조심하고 조심하라!

기 3. 인용하여 증명함

集

그러므로 경에 "만약 산란한 마음으로라도 塔廟에 들어가 한번 '나무불' 하고 부르면 모두 이미 불도를 이루었다.(대정장경 9권 9페이지 상)" 하고,

故經云, 若人散亂心, 入於塔廟中, 一稱南無佛, 皆已成佛道。

講

이 아래는 열 가지 경론을 인용하여 부처님 명호를 부르는 칭명염불의 수승한 이익을 인용하여 증명하였다.

처음은 『법화경』「방편품」 게송을 인용하였다. '만약 산란한 마음으로라도' 하였으니, 산란한 마음으로 부처님 명호를 부르더라도 오히려 부처를 이루거든, 더욱이 지극한 마음으로 수도 없이 부처님 명호를 부르고, 더 나아가서 일심불란하게 부처님 명호를 부르고서 어찌 부처를 이루지 못할 리가 있겠는가?

'塔廟에 들어가' 한 것의 '탑묘'는 범어 窣堵波stūpa를 번역하면 '塔' 혹은 '廟'라 하고, 또한 塔婆, 兜婆, 浮圖, 俱羅, 支提, 制底라고도 한다. 『승지율』에는 "사리가 있는 것을 '탑파'라 하고, 사리가 없으면 '지제caitya, cetiya'라 한다." 하고, 『사분율행사초』下 2에는 "'지제'는 우리말로 廟라 하니, 곧 불·법·승 삼보가 있는 곳이다." 하였다. '한번 나무불하고 부르면'에서 '나무梵 namas, 巴namo'는 범어니, 歸命, 度我, 敬從이라 번역한다. 지극한 정성으로 歸命[52]하고 敬從(공경히 따름)하는 마음으로 부처님 명호를 부르며 부처님께서 자비로 섭수하사 저에게[我] 생사를 벗어나[度] 성불하기를 간절히 구하면 반드시 성불하는 이익을 얻는다. 『미륵하생경』에 "용화 세 번째 회상에서 92억 사람을 제도하니, 모두 석가불이 멸도한 후 한번 '나무불' 하고 부른 사람이다." 하였다. 이를 보면 정토법문은 참으로 생사를 다하고 성불하는 영단묘약이다!

'모두 이미 불도를 이루었다' 한 것에는 理가 있고 事가 있다. 事를 가지고 말하면, 육도만행으로부터 내지 세상의 크고 작은 선행이 모두 緣因佛性이니, 만약 사람이 이미 위없는 보리심을 내었으면 육도만행이 종자와 현행으로 서로 훈습하여 더욱더 증장하여 불과를 성취한다. 유식종에서 세운 五果[53] 중에는 等

---

52 범어 namas를 번역한 말. 중요한 뜻은 세 가지인데, 첫째는 몸과 목숨을 부처님께 바친다는 뜻, 둘째는 부처님의 教命을 따른다는 뜻, 셋째는 목숨을 근본으로 돌려보낸다는 뜻이다.

53 여섯 가지 원인(六因)으로 난 것과, 도력으로 증득한 有爲 無爲의 果를 말하니, 모두 다섯 가지가 있다. (一) 等流果-依果 또는 習果라 한다. (二) 異熟果-報果라고도 한다. (三) 離繫果-또는 解脫果라 한다. (四) 士用果-士夫果 또는 功用果라 한다. (五) 增上果. 그 가운데 離繫果는 무위과에 속하고 나머지四果는 모두 유위과이다. 또한 유위과 중에 등류과는 육인 가운데 同類·遍行 二因에서 왔고, 異熟果는 異熟因에서 왔으며, 士用果는 俱有·相應 二因으로 인하여 왔고, 增上果는 能作因으로 말미암아 왔다. 離繫果는 擇滅無爲로 말미암으니 곧 非生法에 속하여, 六因으로부터 난 것이 아니고 오직 도력으로 증득한 것이다. 그러므로 비록 도과라 하지만 그 밖에 四果가 六因으로 인하여 온 것과는 다르다. 이것은 『구사론』의 설이다. 『成唯識論』 등은 十因·四緣에서 五果가 난다고 본다. 『成唯識論』 8권의 뜻에 의하면, 十因 가운데 引因·生起因·異因·同事因·不相違因이 이끌어 異熟果를 얻고, 引因·生起因·攝受因·引發因·定異因·同事因·不相違因이 이끌어 等流果를 얻으며, 受

類果, 士用果, 增上果에 속하고, 六因[54] 중에는 同流因, 相應因, 能作因에 속하여 인과 과가 반드시 그러하여 부처를 이루는 것은 불과 적은 것이 쌓여 많은 것이 되고, 미미한 것으로 말미암아 드러나는 것이지 당장 성취하는 것은 아니다.

理를 가지고 설하면, '응당 法界性을 관할지니 일체가 오직 마음으로 지었을 뿐이다' 한 것이다. 마음과 부처와 중생 이 세 가지가 차별이 없고 육도만행이 모두 일심 이문에서 나온 것이다. 만약 청정한 마음으로 부처님 명호를 부르면, 有念으로 인하여 無念에 들어가고 有生으로 인하여 無生에 들어가 곧 일심 이문에 들어갈 수 있으니, 이 마음이 곧 부처다.

事를 잡아 말하면 '이 마음이 부처가 된다'고 하고, 理를 잡아 말하면 '이 마

因·引發因·定異因·同事因·不相違因이 섭수하여 離繫果를 얻고, 十因으로 增上果를 얻는다. 士用果를 얻음에 두 가지 뜻이 있으니 하나는 觀待因·攝受因·同事因·不相違因으로 이를 얻는다 보고, 觀待因·牽引因·生起因·攝受因·引發因·定異因·同事因·不相違因으로 이를 얻는다고도 본다.

54　모든 법의 원인을 여섯 가지로 나눈 것. (一) 能作因-어떤 물건이 생길 때 그것이 발생하는 데 대해 큰 힘을 주어 조장하게 하거나 아무 것도 장애하지 않고 자유롭게 나게 하는 것. (二) 俱有因-또는 共有因·共生因이라고 한다. 俱有果의 因으로 여기에 또한 두 가지로 나눈다. (1) 동시에 서로 인·과가 되는 것을 互爲果俱有因이라 한다. 예를 들면 세 개의 막대기가 서로 서로 의지하여 서있는 것과 같다. (2) 여러 가지 법이 동시에 因이 되어 동일한 果가 되는 것을 同一果俱有因이라 한다. 예를 들면 세 개의 막대기가 서로서로 의지하여 한 물건을 지지하는 것과 같다. 이 因으로 얻은 果를 '士用果'라 한다. (三) 同類因-自分因 또는 自種因이라 한다. 과거나 현재의 동류나 상사한 일체 유루법이 因이 되기 때문에 동류인이라 한다. 선법이 선법의 인이 되고 무기법은 무기법의 인이 되는 것과 같다. 이 '동류'라는 명칭은 선악의 성에 나아가 성립된 것이지 색심 등의 事相에 나아간 것은 아니다. 이 인으로 얻은 과를 '등류과'라 한다. (四) 相應因-인식이 발생할 때 심왕과 심소가 반드시 동시에 상응하여 일어나고 서로 의존하는 것을 말하니, 두 가지가 동시에 구족하여 所依가 같고 所緣이 같으며 行相이 같고 때가 같고 일이 같은 등 다섯 가지 뜻이 있다. 그러므로 상응인이라 한다. 이 인으로 얻은 과를 '사용과'라 한다. (五) 遍行因-一切遍行因이라고도 한다. 일체 염오법의 번뇌를 능히 遍行함을 특히 지적하여 말한 것이다. 위에서 적은 同類因과 앞뒤로 때를 달리한 인과법이 된다. 그러나 同類因은 일체 제법에 통하고 遍行因은 심소 가운데 11遍行으로 말미암아 일체 미혹을 두루 내기 때문에 '편행인'이라 한다. 이 11遍行은 四諦理를 거역한 여러 가지 번뇌 중 苦諦 아래 身見·邊見·邪見·見取見·戒禁取見·疑·明 등 일곱 가지와, 集諦 아래 邪見·見取見·疑·無明 등 네 가지를 말한다. 이 열한 가지 번뇌는 모든 번뇌가 일어나는 원인이 된다. 이 인으로 얻은 과를 '등류과'라 한다. (六) 異熟因-또는 報因이라고도 한다. 특히 삼세 고락의 과보인 선악의 업인을 능히 초치하는 것을 말한다.

음이 부처다'라고 한다. 理를 잡으면 항상 같고 事를 잡으면 항상 다르니, 항상 같으면서도 항상 다르고 항상 다르면서 항상 같으니, 하나가 곧 일체[一卽一切]요 일체가 곧 하나[一切卽一]라 법계연기가 본래 그러하다.

그러므로 『법화경』 송에 이를 이어 "모든 여래께서 무량 방편[心生滅門]으로 모든 중생을 제도하여 부처님의 무루지[心眞如門]에 들어가게 하시니, 법을 듣는 자 한 사람도 성불하지 않는 이가 없네." 하니, 부처님이 여러 중생의 근성에 맞게 방편으로 五乘 불법을 설하시어, 법을 듣는 중생이 모두 부처가 되게 하였다. 이 때문에 부처를 불러[稱佛] 부처가 되는 것[作佛]은 당연한 이치이다. 『약왕약상보살경』에 "나는 항상 쉰셋의 부처님 명호를 불렀기 때문에 지금 부처가 되었다." 하니, 이것이 가장 좋은 예증이다.

集

또한 경에 "부처님 명호를 수지하는 자, 모두 모든 부처님이 함께 護念하심을 입는다." 하며,

又經云, 受持佛名者, 皆爲一切諸佛共所護念。

講

두 번째는 『대집경』 문장을 인용하였다. 거기에 "부처님 명호를 수지하는 자는 현세에 반드시 열 가지 큰 이익을 얻는다. 첫째는 일체 제천의 대력 신장과 수많은 권속이 몸을 숨기고 밤낮으로 수호함을 항상 얻는다. 둘째는 관세음보살 등 스물다섯의 대보살이 항상 따라다니며 수호함을 항상 얻는다. 셋째는 일체 제불이 밤낮으로 護念하고, 아미타불이 항상 광명을 놓아 이 사람을 섭수함을 항상 얻는다. 넷째는 일체 악귀, 야차, 나찰 등이 모두 해치지 못하고, 일체 독사, 독룡, 독약 등에 중독되지 않는다. 다섯째는 화재나 수재나 원적의 칼이나

화살, 감옥의 수갑에 일체 죽임을 당하지 않는다. 여섯째는 예전에 지은 죄를 모두 소멸하고 죽인 원수의 목숨이 해탈을 얻어 다시 집착하지 않는다. 일곱 번째는 밤에 꿈이 정직하고, 혹은 아미타불의 거룩한 색상을 꿈꾼다. 여덟 번째는 마음이 항상 기뻐 안색에 광택이 나고 기력이 충만하여 하는 일마다 길하다. 아홉 번째는 항상 모든 사람이 공경 공양하고 환희 예배하기를 마치 부처님을 공경하듯이 한다. 열 번째는 목숨을 버리는 날 마음에 두려움이 없고 바른 생각이 눈앞에 나타나 아미타불과 여러 성중이 금련화를 들고 서방정토에 왕생하는 것을 접인하여 미래가 다하도록 수승하고 미묘한 즐거움을 받는다." 하였다.

이렇게 지금 스님이 인용한 것은 겨우 열 가지 가운데 하나일 뿐이다. 이미 현생이나 내세에 모두 수승한 이익이 있다면, 부처님 명호를 부르는 것은 불자들이 반드시 해야 할 일이요, 반드시 정진하여 의심해서는 안 된다는 것을 알 수 있다.

集

『보적경』에 "큰 소리로 염불하면 마군이 후퇴하여 물러간다." 하고, 『문수반야경』에는 "중생이 우둔하여 觀想할 줄 모르므로, 다만 염불하는 소리가 서로 연잇게 하는 것만으로 저절로 불국토에 왕생할 수 있게 하였다." 하였다.

寶積經云, 高聲念佛 魔軍退散。文殊般若經云, 衆生愚鈍, 觀不能解, 但令念聲相續, 自得往生佛國。

講

세 번째는 『보적경』과 『문수반야경』에 부처님이 스스로 말씀하신, "소리를 내어 부처님 명호를 부르면 현생에 마장이 없고 내세에 불국에 왕생한다." 한 것을 인용하였다. 그러므로 정토종에서 2조부터 천여 년 동안 모두 지명염불로 주를 삼고, 觀想念佛과 지계와 복을 닦는 것은 보조적인 행으로 삼았다. 왜냐하면, 관상을 닦아 삼매를 얻는 것은 상근인이 닦기에 마땅하고, 중하 근기는 장애가 깊고 지혜가 옅어[愚鈍] 관상법문을 이해하기 어렵기 때문이다. 더욱이 마음은 거칠고 경계는 번거로워 관상을 이루기 어려움이랴. 그러므로 부처님이 대·소본『미타경』에서 중생이 염불하는 소리가 서로 연이어 부처님 명호를 부르게 하였던 것이다. 아울러『관경』제16관에서 부처님 명호를 부르는 하나의 방법을 여시고, 마지막에 아난에게 "너는 이 말을 잘 기억하라. 이 말은 곧 무량수 부처님 이름을 부르는 것이다." 하였으니, 만약 지극한 마음으로 믿고 즐거워하며 부처님 명호를 부르고 제불 국토에 왕생하기를 원하면, 모두 불국에 왕생할 수 있다.

集

『대지도론』에 "비유하면 어떤 사람이 처음 태어났을 때 하루에 천 리를 가고 1천 년 동안 그렇게 하여 (그 멀고 넓은 곳에) 칠보를 가득 채워 부처님께 보시하더라도, 어떤 사람이 미래 악세에 한번 부처님 명호를 부르면 그 복덕이 저보다 낫다." 하고, 『대품경』에 "만약 산란한 마음으로라도 염불하여 마침내 (생사의 큰) 고통을 다하는 때에 이르면, 그 복이 다함이 없다." 하였다.

智論云, 譬如有人, 初生墮地, 即得日行千里, 足一千年, 滿中七寶, 以用施佛。不如有人, 於後惡世, 稱一佛聲, 其福過彼。大品經云, 若人散心念佛, 乃至畢苦, 其福不盡。

講

네 번째는『대품경』(『마하반야바라밀다경』)과『대지도론』에서 설한 것을 인용하여, 부처님 명호를 부르면 많고 적음을 막론하고 그 복이 한량없다는 것을 증명하였다. 비유하면 어떤 사람이 처음 태어나 능히 하루에 천 리나 되는 먼 길을 갈 수 있고 1년 360일 동안에도 그렇게 하여 이렇게 1천 년이 지나면 3천6백억 리가 된다. 이렇게 멀고 넓은 곳에 금, 은 등 칠보를 가득 채우고, 이 칠보를 부처님께 공양한다면 그 복덕은 이루 말할 수 없이 많다. 그러나 어떤 사람이 부처님이 멸도한 후 오탁악세에 온 정성을 다해 한 구절 '나무아미타불'을 부른다면, 그렇게 해서 얻는 복덕은 앞에서 칠보로 부처님께 공양한 사람의 복을 초과한다. 이것은 그만두고, 산란한 마음으로라도 염불하여 다생 다겁 후에 삼승 성과를 증득하여 생사의 큰 고통을 벗어난 때(내지 고통을 다하면)는 그 복덕은 다함이 없다.

예를 들면, 부처님이 세상에 계실 때 어떤 나무꾼 노인이 부처님을 뵙고 출가하기를 청하였다. 여러 득도 제자들이 선정에 들어 이 분을 관찰했더니, 이 노인이 무수겁 동안 조그마한 출세 선근도 닦지 않은 것을 알고 부처님께 허락하지 말 것을 요청하였다. 그때 부처님이 여러 비구에게 말씀하였다. "이 사람이 무량겁 전에 산에 올라 나무를 하다 범을 만났는데, 급한 마음에 나무 위에 올라가 피했더니 범이 나무 아래서 나무를 흔들고 있는 것을 보았다. 이 사람이 몹시 놀라고 두려워 산란한 마음으로 한 번 '아이고, 부처님 제발 살려주세요!' 했더니, 범이 물러가 화를 면할 수 있었다. 이 사람이 과거에 이렇게 한번 부처님을 부른 선근만으로도 금생에 인연이 성숙하여 능히 부처님을 만나 출가 수도 할 수 있게 된 것이다." 하시고, 부처님이 그를 위해 "어서 오너라. 비구여!" 하시니, 이 사람이 출가한 지 오래지 않아 곧 아라한과를 증득하였다. 한번 염불한 이익 복덕은 허공과 같이 크고 넓음을 알 수 있다.

集

『증일아함경』에 "한 염부제의 일체 중생에게 四事로 공양하더라도 그 공덕이 한량없는데, 만약 어떤 중생이 우유를 짜는 짧은 시간에도 善心이 끊이지 않고 부처님 명호를 부르면, 그렇게 하여 얻은 공덕은 저보다 나아 불가사의하여 아무도 헤아릴 자가 없다." 하며,

增一阿含經云, 四事供養一閻浮提一切衆生, 功德無量。 若有衆生, 善心相續, 如一牛乳頃, 所得功德過上, 不可思議, 無能量者。

講

다섯 번째는 『증일아함경』을 인용하였다. '四事'는 음식, 의복, 와구, 의약이다. '염부제Jambu-dvīpa, Jambu-dīpa'는 범어니 勝金洲라 번역한다. 지금의 지구쯤 되겠다. 음식 등으로 온 지구 사람이나 동물에게 공양하는 보시 공덕은 참으로 한량없다. 그러나 한 중생이 능히 우유를 짤 수 있는 짧은 시간에 善心이 끊이지 않고 부처님 명호를 부르고 얻은 공덕은 앞에서 말한 보시 공덕보다 더하여 불가사의할 정도로 많아서 능히 헤아리고 계산할 자가 없다.

集

『화엄경』에 "자재한 마음에 머무는 念佛門이니, 자심에 있는 욕락에 따라 일체 제불이 그 형상을 나타내는 줄 알기 때문이다.(대정장경 10권 334페이지 하)" 하며,

華嚴經云, 住自在心念佛門, 知隨自心所有欲樂, 一切諸佛現其像故。

講

여섯 번째는 『화엄경』을 인용하였다. 이 경문은 선재동자가 53선지식을 참방할 때, 가장 먼저 묘봉산 꼭대기의 德雲 비구를 찾아뵈니, 덕운이 선재에게 보인 21종 염불행문[55] 가운데 하나다. 여기서는 청량국사의 『화엄경소』 제56권

(대정장경 제35권 923~924페이지)에 의해 다음과 같이 간단히 설명한다.

'자재'에 두 가지 뜻이 있으니, 하나는 경계를 관하는 것이 자재[觀境自在]하고, 또 하나는 작용이 자재[作用自在]하다. 가장 먼저 참방한 선지식이 염불법문 닦을 것을 보인 것은, 염불이 여러 가지 수행 가운데 우두머리이기 때문이요, 부처님에게 의지해야 비로소 그 나머지 훌륭한 수행을 능히 성취할 수 있기 때문이다. '문'이라 한 것은 그 낱낱 행에 따라 모두 부처님 경계에 막힘없이 들어가기 때문이다.

晉譯 60권 『화엄경』을 살펴보면, 이 염불문 가운데 낱낱이 모두 '염불삼매문'이라 하였는데, 여기서는 '삼매' 두 자를 생략하였다. 사실대로 말하면 있는 것이 옳다. 왜냐하면, 모두 체·용이 무애자재한 부처님을 염하여 삼매를 성취하기 때문이다.

스물한 가지 염불문은 겹겹으로 다함이 없으니, 帝網의 경계를 이루어 곧 보현의 염불삼매문에 들어가니, 이것이 보현행이라 능히 보현의 덕을 이룰 수 있다. 能念의 마음은 다섯 가지 염불에서 벗어나지 않으니, 첫째는 경계를 반연하는 칭명염불문[緣境稱名念佛門]이니, 하나부터 17종까지 대부분 이것에 속한

---

55 1, 智光普照念佛門 , 常見一切諸佛國土種種宮殿悉嚴淨故. 2, 令一切眾生念佛門 , 隨諸眾生心之所樂 , 皆令見佛得淸淨故. 3, 令安住力念佛門 , 令入如來十力中故. 4, 令安住法念佛門 , 見無量佛 , 聽聞法故. 5, 照耀諸方念佛門 , 悉見一切諸世界中等無差別諸佛海故. 6, 入不可見處念佛門 , 悉見一切微細境中諸佛自在神通事故. 7, 住於諸劫念佛門 , 一切劫中常見如來諸所施為無暫捨故. 8, 住一切時念佛門 , 於一切時常見如來 , 親近同住不捨離故. 9, 住一切剎念佛門 , 一切國土咸見佛身超過一切無與等故. 10, 住一切世念佛門 , 隨於自心之所欲樂普見三世諸如來故. 11, 住一切境念佛門 , 普於一切諸境界中見諸如來次第現故. 12, 住寂滅念佛門 , 於一念中見一切剎一切諸佛示涅槃故. 13, 住遠離念佛門 , 於一日中見一切佛從其所住而出去故. 14, 住廣大念佛門 , 心常觀察一一佛身充遍一切諸法界故. 15, 住微細念佛門 , 於一毛端有不可說如來出現 , 悉至其所而承事故. 16, 住莊嚴念佛門 , 於一念中見一切剎皆有諸佛成等正覺現神變故. 17, 住能事念佛門 , 見一切佛出現世間放智慧光轉法輪故. 18, 住自在心念佛門 , 知隨自心所有欲樂 , 一切諸佛現其像故. 19, 住自業念佛門 , 知隨眾生所積集業 , 現其影像令覺悟故. 20, 住神變念佛門 , 見佛所坐廣大蓮華周遍法界而開敷故. 21, 住虛空念佛門 , 觀察如來所有身雲莊嚴法界' 虛空界故'

273

다. 둘째는 경계를 섭수하는 유심염불문[攝境唯心念佛門]이니, 곧 제18, 제19 두 가지다. 제18은 總相唯心이니 이 마음이 부처요 이 마음으로 부처가 되기 때문이다. 제19는 別相唯心이니 곧 여기 경문에서 말한 것이다.[56] 자심에 있는 욕락에 따라 일체 제불이 각기 낫고 못한 色像을 나타냄을 보기 때문이다. 셋째는 마음과 경계가 모두 없어진 염불문[心境俱泯念佛門]이니, 곧 멀리 여읜 염불문(제13)과 허공과 같은 염불문(제21)이다. 넷째는 마음과 경계가 무애한 염불문[心境無礙念佛門]이니, 곧 최초로 널리 비추는 염불문이다. 다섯째는 겹겹으로 다함없는 염불문[重重無盡念佛門]이니, 스물한 가지 염불문이 모두 중중무진의 문에 들어가기 때문이다.

집

飛錫 화상의 『고성염불삼매보왕론』에 "바다에 목욕한 자는 이미 모든 강물을 사용하였고, 부처님 명호를 염하는 자는 반드시 삼매를 이룬다. 또한, 水淸珠를 흐린 물에 두면 흐린 물이 맑아지지 않을 수 없듯이, 염불을 어지러운 마음에 넣어두면 어지러운 마음이 부처 아닐 수가 없다. 이미 계합한 후에는 마음과 부처가 둘 다 없다. 둘 다 없는 것은 定이요, 둘 다 비추는 것은 慧니, 정과 혜가 이미 균등하였으면 또한 어떤 마음이 부처가 아니며 어떤 부처가 마음이 아니리오. 마음과 부처가 이미 그렇다면 모든 경계와 모든 인연이 삼매 아닌 것이 없으니, 누가 다시 마음을 내고 생각을 일으켜 큰 소리로 부처를 부르는 것을 싫어하랴! 그러므로 『업보차별경』에 '큰 소리로 염불하고 송경하는 데 열

---

56   본문을 보면 제19가 아니고 제18임을 볼 수 있다.

가지 공덕이 있다. 첫째는 능히 수면을 쫓을 수 있고, 둘째는 천마가 놀라고 두려워하며, 셋째는 소리가 시방에 두루하고, 넷째는 三途가 고통을 쉬며, 다섯째는 바깥소리가 들어오지 않고, 여섯째는 염하는 마음이 산란하지 않으며, 일곱째는 용맹 정진할 수 있고, 여덟째는 제불이 기뻐하시며, 아홉째는 삼매가 현전하고, 열 번째는 정토에 왕생한다'고 하였다." 하였다.

飛錫和尙高聲念佛三昧寶王論云, 浴大海者, 已用於百川。念佛名者, 必成於三昧。亦猶淸珠下於濁水, 濁水不得不淸。念佛投於亂心, 亂心不得不佛。旣契之後, 心佛雙亡。雙亡定也, 雙照慧也。定慧旣均, 亦何心而不佛, 何佛而不心。心佛旣然, 則萬境萬緣, 無非三昧也。誰復患之於起心動念高聲稱佛哉。故業報差別經云, 高聲念佛誦經, 有十種功德, 一能排睡眠。二天魔驚怖。三聲遍十方。四三途息苦。五外聲不入。六念心不亂。七勇猛精進。八諸佛歡喜。九三昧現前。十生於淨土。

講

일곱째는 당나라 종남산 紫閣 초당사 飛錫 화상(생몰 미상)이 지은『염불삼매보왕론』을 인용하였다. 이 논은 모두 3권인데, 상권 七門은 미래불을 염하니 중생이 모두 부처라고 보는 생각이요, 중권 六門은 현재불을 염하니 곧 아미타불이요, 하권 七門은 삼세불을 통틀어 염하는 것이다.

스님이 특별히 그 가운데 한 가지를 인용했으니, 소리를 내어 부처님 명호를 부르며 염불하면 반드시 삼매를 이룬다는 것을 증명하니, 처음은 비유요 뒤는 법이다. '삼매'는 또한 삼마지samādhi라고도 한다. 이는 범어인데, 번역하면 바른 정[正定], 솔직한 정[調直定], 올바르게 받음[正受], 평등하게 가짐[等持], 바른 마음이 행하는 곳[正心行處], 생각을 쉬고 마음을 응결함[息慮凝心]이라고 한다. 心體가 고요하여 사악하고 혼란스러움을 여의었기 때문에 '삼매'라고 한다.『화엄경』「탐현기」3에 "'삼매'는 우리말로 等持라 한다. 나타났다[浮] 사라졌다[沈] 하는 것을 여의었기 때문에 定과 慧가 '평등'하고, 마음이 산란하지 않아 한 경계에 안주하기 때문에 '持'라고 한다." 하였다.

이 논 중권「高聲念佛面向西方門(고성으로 염불하되 얼굴을 서쪽을 향해 하는 문)」에 이렇게 설하였다.

"소리가 높지 않으면 마음이 오그라들고 날려 안정이 없으니, 큰 소리로 목숨을 다할 때까지(이 일생을 다할 때까지 칭명염불하여 결코 변경하지 않음) 하는 것이 한 쌍이니, 영원히 온갖 근심을 다한다(반드시 극락에 왕생하여 생사의 큰 고통에서 벗어남). 이것이 고성으로 염불해야 하는 첫 번째 뜻이다. 소리의 광채가 미치는 곳에는 온갖 재난이 얼음 녹듯 하고, 공덕의 총림에는 온 산이 무성하고 생기가 넘치니, 이것이 고성으로 염불해야 하는 두 번째 뜻이다. 부처님 금색 얼굴에 광채가 흐르고(부처님 正報) 허공에서 보배 꽃이 떨어지는 것이(부처님 依報) 마치 손바닥을 가리키는 것과 같으니 (눈앞에 있는 것과 같음)[57] 이것들이 모두 소리로 인하여 이루어진다.(고성 염불로 말미암아 있음) 이것이 세 번째 뜻이다. 무거운 나무나 돌을 끌어당겨 앞으로 나아가지 않을 때, 큰 소리를 내지르면 쉽고 가볍게 끌어갈 수 있는 것과 같으니, 이것이 네 번째 뜻이다. 마군과 싸워 깃발과 북이 서로 바라볼 때, 戎軒(전투에서 쓰는 수레)에서 聲律(곡조)을 내질러 강한 적을 파하니, 이것이 고성으로 염불해야 하는 다섯 번째 뜻이다. 이러한 여러 가지 뜻을 갖추었으니 다시 무엇을 싫어하겠는가? 큰소리로 하고 고요하게 하는 것을 둘 다 갖추면 止와 觀을 쌍으로 행하는 것이라 부처님의

---

57   큰 괄호( ) 속의 주는『염불삼매보왕론』의 글이 아니고, 본문의 내용을 강의자가 주석한 것이다.

뜻에 합치하니, 또한 옳지 않겠는가!" 하였다. 그러므로 '누가 마음을 내고 생각을 일으켜 큰 소리로 부처님 명호를 부르는 것을 걱정하겠는가!' 하였다.

인용한『업보차별경』은 대정장경 제1권 아함부에 있다. 본은 같고 번역은 다른 두 종류가 있는데, 하나는『업보차별경』이라 하니 1권이요, 하나는『분별선악보응경』이라 하니 2권이다. 그런데 여기서 인용한 경문이 위에서 말한 두 가지 경에는 없다. 어떤 다른 역본에 이 경문이 있는지 알 수 없다. 나중에 조사해서 증명해 주기 바란다.

集

『군의론』에는 "**문** : 名字의 자성이 공하여 제법을 능히 설명할 수 없다. 사람에게 부처님 명호만을 부르게 하는 것은 밥을 말하여 주림을 면하게 하는 것과 어찌 다르겠는가! **답** : 만약 '문자가 필요 없으니, 능히 제법의 본체를 말하지 못하기 때문이다' 한다면, 또한 부름에 응답하여 물로 불을 꺼려 달려오지 않는다. 그러므로 통발과 올무가 허황하지 않아서 물고기와 토끼를 잡을 수 있음을 알 수 있다. 그러므로 범왕이 법을 설해 주실 것을 청하자 부처님이 正法輪을 굴리시고, 大聖이 근기에 응하여 깊은 뜻을 널리 설하여 인간이나 천상, 범부나 성인이 모두 지극한 말씀을 받았고, 五道와 四生 중생이 아울러 부처님 유훈을 준수하고 받들어 듣고 독송하여 이익이 넓고 깊었으니, 부처님 명호를 불러 정토에 왕생하는 것을 또한 '名字는 거짓이니 (그것으로 능히 불법을) 설명할 자가 없기 때문이다'라고만 해서는 안 된다.(대정장경 제47권 38페이지 중)" 하며,

群疑論云 問 名字性空 不能詮說諸法 教人專稱佛號 何異說食充飢乎 答 若言名字無用 不能詮諸法體 亦應喚火水來 故知筌蹄不空 魚兔斯得 故使梵王啓請 轉正法輪 大聖應機 弘宣妙旨 人天凡聖 咸稟至言 五道四生 幷遵遺訓 聽聞讀誦 利益弘深

稱念佛名 往生淨土 亦不得唯言名字虛假 不有詮說者也

講

여덟 번째는『釋淨土群疑論(정토에 대한 여러 가지 의문을 풀어준 논)』제2권 중 문답을 인용하였다. 이 논은 당나라 장안 천복사 懷感 법사(생졸 년대 미상) 저술로 모두 6권이다. 스님(懷感)이 처음 광명사에 가서 선도대사 염불도량에 참가했는데, 스무하루가 지나도록 영험과 상서를 보지 못해 스스로 장애가 깊음을 한탄하고 곡기를 끊고 죽으려 했으나, 선도 스님이 허락지 않고 3년을 기한 잡고 정성을 다해 정진하기를 권하였다. 스님은 가르침을 봉행하여 3년 후에 아미타불을 뵙고 염불삼매를 증득하였다. 임종에 부처님이 來迎하는 것을 보고는 합장한 채 "부처님이 오셔서 나를 맞이하신다." 하고는 바로 죽었다.

이 논은 스님이 깨달음을 얻은 후에 지은 것이라서 이치에 맞고 근기에 맞기 때문에, 연수 스님이 이 문답을 인용하여 부처님 명호를 부르는 것이 空·有에 무애한 중도행임을 증명하였다. 명자의 자성이 비록 공하나, 오히려 능히 제법을 밝힐 수가 있다. 예를 들면 언덕에 다다랐으면 배가 필요치 않지만 강물을 건너려면 반드시 뗏목을 사용해야 하듯이, 부처님 명호를 불러야 부처님을 뵙고 성불할 수 있으니, 마치 달을 보려면 반드시 손으로 가리켜야 하는 것과 같다.『법화경』에 설한 十如是의 첫 번째는 如是相이니, 곧 일체법의 名相(이름과 모양)이다. 먼저 어떤 종류의 名相이 있어야 비로소 어떤 종류의 體·性과 力·作과 因·緣과 果·報 등, 앞뒤로 일어나는 차례가 있어서 반드시 이와 같이 어긋나지 않는다. 이것이 제법의 실상이요 연기의 定律이니, 어찌 폐지하여 버리겠는가? 경전에서 명자가 허위임을 설한 것은 중생의 집착하는 병을 타파한 것이니, 집착의 병을 제거했을 뿐 명자의 법을 버린 것은 아니다. 절대 명자는 필요 없는 것이라고 오해하지 말기 바란다. 인류에게 문자가 없다면 문화와 역사가 없는 금수와 같다!

　'통발과 올무가 허황하지 않아서 물고기와 토끼를 잡을 수 있다' 한 것의 '통발'은 물고기를 잡는 도구요 '올무'는 토끼를 잡는 도구다.『장자』「외물편」에 "통발은 쓰임이 물고기에 있으니 물고기를 잡고 나면 통발은 버린다." 하고,『법화문구』에는 "權과 實이 모두 불도를 위한 것이라 통발과 올무가 된다." 했으니, 이것은 세상의 물고기와 토끼를 잡는 것을 예로 들어 불자가 불교를 배우는 목적에 도달하려면 반드시 명자라는 편리한 도구를 이용해야 한다는 것을 설명하였다.

　'범왕 계청'부터 '왕생 정토'까지는 부처님이 세상에 나와 법을 설하여 중생을 제도하는 것도 절대 文·句·名身이 없어서는 안 된다는 것을 말하였다. 그러므로 '대성이 근기에 응하사 미묘한 뜻을 널리 설하시어… 듣고 독송하여 이익이 넓고 깊었다' 하였다.

　마지막에는, 세간이나 출세간을 막론하고 모두 명자가 허위라는 것에 집착하여 말하고 해설하는 공능을 잊어버려서는 안 된다는 것을 말했으니, 만약 집착하여 속제를 부정한다면 진제도 또한 버려 이제를 모두 부정할 것이니, 이는 큰 邪見人이다.

集

논에 "**문** : 무엇 때문에 일념의 염불하는 힘으로 능히 일체 모든 장애를 끊을 수 있는가? **답** : 마치 한 그루 향기 나는 전단나무가 능히 사십 유순의 伊蘭 숲을 바꾸어 모두 향기롭게 할 수 있는 것과 같고, 또한 어떤 사람이 사자 힘줄을 써서 거문고 줄을 만들어 그 소리로 한 번 연주하면 모든 나머지 현악기가 모두 파괴되는 것과 같이, 만약 보리심 가운데서 염불삼매를 행하는 자는 일체

번뇌, 일체 장애가 모두 없어진다." 하며,

論云, 問, 何因一念念佛之力, 能斷一切諸障。答, 如一(株)香栴檀, (能)改四十由旬
伊蘭林悉香。又譬如有人, 用獅子筋以爲琴弦, 其聲一奏, 一切餘弦, 悉皆斷壞。若
人菩提心中, 行念佛三昧者, 一切煩惱, 一切諸障, 皆悉斷滅。

講

『군의론』 가운데서 한 문답을 다시 인용하여 칭명염불의 공덕이 불가사의함
을 설명하였다. 질문한 말은 『관경』 하품상생 경문에 의거하였다. "선남자여!
네가 부처님 명호를 불렀기 때문에 모든 죄가 소멸하여 내가 와서 너를 맞이하
리라." 하고, 하품하생에 "부처님 명호를 부르기 때문에 염불하는 가운데 80억
겁 생사 중죄를 없앤다." 하였다. 대답한 말은 먼저 두 가지 비유를 들었다. '만
약 보리심 가운데서' 한 아래 다섯 구절은 法合한 것이다. 첫 번째 비유는 『관
불삼매해경』 제1권 「六譬品」(대정장경 15권 646페이지 상)에서 나왔다. 어떤 사
람이 위없는 보리심을 내어 염불삼매를 수행하면 능히 일체 악을 끊고 일체 선
을 낼 수 있다. 보리심을 내어 염불하면 한 그루 전단나무 향기가 능히 수많은
伊蘭樹(eraṇḍa 냄새나는 악초) 악취를 없애는 것과 같다. '악취'는 중생의 일체 번
뇌업장에 비유하였다. 또한, 염불은 사자 힘줄로 만든 거문고와 같아서 다른
모든 악기를 초월한다. '나머지 줄'은 그밖에 다른 수행문에 비유하였고, '모든
줄이 끊어진다' 한 것은 모두 그 공능을 잊어버린다는 것에 비유하였다.

지자대사가 『十疑論』에서 이렇게 설한 것이 있다. "비유하면 만 년 동안이나
캄캄한 방이라도 햇빛이 잠시 비춰면 어둠이 금방 없어지는 것과 같으니, 어
찌 오래된 어둠이라 하여 없어지지 않겠는가?" 한 것에서 '햇빛'은 중생의 보
리심 가운데 일념의 염불하는 공덕에 비유하였고, '캄캄한 방'은 중생의 무시
이래 혹업에 비유하였다. 또, "죄악을 짓는 것은 허망 경계의 전도에서 나오고,

염불하는 마음은 부처님의 청정하고 진실한 공덕의 명호를 듣고 무상 보리심을 내는 데서 나온다. 이렇게 하나는 진실하고 하나는 거짓이니, 어찌 서로 비교할 수 있겠는가? 비유하면 어떤 사람이 독화살에 맞았는데 화살이 깊고 독이 심하여 피부를 상하고 뼈를 상하게 한다. 그런데 한번 독을 없애는 약을 바른 북 소리를 들으면 화살이 뽑히고 독이 제거되니, 어찌 독화살이 뽑히지 않을 리 있겠는가? 또한, 열 아름이나 되는 동아줄이 있는데, 천 명이나 되는 사람이 손으로 끊지 못한다. 그때 어떤 젊은이가 칼을 휘둘러 금방 두 동강을 내는 것과 같다. 또한, 천년 동안 쌓아놓은 장작더미를 성냥개비 하나로 불 지르면 금방 없어지고 마는 것과 같으니, 일념 염불로 능히 80억 겁 생사중죄를 없앨 수 있다. 왜냐하면, 염불할 때 마음이 맹렬함으로써 죄업을 없애는 것은 틀림없는 사실이어서, 정토에 왕생하는 것은 의심할 여지가 없다." 하였다.

集

『대집경』에 "하루나 혹은 이레 동안 다른 일은 하지 않고 정성을 다해 부처님을 생각하면, 작은 생각으로는 작은 부처님을 보고 큰 생각으로는 큰 부처님을 본다.(대정장경 제13권 285페이지 하)" 하며,

大集經云, 或一日夜, 或七日夜, 不作餘業, 志(至)心念佛。 小念見小, 大念見大。

講

아홉 번째는 『대집경』 「일장분」의 「염불삼매품」 가운데 글을 인용하여, 염불할 때 중요한 것은 먼저 願(志心-지극한 마음)을 세워야 한다는 것을 설명하였다. '원'은 모든 중생과 함께 극락국에 태어나고, 함께 미타를 친견하며, 함께 정법을 듣고, 함께 유정을 교화하며, 함께 불도를 이루려는 것이니, 이것을 '보리심'이라 한다. 보리심 가운데서 염불하면 반드시 부처님을 뵙는다. 『능엄경』

에 "만약 중생의 마음에 부처님을 기억하고 부처님을 생각하면 지금이나 미래에 반드시 부처님을 뵙는다." 한 것이다.

'작은 생각'은 발심이 작아 원만하지 않은 것을 가리키니, 자신만을 위해 생사를 해결하고 부처를 이루거나, 혹은 이 마음이 부처가 되는 줄만 알고 이 마음이 바로 부처인 줄은 알지 못하는 것과 같다. 혹은 미타의 화신만을 생각하고 미타의 법신이나 보신을 생각하지 않으면 이것을 '작은 생각'이라 한다. 그러면 보이는 미타가 작아서 단지 丈六이나 八尺[58]이나 32상만 있고, 한없는 相이나 한없는 種好나 한없는 광명이 허공에 두루한 미타의 眞身은 보지 못한다. '큰 생각'은 작은 생각과 상반된다. 일체 중생의 고통을 뽑아주기 위해 염불하여 정토에 왕생하기를 구하는 것이다. 자성으로부터 수행을 일으키니 수행 전체가 자성에 있는지라, 마음이 부처가 되든지 마음이 부처든지 空과 有에 집착하지 않기 때문에 염하되 염함이 없고 염함이 없이 염하니, 태어나면 반드시 태어나지만 실제로는 가지 않으니, 중생을 제도하되 중생이라는 모양이 없고, 성불하면서도 부처라는 모양에 집착하지 않는다. 이렇게 본 것이 미타의 법신이며, 이렇게 태어난 정토가 상적광정토다. 그러므로 '큰 생각으로 큰 부처님을 본다' 하였다.

'하루나 혹은 이레 동안…' 한 두 구절은, 염불하는 사람의 선근과 지혜에 깊고 얕은 차이가 있고, 정성과 공경으로 수행하는데 우열이 있으니, 그러므로 하루 만에 부처님을 보기도 하고, 혹은 이틀이나 사흘이나 나흘이나 닷새 만이나 혹은 이레 만에 비로소 부처님을 보기도 한다. 시간은 비록 길고 짧은 것이

58　부처님 재세시에는 일반인의 신장은 8尺이었는데 부처님은 배나 되었으므로 丈六(1丈 6자. 1丈은 10尺)이라 한다. 통상적으로 立像은 丈六, 坐像은 八尺이라 한다.

같지 않으나, 부처님을 보지 못하는 것은 아니다. 중요한 것은 '다른 일은 하지 말고' 지극한 정성으로 정진하는 것이니(志心) 이것이 필수요건이다.

또한 『대반야경』에 이런 말씀이 있다. 문수가 부처님께 여쭈었다.

"어떻게 하면 속히 아뇩다라삼먁삼보리를 얻을 수 있겠습니까?"

"一行三昧란 것이 있다. 이 일행삼매에 들어가고자 하면 응당 공적하고 한가한 곳에서 여러 가지 어지러운 생각을 버리고 (다른) 모양을 취하지 말고, 한 부처님만을 생각하며 오로지 그분의 이름만을 부르되, 부처님 계신 곳에 따라 몸을 단정히 하고 방향을 바르게 하여 능히 한 부처님을 생각생각 서로 연이으면, 이 생각 가운데서 능히 과거·미래·현재 제불을 보고, (부처님을 본고 난 후에는 모든 경전의 법문을 낱낱이 분별하여 모두 이해하여 반드시 막힘이 없어서) 밤낮으로 항상 설하되 지혜와 변재가 결코 끊어지지 않느니라."(대정장경 8권 731페이지 중)

又大般若經云, 文殊問佛, 云何速得阿耨多羅三藐三菩提。佛答, 有一行三昧, 欲入一行三昧者, 應須於空閒處, 捨諸亂意, 不取相貌。繫念一佛, 專稱名字。隨佛方所, 端身正向。能於一佛, 念念相續, 卽是念中, 能見過去未來現在諸佛。…… (諸經法門 一一分別 皆悉了知 決定無礙) 晝夜常說, 智慧辯才, 終不斷絶。

열 번째는 『문수사리소설마하반야바라밀경』 2권 중 한 부분을 인용하였다. 이 경은 양나라 曼陀羅仙[59]이 번역하였으니, 대정장경 제8권에 편재하였다. 6백 권

---

59   曼茶(陀)羅仙: 梵名으로는 Mandra라 하니, 의역하면 弱聲·弘聲이라 한다. 扶南國(캄보디아) 사람. 生卒年은 자세하지 않다. 梁武帝 天監 2년(503)에 중국으로 와 梵經과 珊瑚 佛像을 헌공하고, 오래지 않아 왕명으

『대반야경』에도 들어있기 때문에 '또한『대반야경』에'라고 하였다. 한 부처님을 생각하며 오로지 이름만을 부르고 다른 일을 하지 않기 때문에 '일행삼매'라 하였다. 이 삼매를 닦는 행법을 지자대사는 '常坐三昧'라 하였다. '공적하고 한가한 곳[空閑處]'은 아란야나 선방이나 염불당 같은 곳이다. 마음을 한 곳에 두고 한 부처님만을 생각하며 혼침이나 산란한 마음을 내지 않는 것이다. 마음으로 부처님의 공덕과 본원을 생각하고 입으로는 부처님의 명호를 부르며, 예배를 하거나 독송을 하거나 탑돌이를 하거나 공양을 하는 등의 법사를 하지 않고, 오직 부처님이 계신 방향을 마주하여 몸을 단정히 하고 똑바로 앉는다.

예를 들면 아미타불을 부를 경우에는 얼굴을 서쪽을 향하고, 약사불을 부를 경우에는 얼굴을 동쪽을 마주 보고는, 오직 한 부처님만을 부르며 다른 부처님이나 혹은 그밖에 보살의 명호는 섞이지 않게 한다. 생각생각 이렇게 서로 연이어 끊어지지 않으면, 염불하는 즉시 능히 삼세 제불을 친견할 수 있다.『관무량수불경』에 "반드시 깊이 생각하여 心眼으로 보게 하라. 이 일(佛)을 보는 자는 곧 시방 일체 제불을 본다. 제불을 보기 때문에 이를 '염불삼매'라 한다." 한 것이다. 부처님을 본 후에 제불이 설한 여러 경전의 법문을 대하면 낱낱이 그 이름이나 뜻을 판단하고 깨달아 결코 착오가 없고 장애가 없다. 이미 일체 불법을 통달하고 깨달았으면 당연히 근기에 따라 법을 설하여, 흡사 좋은 곳에 이르게 하는 것처럼 해야 한다. 그러나 시간이나 장소에 따라 권실의 지혜와 무애의 변재로 정법을 널리 설하여 중생을 유익하게 하여 미래가 다하도록 결코 단절하지 않아야 하니, 이를 '보현행' 혹은 '보현덕'이라 한다.

로 僧伽婆羅와 역경에 종사하여『寶雲經』7권,『法界體性無分別經』2권,『文殊師利所說摩訶般若波羅蜜經』2권을 역출하였다.

기 4. 설명함

이를 보면 부처님의 힘이 불가사의함을 알 수 있으니, 현묘하고 융통하여 헤아리기 어렵다. 마치 자석이 쇠를 빨아들이고 물방울을 강에 던지는 것과 같으니, 자비의 선근력으로 이 같은 일을 보고 지극한 마음으로 귀명한 자는 신령한 감응이 분명하다.

是知佛力難思, 玄通罕測。如石吸鐵, 似水投河, 慈善根力, 見如是事。志心歸(命)者, 靈感昭然。

이 글은 연수 스님이 여러 가지 경론을 인용하여 증명한 후에 결론지어 설명한 것이다. 이를 통해 알 수 있는 것은[是知], 부처님의 힘은 불가사의하시다는 것이다. 무엇 때문에 불가사의하신가? 부처님이 깨닫고 설한 것은 모두 진·속이제가 원융무애하여 마치 파도와 물이 같은 것이기 때문이다. 진제는 현묘하여 지혜가 없으면 헤아리기 어렵고, 속제는 융통하여 空임을 미혹하면 알지 못한다. 그러므로 '현통하여 헤아리기 어렵다' 하였다. 중생이 아미타불의 명호를 부르면 반드시 정토에 왕생하여 일생에 성불하니, 이것은 마치 자석이 쇠를 빨아들이는 것과 같다. 부처님 本願이나 名號는 자석에 비교할 수 있고, 중생의 信願이나 持名은 강철에 비교할 수 있다. 중생의 업장이 무겁더라도 이것이 하나도 두렵지 않은 것은 모두 부처님의 원력으로 섭수[吸]하기 때문이니, 한 번 염불하거나 열 번 염불하면 업을 가진 채 왕생하여 틀림없이 정토에 태어난다. 또한, 한 방울 물을 바다에 던지는 것과 같다. 중생이 한 번 염불하거나 열 번 염불하는 것은 마치 한 방울 물과 같으나, 미타의 大願의 바다에 던지면 바닷

물과 혼합하여 바다의 모양과 똑같아서 전혀 다름이 없다.

청나라 옹정황제가 이렇게 칭송한 것이 있다.

"아미타불 대자비여! 十力의 위덕 찬탄할 수 없네. 부처님 명호를 불러 하나의 음성이 하나의 생각 일으키면, 팔십억 겁 중죄가 모두 없어지네. … 이 같은 공덕 설할 수 없나니, 설할 수 없는 妙光明이여, 마치 물방울을 바다에 던지면 젖는 성질이 혼합하여 같지 않음이 없듯이, 비록 성인의 지혜 분별하기 어려우나, 사람들 누구나 모두 無量壽가 되네."

그러므로 '잠깐 한 생각에 상응하면 한 생각에 부처가 되고, 생각생각 상응하면 생각생각에 부처가 되네' 하였으니, 이것은 중생의 자비 선근력이 能感이 되고, 부처님의 자비 본원이 能應이 되어, 감·응의 도가 서로 교차하여 능히 이러한 일이 있을 수 있는 것이다. 만약 중생이 지극한 마음으로 믿고 즐겨 보리심을 내고, 五念門[60]을 닦아 일심으로 미타에 귀명하여 극락정토에 왕생하기를 구하면, 반드시 평상시나 혹은 임종에 미타와 여러 성중이 중생을 접인하심을 친견하리라.

역대 『왕생전』에 실려 있는 영감이나 감응의 사실이 매우 많은데, 이는 모두 세상 사람이 직접 눈으로 본 사실들이다. 연수 스님의 저술에 「神棲安養賦」 한

60　아미타불 정토에 왕생하는 다섯 가지 염불수행문. 천친보살 『정토론』에 의함. (1) 禮拜門: 청정 身業으로 아미타여래를 일심으로 공경 예배하며 저 나라에 왕생하기를 원함. (2) 讚歎門: 청정 口業으로 여래의 명호와 공덕과 광명과 智相을 찬탄하고 여실히 수행하여 저 나라에 왕생하기를 구함. (3) 作願門: 마음으로 항상 큰 서원을 세우고 여실히 사마타samatha를 수행하여 산란한 마음을 쉬고 저 나라에 왕생할 것을 구함. (4) 觀察門: 지혜와 정념으로 아래에서 열거한 세 가지를 관찰한다. ① 저 불국토의 공덕장엄을 관찰한다. ② 아미타불의 공덕장엄을 관찰한다. ③ 저 여러 보살의 공덕장엄을 관찰하며, 여실히 비파사나vipaśyanā를 수행하여 어두운 마음을 관찰하고 타파하여 저 나라에 왕생하기를 구한다. (5) 迴向門: 자신이 소유한 공덕선근을 모두 일체 중생에게 회향하여 함께 극락국에 왕생하여 모두 불도를 증득하기 발원한다.

편이 있다. 이것을 뒤에 부록으로 붙여, 무릇 보고 듣는 자로 하여금 정토법문은 부처를 부르면 부처가 되는 불가사의한 佛力임을 깊이 믿게 하노라.

集

미타의 보배 세계와 안양의 아름다운 이름이여, 報土에 처하나 지극히 즐겁나니, 시방에서 가장 청정하네. 열여섯 觀門으로 定意를 닦아 가만히 가고, 마흔여덟 大願으로 흐트러진 마음을 돌려 化生하네. 그래서 평생 받아 지니고 일생 귀명하니, 仙人은 구름을 타고 법을 듣고, 허공계는 범패를 연주하며 찬탄하고 노래하네. 자금대 위에 몸이 오르니 본원이 거짓 아니요, 백옥호 가운데 神化하니 일심으로 스스로 경축하네. 넓고 긴 혀로 찬탄하고 十刹에서 똑같이 설한 것을 살펴보면, 마음으로 모두 의기가 투합함을 표현했을 뿐, 경솔하게 거짓으로 전한 것이 아니네. 地軸(지옥)이 회전하여 하늘 꽃이 앞에 흩어지고, 일념에 꽃이 핌에 부처님을 뵙고 모두 妙果에 올랐고, 천 겹의 광명이 비침에 법을 증득하여 모두 先賢에 섞였네.

예와 지금을 살펴보면 왕생한 사례는 한 가지가 아니네. 목숨을 마치니 하늘 음악이 공중에 가득하고, 때가 되니 기이한 향기가 방에 가득하였네. 一眞 경계에서 모양을 나타내었으나 오직 부처님 위엄만을 의지하였고, 칠보 연못 가운데서 경계를 보았으나 모두 마음에서 나왔네. 그러므로 성인의 뜻은 헤아리기 어려우나 감응은 오히려 장구함을 알 수 있네. 범부를 변화하여 성인을 이루는 것은 잠깐 사이요, 미혹에 의해 깨닫는 것은 매우 분명하네. 仙書를 펼치니 참으로 장생술이요, 淨刹에 뜻을 두니 영원히 不死鄕에 거주하네. 다시 세상을 벗어난 고인과 티끌 세상에 처한 보살이 몸을 태우고 팔을 태우고 길을 떠났고, 위장을 달아매고 심장을 받들어 법도를 세우기도 하였네. 仙樂이 와서 맞이했으나 따르지 않았고, 天上동자가 명령에 따르기를 청했으나 기뻐하지 않았네. 혹은 불이 세찬 산 정상과 광명 경계 속에서, 惡趣의 이름 들리는 것이 끊어지고, 胎獄의 더러움을 영원히 버리기도 하였네. 눈을 뜨고 혀가 굳어졌으나 금방 증험하였고, 소가 들이받고 닭이 쪼았으나 홀연히 그쳤네. 鐵城에 처하였으나 왕의 조직을 거절하고 마땅히 정성스러운 마음을 따랐고, 연대에 앉아 부처님 은혜에 의지하여 지극한 진리를 버리지 않았네. 간혹 삼보를 비방하고 율의를 파괴하고서 風刀가 몸을 난자하고 業鏡이 몸을 비출 때, 홀연히 선지식이 부사의를 보이시는 것을 만나기도 하였네. 칼 숲이 일곱 겹의 줄지은 나무로 변하고, 불 수레가 팔공덕의 연못으로 변화하였네. 지옥이 없어짐에 고요히 두려운 마음이 모두 쉬었고, 하늘 꽃이 날리더니 잠시 후 化佛이 와서 맞이하였네. 혜안으로 마음을 밝히니 향로가 손에 있었네. 讖記에 응해 연꽃이 시들지 않았고, 수기를 얻고서 극락세계의 보배 숲이 오래 가지 않았네. 기이하구나! 佛力의 부사의함이여, 고금에 없었던 일이네.[61]

彌陀寶刹, 安養嘉名。處報土而極樂, 於十方而最淸。二八觀門, 修定意而冥往。四八大願, 運散心而化生。爾乃畢世受持, 一生歸命。仙人乘雲而聽法, 空界作唄而讚詠。紫金臺上, 身登而本願非虛。白玉毫中, 神化而一心自慶。詳夫廣長舌讚, 十刹同宣, 但標心而盡契, 非率意而虛傳。地軸回轉, 天華散前。一念華開, 見佛而皆登妙果。千重光照, 證法而盡厠先賢。考古推今, 往生非一。運來而天樂盈空, 時至而異香滿室。一眞境內, 現相而唯仗佛威。七寶池中, 睹境而皆從心出。

---

61 이 대목은『만선동귀집』본문에는 없는 글인데, 이 책의 저본으로 사용한 '석성범 강의『만선동귀집 강의』'에 의해 게재하였다. 앞 강의에서 "『神棲安養賦』 일편을 뒤에 부록으로 붙인다." 하였는데 이 대목을 말한 것이다.

故知聖旨難量, 感應猶長。變凡成聖而頃刻, 卽迷爲悟而昭彰。探出仙書, 眞是長生之術。指歸淨利, 永居不死之鄕。更有出世高人, 處塵大士, 焚身燃臂而發行, 掛胃捧心而立軌。仙樂來迎而弗從, 天童請命而不喜。或火烈山頂, 光明鏡裡, 絶聞惡趣之名, 永抛胎獄之鄙。眼開舌固而立驗, 牛觸鷄啄而忽止。處鐵城而拒王敎, 須徇丹心。坐蓮臺而賴佛恩, 難抛至理。其或誹謗三寶, 破壞律儀, 逼風刀解體之際, 當業鏡照形之時, 忽遇知識, 現不思議。劍林變七重之行樹, 火車化八德之蓮池。地獄消沈, 湛爾而怖心全息。天華飛引, 俄然而化佛迎之。慧眼明心, 香爐墮手。應懺而蓮華不萎, 得記而寶林非久。奇哉佛力難思, 古今未有。

講

「神棲安養賦(마음이 안양에 머무는 글)」는 연수 스님이 자신의 願行을 표현한 것이니, 그의 마음이나 뜻은, 몸은 사바세계에 있으나 마음은 극락(안양)에 있었다. 그는 "만약 발심하여 정토에 왕생하기를 바란다면 틀림없이 왕생하고 반드시 왕생을 얻어 영원히 안락세계에 거처[棲]하련만, 다만 두려운 것은 믿음과 발원이 견고하지 않아 염불하면서 그치거나 끊어짐이 있는 것이다. 만약 왕생을 얻으면 범부를 돌려 성인을 이루고, 미혹을 돌이켜 깨달음을 얻지 못할 것이 없다." 하고 말씀하신다. 그러므로 스님의 四料簡에는 "미타를 뵙기만 하면 어찌 깨달음을 얻지 못할까 근심하랴." 하였다.

연수 스님은 정토법문을 仙書에 비교하기를 좋아하였다. 보리유지가 담란 대사에게 "장생불사가 우리 불도네." 하고서 『십육관경』을 주면서 "이것을 배우면 삼계에 다시 태어나지 않고 육도에 다시 가지 않는다. 가득 차고 텅 비는 변화와 화와 복의 성패가 이르지 않는다. 그의 수명은 항하사 겁의 양으로도 능히 비교할 수가 없으니, 이것이 우리 金仙氏(佛)의 장생이다." 한 것과 같다.

스님은 또 이렇게 설하신다. "안락정토(刹)는 일체중생이 돌아가 쉴 곳이니,

만약 왕생하기만 하면 곧 대열반에 들어 변천이 없고[常], 생사의 고통을 여의었으며[樂], 대자재를 얻고[我], 삼혹이 깨끗이 없어지며[淨], 나지도 않고 죽지도 않는다. 이렇게 훌륭하고 불가사의한 이익으로 오탁악세의 업이 무거운 범부중생도 정토의 연꽃에 화생할 수 있으니, 이것은 완전히 아미타불의 본원공덕에 의해 있을 수 있다." 하였다. 그래서 스님은 "기이하구나! 부처님 힘의 부사의함이여(本願力을 가리킴). 고금에 없는 일이로다." 하고 찬탄하신다. 그러므로 12祖 夢東선사(1741~1810)[62]가 "세간이나 출세간에 생각할 것이 많으나 미타를 생각하지 않고 다시 누구를 생각하랴." 하고, 부처님은『미타경』에서 "불가사의 공덕을 칭찬하고 일체 제불이 호념하시는 經을 반드시 믿으라." 하시었다.

스님은 정토법문의 심요성을 깊이 얻었으니, 곧 "자신의 힘으로 정업을 정밀히 닦고 온갖 선행으로 왕생을 보조적으로 이루는 것과, 부처님의 힘으로 중생을 섭수하는, 감응의 도가 서로 어울리는 두 가지 힘이 아울러 중요하다." 하였다.

'二八觀門'은『십육관경』을 가리키고, '四八大願'은『무량수경』을 말한다. '仙人이 구름을 타고 법을 듣고, 허공계가 범패를 치며 찬탄하고 노래하네' 한 것은『무량수경』하권에서 설한 것을 가리키니, "무량수불이 모든 성문·보살·천인을 위해 법을 설할 때, 모두 칠보강당에 모였다. … 일체 제천[仙人]은 모

---

62   청나라 때 스님. 蓮宗 제12조. 하북 豐潤 사람이니 속성은 馬 씨이다. 이름은 際醒, 자는 徹悟, 訥堂, 호가 夢東이다. 어려서 과거를 공부하여 經史에 정통했으나 22세에 병이 들어 인생이 무상함을 깨닫고 마침내 하북 三聖庵 榮池에게 출가하고, 다음 해 岫雲寺에서 구족계를 받았다. 앞뒤로 香界寺 隆一에게 참알하고, 增壽寺 慧岸과 心華寺 遍空, 廣通寺 粹如에게 圓覺·法華·楞嚴·金剛·唯識 등 性相의 뜻을 두루 배우고, 아울러 粹如의 법을 이어 그의 禪法을 얻었다. 그 후에 粹如가 萬壽寺 주지가 되어 자리를 옮기자 스님은 그를 이어 廣通寺 주지가 되어 禪淨雙修의 도를 제창하였다. 嘉慶 5년(1800)에 紅螺山(遼寧) 資福寺에 물러가 오로지 정토법 만을 설하니 세상에서는 '紅螺徹悟'라 하였다. 설법할 때마다 사람들에게 염불할 것을 권하니 그의 교화를 받은 자가 한때는 南北에 가득하였다. 嘉慶 15년에 죽음이 이른 것을 미리 알고는 12월에 대중을 모으고 염불하며 示寂하였다. 세수는 72, 법납은 49이다. 저술에『念佛伽陀』와『徹悟禪師語錄』등이 있다.

두 천상의 수백 가지 꽃과 향과 수만 가지 악기를 들고 와서, 꽃이나 향을 널리 흩고 모든 음악을 연주하며 앞뒤로 왔다 갔다 하며 서로서로 열어주고 피하였다. 그때 화락하고 쾌락한 것은 이루 말할 수가 없다." 하였다. '자금대 위에 몸이 오르니 본원이 거짓이 아니네' 한 것은, 당나라 때 대주 용천사 懷玉 선사(？~742)[63]의 왕생공안이다. '백옥호 중에서 神化하니 일심으로 스스로 축하하였네' 한 것은, 당나라 장안 천복사 懷感 법사의 왕생 사적이다. ("부처님이 나를 맞이하신다." 하고는 숨을 거둔 일을 말함)

'넓고 긴 혀로 찬탄하고 十刹이 똑같이 설하였으니, 이는 다만 마음에 뜻이 일치함을 표현했을 뿐 경솔히 거짓으로 전한 것이 아니네' 한 것은, 『아미타경』중 육방 제불이 모두 불가사의함을 찬탄한 것을 말한다. '지축이 회전하고 하늘 꽃이 앞에 흩어졌네' 한 것은, 『관경』하품중생에서 설한 것이다. '지축'은 지옥이다. 이런 죄인은 응당 지옥에 떨어져 임종 시에 지옥의 여러 가지 불이 일시에 일어나야 마땅하지만, 선지식이 '미타의 위덕과 광명의 신비한 힘' 설하는 것을 만나, 이 사람이 이를 듣고 나서 팔십억 겁 생사중죄를 멸하고 지옥의 여러 가지 불이 시원한 바람으로 변화하여 天華에 부니, 꽃 위마다 모두 화신 불보살이 있어 이 사람을 영접하여 잠깐 사이에 금방 칠보 연못 가운데 연꽃 안에 왕생한다.

'일념에 꽃이 핌에 부처님을 뵙고 모두 妙果에 올랐고, 천 겁의 광명이 비침에 법을 증득하여 모두 先賢에 섞였네' 한 것은, 『무량수경』하권 상배 왕생이니, 또한 『관경』에서 설한 상품중생 경문에 의한 것이다. '일념에 꽃이 핌에' 한

---

63   『불광사전』p6660 참조.

것과, '천 겹의 광명이 비침에' 한 것은, 곧 미타와 일천 화신불이 일시에 구원의 손길을 건네 접인하여 왕생케 하면, 이 사람이 자신이 자금대에 앉아있는 것을 보고 합장하고 부처님을 찬탄하면, 잠깐 사이에 금방 저 나라 칠보 연못 중에 태어난다. 이 자금대는 큰 보배 연꽃과 같은데, 하룻밤을 지나 꽃이 피면 부처님과 보살이 동시에 광명을 놓아 행자의 몸을 비추면, 극락세계의 바람소리 물소리 새소리들이 다 함께 깊고 깊은 第一義諦만을 설하는 소리를 듣는다. 이레가 지나면 불퇴전지를 얻으니, 그러므로 '법을 증득하여 모두 선현에 섞였네' 하였다.

'예나 지금을 살펴보면 왕생한 이가 하나가 아니네' 한 아래는, 역대 왕생 사적을 널리 인용하였다. '목숨을 다함에 하늘 음악이 공중에서 맞이하고' 한 것은, 後魏 曇鸞 대사(476~?)[64]의 왕생 瑞相이다. '때가 이름에 기이한 향기가 방안에 가득하다' 한 것은, 東晋 慧永 법사(332~414)[65]의 왕생 瑞相이다.

정 4. 性과 相이 원융함 (圓修十義 중 제4)
무 1. 취하지도 않고 버리지도 않음
기 1. 질문

集

문 : 무릇 모양이 있는 것은 모두 허망하니, 좋은 경계가 있더라도 취하면 魔를

---

64   『불광사전』p6241-下 참조.
65   『불광사전』p6024-中 참조.

이룹니다. 어찌 모양에 집착해서 마음을 내어 부처님의 冥感을 바라겠습니까?

問, 凡所有相, 皆是虛妄。但有好境, 取卽成魔。何得着相興心, 而希冥感耶。

講

'圓修十義' 가운데 세 번째, '二諦를 함께 보임'을 강해한 것은 이미 마쳤으니, 이어서 '성과 상이 원융'한 도리를 요점만 해석하여 밝힐까 한다.

중생의 眞如 淨心은 만법의 근본이라, 불변·수연 두 가지 뜻과, 진여·생멸 두 가지 문을 갖추었다. 진여와 불변은 性이요, 생멸과 수연은 相이다. 性은 相의 본체요 相은 性의 작용이니, 본체와 작용이 서로 여의지 않았다. 그러므로 性과 相이 원융하다.

청량국사가 지은 「보현행원품 소」에 "그 心源을 말한다면 二際(생사·열반)이나 하나가 아니요, 千變이나 많은 것이 아니다. 事와 理가 서로 통하여 두 가지가 없고, 性과 相이 원융하여 다함이 없다. 마치 거울이 서로 비치는 것과 같고 제석의 구슬이 서로 머금는 것과 같아서, 겹겹으로 서로 비추고 뚜렷하게 가지런히 나타나니, 제불의 마음속 중생이 새록새록 부처를 이루고, 중생의 마음속 제불이 생각생각 진리를 증득한다." 한 것과 같이, 性과 相은 물과 우유가 화합하듯이 비록 한 맛이지만 能·所가 분명하여 서로 두루 미치고 서로 섭수한다. 相을 훼손하는 자는 마음의 작용을 알지 못하고, 性을 부정하는 자는 마음의 본체를 알지 못한 것이다. 만약 일심 이문을 미혹하면 본체와 작용이 모두 그릇되거니와, 일심 이문을 깨달으면 본체가 있고 작용이 있다.

어떤 중생은 『금강경』에서 설한 "무릇 모양[相]이 있는 것은 모두 허망한 것이다." 한 것을 보고, 이것은 相를 파하고 性을 드러낸 가르침임을 알지 못하고, 性과 相이 모두 空하다는 것으로 오해하여 斷滅見에 떨어진다. 마음이 이미 모양과 작용이 없다면 본체도 의존할 만한 곳이 없으니, 본체와 작용이 둘 다 없으면 이는 空見外道이다.

　　스님이 자비로 특별히 문답을 가설하여, 중생이 空에 집착하는 견해를 타파하고 性과 相이 원융한 뜻을 밝혔다. 질문은 '모든 相이 모두 空하다고 하면서, 相을 취하여 마음을 일으키는 것은 잘못이 아닌가?' 하며, 부처님의 감응 얻기를 바라는 것은 옳지 못한 일이라고 생각한다.

기 2. 정답

集

답 : 수행이 부지런하고 지극해야 성인의 경계가 비로소 밝아지니, 善緣이 나는 것도 본래 이와 같다. 그러므로 장차 十地에 오르려 하면 相이 모두 앞에 나타난다. 그러므로 뜻이 간절해야 가만히 가피하시고, 도가 높을수록 魔가 성하다. 어떤 때는 선정 중 생각이 미묘한 데 들어가 기이한 모양을 변현하고, 혹은 禮誦에 뜻이 정성스러우면 잠시 아름다운 상서를 본다. 唯心임을 알면 보되 보는 것이 없으나, 만약 이를 취하면 마음 밖에 경계가 있어서 魔事를 이루고, 이를 버리면 좋은 공능을 부정하여 수행하고 정진할 문이 없다.

答, 修行力至, 聖境方明。善緣所生, 法爾如是。故將登十地, 相皆現前。是以志切冥加, 道高魔盛。或禪思入微, 而變異相。或禮誦懇志, 暫睹嘉祥。但了唯心, 見無所見。若取之則心外有境, 便成魔事。若捨之則撥善功能, 無門修進。

講

스님의 답은, 취하지도 않고 버리지도 않는 中道 正義로, 중생의 취하기도 하고 버리기도 하는 邊見을 타파하였다. '**수행이 부지런하고 지극해야 성인의 경계가 비로소 밝아진다**'는 것은, 불교의 모든 수행은 마치 거울에 낀 먼지를 닦는 것과 같으니, 반드시 相에 집착하여 마음을 내어 부지런히 用力을 더하여 오랫동안 깊은 공을 쌓아야 비로소 때가 벗어지고 거울이 깨끗해져 밝게 비춤이 끝이 없다. 거울에 형상이 나타나면 형상을 보고 마음을 다스려 자신이나 타인이 모두 이익을 얻는 것과 같다. 때를 벗기는 것은 중생의 能感이요, 서상을 보는 것은 제불의 所應이다. 이것이 '善緣이 생기는 것도 본래 이와 같다' 한 것이니, 어찌 '범소유상 개시허망'과 혼동하여 같이 말할 수 있겠는가?

'그러므로 장차 십지에 오르려 하면 상이 모두 앞에 나타난다' 한 것은,『화엄경』「십지품」의 설에 따른 것이다. "보살이 이 환희지에 주하면 많은 부처님을 보고 공경 공양한다. … 보살이 초지에 주하면 제불보살이 이 地 가운데 相과 得果를 묻는 데 따라 응답하시고, 또한 二地부터 十地 가운데 相과 得果도 묻는 데 따라 응답하신다. 이와 같이 地의 모양을 잘 알아야 비로소 초지에서 행을 일으켜 단절하지 않는다. 이렇게 하여 제10지에 들어가서도 단절함이 없었다.(대정장경 10권 183페이지)" 하였으니, 어찌 相에 집착하여 마음을 낸 것이라, 응당 해서는 안 된다고 하겠는가.

'그러므로 뜻이 간절해야 가만히 가피하시고' 한 아래 여섯 구절은 相을 보고서 능히 道에 나아갈 수 있는 사실을 밝혔다. 어떤 보살은 마음을 집중하고 뜻이 간절하여 제불이 가만히 가피하심을 얻어 도업을 성취하고, 어떤 보살은 도를 닦음이 높을수록 마군의 어지러움도 더욱 성하였으니, 소위 '도가 한 자 높으면 마도 한 자 높다' 한 것이다. 어떤 보살은 선정이나 지관을 닦아 禪思로 미세하고 가볍고 편안한 경계에 들어가 선관 중에서 갖가지 안심입명의 경지를 변현하였으니, 동진 때 劉遺民 거사가 선관 중에 미타가 눈앞에 나타난 것을 보고, 부처님께 "부처님 손으로 저의 머리를 만져주소서." 하니, 부처님이 그의 머리를 만져 준 것과 같다. (『정토전 집요』속편 제2페이지)

어떤 보살은 부지런히 예배하기도 하고 혹은 정성을 다해 경전을 독송하였더니, 홀연히 몸과 마음이 고요하여 상서롭고 길상한 경계를 보기도 하였다. 예를 들면 천태지자대사가 慧思 선사에 의지하여 법화삼매를 닦았다. 『법화경』을 독송하며 「약왕품」에 이르렀을 때, 홀연히 정에 들어 세존이 영산회상에서 『법화경』을 설하는 상서를 친견한 것과 같다.(『정토전 집요』 156페이지) 또 근세 태허 대사가 이렇게 자술한 적이 있다. "西方寺에서 『대반야경』을 독송할 때, 하루는 몸과 마음이 점점 고요하더니 홀연히 몸과 마음의 세계를 잊어버렸다. 아무 것도 없어 공적한 가운데 신령한 광명이 맑고 고요한데, 그 가운데서 무수한 세계가 환하게 나타나니 마치 하늘 높이 솟아 오른 영상이 끝없이 밝게 비치는 것 같았다. … 이로부터 내가 선어록 가운데 의심스러웠던 것을 살펴보니 마치 얼음이 녹듯 하고, 전에 배웠던 천태나 현수나 相宗이나, 그밖에 세상 문자도 마음대로 활용하여 깨닫고 이해하는 것이 범상한 것이 아니었다.(『태허 대사 연보』)" 하였다.

'唯心인 줄만 알면 보되 보는 바가 없고' 한 이 두 구절은 中道 圓融의 중요한 뜻을 바로 보였다. 심성이 본래 청정하여 제법이 오직 일심에서 나타난 것이니, 마치 밝은 거울에서 나타난 형상이 不動한 것에서 나는 것과 같다. 중생은 이를 알지 못하고 마음 밖에 경계가 있다고 집착한다. 만약 경계가 오직 마음뿐인 줄 알면 곧 바깥 티끌 경계에 집착하지 않아서, 종일 색을 보고 소리를 들으나 마음은 봄도 없고 들음도 없다. 『유마힐경』에 천녀가 보살의 몸에 꽃을 흩지만 붙지 않았고, 성문의 몸에 흩으니 꽃이 몸에 붙은 것과 같다. 『대집경』에 海會 보살이 처음 왔을 때 사부중을 보지 못하고 보는 것은 오직 물뿐이었다. 마음으로 물을 관할 때 물밖에 볼 법이 없었기 때문이다. 성문인은 경계가 오직 마음뿐임을 알지 못하니, 그러므로 하늘 꽃이 몸에 붙었던 것이다.

'만약 이를 취하면 마음 밖에 경계가 있어 곧 마사를 이룬다' 한 두 구절은, 唯心임을 알지 못하고 집착하는 허물을 꾸짖었다. 성문인은 자심을 알지 못하고 人空만을 보아, 生滅四諦를 증득하여 灰身滅智의 과덕를 이루는 것과 같다. 그러므로 사리불이 법화 회상에서 처음 제법이 오직 일심뿐임을 알고, 부처님의 수기를 받은 후에 "똑같은 한 법 속에 있건만 이 일을 얻지 못하였다." 하고 자책하였다. 부처님 당시 96종 외도가 모두 자심을 알지 못하고 무익한 고행을 닦아 마음 밖에서 법을 보아 모두 邪見을 이룬 것과 같다. 그러므로 '곧 마사를 이룬다' 하였다.

'만약 이를 버리면 좋은 공능을 부정하여 닦아 들어갈 문이 없다' 한 두 구절은 唯心임을 알지 못하고 相을 훼손하는 허물을 꾸짖었으니, 앞에서 인용한 십지보살과 같다. 만약 相을 버리고 닦으면 십지의 修進功能을 모두 잊어버리고, 또한 초지부터 이지에 들어가고, 더 나아가서 십지에 깨달아 들어가는 修證의 인과가 없다. 『화엄경』에 "보살이 처음 地에 주할 때 응당 잘 관찰하여 일체 법문에 따르고, 깊고 깊은 지혜에 따르며, 닦아야 할 囚를 따르고, 얻을 과를 따르며, 경계를 따르고, 그 역용에 따르며, 그 시현에 따라 얻은 바를 분별하고 모두 잘 관찰하라. 일체법이 모두 자심임을 알아 집착하는 바가 없이 하라. 이와 같이 알고 나면 보살지에 들어가 능히 잘 안주할 수 있느니라." 한 것과 같다.

기 3. 인용하여 증명함

集

『마하론』에 "참이나 거짓이 오직 망심으로부터 現量한 경계라 진실한 것이 없으니, 그러므로 집착할 것이 없다. 또한, 참이나 거짓이 모두 하나의 진여요 모

두 하나의 법신이라 다른 것이 없으니, 그러므로 끊고 제거할 것이 없다." 하고,

摩訶論云, 若眞若僞, 唯自妄心現量境界, 無有眞實, 無所着故。 又若眞若僞, 皆一眞如, 皆一法身, 無有別異, 不斷除故。

講

처음은 용수보살이 지은 『석마하연론』을 인용하여 증명하였다. '참'이라는 것은 심진여문을 가리키고, '거짓'은 심생멸문을 가리킨 것이다. 如是性·如是相과, 더 나아가서 如是因·如是緣, 如是果·如是報의 十如是가 모두 자심의 생멸문에서 나타난 경계라, 마침내 空(심진여문)으로 돌아간다. 그러므로 진실한 것이 없으니 집착할 것이 없고, 진실한 것이 없고 집착할 것이 없으니 그러므로 취할 것이 없다. 또한, 일심 이문이 곧 진여 법신이라, 다르지 않고 끊을 것이 없으니, 그러므로 버릴 것이 없다.

集

『지도론』에 "버려서는 안 된다는 것은 제법 가운데 모두 도법을 돕는 힘[助道力]이 있기 때문이요, 받아들여서는 안 된다는 것은 제법 실상이 궁극적으로 공적하여 얻을 것이 없기 때문이다." 하며,

智論云, 不捨者, 諸法中皆有助道力故。 不受者, 諸法實相畢竟空無所得故。

講

두 번째는 『대지도론』 인용하여 증명하였다. 제법의 성상과 역용과 인연과 과보는 능히 도를 돕는 인연을 지을 수 있기 때문에 응당 폐하고 버려서는 안 되지만, 제법 연기의 당체는 實相 空性이라 얻을 것이 없기 때문에 응당 집착해서는 안 된다. 고덕이 말하기를 "실제이지에는 티끌 하나도 세우지 않으나[不受], 불사문중에는 한 법도 버리지 않는다[不捨]." 한 것과 같으니, 앞의 구절은 性을

가리키고, 뒤 구절은 相을 가리킨다. 性에 의해 응당 집착해서는 안 된다는 것을 설하였고, 相에 의해 응당 버려서는 안 된다는 것을 설하였다.

集

천태교에서 "의심하는 자가 '대승은 평등한데 어찌 논할 相이 있는가?' 한다. 지금 이 말은 그렇지 않다. 평등한 거울이 깨끗함으로 인하여 여러 가지 業像이 나타난다. 止·觀[66]으로 마음을 닦아 마음이 점점 밝고 깨끗해지면 모든 선악을 비춘다. 마치 거울이 닦여지면 만상이 저절로 나타나는 것과 같다.

이로써 알 수 있는 것은, 있지 않으나[不有] 있어서[有] 無性에서 緣生하고, 있으나[有] 있지 않으니[不有] 緣生이나 無性이니, 常冥(항상 머묾)은 實際(眞如淨心)요 中道는 차갑다[冷然:明淨함]. 기뻐하고 슬퍼함이 나지 않고, 분별의 정이 끊어져 가슴이 텅 비고 생각이 고요하니, 어찌 얻고 잃는 것에 미혹하겠는가?

또한 遺典(경전)을 읽고 외고 대승을 수지하면 공덕이 깊고 과보가 현묘니, 경에서 부처님이 친히 비교한 것과 같다. 즉, 비유컨대 어떤 사람의 변재가 문수와 같아 온 천하 사람을 교화하여 모두 일생보처에 이르게 하더라도, 공덕을 헤아리면 향이나 꽃으로 방등 경전에 공양하여 아래 등급의 보배를 얻는 것보다 못하다. 아난이 의심하여 물으니, 칠불이 몸을 나타내어 실제로 이런 일이 있음을 증명하였다. 또한, 설한 것과 같이 수행하면 위 등급의 보배를 얻고, 수지 독송하면 가운데 등급의 보배를 얻으며, 향과 꽃으로 공양하면 아래 등급의 보배를 얻는 것과 같다." 하였다.

---

66 『불광사전』p1476-中

台教云, 疑者言, 大乘平等, 何相可論。今言不爾。祇由平等鏡淨, 故諸業像現。令止觀研心, 心漸明淨, 照諸善惡。如鏡被磨, 萬像自現。是知不有而有 無性緣生。有而不有, 緣生無性。常冥實際, 中道冷然。欣慼不生, 分別情斷。虛懷寂慮, 何得失之所惑乎。又若諷誦遺典, 受持大乘, 功德幽深, 果報玄邈。如經(中說) 佛親比校。譬如一人, 辯若文殊, 敎化四天下人, 皆至一生補處。格量功德, 不如香華供養方等經典, 得下等寶。阿難疑審(問), 七佛現身證明, 實有此事。又如說修行, 得上等寶, 受持讀誦得中等寶, 香華供養得下等寶。

講

세 번째는 천태 지자대사의 『마하지관』을 인용하여 증명하였다. 어떤 사람이 의문을 갖기를 "『화엄경』에서 설하시기를 '마음과 중생과 불, 세 가지가 차별이 없다' 하였는데, 이미 평등하여 차별이 없다면 어떻게 법상의 차별을 설할 수 있는가?" 하니, 지자대사가 답하기를 "이렇게 말하는 것은 옳지 않다. 왜냐하면, 심성은 밝고 깨끗한 거울과 같아 본래 청정하니, 설할 이름도 취할 상도 없다. 더럽고 깨끗한 業緣에 따라 깨끗한 마음에서 일체 더럽고 깨끗한 業像을 나타낸다. 불법 가운데 팔만사천 법문은 마음의 때를 연마하여 본래 깨끗한 마음으로 회복케 하는 방편일 뿐이니, 지관도 마찬가지다. 제법 三性에 의해 이를 닦는 것은 마치 거울(마음)을 닦는[研] 것과 같으니, 마음이 점차 밝고 깨끗하면 능히 일체 선과 악과 더럽고 깨끗한 제법을 비추어 볼 수 있다. 마치 거울이 닦음을 거쳐 본래 밝고 깨끗한 鏡體(淨心)를 회복하면, 만상이 인연에 따라 밝은 거울[淨心] 가운데서 나기도 하고 혹은 없어지기도 하지만, 밝은 거울[淨心]은 여여부동하여 모양이 와도 거역하지 않고 모양이 가도 머무르지 않으니, 有가 有가 아니요 有가 아니면서 有라, 緣生이나 無性이요 無性이 緣生이다. 만상[諸法]이 無性이면 항상 같고, 만상이 緣起면 항상 다르다. 有는 항상 다르고

有가 아니면 항상 같다. 항상 같은 것은 性이요 항상 다른 것은 相이니, 항상 다르면서 항상 같아 性과 相이 둘이 아닌 것이 곧 常住(冥)하는 진여 정심[實際]이요, 시종 불생불멸하고 하나도 아니고 다르지도 않으며, 불변하지도 않고 단절되지도 않으며, 더하지도 않고 감하지도 않는 밝고 깨끗한 거울[中道 冷然]이다. 그러므로 중생이 만약 수행을 거쳐 본래 깨끗한 마음을 회복하면, 마음을 일으키고 생각을 움직이는 일체 동작과 행위에 사랑하고 미워하는 분별이 없고(欣慼不生 分別情斷:기뻐하고 슬퍼함이 나지 않고, 분별의 정이 끊어져), 무생법인을 증득하여 미세한 법을 보지 않는다. 이미 얻음이 없으면 잃음이 없으니, 그곳에 얻고 잃는 관념의 존재가 마음에 있겠는가?" 하였다.

지자대사가 다시 대승경전 가운데 부처님이 친히 대승경전을 독송하는 공덕을 비교하신 것을 인용하였다. '幽深(깊음)'이란 범부와 이승, 더 나아가서 보살도 모두 능히 알지 못하고 이해하지 못함을 말한다. '玄邈(현묘함)'이란 공덕의 과보가 아득히 멀고 오래여서 바로 성불에 이르러 그치거나 끊어짐이 없음을 말한다.

세친 보살이 『辯中邊論』에서 경전의 열 가지 行法[經典十種行法]에 대해 이렇게 설하였다. 첫째는 베껴 쓰는 것[書寫]이니, 경전을 쓰고 인쇄하고 유통하여 끊어지지 않게 하는 것이다. 둘째는 공양[供養]이니, 꽃이나 향으로 경전이나 경전이 있는 장소에 공양하는 것이다. 셋째는 남에게 보시하는 것[施他]이니, 경전을 인쇄하여 다른 사람에게 드리거나 혹은 유통하는 것이다. 넷째는 듣는 것[聽聞]이니, 다른 사람으로부터 듣고 매우 좋아하는 것이다. 다섯째는 읽는 것[披讀]이니, 경전을 읽되 손에서 책을 놓지 않는 것이다. 여섯째는 受持(마음에 깊이 새겨 잊지 않음)하는 것이니, 경전의 뜻이나 이치를 마음에 새겨 잊지 않는 것이다. 일곱째는 상세히 설명하는 것[開演]이니, 항상 다른 사람을 위해 연설하여 사람들이 믿고 이해하게 하는 것이다. 여덟째는 소리 내어 읽는 것[諷誦]이니, 사람들이 듣기 좋게 범음으로 소리 내어 읽는 것이다. 지금의 범패로 노래하고 외는 것과 같다. 아홉째는 사유하는 것[思惟]이니, 경전에서 설한 名相('名'은 사물의 명칭, '相'은 사물의 모양. 모든 사물은 모두 이름이 있고 모양이 있는데, 귀로 들을 수 있는 것을 '명'이라 하고 눈으로 볼 수 있는 것을 '상'이라 한다)이나 내용을 생각하고 헤아려 이를 통달하는 것이다. 열 번째는 배우고 익히는 것[修習]이니, 법을 따르고 법을 행하여 도과를 이루는 것이다. 이 열 가지 법행은『법화경』「분별공덕품」에서 "자신이 듣거나 다른 사람에게 듣게 하며, 자신이 가지거나 남을 가지게 하며, 자신이 쓰거나 다른 사람에게 쓰게 하며, 꽃이나 향이나 영락이나 당번이나 繒蓋(비단으로 만든 일산)나 香油나 蘇燈(乳酪의 등불)으로 경권에 공양하면, 이 사람의 공덕은 무량무변하여 능히 일체종지를 낳을 수 있다. … 다시 육도의 공덕을 아울러 행하고 올바르게 행하면 반드시 알지니, 이 사람은 이미 도량에 나아가 아뇩다라삼먁삼보리에 가까이 하여 보리수 아래에 앉으며, 이 사람은 앉거나 서거나 걸어가는 곳마다 응당 탑을 세워 일체 천인이 부처님의 탑과 같이 공양하리라." 한 것이다.

'비유하면 한 사람이' 한 데서부터, '아래 등급의 보배를 얻는다' 한 데까지 일곱 구절은 비교하는 공덕을 바로 밝혔다. 이어서 설명하면, 설한 것과 같이 수행하는 것은 위 등급이요, 수지 독송하는 것은 가운데 등급이며, 꽃과 향으로 공양하는 것은 아래 등급이다. 이렇게 상·중·하의 차별이 있으나 모두 열 가지 법행에 속한다. 원교의 설에 의하면 열 가지 법행은 곧 一乘行이라, 똑같이 성불을 얻으니 높고 낮은 것이 없다. 그러므로『법화경』에 "만약 이 법사가 이와 같은 덕을 성취한 것을 보면 응당 하늘 꽃을 흩고, 하늘 옷으로 그의 몸을 덮으며, 얼굴로 발에 예배하고 마음에 부처님과 같다는 생각을 내어라."

하였다.

　반드시 알라! 열 가지 법행은 모두 有相 有爲이지만 도리어 능히 이와 같은 무루, 무위, 무량의 공덕 과보를 얻을 수 있으니, 어찌 한결같이 無相을 설하는 것만으로 고상하게 여기겠는가! 그러므로 부처님께서 직접 문수의 변재를 (곧 無相이라 설한 것) 향이나 꽃으로 대승경전에 공양하는 有相行보다 못하다고 비교하였다. 이것을 보고 '空이 了義敎'라고 집착하는 불자는 재삼 반성하라!

集

『법화경』에 "사백만 억 아승지 세계 중생에게 공양하고, 더 나아가서 모두 아라한도를 얻어 모든 有漏를 다하며, 깊은 禪定에서 모두 自在를 얻고 八解脫을 갖추게 하더라도, 쉰 번째 사람이 『법화경』 한 게송을 듣고 수희하는 공덕만 못하여, 백천만억분에 그 하나에도 미치지 못하느니라.(대정장경 제9권 46페이지)" 하고,

法華經云, 供養四百萬億阿僧祇世界衆生, 乃至皆得阿羅漢道, 盡諸有漏。於深禪定, 皆得自在, 具八解脫。不如第五十人, 聞法華經一偈, 隨喜功德, 百千萬億分, 不及其一。

講

네 번째는 『법화경』 「수희공덕품」 경문을 인용하여 증명하였다.

集

또한 경에 "만약 사람이 경전을 독송하는 장소이면 그 땅이 모두 금강이 되는데 다만 육안 중생이 볼 수 없을 뿐이다." 하며,

又經云, 若人讀誦經處, 其地皆爲金剛, 但肉眼衆生不能見耳。

다섯 번째 '또한 경에' 한 것은 어떤 경전에서 하신 말씀인지 미처 살펴보지 못하였다. 이것은 『법화경』「여래신력품」에서 부처님이 "만약 내가 신력으로 무량겁에 걸쳐 이 경의 공덕을 설하여도 오히려 능히 다하지 못한다. 만약 어떤 이가 수지 독송하며, 해설하고 쓰고 베끼며, 설한 것과 같이 수행하면 經卷이 있는 곳과 같다. 마땅히 알지니, 이곳은 바로 도량이라, 제불이 여기에서 위없는 보리를 얻으시고, 제불이 여기서 법륜을 굴리시며, 제불이 여기에서 열반에 드시었다." 한 것과 대의가 서로 같다.

『남산감통전』에 "칠불 금탑 속에 은 도장이 있는데, 만약 대승을 외는 자에게 은 도장으로 그의 입에 도장을 찍으면 잊어버림이 없게 된다." 하고,

南山感通傳云, 七佛金塔中有銀印, 若誦大乘者, 以銀印印其口, 令無遺忘。

대정장경에는 도선 율사가 모은 『神州三寶感通錄』 3권, 『도선율사 감통록』 1권, 『律相感通傳』 1권은 있으나 『남산감통전』은 없다. 후인이 조사해서 증명해 주기 바란다.

『보현관경』에 "만약 七衆이 계율을 범하여 손가락을 한번 튕기는 잠깐 사이에 백천만억 아승지 겁의 생사 중죄를 제멸하고자 하는 자나, 더 나아가 문수나 약왕 등 대보살을 뵙고자 하여 향이나 꽃을 가지고 공중에 머물러 서서 시봉하

는 자는, 응당 이『법화경』을 배우고 익히거나, 대승을 독송하고, 대승의 일을
생각하여, 이 空慧가 마음과 상응하게 할지니라." 하였다.

普賢觀經云, 若七衆犯戒, 欲一彈指頃, 除滅百千萬億阿僧祇劫生死之罪者。乃至
欲得文殊藥王諸大菩薩, 持香華住立空中侍奉者, 應當修習此法華經, 讀誦大乘, 念
大乘事。令此空慧, 與心相應。

講

여섯 번째는『보현관경』을 인용하였다. 이것은 약칭이고 완전한 이름은『觀普
賢菩薩行法經』이다. 대정장경 제9권 389~394페이지까지 편재하였다. 이 경
에서는 육근의 죄업을 참회하는 방법을 설하였다. 중요한 것은 보리심을 내어
대승경전을 독송[不捨]하고, 제일의공을 생각[不取]하는 것이다. 이 경 게송에
"일체 업장의 바다가 모두 망상으로부터 일어나니, 만약 참회하고자 하면 단
정히 앉아 실상을 생각하라[不取]. 여러 가지 죄는 서리와 이슬과 같아 지혜의
햇빛으로 능히 없앨 수 있나니, 그러므로 응당 지극한 마음으로 六情의 뿌리를
참회하라[不捨]." 한 것이다. 여기서 인용한 경문은 그 중 대의를 취하여 不捨와
不取가 불자의 필수 수행법임을 증명하였다. '이 空慧가 마음과 상응하게 한
다' 한 '공혜'는 곧 제일의공이니,『법화경』에서 말씀한 '제법 실상'이다. 일심
이문과 공과 유가 둘이 아닌 중도의 지혜인 것이다. 만약 능히 일심 이문을 깨
달아 공과 유에 집착하지 않으면 단박에 淨心이 현전하리니, 이것이 마음과 상
응하는 것이다. 만약 일심 이문을 미혹하여 유에 집착하고 공에 집착하면 정심
과 상응치 못하니, 진실한 참회라 할 수 없다.

集

『대반야경』에 "무서운 짐승이 살지 않는 고요한 바위 굴 속에 머물러 지내며,

이른바 법을 들어라. 밤낮으로 부지런히 읽고 외우되 소리가 높지도 낮지도 않게 하고, 마음이 밖을 반연하지 말고, 마음을 다해 기억하여 잊어버리지 마라." 하며,

大般若經云, 無諸惡獸, 巖穴寂靜, 而爲居止, 所謂聞法. 晝夜六時, 勤加讀諷, 聲離高下, 心不緣外, 專心憶持.

講

일곱 번째는 『대반야경』을 인용하였다. '법을 들어라' 한 것은, 하나는 스승으로부터 법을 듣는 것이요, 또 하나는 자신이 독송하는 것이니, 이것들이 모두 여기에 속한다. '讀'은 경본을 독송하는 것이요 '諷'은 어떤 경본이든 소리 내어 암송하는 것이다. '소리는 높지도 낮지도 않게 하라' 한 것은, 몸을 거두어 산란하지 않게 하는 것이요, '마음은 밖을 반연하지 마라' 한 것은 마음을 거두어 혼침하지 않는 것이다. 몸과 마음을 거두어 혼침과 산란을 여의어야 비로소 능히 마음을 다해 기억하여 잊어버리지 않을 수 있다.

당나라 때 法雲 대사(1088~1158)[67]의 「看經에 힘쓰는 글」에 "번뇌 잡념을 쉬고 반야 法林에 노닐다가, 책이 다하면 책을 덮고 마음을 거두고 고요히 앉아, 원명한 본체를 비추어 항상 고요한 性原으로 돌아가라. 그러면 비록 만물이 펼쳐질지라도 하나마저도 없어지고 동시에 끊어진다." 한 것은, 불경을 독송하는 것이 일반 독서와 다르니, 입으로 생계를 삼는 보잘것없는 선지식을 본받을 것이 아니라, 聞·思·修로부터 삼마지에 들어가고 분별이 있는 지식으로부터 분별이 없는 지혜에 들어가, 최후에는 진여법신을 친견하여 자성청정심

---

67   『普翻譯名義集』을 지은 普潤大師를 말함. 『불광사전』 p3410 참조.

을 깨닫고 미혹함을 돌이켜 깨달음을 삼고 범부를 돌려 성인을 이루어야 함을 설한 것이요,『반야심경』에 "지혜도 없고 또한 얻은 것도 없이 할지니[不取], 얻은 것이 없기 때문에 마음에 얽매임이 없고 공포가 없어 전도된 몽상을 멀리 여의어 궁극의 열반을 얻나니, 삼세제불이 반야바라밀다에 의지하기 때문에 부처를 이루었느니라[不捨]" 하니, 이것들은 모두 취하지도 말고 버리지도 말아야 하는 가장 좋은 예증인 것이다.

集

『현우경』에 "수행자가 불도를 이루고자 하면 마땅히 經法을 좋아하여 독송하고 연설하라. 설사 속인이 법을 설하더라도 하늘이나 귀신이 모두 와서 듣거든, 더욱이 출가인이 법을 설함이랴. 출가인이 하다못해 길을 가면서 경을 외우고 게를 설하더라도 항상 제천이 따라다니면서 듣나니, 그러므로 응당 부지런히 경을 외우고 법을 설해야 하느니라." 하였다.

賢愚經云, 行者欲成佛道, 當樂經法, 讀誦演說。 正使白衣說法, 諸天鬼神, 悉來聽受, 況出家人。 出家之人, 乃至行路誦經說偈, 常有諸天隨而聽之。 是故應勤誦經說法。

講

여덟 번째는『현우경』을 인용하였다. 이 경은 대정장경 4권 349에서 447페이지까지 편재하였다. 본연부에 속하니 모두 13권이다. 이로써 부처님 제자들은 응당 부지런히 경전을 외고 법을 설하여 자신이 이익 되고 다른 이를 이익 되게 하면 제불이 기뻐하신다는 것을 증명하였다.

기 4. 설명함

이상은 모두 부처님의 진실한 말씀이지 망심으로 한 맹랑한 설이 아니다. 그러므로 지극한 마음으로 외우는 자는 증험이 헛되지 않으리니, 항상 시방 여래와 석가모니불이 가만히 호념하시며, "훌륭하구나!" 하고 찬탄하시며, 손길을 건네 머리를 어루만져주시고, 함께 자며 가사로 덮어주시며, 섭수 부촉하시고 수희 가피하시리라. 더 나아가 神王이 호지하고 天仙이 받들어 모시며, 금강이 감싸주고, 석범이 꽃을 흩으며, 福因을 성취하여 법계 허공계와 양이 같으니, 그 공덕을 헤아리면 항하사 칠보를 보시하는 인연보다 낫다. 심지어 범부의 몸이 영통하고, 육신이 썩지 않으며, 혀가 紅蓮색으로 변하고, 입에 자단 향기를 풍기며, 한 구절을 듣고 필경 보리에 나아가고, 반 게송을 외우고서 공덕이 대각과 가지런하며, 경권을 쓰고서 欲天의 과보를 받았고, 수지하는 사람에게 공양하면 그 복이 제불에게 하는 것보다 더하니, 참으로 법의 위덕력이요 부사의한 문이라 할 만하다. 만 가지 상서와 천 가지 영험이 이로부터 감응하고 삼현 십성이 이로 인하여 일어난다. 예로부터 지금까지 범부부터 성인까지, 삼업으로 공양하고 열 가지로 수지하여, 마음에 새겨 모두 眞詮을 받아, 전하고 보전하여 끊어지지 않았나니, 지금 어찌 비방을 내어 법륜 굴리는 것을 끊겠는가!

已上皆是金口誠諦之言, 非是妄心孟浪之說。是以志心誦者, 證驗非虛。常爲十方如來, 釋迦文佛, 密垂護念, 讚言善哉, 授手摩頂, 共宿衣覆, 攝受付囑, 隨喜威加。乃至神王護持, 天仙給侍, 金剛擁從, 釋梵散華。成就福因, 等法界虛空之際量。校量功德, 勝恒沙七寶之施緣。乃至凡質靈通, 肉身不壞。舌變紅蓮之色 口騰紫檀之香。聞一句而畢趣菩提, 誦半偈而功齊大覺。書寫經卷, 報受欲天。供養持人, 福過諸佛。可謂法威德力, 不思議門。萬瑞千靈, 因玆而感。三賢十聖, 從此而生。亘古該今 從凡至聖, 三業供養, 十種受持, 盡稟眞詮, 傳持不絕。今何起謗, 而斷轉法輪乎。

講

스님은 이상으로 부처님이 金口로 친히 설하신 말씀을 널리 인용하여 不取 不捨의 중도원융에 대한 올바른 뜻을 설명하였다. 여러분께 바라노니, 지극한 마음으로 대승경전을 독송하면 반드시 감응[證驗]이 있어 절대 허망하지 않다는 것을 깊이 믿기 바란다.

이상에서 인용한 여덟 가지 경론 밖에『법화경 전기』(10권, 당나라 僧詳 지음),『화엄경 전기』(5권, 당 法藏 모음),『화엄경 감응전』(1권, 당 惠英 지음)이 있으니, 이것들은 모두 대정장경 제51권에 편집되어 있고, 대만에도 단행본으로 유통한다. 이 밖에『금강경 지험기』,『四大明山志』등이 있으니, 모두 자세히 읽어보기 바란다. 대승경전을 독송 서사하거나 혹은 연설하면 은밀한 감응을 바라지 않으나 감응이 저절로 이르러 확실히 불가사의한 공덕 이익이 있어서, 불일이 증휘하고 법륜이 상전하며, 비는 때맞추어 내리고 바람은 순조로우며, 나라는 태평하고 국민들은 편안하리니, 어찌 형상에 집착한 수행이라 이익이 없다고 말하겠는가!

'진실한 말씀'이란, 제불이 무량겁에 거짓말을 하지 않았기 때문에 廣長舌相(32상 가운데 혀가 넓고 긴 상)을 얻어, 하시는 말씀마다 모두 참된 말씀이고, 진실한 말씀이며, 상규를 벗어나지 않은 말씀이고, 기이하지 않은 말씀이시다. '망심 맹랑한 설'의 '맹랑'은 언어와 행동거지가 경솔하여 정밀하지 않고 사실과 아주 다른 것을 말한다. '항상 시방 여래와 석가모니 부처님이 가만히 호념하시고, 장하다! 찬탄하시며 머리를 어루만지시고, 함께 자며 가사로 덮어주었다'한 것은,『법화경』「법사품」에 부처님이 설하시기를 "여래가 멸한 후, 능히 쓰고 지니고 독송하고 공양하며 다른 사람을 위해 설하는 자는, 여래가 가사로 덮어주시고 또한 타방의 현재 제불이 호념하시며, … 반드시 알지니, 이 사람은 여래가 함께 자며 여래가 손으로 그의 머리를 어루만져 주신다.(대정장경 9권31페이지)" 하고,「보현권발품」에 "그때 석가모니불이 '장하고, 장하다!' 하며 찬탄하시고, … 만약 수지독송하고 바르게 기억하고 생각하며『법화경』을 닦고 익히고 쓰고 베끼는 자는… 반드시 알지니, 이 사람은 부처님이 '장하구나!' 하고 찬탄하시며 석가모니불이 손으로 그의 머리를 어루만지며 가사로 덮어주신다.(동상 61페이지 하, 62페이지 상)" 한 것이다. '섭수 부촉'이란,『법화경』「촉루품」에 "석가모니불이 법좌에서 일어나 큰 신력을 나타내어 오른손으로 보살들의 머리를 세 번 어루만지시고 이런 말씀을 하시었다. '나는 무량겁에 얻기 어려운 무상 보리법을 닦고 익혔느니라. 지금 그대들에게 부촉하노니, 그대들은 반드시 수지독송하고 널리 이 법을 설하여 일체 중생이 모두 듣고 알게 하라. … 그대들이 만약 이렇게만 한다면 이미 제불의 은혜에 보답한 것이 되느니라'(동상 52페이지 하)" 하고 설한 것이다. '수희하고 가피하신다'는 것은『법화경』「약왕본사품」에 "만약 여래 멸 후 후오백세(곧 지금 이때)에 어떤 사람이 이 경전을 듣고 설한 바와 같이 수행하면, 이 목숨이 다한 후에 대보살 대중이 에워싼 아미타불 주처인 안락세계의 연화 가운데 태어나 보살 신통과 무생법인을 얻고, 이 법인을 얻고 나서는 칠백만 이천억 나유타 항하사만한 제불을 뵈리라. 그때 제불이 멀리서 함께 찬탄하시기를 '장하고 장하구나, 선남자여! 네가 능히 석가여래의 불법 중에서 수지독송하고 이 경을 사유하며 다른 사람을 위해 설하고 얻은 복덕은 무량무변하니라. … 백천 제불이 신통력으로 함께 너를 수호하나니, 일체 세간이나 천상 가운데 너 만한 자가 없느니라.'(동상 54

페이지 하)" 한 것이다.

'내지 신왕이 호지하며' 한 것은, 『법화경』「다라니품」 가운데 비사문천왕과 지국천왕이 주문을 설하며 옹호한 것이다.(동상 59페이지 상) '천신이 받들어 모시고 금강이 옹호한다' 한 것은, 『법화경』「법사품」에 "만약 내가 멸도한 후에 이 경을 설하는 자는 …만약 누가 악한 마음으로 칼이나 몽둥이나 기와나 돌로 위해를 가하려 하면, 變化人(금강역사 등)을 보내 그 사람을 호위하고 보호하며, 만약 법을 설하는 자가 空閑한 곳에 있으면, 내[佛]가 천룡왕이나 야차나 귀신 등을 보내 법을 듣는[給侍] 대중이 되게 하리라.(동상 32페이지 상중)" 한 것과 같다. '석범이 꽃을 흩는다' 한 것은, 『법화경』「화성유품」에서 설한 것이다.

'福因을 성취하여 법계 허공계와 양이 같다'는 것은, 『법화경』「여래신력품」에 "부처님이 멸도한 후에 이 경을 수지하기 때문에 제불이 모두 환희하시고 수많은 신력을 나타내며, 이 경 부촉하려 수지하는 자를 찬미하되 '무량겁에 설한대도 오히려 다하지 못하리니, 이 사람의 공덕은 끝이 없기 마치 시방 허공과 같아 한계를 얻을 수 없네.'(동상 52페이지)" 한 것이다. '공덕을 비교하면 항하사 칠보를 보시하는 인연보다 수승하다' 한 것은, 『법화경』「수희공덕품」에 "만약 어떤 사람이 법회에서 이 경전 (전체를) 듣거나 내지 하나의 게송을 듣고 이를 기뻐하며 다른 사람을 위해 설하되, 이와 같이 차츰차츰 가르쳐 오십 번째에 이르면, 최후 사람이 얻은 복을 지금 분별[校量]한다면, 마치 큰 시주가 수많은 대중에게 염부제에 가득한 칠보를 공급하여 팔십 세가 다되도록 마음대로 쓰도록 하는 것과, … 최후 오십 번째가 한 가지 게송을 듣고 기뻐하면 이 사람의 복이 저보다 나아 비유할 수 없느니라.(동상 47페이지 상중)" 한 것이다.

'내지 범부의 몸으로 영통하고' 한 것부터, '육천의 과보를 받는다' 한 데까지 모두 여덟 구절 문장은, 대승경전을 수지 독송하여 얻은 수승한 이익을 찬탄하였다. 『화엄경』과 『법화전기』를 읽어보면 반드시 그릇되지 않는다는 것을 깊이 믿을 것이다. '수지하는 사람에게 공양하면 제불에게 하는 복을 지나간다' 한 것은, 『법화경』「다라니품」에 "약왕보살이 부처님께 아뢰기를 '능히 『법화경』을 수지하는 자가 있으면 얼마만 한 복을 얻겠습니까?' 하니, 부처님이 말씀하시기를 '약왕이여, 만약 선남자 선여인이 팔백만 억 나유타 항하사만 한 제불에게 공양하고 … 만약 능히 이 경에서 하다 못해 하나의 사구게라도 수지독송하여 뜻을 이해하고 설한 바와 같이 수행하면, 그 공덕(제불에게 공양하는 복을 초과함)이 매우 많으니라.(동상 58페이지 중)" 한 것이다.

'가위 법의 위덕력이요' 한 것부터, '전하고 보전하여 단절되지 않는다' 한 데까지 모두 열두 구절은, 스님이 자비로 결론지어 보이신 것이다. 즉, 대승 불법은 불가사의 위덕력을 갖추었으니, 만약 능히 수지하거나 내지 열 가지 法行(앞에서 설한 것을 보라)을 닦아 익히면, 반드시 갖가지 신령한 상서나 감응이 있어 삼현 십성의 세상을 벗어난 성인이 출생한다.

예로부터 지금까지 출가나 재가, 남녀노소를 막론하고 모두 대승경전을 독송하는 것으로 필수 행문을 삼았으며, 또한 모두 대승의 뜻을 이어받음으로써 진실한 수행과 실질적인 깨달음을 획득하여 범부를 바꾸어 성인을 이루고 자신을 제도하고 다른 이를 제도하여, 등불과 등불이 서로 연이어 전하고 보전하여 단절하지 않았다. 지금 '범소유상 개시허망'에 집착하여 대승을 수지 독송하는 것은 상에 집착하여 마음을 내는 사람이라 비방한다면, 어찌 다른 사람의 선근을 끊고 다른 사람의 수행을 저해하며, 다시 부처님의 위없이 깊고 깊은 미묘한 법륜을 단절하여 전하지 않는 것이 아니겠는가! 참으로 죄과가 끝이 없다.

그래서 스님께서 경계하여 '지금 어찌 비방을 내어 법륜을 끊고 전하지 않겠는가!' 한 것이다.

무 2. 行·解를 아울러 중히 여김
기 1. 질문

集

문: 경에서는, 설한 바와 같이 수행하여 그 내용을 깊이 알고 부지런히 무념을 구하여 묵묵히 玄根에 계합하는 것만을 찬탄하였습니다. 어찌하여 수행하며 널리 읊조리고 외우는 수행을 권하십니까?

問. 經中祇讚如說修行, 深解義趣, 勤求無念, 黙契玄根。云何勸修, 廣興唱誦。

講

여기서 질문한 뜻은, 위와 같이 모두 性에 집착하고 相을 폐하여 事와 理가 원융함을 알지 못하고, 行과 解를 아울러 중히 해야 함을 깨닫지 못한 허물이다. '설한 바와 같이 수행한다'는 것은, 바로 사람의 마음을 가리켜[直指人心] 마음을 밝혀 성을 본다[明心見性]는 돈교 수행법을 말한 것이다. '의취를 깊이 안다'는 것은, 인·법 二空을 깨달아 相을 파하고 性을 밝히는 空宗의 뜻을 잡아 설한 것이다. '부지런히 무념을 구해 묵묵히 현근에 계합한다'는 것은, '무념'과 '현근'은 二空인 진여법신을 가리키고, '부지런히 구한다'는 것은 큰일을 아직 밝히지 못했으니 마치 부모가 돌아가신 것처럼 해야 한다는 것이다. '묵묵히 계합한다'는 것은 교외별전인 불입문자를 말하니, 여기서 물은 말은 참선하는 사람이 항상 염불을 책망하는 데 쓰는 말이다.

기 2. 정답

集

답 : 만약 上上圓根이 大機가 순숙하다면 여러 가지 장애가 없어서 단박에 알고 단박에 닦아 망념이 나지 않으니 어찌 助道할 필요가 있으랴. 대체로 미세한 생각은 佛地라야 비로소 없다. 그러므로『안반수의경』序에 "손가락을 튕기는 짧은 순간에 마음이 구백육십 번이나 구르고 변화하니, 하룻날 하루 저녁이면 13억 생각이요, 한 생각에 하나의 몸이 있으나 마음은 스스로 알지 못하니, 마치 저 농부와 같다." 하였다. 이를 보고 알 수 있는 것은, 情塵(六根·六識·六塵)의 장애가 두터워 단박에 깨끗이 하기는 실로 어렵다는 점이다. 만약 萬善으로 도와 일깨우지 않으면 자력으로는 아마 일을 그르치지 않을까 싶다. 또한, 만약 복업을 두루 행하는 문[福業遍行門]에서 논하면, 만행으로 장엄하여 한 법도 버리지 않아야 모두 능히 도를 도와 대보리를 밝힐 수 있으니, 열 가지 수지[十種受持]를 구족하는 것도 아무 장애 될 것이 없다.

答. 若約上上圓根, 大機淳熟, 無諸遮障, 頓了頓修, 妄念不生, 何須助道。大凡微細想念, 佛地方無。故安般守意經序云, 彈指之間, 心九百六十轉, 一日一夕, 十三億意(念), 意有一身。心不自知, 猶彼種夫也。是知情塵障厚, 卒淨良難。若非萬善助開, 自力恐成稽滯。又若論福業遍行門中, 萬行莊嚴, 不捨一法, 皆能助道, 顯大菩提。具足十種受持, 亦無所閡。

講

스님은 먼저 이렇게 대답한다. 즉, 만약 상상 근기를 가진 자나, 혹은 원력을 가지고 다시 태어난 대보살이 대승 경계나 수행이나 증과에[大機] 이미 깊이 믿고 이해하였다면[淳熟] 어떤 난관이나 장애도 없으리니, 스스로 돈교법문에 의해 돈수돈오할 수 있다. 소위 眞이 본래 있음을 알고 妄이 본래 공함을 깨달아 [妄念不生] 지혜의 몸을 성취하여 다른 이로 인하여 깨닫지 않으니, 어찌 조도할 필요가 있겠는가? 중·하 근기거나 혹은 업장이 무거운 범부나 초심보살이라면 그와 같지 않아서, 식심이 흘러들어가고 망념이 어지럽게 날지 않음이 없다. 설사 다소의 수행과 증과가 있더라도 아직 불지에 이르지 않았으니, 망념이 없을 수 없다. '미세한 想念'[俱生無明]은 반드시 불과를 증득해야만 비로소 없다. 그러므로『팔식규구송』에 "金剛道 후에 異熟이 空하다." 하니, 이숙식은 眞妄和合識이므로 미세 망념이 있다. 그러므로 반드시 이숙식을 돌려 순진한 무구식이 되어야 비로소 구경의 망념이 나지 않는다.

만약 초심보살을 부처님과 같다고 한다면 참으로 어리석은 사람이 꿈 이야기를 하는 것이라, 절대 불가능한 일이다. 스님은 특별이 후한 시대 安世高가 번역한『안반수의경』서문(康僧會 지음. 대정장경 15권 163페이지 상)에 "사람은 한번 손가락을 튕기는 짧은 시간에 생각은 구백육십 생멸이 있으니[轉], 하루 낮이나 하룻밤이면 13억 생각이 있으니, 무릇 한 생각을 일으킬 때 곧 하나의 몸을 받는다. 왜냐하면, 중생의 몸은 모두 하나의 생각으로 말미암아 인과 연을 취하여 이루어지기 때문에, 생각을 일으키는 마음은 그 일으키는 생각이 많고 빠른지를 스스로 알지 못하나, 잠시도 정지함이 없이 육진경계에 따라 태어나고 멸할 뿐이다. 그러므로 중생의 생사윤회가 밭 가는 농부가 밭에서 종자를 뿌리고 수확하는 것과 같으니, 봄에 한 낱의 종자를 넣으면 가을에 만 알의 종자를 거두어, 해마다 이렇게 끝나고 다시 시작하는 것이다." 한 것을 인용했으니,『유식송』에 "큰 파도가 깊은 골짜기를 쳐 단절할 때가 없다." 한 것과 같다. 중생의 생각은 큰 파도와 같고 또한 종자를 뿌리는 것과 같아서, 종자와 현행이 서로 훈습하니, 어느 해 어느 달에 능히 생각이 일어나는 것이 없을 수 있겠는가!

‘이로써 알 수 있는 것은, 정진의 장애가 두터워’ 한 아래 네 구절은, 수덕에 공력이 있어야 성덕이 비로소 드러난다는 것을 바로 보였다. 그러니 반드시 解와 行을 아울러 중히 해야 비로소 청정한 육근을 얻을 수 있다. ‘情’은 안·이·비·설·신·의 등 6근 6식을 말하니, 그러므로 경에서는 ‘六情根’이라 하였다. ‘塵’은 색·성·향·미·촉과 邪念(法) 등 육진 경계를 가리키니, 이 육근·육진·육식을 합하여 ‘십팔계’라 부른다. 이것이 중생이 생사에 윤회하는 업보의 본체다. 혹업으로 인이 되어 생사 고과를 받아 태어났다 죽었다 하고, 몸을 버렸다 몸을 받았다 하여 해탈을 얻기 어렵다. 그러므로 ‘情塵의 장애가 두터워 갑자기 깨끗하기 참으로 어렵다’ 하였다.

‘만약 만선으로 도와 일깨우지 않으면’ 한 것의 ‘만선’은 三乘 聖道의 모든 법문을 말한다. 『법화경』에 “大聖主(佛)께서 … 여러 가지 방편으로 제일의를 보조적으로 드러낸다.(대정장경 9권 8페이지 하)” 한 것처럼, 천태종에서 세운 十乘觀法 가운데 일곱 번째가 ‘대치하여 보조적으로 일깨운다’ 하는 것이다. 화엄종에서는 대승의 시종을 밝히면서, 또한 교묘한 止·觀과 만행의 보조적인 수행으로 올바른 수행의 길을 삼았다.

‘자력으로는 아마 일을 그르치지 않을까 싶다’ 한 것의 ‘자력’은 만선을 닦지 않는 방편을 가리키니, 名相을 분석하거나 혹은 무념으로 묵묵히 계합하는 것에만 공을 들이는 것이다. 이 같은 수행은 질질 끌거나 혹은 마장을 일으키기 십상이니, 이런 예는 매우 많다.

‘또한, 만약 복업을 두루 행하는 문 가운데에서 논하면’ 한 아래 일곱 구절은, 수지하거나 더 나아가서 수습하는 열 가지 법행(주 50) 참조)이 모두 방애되지 않으니, 불사문 중에서는 한 법도 버려서는 안 된다는 것을 바로 밝혔다. ‘복업’은 육바라밀 가운데 앞의 다섯 바라밀이요 ‘두루 행한다’는 것은 구족하게 널리 닦는 것이다. 육바라밀이 남[生]으로 말미암아 곧 보살도의 만행이 있고, 육도만행으로 불과를 장엄하는 법신정토[大菩提]를 현발한다. 마치 바다가 수많은 강물을 거역하지 않는 것과 같으니, 그러므로 "한 법도 버리지 않고 모두 능히 도를 돕는다." 하였다. 『법화경』 「방편품」에 "만약 법을 듣거나 보시하고, 혹은 지계하거나 인욕하며, 정진과 선정과 지혜 등 갖가지로 복덕을 닦으면, 이와 같은 여러 사람은 모두 이미 불도를 이루었다. … 한번 '나무불' 하고 부르면 모두 이미 불도를 이루었다.(동상 8페이지 하, 9페이지 상)" 하고, 『관무량수불경』에서 설한 "저 국토에 왕생코자 하면 반드시 세 가지 복을 닦으라. 첫째는 부모에게 효도하고 봉양하며 스승이나 어른을 받들어 섬기며 자비스러운 마음으로 죽이지 않고 십선업을 닦는 것이요, 둘째는 삼귀의를 수지하고 갖가지 계율을 갖추며 위의를 범하지 않는 것이며, 셋째는 보리심을 내고 인과를 깊이 믿으며 대승을 독송하고 수행자에게 정진하기를 권하는 것이니, 이 세 가지 업은 삼세제불의 淨業이요 正因이다.(대정장경 12권 341페이지 하)" 한 것이다.

기 3. 인용하여 증명함

集

그러므로 『법화경』에 "그때 땅에서 솟은 천 세계 미진수의 보살마하살이 모두 부처님 앞에 일심으로 합장하고 존안을 우러러보며 부처님께 사뢰되, '세존이시여! 저희는 부처님이 돌아가신 후에 세존이 몸을 나누어 계시던 국토의 멸도한 곳에서 반드시 이 경을 널리 설하리다. 왜냐하면, 저희들도 스스로 이 참되고 청정한 큰 법을 얻어, 수지·독송하고 해설하고 서사하여 이를 공양하고자 하기 때문입니다' 하였다.(대정장경 9권 51페이지 하)" 하였으니,

故法華經云, 爾時千世界微塵數菩薩摩訶薩從地湧出者, 皆於佛前, 一心合掌, 瞻仰尊顏, 而白佛言, 世尊, 我等於佛滅後, 世尊分身所在國土, 滅度之處, 當廣說此經。所以者何, 我等亦自欲得是眞淨大法, 受持讀誦解說書寫而供養之。

講

스님은 『법화경』 「여래신력품」 경문을 인용하여 증명하였다. 아래 졸저 『법화경 강의』(1196~1197페이지)를 보면 그 뜻을 잘 알 것이다.

땅에서 솟아나온 대천세계 미진수의 수많은 보살이 모두 동시에 『법화경』을 널리 전할 것을 서원하고, 또한 정성과 공경을 다한 신·구·의 삼업으로 부처님께 다음과 같은 세 가지를 아뢰었다. (1) 시절: 부처님이 돌아가신 후 (2) 장소: 사바세계뿐만 아니라 부처님이 몸을 나누어 응현하는 국토 어디서나 (3) 이익: 이 경을 널리 설해 다른 이를 교화할 뿐만 아니라, 또한 자신들도 열 가지 법행을 겸하고 묘법을 공양한다. '眞淨大法을 얻고자 한다'는 것은, (1) 二乘法과 구별하면, 이승의 化城虛說이 아니기 때문에 '진'이라 하고, 두 가지 죽음이 다하고 五住가 영원히 없기 때문에 '정'이라 하며 二利의 공덕을 완비하지 않음이 없기 때문에 '대'라 한다. (2) 대승 묘법연화경을 얻었음을 가리키니, 묘법을 '진'이라 하고 연화를 '정'이라 하며 대승을 '대'라 하니, 그러므로 '진정대법'이라 한다. (3) 行을 잡아 설하면, 얻은 바가 없이 진정대법을 얻었으니 만약 얻은 바 마음이 있으면 능히 얻지 못한다. (4) 理를 잡아 설하면, '진정대법'은 중생과 부처가 평등한 자성청정심이니, 진실하여 허망이 없고, 청정하여 더러움이 없으며, 삼천 性相을 갖추어 더 큰 것이 없는 절대적인 '대'이기 때문에 '진정대법'이라 한다.

기 4. 설명함

이로써 알 수 있는 것은, 등지보살도 비단 다른 사람을 위해 해설할 뿐만 아니라, 오히려 스스로 발원하고 독송하고 지녔거든, 더욱이 초심자가 믿고 받아들이지 않으랴. 다만 먼저 믿고, 이해하고, 깨달은 사람에게 법을 물은 후에 설한 바와 같이 행하여 (다른 사람을 위해) 입으로 연설하고 (내 자신은) 마음으로 생각하여 올바른 지혜를 도와 개발해야 한다. 만약 종지를 아직 다하지 못했으면 우선 문장이나 말에 따라, 비록 직접 밝히지는 못하더라도 또한 善本을 훈습하면 반야의 위력이 처음(범부)과 끝(성인)을 서로 도와 성취한다. 정법 가운데서 하나의 조그마한 마음을 내면 모두 첫 원인이 되어 결국에는 외롭게 저버리지 않는다.

以知登地菩薩, 非獨爲他解說, 尙自發願誦持, 何況初心, 而不稟受。但先求信解悟人, 後卽如說而行。口演心思, 助開正慧。若未窮宗旨, 且徇文言, 雖不親明, 亦熏善本。般若威力, 初後冥資。於正法中, 發一微心, 皆是初因, 終不孤棄。

講

이것은 解와 行을 아울러 중히 해야 한다는 것을 설명한 문장이다. 이는 과거 수행자들이 경험한 말씀이니, 절대 경솔히 읽어 넘기지 마라. 먼저 『법화경』에서 설한, 땅에서 솟은 보살(從地湧出菩薩)은 초지에 오른 대보살로서, 이타로는 다른 사람을 위해 해설하고, 자리로서는 대승경전을 수지 독송하여, 이와 같이 두 가지 이익을 정진하여 비로소 성불하였던 분인데, 더욱이 처음 발심한 보살이 어찌 열 가지 법행을 행하지 않고 다만 참선하여 묵묵히 계합하려고만 하겠는가! 반드시 알아야 할 점은, 자신은 초심인이라 반드시 먼저 제불의 대승 聖

言量에 의지하여 대승에 대한 올바른 믿음을 확립하고[信], 중생과 부처의 본체가 같아서 사람마다 모두 하나의 불가사의한 청정심이 있음을 알며[解], 그러나 무시 객진번뇌에 덮여있어서 드러나지 않기 때문에 부지런히 방편을 구하여 설한 것과 같이 실행하여[行], 번뇌와 소지장을 끊어 일심 이문의 청정한 마음을 깨달아 성불하는[證] 것이다. 이와 같은 신·해·행·증은 불교를 배우는 데 필수적인 차례니, 어찌 信受(稟受) 봉행하지 않겠는가!

'입으로 연설하고 마음으로 생각한다'는 것은 자리·이타 二利行이요, '올바른 지혜를 助開(幫助 開發)한다'는 것의 '올바른 지혜'는 실상반야를 말하니, 문자와 관행 반야로 이를 도와 개발한다는 뜻이다. 만약 아직 실상반야를 얻지 못했으면[未窮宗旨] 우선 대승 경문에 의지하여 열 가지 법행을 구족하여 공·가·중 삼관과 十乘觀法인 지관을 쌍으로 행해야 한다. 비록 본래 청정한 마음을 회복하지 못하고 본래 면목을 친견[親明]하지 못했더라도, 또한 종자를 훈습하는 공용이 있어서 반드시 제불보살의 지혜의 꽃과 열매를 얻을 수 있다. '善本'은 선근이니 반야인 了因과 만선인 緣因이니, 이것은 正因佛性을 현발하는 좋은 근본이다. 三因佛性이 서로 의지하고 서로 보충하여 완성하니 절대 고립된 것이 아니다. 어찌 무념 청정의 정인만을 구하고 유위 熏種(종자를 훈습함)의 연·요 두 가지 因은 버리겠는가. '반야'는 대승 지관이니 천태는 이를 '일심 삼관'이라 하였다.

당나라 湛然 대사[68]가 말하기를 "한 생각 모양이 없는 것을 '空'이라 하고, 갖추지 않은 법이 없는 것을 '假'라 하며, 하나도 아니고 다르지도 않은 것을

---

68   천태종 제9조. 『불광사전』 p5059-下

'中'이라 한다. 범부에 있으면 三因이 되고 성인에 있으면 三德이 되니, 심지를 태우면 처음과 나중이 서로 같듯이, 자신을 유익하게 하고 남을 유익하게 하는 것이 여기에 있을 뿐이다." 한 것이다. 이를 보면 알 수 있는 것은, 만약 반야[空]와 만선[假]의 二因의 수덕이 없으면 또한 정인[中] 성덕도 없고, 만약 삼인불성이 없으면 삼덕불과도 없다. 이것이 있기 때문에 저것이 있으니 본래 이와 같다. 그러므로 '반야의 위력은 처음과 나중이 冥資한다' 하였으니, '처음'은 범부를 말하고, '나중'은 제불보살인 성인을 말한다. '冥資'는 資助成就(서로 도와 성취함)한다는 뜻이니, 반드시 서로 의지하고 서로 보충하여 성취하기 때문이다. 그러므로 만약 대승 정법 가운데서, 법을 따르고 법을 행하여, 하나의 미약한 마음을 내고, 하나의 선심을 내며, 하나의 크거나 작은 선행을 행하면 모두 성불의 첫 원인이 된다. '첫 원인'은 근본 원인이니 구경에 모두 불과를 성취한다. 그러므로 '마침내 홀로 저버리지 않는다' 하였다. 『법화경』「방편품」에 "갖가지가 모두 이미 불도를 이루었다." 한 것이니, 이것이 가장 좋은 예증이다.

무 3. 지 · 관이 쌍으로 흐름
기 1. 질문

集

문 : 진정으로 경전을 수지하고자 하면 응당 실상을 염해야 한다. 이미 능·소를 잊었으면 독송하는 자는 누구인가? 만약 마음과 입으로 하는 것이라고 말한다면 찾아도 마침내 얻을 수가 없으니, 끝까지 추구하고 살펴보면 理가 어떤 문에서 나오는가?

問. 欲眞持經, 應念實相。既忘能所, 誦者何人。若云心口所爲, 求之了不可得。究竟推檢 理出何門。

講

스님은 혹시 불자들이 비록 위에서 갖가지 持經 공덕을 들었으나, 입으로 경문을 외우는 것이 아니라 반드시 마음으로 실상을 생각해야 비로소 공덕이 있다고 생각하면서, 도리어 禪寂의 空門에 집착하고 念誦의 有門을 버리며, 또한 열 가지 법행이 모두 마음으로 하는 것이라 有가 곧 有가 아니니, 만약 진실한 공덕을 말한다면 이러한 도리가 없다고 생각할까봐, 그러므로 '理가 어떤 문에서 나오는가?' 한 것이다. 자못 대승 禪門은 性에 맞게 닦는 것이라, 반드시 지·관이 쌍으로 흐르고 정·혜가 균등해야 함을 알지 못하니, 이러한 의문을 풀어주기 위해 특별히 이러한 문답을 시설한 것이다.

기 2. 정답

集

能念과 所誦이 모두 空임을 관하나 공이 斷空이 아니요, 能誦과 所持(所念)가 有이지만 이것이 무애하여 유가 實有가 아니니, 공도 아니고 유도 아니어서 中의 理가 분명하다. 무에 집착하면 邪空에 떨어지고, 유에 집착하면 偏假를 이룬다.

　　그러므로 一心이 三觀이요 삼관이 일심이라, 하나에 의해 세 가지 모양이 같지 않고, 세 가지에 의해 한 가지 본체가 둘이 없다. 합한 것이 아니요 흩어진 것이 아니며, 종이 아니고 횡이 아니며 존재하거나 없어진 것에 얽매이지 않으니, 옳고 그른 것에 어찌 국한하겠는가?

　　항상 三諦에 합하니 일승에 모두 합하고, 만행인 바라밀문이 모두 실상으로 돌아간다.

또한 (앞에서) 염불·송경이 선정에 방애된다고 꾸짖은 것은, 선정이란 한 법이 사변재와 육신통의 근본이요, 범부를 고쳐 성인에 오르는 원인이니, 잠깐 동안에 생각을 섭수할 수 있으므로 '上善'이라 한 것이다. 그러나 모름지기 혼침과 도거를 잘 알아야 하고 (혼침과 도거의) 소식은 때를 알아야 한다. 경에 "만약 좌선하여 혼매하면 반드시 일어나 行道(줄을 지어 걸으며 탑이나 불상을 돌거나 예배하는 일) 염불하거나, 혹은 지성으로 갈고 닦고 참회하여 무거운 업장을 제거하고, 몸과 마음을 책발하라." 하며, 한 가지 문에 꼭 집착하여 궁극으로 삼지 못하게 하였다.

答. 雖觀能念所誦皆空, 空非斷空。不閡能誦所持爲有, 有非實有。不空不有, 中理皎然。執無則墮其邪空, 執有則成其偏假。是以一心三觀, 三觀一心, 卽一而三相不同, 卽三而一體無異。非合非散, 不縱不橫, 存泯莫覊, 是非焉局。常冥三諦, 總合一乘。萬行度門, 咸歸實相。又所難念誦有妨禪定者, 且禪定一法, 乃四辯六通之本, 是革凡蹈聖之因。攝念少時, 故稱上善。然須明沉掉, 消息知時。經云, 如坐禪昏昧, 須起行道念佛, 或志誠洗懺, 以除重障, 策發身心, 不可確執一門, 以爲究竟。

講

이 부분을 네 단락으로 나누어 해설한다. 첫째는 공과 유가 무애함이요, 둘째는 일심의 삼관이며, 셋째는 지·관이 쌍으로 흐르며, 넷째는 정·혜가 균등함이다.

첫째, 공과 유가 무애함 - **'능념과 소송이 모두 공이나 공은 단공이 아니요, 능송과 소지가 有지만 걸림이 없어서 유가 실유가 아니다'** 한 것의 '能念'과 '能誦'은 중생의 오온인 몸과 마음이요, '所念'과 '所誦(持)'은 경전과 부처님 명호다. 그러나 관찰하면, 그것들이 모두 인연으로 난 것이라[緣生] 자성이 없으니[無性], 그러므로 '모두 공이다' 하였다. 그러나 공은 斷空이 아니고, 유는

實有가 아니니, 이를 '중도 제일의공'이라 한다. 이승인이 얻은 공은 오온을 제멸한 공이라 법을 분석해서 비로소 공이니, 생멸의 有를 멸해야 비로소 생멸이 없는 空을 얻는다. 이는 오히려 생멸에 속하기 때문에 불생불멸의 중도를 보지 못한다. 『지도론』에 "이승의 공은 '但空'이라 하니, 그러므로 空見이 올바르지 않아서 中道正觀(공·유가 무애함)이 없다." 하였다.

권교보살이 얻은 공은 상대적인 공이니, 색상 밖에 따로 空性이 있다고 집착하여 공성을 有法이라 오인하니, 空도 또한 공했음을 알지 못하였다. 『지도론』에 "열여덟 가지 공〔十八空〕은 有에 상대하여 空을 밝혔으니 이를 '待對空(상대적인 공)'이라 하고, 공도 아니고 유도 아니어서 상대적인 것이 없으니 이를 '獨空(第一義空)'이라 한다." 하고, 길장 대사 『중론소』에 이를 해석하여 "본래부터 궁극적으로 있는 것이 없고 오직 실상법성(제일의제)만이 있으니, 그러므로 '獨'이라 한다." 하였다.

이로 인하여 알 수 있는 것은, 이승과 권교보살이 얻은 공은 空性이 있다는 데 집착한 空이거니와, 본집에서 설한 제일의공은 有에 의한 空이라 存·亡이 무애하고 隱·顯이 자재하다. 이러한 성·상이 원융한 중도 지혜는 성·상을 관철 무애하여 有에 집착하고 空에 집착하는 情見을 다 씻으니, 이것이 바로 불법의 위없는 올바른 뜻이요, 궁극적 진리이다. 그러므로 집문에 '空이 아니고 有도 아니어서 中理가 분명하다' 하였으니, '中의 理'는 곧 제일의공이요, '분명하다'는 것은 분명하게 드러나 볼 수 있다는 것이다. 또한 '無에 집착하면 邪空에 떨어지고, 有에 집착하면 偏假를 이룬다' 한 것은, 범부가 有에 집착하고 이승과 권교보살이 空에 집착하는 것이 모두 偏邪에 속하여 옳지 않다고 꾸짖은 것이다. 만약 제일의공은 공·유에 걸림이 없음을 안다면 능히 進德修業(도덕을 진전하고 功業을 닦음)할 수 있고, 만약 공성에 집착하여 만행을 폐기한다면 불에 볶은 싹이요 썩은 종자라 어찌 취하거나 버리리오. 응당 잘 간택하여야 한다.

둘째, 一心의 三觀 – '그러므로 일심의 삼관이요 삼관의 일심이니, 하나에 의해 세 가지 모양이 같지 않고, 세 가지에 의해 하나의 체가 다름이 없으니, 합한 것이 아니고 흩어진 것이 아니며, 종이 아니고 횡이 아니어서 存·泯에 얽매이지 않으니, 是·非에 어찌 국한되리오' 한 것은, 스님이 먼저 일심삼관의 체·용을 들었다. 일심은 체요 삼관은 용이니, 체로 말미암아 용을 일으키니 그러므로 하나에 의해 세 가지라 공·가·중 삼관의 상·용이 같지 않고, 용을 섭수해 체로 돌아가니 그러므로 三에 의해 곧 一이라 똑같이 淨心의 체여서 차별이 없다. 用을 잡으면 合이 아니기 때문에 縱이 아니요, 體를 잡으면 散이 아니기 때문에 橫이 아니다. 用을 일으킬 때 마음이 만법 사이에 存하고, 체를 얻었을 때 설할 만한 일체 名相이 泯絶하니, 淨心이 체로 말미암아 용을 일으키면 십여시가 있고, 용을 쉬고 체로 돌아가면 순일하여 진여가 분별이 없다. 체·용이 인연에 따라 자재무애하니, 그러므로 '얽매이지 않는다', '어찌 국한되리오' 하였다.

우리가 일심삼관의 체·용이 이와 같이 勝妙함을 이미 알았으니, 그렇다면 초심보살이 어떻게 착수하여 닦을 것인가? 지금 내가 어리석음을 헤아리지 않고 입문방편을 아래와 같이 제공하리라.

위에서 공·가·중 삼관이 용이요 그 체는 곧 자성청정심이라 寂[止], 用[觀] 두 뜻을 갖추었음을 이미 알았으니, 이른바 '심체가 평등하여 모든 상을 여의었다' 한 것이 바로 寂의 뜻이요 空의 뜻이며, 체에 違·順 두 자성과 두 작용을 갖추었으니 바로 이것이 用의 뜻이요 色의 뜻이다. 그러므로 응당 '색즉시공'을 관해야 하니 이것을 '止行'이라 한다. 이 지행으로 인하여 체와 어긋나는 허망의 상·용을 제멸할 수 있고 망심을 항복할 수 있으니, 이것이 바로 自利다. 또한 '공즉시색'을 관해야 하니 이것을 '觀行'이라 한다. 그렇게 함으로 해서 능히 淨心이 작용을 수순하여 드러남이 성하게 일어날 수 있으니, 이것이 바로 利他이다. '색불이공, 공불이색'을 관하는 것은 곧 '止觀雙流'니, 항상 고요하되 항상 작용하고 항상 작용하되 항상 고요하여 체·용이 둘이 아니요 적·조가 동시이다.

이러한 관행으로 방편을 삼아 제법실상에 들어갈 수 있다. 止·觀을 닦고자 하면 반드시 먼저 空觀을 닦아 觀으로부터 止에 들어가야 한다. 이른바 觀이란, 일체 범부가 무시이래로 색에 집착하고 공을 미혹하며 색과 공을 두 가지로 나누니, 그러므로 응당 안으로 오음과 밖으로 육진을 관찰하여 모두 '색즉시공' 의 관을 지어야 한다. 우리는 무시이래로 무명에 덮여 공임을 알지 못하고 실이라 집착하니, 그러므로 모든 경계에 탐·진·치를 일으키고 갖가지 업을 지어 생사의 고통스런 과보를 초래한다. 이러한 觀을 짓는 것을 '分別性觀門'이라 한다. 이 관문을 짓고 나면 곧 무명망상으로 말미암아 실이 아닌 것을 실이라 하여 생사에 유전함을 아니, 지금은 응당 이를 어기고 제법이 오직 정심의 상이라 실성이 없음을 강력히 관하여야 한다. 또한 반드시 이 能觀의 마음도 또한 실체 가 없어서 마치 꿈속의 생각과 같아서 實念이 없음을 관하여야 한다. 이러한 관 을 지음으로 해서 유에 집착하고 공에 미혹한 마음이 저절로 쉬어지니, 이것을 '分別性止門'이라 한다. 이 지문을 닦음으로 해서 六識이 전환하여 無塵智가 되 고, 견·사번뇌가 저절로 없어져 범부의 분단생사를 끊을 수가 있다.

제법이 실체가 없음을 이미 알았기 때문에, 오음과 육진이 낱낱의 법에 따 라 모두 정심이 연기하는 것이라 다만 허상만이 있음을 알았으니, 마치 想心 (생각)으로 본 것과 같아서 경계가 있는 것 같으나 그 체는 虛(空)하다. 이러한 허(공)법은 다만 무명망상과 여러 가지 망업이 정심을 훈습하기 때문에, 정심에 所熏의 법이 나타난 것 같으나 있는 것[有]은 있는 것이 아니요 있지 않은 것이 있는지라, 오직 하나의 정심만이 본래 남[生]이 없었고 지금도 또한 멸함이 없다. 곧, 지로부터 다시 관으로 들어와 依他起性의 觀門을 닦는 것을 '假觀을 닦는다'고 하니, 곧 이승의 공에 집착하여 유를 미혹함을 파제할 수 있다.

이른바 '색불이공 공불이색, 색즉시공 공즉시색'이라 하면 색과 공의 모양이 모두 假라, 허(공)상이라는 집착이 곧 멸하니, 그렇게 되면 觀으로부터 다시 止에 들어가니 곧 依他起性의 止門을 닦는 것이다. 제법이 유는 곧 유가 아님을 깨달았으나 또한 유가 아니나 유임에 방애되지 않아 유인 것 같으나 假를 나타남을 알았으니 이것은 止·觀을 쌍으로 행하는 것이다. 그러므로 '색불이공 공불이색, 색즉시공 공즉시색'이라 하니, 이 색과 공이 평등한 觀智로 법계를 뚜렷이 비추어보아 두 가지를 폐하나 하나도 세우지 않으니 이것을 '中觀'이라 한다. 그리하면 능히 異見과 邊見을 멸제하고 진실성의 지관에 들어갈 수 있다.

색이 곧 공임을 관하여 진여문에 들어가 止行을 이루고, 공이 곧 색임을 관하여 심생멸문을 일으켜 觀行을 이룬다. 색과 공이 둘이 아닌 것이 곧 일심 이문이니 일념에 몰록 나타나고, 지관을 쌍으로 행하면 정혜가 원명하다. 색이 곧 공임을 보면 大智를 이루어 생사에 주하지 않고, 공이 곧 색임을 보면 大悲를 이루어 열반에 주하지 않는다. 색과 공의 경계가 둘이 아니요 자비와 지혜의 마음이 다르지 않은지라, 일심 이문이 본래부터 相卽(서로 의지함)하여 다르지 않음을 깨달아 집착함이 없고 주함이 없는 妙行을 이룬 것이 위없는 정등정각의 부처이다.

'색즉시공'은 假로부터 空에 들어간 관이니 體眞止요, '공즉시색'은 空으로부터 假로 나온 관이니 隨緣止이다. 색과 공이 다름이 없는지라 공과 가가 평등한 관을 또한 中觀이라 하니 곧 異邊分別을 쉰[息] 止이다. 그러므로 알지니, 일심의 삼지·삼관이 모두 색즉시공과 공즉시색을 관하여 원만히 닦고 원만히 증득하는 데 있다. 진공묘유의 敎·行·理도 또한 이 하나의 강령으로 전부 거두어들인다.

또한, 이 空觀은 分別性의 止觀이니, 實을 멸하고 집착을 타파하는 것으로 종지를 삼는다. 상이 곧 성임을 융통하여 유가 곧 유가 아니라서 모든 것이 虛임으로 實이라고 집착하는 병을 제멸한다. 假觀은 곧 의타성의 지관이니, 虛가 연기하는 것으로 종지를 삼는다. 虛相은 유가 아니면서 유라서 공에 집착하는 병을 제멸한다. 中觀은 진실성의 지관이니, 空·有 이변의 병을 쉬어 중도에 들어가 제법이 유심으로 지은 것임을 깨닫는다.

천태의 『傳佛心印記』에 (대정장경 46권 934페이지) "三觀을 말한 것은, 첫째, 空에 卽(二物이 원융하여 하나의 체이고 차별이 없음)하여 染礙의 생각을 타파하여 하나의 모양도 세우지 않고 이 三千 性·相이 동일성임을 밝힌 것이요, 일체가 곧 하나라야 비로소 능히 일념에 동거할 수 있으니 갈라질수록 더욱 합하기 때문이다. 마치 여러 가지 구슬이 모두 하나의 구슬로 합하여 결국에는 청정한 것과 같으니, 斷이 아니고 空이 아니다. 둘째, 假에 즉하기 때문에 서로 갖추고 서로서로 섭수하여 여러 가지 모양이 완연하여 이 삼천의 성·상이 자체를 잃지 않음을 밝혔다. 一이 곧 一切라 비록 일념에 동거하더라도 즉할수록 더욱 나누어지기 때문이다. 마치 하나의 구슬 그림자가 여러 가지 구슬 속에 들어가 불가사의하여 의지하고 반연하는 假가 아닌 것과 같다. 셋째, 中에 즉하기 때문에 이 삼천의 성·상이 하나가 아니고 일체가 아니며 나누어진 것이 아니고 합한 것이 아니라서 二邊을 雙遮하여 두 가지 모양이 없고, 二諦를 雙照하여 空·假가 완연함을 밝혔으니, 어찌 但中(卽空, 卽假, 卽中이 아닌 홀 中)은 제법을 갖추지 않은 것과 같으랴. 하나의 空이 일체가 空이라 삼관이 모두 공이니 모두 空觀이요, 하나가 假임에 일체가 假라 삼관이 모두 가니 모두 假觀이며, 하나가 中임에 일체가 中이라 삼관이 모두 중이니 모두 中觀이다. 그렇다면 종일 相을 타파하지만 제법이 모두 이루어지고, 종일 법을 세우지만 모든 것을 모두 다했으며, 종일 상대가 끊어졌으나 二邊이 치열하다. 이것은 파에 의해 곧 세운 것이며, 세운 것에 의해 곧 파괴한 것이라, 파한 것이 아니고 세운 것이 아니어서 파괴하면서 세우니, 말로 할 때는 비록 차례가 있으나 행으로는 일시에 있다." 하였다.

또한 『三千有門頌』(송나라 陳瓘(北宋 때 거사) 지음)에 "空은 마음이요 假는 色이니 색이 아니고 마음이 아닌 것을 中이라 한다. 색과 마음이 끊어진 곳에 中의 본체가 드러나니, 모든 법에 본체가 모두 구족하여 오직 하나의 具 자 만이 우리의 宗을 밝힐 수 있으니, 이 종에 들어간 자는 매우 희유하다." 하더니, 그가 明智 법사에게 올린 편지에 "일념의 마음이 일어나면 삼천의 성·상이 한꺼번에 일어나고, 일념의 마음이 멸하면 삼천의 성·상이 한꺼번에 멸하니, 생각 밖에 조그만 법도 얻을 수 없고 법 밖에 조그만 생각도 얻을 수가 없습니다. 이것이 바로 본성은 천변하지 않는 것이니, 천변하지 않은 것은 中의 이치가 원명한 심체입니다. 이 심체는 如理로 생각을 삼으니 그 수명은 무량하여 命根을 얻을 수가 없고 또한 길고 유지함도 없어서 본래 名字가 없으나 여러 가지 이름을 유실하지 않습니다. 그 국토를 '극락'이라 하고 그 몸을 '미타'라 하니, 몸과 국토가 서로 섞여 하나의 미묘함을 갖추었습니다. (마음과 부처와 중생이 똑같이 이 미묘함을 갖추었다)" 하였다.

셋째, 지·관이 쌍으로 흐름 – '항상 삼제에 합하고 일승에 모두 합하며, 만행인 바라밀문이 모두 실상으로 돌아간다' 한 네 구절은, 만약 삼관을 닦으면 능히 一境三諦에 합하여 육도만행이 마침내 지·관이 쌍으로 흘러 일심의 실상으로 돌아간다는 것을 밝혔으니, 止로 유에 집착한 병을 제거할 수 있고, 觀으로 공에 집착하는 병을 제거할 수 있으니, 공관으로 진제에 합하고, 가관으로 속제에 합하며, 중관으로 제일의제에 합하기 때문에 '항상 삼제에 합한다' 하였으니, 삼지 삼관이 대승의 지관이다. 원교를 잡아 말한다면 삼승이 곧 일승이니, 그러므로 '일승에 모두 합한다' 하였다. 만행이 비록 많으나 지·관 두 문에서 벗어나지 않으니, 지관은 보살도의 총지문이라 止를 닦아 일심의 實相無相에 수순하고, 觀을 닦아 일심의 實相無不相(실상은 상 아님이 없음)에 수순하니, 지관쌍류가 곧 無相과 無不相의 제법실상이다. 그러므로 '모두 실상으로 돌아간다' 하였다.

넷째, 정·혜가 균등함 – **'또한 염불하고 송경하는 것이 선정에 방애된다고 책망한 것은'** 한 아래 열네 구절은, 스님이 도에 들어가는 데는 반드시 정·혜가 균등해야 하고 한쪽 문에만 고집하여 궁극으로 삼아서는 안 된다는 것을 밝혔다. 먼저 앞에서 질문한, 염불하고 송경하는 것은 선정에 방애되니 도리에 맞지 않다고 꾸짖은 것을 들었고, 그런 후에 정혜가 균등해야 한다는 것으로 이를 통석하였다. 선정을 얻으면 비록 네 가지 무애변재를 내고 여섯 가지 신통을 일으킬 수 있으나, 다만 반드시 無漏定으로 인하여 無漏慧를 내어야 비로소 능히 범부를 돌려 성인을 이루게 할 수 있으니, 이것을 '上善'이라 한다. 그러나 선정을 닦는 과정에 반드시 혼침과 도거 두 가지 과실을 분명히 알아야 한다. 혼침(暗昧)이 있을 때는 반드시 염불·염법·염승의 정념을 내어야 하고, 도거(散亂)가 있을 때는 마음을 한 곳에 섭수하여 흩어지지 않게 해야 한다. 만약 이와 같은 소식(혼침과 도거)을 알 때는 止와 觀을 아울러 써야 비로소 대승의 선정 경계에 진입할 수 있다. 이어서 경에서 '좌선 중에 혼매하거든 반드시 일어나 길을 걸으며 염불하거나, 혹은 지성으로 예배하고 참회하여 무거운 업장을 제거하라' 한 것에 의거하고, 또한, 대승경전을 독송하며 무상 보리심을 내어 널리 육도만행을 닦을지니, 이 정·혜 균등으로 '몸과 마음을 책발하고', 절대 定은 있고 慧는 없거나 禪寂 '하나의 문에만 집착하고' 다른 문은 버려서는 안 된다. 이것만이 궁극적인 행법인 줄 안다면 이것은 큰 잘못이다 하였다.

기 3. 인용하여 증명함

集

그러므로 慈愍 삼장이 "聖敎에서 설하신 올바른 선정이란, 마음을 한 곳에 제어하여 생각생각 상속하여 혼침과 도거를 여의고 평등하게 마음을 가지는 것이다. 만약 수면이 덮고 장애하거든 모름지기 채찍질하고 애써 염불 송경하고 예배 행도하며, 경을 강의하고 법을 설하여 중생을 교화하여 만행을 버리지 말며, 닦은 행업을 서방정토에 왕생하는 데 회향하라. 만약 이와 같이 禪定을 닦을 수 있으면 이는 佛禪定이니 성교와 합하고, 이는 중생의 안목이니 제불이 인가하신 것이다.

모든 불법은 평등하여 차별 없이 모두 一如에 올라 최정각을 이룬다. 모두 '염불은 보리의 근본이다' 하시니, 어찌 망령되게 사견을 내랴. 그러므로 천태교의 네 가지 삼매[69]와, 소승이 五觀을 갖추어 대치한 것과, 또한 常行과 半行의

---

69   네 가지 삼매: (1) 常坐三昧-90일을 한정하고 혼자 고요한 방에 거처하여 결가부좌하고 정좌하여 잡념을 버리고 일체법이 모두 불법임을 관하거나 전심으로 한 부처님 명호를 부르면 능히 업장을 파제하고 실상

갖가지 삼매가 있으니, 결코 한결같이 좌선에만 국집할 것은 아니다." 하고,

故慈愍三藏云, 聖敎所說正禪定者, 制心一處, 念念相續 離於昏掉, 平等持心。若
睡眠覆障, 卽須策勤, 念佛誦經, 禮拜行道, 講經說法, 敎化衆生, 萬行無廢。所修行
業, 回向往生西方淨土。若能如是修習禪定者, 是佛禪定, 與聖敎合。是衆生眼目,
諸佛印可。一切佛法, 等無差別, 皆乘一如, 成最正覺。皆云念佛是菩提因, 何得妄
生邪見。故台敎四種三昧, 小乘具五觀對治, 亦有常行半行種種三昧, 終不一向而
局坐禪。

講

처음은 당나라 慈愍慧日[70] 삼장이 지은 『자비집』 가운데 한 부분을 인용하여
'지관쌍류'와 '정혜균등'의 행법을 증명하였다. 그가 지은 『자비집』은 현재는
이미 실전되어 고증할 길이 없다.

　'평등하게 마음을 가진다'는 것은 '정혜균등'과 '지관쌍류'를 말한 것이다.

을 현발할 수 있다. 一行三昧라고도 한다. (2) 常行三昧-90일을 한정하고 도량 내에서 몸은 항상 불상을 돌며
旋行하고, 입은 항상 아미타불을 부르며, 마음은 항상 아미타불을 생각하며 정근하여 게으르지 않으면 부처
님의 위력과 삼매력, 행자의 공덕력에 의해 정 중에서 시방제불이 행자의 앞에 나타나시는 것을 본다. 그래서
반주(佛立)삼매라고도 한다. (3) 半行半坐三昧-『大方等陀羅尼經』과 『法華經』에 의거해 닦는 삼매다. 그래서 앞
엣것을 방등삼매, 뒤엣것을 법화삼매라 한다. 방등삼매는 7일을 한정하고 도량내에서 다라니주를 송지하며
120번을 돌되, 한번 돌고 주를 송지하고는 앉아 실상을 관하고, 관하고 나서는 다시 돌고 주를 송지하여 반복
하여 행한다. 빨리하거나 천천히 하는 것은 자신에 맞게 한다. 법화삼매는 21일을 한정하여 도량을 엄정하고,
몸을 깨끗이 하며, 삼업으로 공양하고, 청불, 예불, 육근 참회, 繞旋, 송경, 좌선, 證相 등 차례대로 한다. (4) 非行
非坐三昧-위에서 말한 세 가지 삼매 밖에 행·주·좌·와에 국한하지 않고 어느 때나 무슨 일을 하든 생각하
는 데 따라 관하고 기한에 매이지 않으며 생각이 일어나면 곧 깨닫고 뜻이 일어나면 곧 삼매를 닦는다. 『대품
반야경』에서는 이를 覺意三昧라 하고, 남악혜사 대사는 隨自意三昧라 하였다. 이것이 네 가지 삼매 중 가장 중
요하다.

70　당나라 慈愍三藏 慧日(680~748)은 예종 嗣聖19년(702)에 서역에 들어가 석학대덕을 두루 참배하고,
북인도 건다라국의 관세음상이 가르침을 보이는 것을 입고 개원 7년(719)에 장안으로 돌아왔다. 평생 정토를
부지런히 닦아 깨달은 법문을 널리 전하고 아울러 교법을 기술하니, 저서에 『淨土慈悲集』 3卷, 『淨土文記』 5卷
등이 있으나 지금 남아있는 것이 없다.

'모든 불법은 평등하여 차별이 없어 모두 一如에 올라 최정각을 이룬다' 한 것에서 '一如'란 『법화경』에서 설한 教·行·人·理 네 가지의 一이다. '教一'은, 여래는 다만 一佛乘으로 중생을 위해 법을 설하시고, 두 가지나 세 가지의 다른 교승이 없었다. '行一'은, 하신 일이 모두 항상 하나의 일만을 하셨으니, 오직 부처님의 지견으로 중생에게 보이고 깨닫게 하셨다. '人一'은, 제불여래는 오직 보살만을 교화하셨다. '理一'은, 제불세존은 오직 일대사인연으로 세상에 출현하셨으니, 이른바 중생에게 부처님의 지견을 開·示·悟·入케 하셨다. '부처님 지견'이란 곧 제법실상이다. 제불은 일심 이문의 실상법을 증득하시어, 이와 같은 실상에 의해 세상에 응현하여 성불하여 중생을 제도하셨다. 그러므로 '모두 一如에 의지하여 최정각[佛]을 이루었다' 하였다.

'천태교의 네 가지 삼매'란, 천태지자 대사가 『마하지관』에서 설한 네 가지 삼매다. 첫째는 常行三昧니 『반주삼매』에서 설한 것이다. 둘째는 常坐三昧니 『문수소설반야경』이다. 셋째는 半行半坐三昧니 『법화경』 「보현권발품」에서 설한 것이다. 넷째는 隨自意三昧니 『금강삼매경』에서 설한 것이다.

'소승은 五觀을 갖추어 대치하였다' 한 것의 '오관'은 곧 五停心觀이다. 첫째는 탐심이 많은 중생에게 不淨觀을 닦게 하여 대치하고, 둘째는 진심이 많은 중생에게 慈悲觀을 닦게 하여 대치하며, 셋째는 치심이 많은 중생에게 因緣觀을 닦게 하여 대치하며, 넷째는 산란한 중생에게 數息觀을 닦게 하여 대치하며, 다섯째는 업장이 무거운 중생에게 念佛觀을 닦게 하여 대치한 것이다.

'결코 한결같이 좌선에만 국집할 것은 아니다' 한 것은 祖師禪이 바로 이것이니, 육조 혜능 대사가 "태어날 땐 앉아 있고 눕지 않았고, 죽으면 눕고 앉지 않으니, 일개 냄새나는 가죽 부대에서 어떻게 공이니 허물을 내세우겠는가?" 한 것이다.

集

『금강삼매경』에 "움직이지 않는 것이 (선이) 아니요 (고요한 것도) 선이 아니니,
선을 한다는 생각조차도 내지 말라." 하며,

金剛三昧經云, 不動不禪, 離生禪想。

講

두 번째는『금강삼매경』을 인용하였다. 이 경의 완전한 이름은『佛說金剛三昧
本性淸淨不壞不滅經』이다. 대정장경 제15권 697∼699페이지에 편재하였다.
'움직이지 않는 것이 선이 아니요 고요한 것이 선이 아니다' 한 것은, 걸어가
는 것이 선이 아니고 앉아 있는 것이 선이 아니라, 색신이 空한 것이 선이다.
'선을 한다는 생각을 내지 마라' 한 것은, 수·상·행·식이 空한 것이 선이다.
오온이 다 공한 것을 '금강 삼매의 본성이 청정하여 무너지지도 않고 없어지
지도 않는다'고 하니, "관자재보살이 깊은 반야바라밀다를 행할 때, 오온이 다
공했음을 분명히 알고서 일체 고액에서 벗어났다." 한 것이다. 이것은 '지관쌍
류'와 '정혜균등'의 가장 좋은 예증이다.

集

『법구경』에 "만약 삼매를 배운다 한다면 이는 움직이는 것이지 禪이 아니다.
마음이 경계에 따라 일어나니 어떻게 定이라 하겠는가." 하였다.

法句經云, 若學諸三昧, 是動非是禪, 心隨境界生, 云何名爲定。

講

세 번째는『법구경』을 인용하였다. 이 경은 본연부에 속하는데, 대정장경 제4
권 559∼574페이지에 편재하였다. 인용한 경문은, '禪을 닦으면서 身業의 동
·정에 집착하지 말고, 마음이 경계를 따라 굴러가지 마라. 그러면 행·주·좌·

와가 선 아닌 것이 없다' 하고 설한 것이다. 이를 인하여 유추하면, 송경·염불하고 옷을 꿰매고 밥 먹는 것도 禪觀에 방애되지 않는다.

集

『기신론』에는 "만약 오직 止만을 닦는다면 마음이 침몰하거나 혹은 게으름을 내어 여러 가지 善行을 좋아하지 않고 大悲를 멀리한다. 어느 때 어느 곳에서나 여러 가지 선행을 자신이 감당할 수 있는 만큼 닦고 배우기를 버리지 말고, 마음에 게으름이 없게 하라. 앉아 있을 때만은 止에 전념하라. 그밖에는 언제나 응당 해야 할 것인가 하지 말아야 할 것인가를 반드시 관찰하여, 걸어 다니거나 머물거나 자거나 일어나거나 간에 언제나 응당 지·관을 함께 행해야 한다.(대정장경 제32권 582페이지 하~583페이지 상)" 하였다.

起信論云, 若人唯修於止, 則心沈沒, 或起懈怠, 不樂衆善, 遠離大悲. 乃至於一切時, 一切處, 所有衆善, 隨己堪能, 不捨修學, 心無懈怠. 惟除坐時, 專念於止. 若餘一切, 悉當觀察, 應作不應作. 若行若住若臥若起, 皆應止觀俱行.

講

네 번째는 『대승기신론』을 인용하였다. 논에서 설한 일심 이문이 대승의 궁극적인 뜻이니, 심진여문에 의해 응당 止를 닦고, 심생멸문에 의해 응당 觀을 닦아야 하니, 일심 이문은 본래 서로 여의지 않는다. 그러므로 언제나 지·관을 함께 행해야 한다. 그 외는 육도만행을 자신의 능력에 따라 닦고 배우기를 버리지 마라. 이것을 '性 전체로 修를 일으키고, 수 전체가 성에 있어서 성·수가 다르지 않고 인·과가 둘이 아니라야 반드시 정·혜가 뚜렷하고 밝은 부처를 이룬다' 하는 것이다.

그러므로 만약 잘 통달하면 선정이든 산란이든 모두 도에 들어갈 수 있고, 만약 막혀 통하지 않으면 걷거나 앉거나 간에 모두 잘못을 이룬다.

是以若能通達, 定散俱得入道。若生滯閡, 行坐皆卽成非。

이 네 구절은 스님이 『기신론』을 인용하여 증명한 후에, 아래 결론에 '圓人이 법을 받으면 어떤 법이고 원만하지 않은 것이 없다' 하였기 때문에, '만약 能히 통달하면 선정이든 산란이든 모두 도에 들어갈 수 있다' 하였다. '선정'은 止요 '산란'은 觀이다. 혹은 처음은 止요 뒤는 觀이거나, 혹은 처음은 觀이요 뒤는 止며, 혹은 지·관이 동시다. 법은 고하가 없고 응용은 사람에 있으니, 모두 도업을 성취하고 제법 실상을 깨달아 부처를 이룬다. 만약 자신이 옳다고 하며 다른 이를 비난하거나, 하나에 집착하여 다른 것을 그르다 하면 법성에 막히고 수행에 장애가 있으며, 모든 하는 일이 이미 自利도 아니고 또한 利他도 아니라서 보살도를 행하는 것이 아니다. 그러므로 '걷거나 앉는 것이 모두 잘못을 이룬다' 하였다.

남악의 『법화참』에 "선정을 닦아 제불의 삼매를 얻으면 육근의 자성이 청정하다. 보살이 『법화경』을 배우면 두 가지 행을 구족하니, 하나는 모양 있는 행이요[有相行]이요 둘은 모양 없는 행[無相行]이다. 모양이 없는 안락행은 깊고 깊은 미묘한 禪定이니 六情根(곧 六根)을 관찰하는 것이다(대정장경 46권 698페이지 상). 모양이 있는 안락행은 「권발품」에 의한 것이니, '산란한 마음으로 『법화경』을 외면 禪三昧에 들어가지 못하나니, 앉거나 서 있거나 걷더라도 일심으로 법화경 문자를 생각하여, 행을 성취하는 자는 곧 보현의 몸을 보느니라' 한 것이다(동상 700페이지 중)." 하였다.

南嶽法華懺云, 修習諸禪定, 得諸佛三昧, 六根性淸淨, 菩薩學法華, 具足二種行, 一者有相行, 二者無相行。無相安樂行, 甚深妙禪定, 觀察六情根。有相安樂行, 此依勸發品, 散心誦法華, 不入禪三昧, 坐立行一心, 念法華文字。行若成就者, 卽見普賢身。

講

다섯 번째는 陳나라의 남악혜사(515~577)[71] 선사가 설한 「法華經 安樂行義」를 인용했으니, 또는 『법화참』이라고도 한다. 이것은 『법화경』 「보현권발품」에서 세운 행법에 의거하였다. 여기에서 적은 행법을 보면 다음과 같다.

『법화경』을 독송하기를 스물한 번 정진한다. 선정을 닦지 않으면 삼매에 들어가지 못하니, 일심으로 『법화경』 문자에 전념한다. 눕지 않고 정진하여 마치 머리에 불이 붙은 것같이 하고, 혹은 앉거나 걷거나 서 있더라도 몸과 목숨을 돌아보지 마라. 수행을 성취하면 보현보살이 어금니가 여섯인 흰 코끼리를 타고 그 사람 앞에 가서 금강저로 행자의 눈을 가늠하는 것을 본다. 도를 장애하는 죄가 없어지면 안근이 청정하여 석가세존과 칠불을 보고, 또한 시방삼세 제불을 본다. 보고 나면 행자가 제불 앞에 오체투지하여 지극한 마음으로 참회하고, 일어나 서서 합장하면 곧 세 가지 다라니문을 얻으니, 하나는 총지다라니니 보살도의 지혜를 구족하여 육안이 청정하고, 두 번째는 백천만억선다라니니 보살도종의 지혜를 구족하여 법안이 청정하며, 셋째는 법음방편다라니니 보살의 一切種慧를 구족하여 불안이 청정하다. 한 생이나 혹은 두 생이나 가장

---

71   天台宗 第二代 祖師(일설 三祖)이다. 『불광사전』p6035-下.

더디면 삼 생 만에 일체 삼세 불법이 구족함을 얻는다. 만약 몸이나 목숨을 돌아보거나 四事供養을 탐하여 부지런히 닦지 않으면 겁을 지나도 얻지 못한다. 이것을 '모양이 있는 안락행'이라 한다.

集

그러므로 지자대사는 「법화참」을 닦으며, 이를 독송하여 「약왕분신품」에 "이야말로 진정한 정진이다. 이를 '眞法으로 여래에게 공양하는 것이다'라고 한다." 한 것에 이르러, 마치 자리를 함께한 것 같이 영산회상을 단박에 깨달았다. 그리고 神呪를 비밀리 지니고서 불보살이 주신 신령한 복이 분명하였으며, 바른 것을 보호하고 삿된 것을 막아 마군을 항복받고 외도를 물리쳐, 매우 어리석은 큰 장애를 제어하며 누겁의 깊은 宿病을 없앴다. 헤아리기 어려운 신통을 나타내고 생각하기 어려운 감응을 보여, 그 廣業을 부지하고 저 나머지 재앙을 멸하니, 사의하기 어려운 법력에 의지하여 마침내 편안히 入道를 이루었다.

是以智者修法華懺, 誦至藥王焚身品云, 是眞精進, 是名眞法供養如來. 頓悟靈山, 如同卽席. 乃至密持神呪, 靈貺昭然. 護正防邪, 降魔去外, 制重昏之巨障, 滅積劫之深痾. 現不測之神通, 示難思之感應, 扶其廣業, 殄彼餘殃. 仰憑法力難思, 遂致安然入道.

講

여기서는 남악의 『법화참』을 인용하여 증명한 후에, 거듭 천태지자 대사가 이에 의해 수행하여 영산회상이 뚜렷하고 분명히 흩어지지 않았고, 그가 慧思 선사와 함께 부처님께 법을 듣는 성스러운 회상에 참여한 사실을 들었다. 그리고 『법화참』을 닦아 육근이 청정하고, 염불삼매를 성취하여 화엄삼매, 능엄삼매와 차별이 없음을 얻을 수 있었음을 증명하였다.

'그리고 神呪를 비밀리 지니고' 한 아래 네 구절은, 경문을 지송하여 실상에 들어간 것 밖에, 신주를 가지는 것도 또한 갖가지 이익이 있음을 설하였다. 『법화경』 「다라니품」과 「보현권발품」에서 설한 神呪가 이것이다. '貺'은 음이 '황'이니 복을 준다는 뜻이다. '靈貺이 분명하다'는 것은, 제불보살이 복을 주심이 매우 분명하여 잘 볼 수 있다는 뜻이다.

'바른 것을 보호하고 삿된 것을 막으며 마군을 항복받고 외도를 물리친다'는 것은, 「다라니품」 가운데 열 명의 나찰녀가 주문을 설하고 나서, 偈를 설하기를 "차라리 내 머리 위에 올라가 나를 짓밟을망정, 법사를 괴롭히지 마라. 만약 나의 주문을 따르지 않고, 법을 설하는 자를 괴롭히면, 마치 아리나무('아리'는 범어 arjaka. 蘭이라 의역한다. 향기 나는 나무. 꽃잎이 일곱 개로 되어 있다) 꽃과 같이 머리가 일곱 갈래로 쪼개지리라." 하고, 또한 부처님께 아뢰기를 "저희들도 반드시 이 경을 수지 독송하는 자를 몸소 옹호하여 편안함을 얻게 하고, 여러 가지 쇠약한 병을 버리고 여러 가지 독약을 소멸케 하리다." 한 것이다. 또한 「보현권발품」에 보현보살이 부처님께 사뢰기를 "후오백세의 탁악한 세상에 四衆 제자들이 이 『법화경』을 닦고자 일심으로 정진하여 스무하루를 채우고 나면, 제가 반드시 어금니가 여섯 개 난 흰 코끼리를 타고 일체 중생이 보기 좋아하는 몸을 그 사람 앞에 나타내 그를 위해 법을 설하고 또한 그에게 다라니 주를 주리니, 이 呪를 얻었기 때문에 악인이 능히 파괴할 자가 없고, 또한 여인의 혹란을 당하지 않고 제 몸도 또한 항상 이 사람을 보호하리다." 한 것이다.

'매우 어리석은 큰 장애를 억제한다' 한 아래 여덟 구절은, 『법화경』을 수지하거나 『법화참』을 닦으면, 악을 멸하고 선을 내어 도업을 성취한다는 것을 말하였다. 예컨대 혜사 선사는 어려서 범승이 권유하여 출가하게 하는 꿈을 자주 꾸었는데, 곧 부모를 떠나 출가하여 날마다 오직 하루 한 끼만을 먹었다. 나이 서른에 한 버려진 땅에서 『법화경』독송할 뜻을 세우고, 독송한 지 반 부 만에 갑자기 온몸에 종기가 나 고름이 흘렀다. 그리하여 이런 서원을 세웠다. "내가 이 경전과 인연이 있다면 고름이 마르고 병도 나아지이다." 그날 밤, 고름이 마르고 병이 나았다.('누겁의 중병이 나음') 또한 어느 여름에 『법화참』을 행하다 석 달 만에 홀연히 대오하여 법화삼매를 증득하였다.('매우 어리석은 큰 장애를 물리치고', '사의하기 어려운 법력에 의지하여 마침내 편안히 입도를 이루었다') 나중에 남악 華蓋峰 아래에 절을 짓고 도를 행하여 삼생에 행할 도를 보았다. 금자『법화경』한 부를 만들고, 또한 이 경을 강의하여 대중의 마음을 개발하였다.('그 廣業을 부지하여 저 나머지 앙화를 멸하였다') 신기하고 기이한 일이 헤아리기 어려울 정도로 많았으니, 크고 작은 몸을 나투거나, 고요히 몸을 감추거나, 이상한 향기와 기이한 색깔의 상서가 매우 많았다.('헤아리기 어려운 신통을 나타내고, 사의하기 어려운 감응을 보였다') 보살계를 받들어 큰 자비를 행하고, 베옷과 납의로 몸을 마쳤으니, 나이 예순 넷에 생각을 거두고 돌아갔다.

기 4. 설명함

集

그러므로 염불로 인해 삼매를 증득하기도 하고, 좌선으로 지혜의 문을 열었으며, 혹은 오로지 송경만으로 법신을 보기도 하고, 또는 行道로 성인의 경계에 들기도 하였다. 오직 도를 얻는 것만으로 뜻을 삼을 일이지, 결코 선정 한 문만을 취해서는 안 된다. 오직 외곬의 정성에 의지해야 할 뿐, 허망하고 거짓된 설을 믿지 마라.

是以或因念佛而證三昧, 或從坐禪而發慧門, 或專誦經而見法身, 或但行道而入聖境。但以得道爲意, 終不取定一門。惟憑專志之誠, 非信虛誕之說。

講

'염불로 삼매를 증득하였다' 한 것은, 염불삼매를 증득한 데 세 가지가 있다. 첫째는 지명염불로 삼매를 얻으니, 대·소 본『아미타경』과『문수반야경』이다. 둘째는 觀想염불로 삼매를 얻으니,『관무량수불경』이다. 셋째는 觀像염불로 삼매를 얻으니,『반주삼매경』과『관불삼매해경』이다.

지명염불로 삼매를 증득한 분은 연수 스님과, 承遠(712~802) 대사[72]와, 實賢 (1686~1734) 대사[73] 같은 분들이다.

觀想염불로 삼매를 증득한 분은 정토종 초조(慧遠 법사)와, 동진의 여산 僧濟(진나라 스님. 혜원 법사 제자) 법사와, 유유민(352~410) 거사[74] 같은 분이다.

觀像염불로 삼매를 증득한 분은 송나라 사명산 知禮(960~1028) 법사[75]와, 항주 下天竺 遵式(964~1032) 법사[76]와, 蒙潤(1275~1342) 법사[77], 항주 思淨 (1068~1137) 법사[78] 같은 분이다. 그밖에 염불로 현생에 삼매를 증득하거나 혹은 왕생하여 삼매를 증득한 분은 이루 헤아릴 수 없을 정도로 많다.『정토성현록』과『왕생전』에 실려 있는 것이다.

'좌선으로 지혜의 문을 열었다' 한 것은, 근대 고승 虛雲 노화상 같은 분이다. '오로지 송경만으로 법신을 보았다'는 것은,『법화경』「법사공덕품」과「보

---

72 당나라 때 스님. 淨土宗 제3조.『불광사전』p3254-上

73 정토종 제9조.『불광사전』p5792-上

74 東晉의 淨土行者.『불광사전』p5962-中

75 북송 천태종 스님.『불광사전』p3464-下

76 송나라 때 스님.『불광사전』p6317-中

77 원나라 때 스님.『불광사전』p5909-下

78 송나라 때 스님.『불광사전』p3809-下

현권발품」에서 설한 것이다. '행도만 하고 성경에 들어갔다'는 것은, 『법화경』「약왕보살본사품」에서 설한 일체중생희견보살 같은 분이다. 또한 예배만 행하고서 성불한 자로는 석가세존이 과거에 상불경보살이었을 때 사중 불제자들을 보고 모두 예배하고 찬탄한 경우다.

　'도를 얻는 것만으로 뜻을 삼을 일이지, 결코 선정 한 문만을 취해서는 안 된다' 한 것은, 『법화경』「방편품」에서 설한, "육도만행과 크고 작은 선행과 내지 손을 들고 머리를 숙이며 한 번 '나무불' 하고 부르면 모두 불도를 이루었다." 한 것이다. 그러므로 스님은 매일 백여덟 가지 불사를 행하시고 결코 선정 한 문만을 취하지 않았으니, 참으로 우리에게 모범을 보이신 것이다.

　'오로지 외곬의 정성에 의지하고 허망하고 거짓된 설을 믿지 마라' 한 것은, 염불·좌선을 하든지 송경·행도를 하든지 가장 중요한 것은 수행자가 지성과 공경으로 오로지 한결같이 정진하여 도업을 이루는 것이지, 절대 선정만을 닦아야 비로소 득도할 수 있다는 것을 믿어서는 안 된다. 이것은 허탄하여 사실이 아니다. '허탄'은 황당무계하여 미덥지 않은 말이다.

무 4. 닦되 닦음이 없음
기 1. 질문

集

문 : 행도·예배만으로는 진정한 수행을 갖추지 못하기에 조사는 '객이 절구질하는 것 같은 허물'이라고 단정하였고, 부처님은 '곡식 가는 소'라는 꾸짖음이 있었습니다. 그러므로 『지도론』에 "수보리는 석실에서 법이 공함을 깨닫고는 부처님께 먼저 예배할 수 있었다." 하고, 『사십이장경』에는 "心道를 행한다면

어찌 行道가 필요하랴." 하며 분명하게 요지를 밝히셨는데 어떤 까닭으로 어긋남이 아닌지요?

問. 行道禮佛, 未具眞修. 祖立客舂之愆, 佛有磨牛之誚. 故智論云, 須菩提於石室, 悟了法空, 得先禮佛. 四十二章經云, 心道若行, 何用行道. 豁然詮旨, 何故非違.

講

어떤 이는 經行하며 부처님을 돌거나, 혹은 예불하고 참회하는 수행을 진정한 수행이라 생각하지 않는다. 더욱이 불조의 언교를 곡해하여 불문의 모든 수행을 폐기하며, 상에 집착한 불합리한 수행이라 불조의 뜻을 위배한 것이라고 비방한다. 이런 사람은 참으로 영가대사 『증도가』에서 말한 "텅 비어 공하다 하며 인과를 부정하면, 아득하고 끝없어 재앙을 부르네. 有를 버리고 空에 집착하면 병이기는 마찬가지니, 물에 빠지는 것을 피하여 불에 뛰어드는 것과 같네. … 학인이 이런 줄 깨닫지 못하고 애써 수행하니, 참으로 도적을 오인하여 아들을 삼는 격이네." 한 것과 같으니, 이런 것은 한 사람의 맹인이 여러 맹인을 인도하여 서로 불구덩이 속으로 들어가는 것과 같다. 참으로 슬프고 애석하지 않은가! 스님은 이 문답을 특별히 시설하여 미망을 지적하였다.

'조사는 객이 절구질하는 허물이라고 단언하였다' 한 것은, 예불에 네 가지가 있으니[79], 첫째는 아만예불이다. 세인이 절구질하는 것처럼 비록 위아래의 동작과 표현은 있으나 조그만 공경심도 없으니 그것은 잘못된 것이다. 그러므로 '손이 절구질하는 잘못'이라 하였다. '부처님은 곡식 가는 소라는 꾸짖음이 있었다'는 것은, 『사십이장경』 제40장에서 "사문은 도를 행하되 곡식을 가는

79　(1) 我慢禮-부처님께 예배할 적에 몸으로는 비록 절을 하지만 공경심이 없어 밖으로 공경하는 것 같지만 안으로 아만을 가지고 있는 것. (2) 求名禮-또는 唱和禮라 함. 부처님께 예배할 적에 수행한다는 명예를 위

소처럼 해서는 안 된다. 몸으로는 비록 도를 행하나 마음으로는 도를 행하지 않으니, 마음으로 도를 행한다면 어찌 행도할 필요가 있겠는가?" 하였으니, 이 것은 대다수 불자가 마음을 닦는 데 두지 않고 한갓 외양만 일삼는 것을 꾸짖 은 것이니, 이것은 맷돌이 보릿가루를 가는 소와 함께 종일 빙글빙글 도는 것 과 다름이 없다. 『지도론』에서 설한, 수보리가 석실에서 법공을 깨닫고는 부 처님께 먼저 예불하였다'는 것은, 자성불과 법신불에 예배함을 가리키니, 이 것은 네 가지 예불 가운데 네 번째, '실상예불'이다. 이것을 일반적인 예불인 別相佛과 住持佛[80]에 예배하는 것과 함께 말해서는 안 되지만, 實相佛이 事相佛 밖에 있는 것이 아니다. 중요한 것은 能禮인 중생과 所禮인 부처님의 자성이 공 하여 감·응의 도가 부사의함을 깨달아야 한다. 비록 예배할 적에 지성과 공경 으로 해야 하지만, 다만 나[我]와 부처[佛]에 집착이 없어야 한다. 이것은 닦되 닦음이 없고 예배하되 예배함이 없는 것이니, 이를 '진정한 예배'라 하고, '실 상예배'라 부른다. 이러한 경론의 도리는 매우 분명하니, 그러므로 '분명하게

하여 거짓으로 위의를 갖추어 항상 예배하나 실제로는 은중한 마음이 없는 것. 唱和禮는 비록 부처님 명호를 부르지만 마음은 실로 외경을 치구하는 것. (3) 身心禮-부처님께 예배할 적에 입으로는 부처님 명호를 부르고 마음으로 부처님 상호를 새기며 몸은 翹勤하여 공경 공양하여 다른 생각이 없는 것. (4) 發智淸淨禮-부처님께 예배할 적에 지혜의 마음이 명리하여 부처님 경계를 통달하여 안팎으로 청정하여 허통 무애하여 한 부처님께 예배할 때 일체 제불께 예배하는 것이며, 일체 제불께 예배할 때 한 부처님께 예배하는 것이라 제불 법신은 본 체가 본래 융통하니, 그러므로 일배를 예할 때 법계에 통한다.
부처님께 예배하는 것처럼 법에 예하고 승에 예하는 것도 마찬가지다. 『法苑珠林』에서는 (5) 入法界禮 (6) 正觀 修誠禮 (7) 實相平等禮의 7종 예불을 말하였다. 나중에 징관 화상이 『화엄경 소권』 제27 중에서 상술한 7종례 밖에 大悲禮·總攝禮·無盡禮 세 가지를 더하여 '十禮'라 하였다. 그 가운데 '無盡禮'가 지극한 예이다.

80   삼보에 각기 다른 체상의 차이가 있기 때문에 '별상'이라 한다. 대·소승에서 세운 삼보의 명목에도 각기 차이가 있다. 대승은 제불의 三身을 불보라 하고, 육바라밀로 법보라 하며, 十聖(십지 보살)을 승보라 한 다. 소승은 장육의 화신을 불보라 하고, 사제 십이인연을 법보라 하며, 四果 연각으로 승보라 한다. '주지'는 세 상에 住하여 불법을 護持한다는 뜻이다. 일반적으로 부처님의 塑像·畫像을 주지불보, 黃卷赤軸인 삼장 경전 을 주지법보, 출가승중을 주지승보라 한다.

요지를 밝혔다' 하였다.

　이 사람이 오해하여 '행도·예배만으로는 진정한 수행을 갖추지 못하였다' 하였으나, 닦되 닦음이 없어야 비로소 진정한 수행(불법의 요의)임을 알지 못하고, 아무 일도 하지 않고 단정히 앉아 생각을 쉬어야 비로소 진정한 수행이라고 생각한 것이다. 이와 같이 경론을 곡해하여 불조의 말씀을 인용하여 진정한 수도인을 꾸짖으며, '어찌 고의로 불조의 뜻을 위배하는가!' 하니, 참으로 매우 잘못된 일이다.

기 2. 정답

集

답 : 만약 행도·예배할 때 간절한 마음을 내지 않으면, 이미 觀慧가 없는 데다 또한 마음과 정신을 외곬으로 쓰지 않으니, 비록 몸은 도량에 있으나 마음이 다른 경계에 반연하여, 有爲 事相에 집착하여 性空을 미혹하고, 能作의 마음을 일으켜 아만을 낸다. 자·타가 평등하고 능·소가 虛玄(적막하고 고요함)함을 알지 못하니, 만약 이런 무리에 떨어진다면 앞의 책망이 매우 합당하다.

答. 若行道禮拜時, 不生慇重。既無觀慧, 又不專精。雖身在道場, 而心緣異境。着有爲之相, 迷其性空, 起能作之心, 生諸我慢。不了自他平等, 能所虛玄。倘涉兹倫, 深當前責。

講

여기서 답한 것은, 수행하여 도를 이루는 데는 심천과 고저가 다르다는 것을 설명하였다. 만약 至誠(慇重)과 專精(정신을 한 곳에 모음)하지 않거나, 또한 空임을 관찰하는 지혜가 없어 유위 현상에 집착하거나, 혹은 아만이 탱천하여 생각이 속되고 더러우면, 이런 자는 앞에 질문에서처럼 꾸짖음을 당해 마땅하다. 그렇지만 만약 진심으로 수도하는 사람이라면 저를 꾸짖을 것이 아니라, 더더욱 찬탄하고 인정해야 마땅하다. 어찌 서로 끌어들여 함께 논하겠는가!

기 3. 인용하여 증명함

集

남전 대사가 말하기를 "미묘하고 청정한 법신은 32상을 갖추었으나, 다만 한계가 있는 心量[分劑心量]을 허락하지 않는다. 만약 이와 같은 마음이 없으면 일체 행하는 곳이나 내지 손가락을 튕기거나 합장하는 것이 모두 正因이라, 萬善이 모두 無漏와 같아 비로소 자재를 얻는다." 하고,

南泉大師云, 微妙淨法身, 具相三十二, 祇是不許分劑心量。若無如是心, 一切行處乃至彈指合掌, 皆是正因。萬善皆同無漏, 始得自在。

講

첫째는 남전 선사의 말씀을 인용하였다. 선종의 육조 法嗣는 오직 남악회양 선사와, 청원행사 선사 두 분만 있고, 제자들은 면면히 길게 지어지고 있다. 남악 일파는 임제, 위앙 두 종으로 나누어지는데 임제종이 가장 무성하다. 청원 아래는 조동, 운문, 법안 등 세 종으로 나누어진다. 池州(지금 안휘성 貴池縣) 남전[81] 보원 선사는 임제종 제2세인데, 마조도일 선사를 만나 대오하였다. (육조-남악-마조-남전)

영명 스님은 그가 보여준 법어를 인용하여 증명하였다. 모든 수행과 크고

81　南泉山을 말함. 안휘성 귀지현에 있음. 마조도일의 제자 남전보원이 법을 얻은 후에 이 산에 머무르며 30여 년 동안 인간 세상에 내려오지 않더니, 나중에 전 池陽 태수 陸公亘와 護軍 彭城 劉公 두 사람의 청으로 마

작은 선행은 반드시 마음에 사랑하고 미워하는 분별이 없이 정직하고 평상한 마음을 잘 지켜야 (닦되 닦음이 없고, 닦음이 없이 닦음) 모두 무루 실상과 같고 자재 무애를 이룬다.

남전이 대중에게 보인 법어는 이러하다.

"마조는 '마음이 곧 부처다'라고 설했으나, 왕노사(남전 본인)는 그렇게 말하지 않노라. '마음도 아니고, 부처도 아니고, 물건도 아니다' 하노니, 이렇게 말해도 허물이 있는가?"

그러자 조주종심 선사는 예배하고 밖으로 나가버렸다. 그때 한 스님이 조주에게 물었다.

"상좌께서 예배하고 밖으로 나가시니, 이건 무슨 뜻입니까?"

"그대가 화상에게 가서 직접 물어보게."

이 스님이 남전에게 물으니, 남전이 "그는 나의 뜻을 알았다." 하였다. 그러므로 조주가 남전을 만났을 때, 조주가 "어떤 것이 도입니까?" 하고 물으니, 남전이 "평상심이 도다. 도는 분별이 없어 알거나 알지 못하는 것에 관계되지 않는다. 아는 것은 망상이요, 모르는 것은 무기다. 만약 의심치 않는 도를 바로 안다면 마치 태허공과 같으니, 어찌 억지로 옳고 그르고를 따지겠는가." 하였다. 이것은 앞에서 인용한 이 문장과 동일한 뜻이다.

'미묘한 법신에는 여러 가지 형상을 갖추었다' 한 것은, 마치 태허공이 여러 가지 형상을 갖춘 것과 같고, '한계가 있는 심량을 허락하지 않는다' 한 것은, 곧 '알거나 알지 못하는 것에 속하지 않는다' 한 것이다. 만약 이러한 마음

침내 산을 내려가 종풍을 거량하니, 緇素가 운집하여 항상 따르는 대중이 수백 명이나 되었다.

없이 날마다 수행하여 평상심['正因']을 잘 지킨다면, 옷을 꿰매거나 밥을 먹는 것이 모두 우리들 본래면목('만선이 모두 무루와 같다')이니, '비로소 자재 무애함을 얻는다'. 이로 말미암아 알 수 있는 것은, 공에 미혹하고 유에 집착하며, 유를 버리고 공에 집착하는 것이 모두 한계가 있는 심량에 속하니, 도와 서로 어긋나 도를 보지 못한다.

集

백장 화상은 "행도·예배와 자·비·희·사는 사문의 본분사다. 분명히 부처님의 가르침에 의지해야 하고, 집착을 허용해서는 안 된다." 하였다.

百丈和尙云, 行道禮拜, 慈悲喜捨, 是沙門本事。宛然依佛敕, 祗是不許執着

講

두 번째는 洪州(지금의 강서성 南昌縣) 백장회해(720~814)[82] 선사 말씀을 인용하였다. 회해 선사도 임제종 제2세다. 그가 마조를 참알할 때 마조가 불자를 주니, 마조에게 "이대로 사용할까요?[卽此用], 이것을 버리고 사용할까요?[離此用](닦되 닦음이 없음)" 하니, 마조가 깨달았음을 인증하였다. '행도·예배와 자·비·희·사'는 이대로 사용하는 것이요, '집착은 허용하지 않는다' 한 것은 이것을 버리고 사용하는 것이다. 육도만행도 이와 마찬가지다. 이것은 출가인의 근본 행업('본분사')이니, 또한 부처님의 말씀을 준수해 행하고 가르침에 의지해 봉행해야 한다. 이것이 어찌 부처님 뜻에 어긋난다고 하겠는가? 그러나 고인이 一轉語(不落因果 不昧因果)를 잘못 대답하여 5백 생 동안 여우 몸에 떨어졌다

---

82 『불광사전』p2490-下

는 공안은 회해 선사가 여우를 제도한 고사에서 나온 것이다. '인과에 떨어지지 않는다[不落因果] 한 것은, 유를 버리고 공에 집착하여 닦음도 깨달음도 없고 인과 과가 없는 邪見이요, '인과에 昧하지 않는다[不昧因果]' 한 것은, 닦음도 깨달음도 있고 인도 과도 있어 유와 공에 집착하지 않는 正見이다.

集

『법화참』에는 "두 가지 (一心을) 닦음이 있다. 하나는 事 가운데서 닦는 것이니, 예념과 행도가 모두 일심이어서 분산하는 뜻이 없다. 둘째는 理 가운데서 닦는 것이니, 所作의 마음이 (能作인) 心性과 둘이 아니어서 모든 (수행이) 모두 一心이어서 心相을 얻지 않음을 觀見하는 것이다.(心性이 불생불멸함)" 하고,

法華懺云, 有二種修。一事中修, 若禮念行道, 悉皆一心, 無分散意。二理中修, 所作之心, 心性不二。觀見一切, 悉皆是心, 不得心相。

講

세 번째는 천태지자 대사의 『법화삼매참의』에서 설한 것을 인용하여, 두 가지 一心을 닦는 것을 증명하였다. 이것은 닦음에 의해(事) 닦음이 없어야(理) 능히 일심(삼매)을 얻을 수 있는 가장 좋은 예증이다. 事에 의해 理인 것은 相에 의해 性이니, 이것은 이승과 권교보살이 事 밖에서 理를 보고 事를 여의고 理를 찾는 것과는 다르다.

集

『보현관경』에 "만약 밤낮으로 시방 부처님께 예배하고 대승경전을 독송하며 제일의의 깊고 깊은 空法을 생각하면, 한 번 손가락을 튕기는 사이에 백만 억 나유타 항하사 겁의 생사 죄악을 제거하리라. 이 법을 행하는 자는 진정한 불

자니, 제불에게서 태어나 시방 제불과 모든 보살이 그의 和尙이 되니라. 이를 '보살계를 구족한 자'라 하나니, 갈마를 빌리지 않고도 자연히 성취하여 응당 일체 인간이나 천상의 공양을 받으리라." 하였다.

普賢觀經云, 若有晝夜六時, 禮十方佛, 誦大乘經, 思第一義甚深空法。於一彈指頃, 除百萬億那由他恒河沙劫生死之罪。行此法者, 眞是佛子, 從諸佛生, 十方諸佛及諸菩薩爲其和尙。是名具足菩薩戒者, 不須羯磨, 自然成就。應受一切人天供養。

講

네 번째는 『관보현보살행법경』 중 한 단락을 인용하여 증명하였다. 시방 부처님에게 예배하고 대승을 독송하는 것은 '修行'에 속하고, 제일의공을 생각하는 것은 '無修'에 속한다. 이 닦음에 의해[修行] 닦음이 없으면[無修] 능히 다겁의 죄악을 멸하고 응당 인천의 공양을 받을 수 있다. 어찌 행도 · 예배가 진정한 수행을 갖추지 못했다고 비방하겠는가!

集

또한, 행도하는 한 법은 서천에서 특히 소중히 여겨, 백천 번을 돌고 비로소 한 번 예배하였으며, 경에 "하루 동안 행도하며 지극한 마음으로 네 가지 은혜를 갚는다." 하니, 이 같은 사람은 빨리 입도할 수 있다.

且行道一法, 西天偏重, 繞百千匝, 方施一拜。經云, 一日一夜行道, 至心報四恩。如是等人, 得入道疾。

講

여기서는 스님이 경에서 설한 것에 의거하였다. 경행하며 부처님을 도는 ['行道'] 법문은 인도[西天]에서 특별히 소중히 여겨, 불제자가 부처님을 뵈면 반드시 백천 번을 돈 후에 비로소 부처님께 일 배의 예를 올렸다. 『법화경』「화성유품」에 "시방에 각기 오백만 억 범천왕이 대통지승여래가 성불한 것을 보았을 때, 모두 보리수 아래에 와서 머리로 부처님께 예배하고 백 천 번을 돌았다." 한 것이 곧 이 사례이다. 여기서 든 경문은 어떤 경인지 미처 상고해 보지 못했다.

'하루 밤낮으로 행도하며 지극한 마음으로 네 가지 은혜를 갚는다' 한 것은, 스님(영명연수)이 매일 저녁 절 뒤 남병산 정상까지 행도 염불하니, 부근 사람들이 모두 산중에서 범패와 하늘 음악 소리를 들은 것이다. 그는 행도염불한 공덕으로 위로 네 가지 소중한 은혜를 갚고, 아래로 삼도의 고통을 제도하였다. '네 가지 은혜'는 『심지관경』에는 부모의 은혜, 중생의 은혜, 국왕의 은혜, 삼보의 은혜라 하고, 『석씨요람』에는 부모, 스승과 나이 많은 어른, 국왕, 시주를 네 가지 은혜라 하였다. '이와 같은 사람은 빨리 입도할 수 있다' 한 것은, 이것도 스님 자신을 예증한 것이다. 일생에 정업을 성취하여 안락정토에 상품 상생하여 곧 불퇴전지(等地보살)에 올랐으니, 참으로 매우 빨리 입도하였다 할 만하다. 그러므로 고인이 정토법문을 '고통에서 벗어나기 비행기 같고, 또한 허공의 불화살 같다' 하였으니, 그 빠른 것은 비교할 것이 없다.

集

『繞塔功德經』에 "용맹스럽게 부지런히 정진하여 견고하여 파괴할 수 없으면 하는 일을 속히 성취하나니, 이는 오른쪽으로 탑을 돌기 때문이네. 미묘한 자금색의 상호가 장엄한 몸을 얻어 현재 天人師가 되었으니, 이는 오른쪽으로 탑을 돌았기 때문이네.(대정장경 16권 801페이지)" 하며,

繞塔功德經云, 勇猛勤精進, 堅固不可壞, 所作速成就, 斯由右繞塔。 得妙紫金色, 相好莊嚴身, 現作天人師, 斯由右繞塔。

講

다섯 번째는 실차난타Śikṣānanda(652~710)[83]가 번역한 『우요불탑공덕경』을 인용하여, 행도하며 탑을 도는 것은 천상이나 인간의 스승임을 증명하였다.

集

『화엄참』에 "행도하는 걸음걸음이 한없는 세계를 지나, (부처님의) 낱낱 도량에서 모두 나의 몸을 본다." 하며, 남산 율사의 『行道儀』에 "대저 행도는 업장이 다하는 것으로 기약을 삼고 한정된 날이 없다. 만약 업장이 다함을 논한다면 佛地라야 다하니, 마음이 불난 것 같이 밝고, 몸이 칼을 놀리는 것 같이 뛰어나다." 하였다. 『행도의』에 "만약 여태까지 행도하지 않았으면 도업의 모습이 나타날 기약이 없다." 하고, 경에 "중생은 마치 매우 부귀한 맹인과 같아서, 비록 갖가지 보물이 있으나 보지 못한다." 하였다.

華嚴懺云, 行道步步過於無邊世界, 一一道場, 皆見我身。南山行道儀云, 夫行道, 障盡爲期, 無定日限。若論障盡, 佛地乃亡。心灼灼如火然, 形翹翹如履刃。儀云, 若從來不行道, (道)業相無因而現。經云 衆生如大富盲兒, 雖有種種寶物, 而不得見。

講

여섯째는 『화엄참』과 남산 율사의 『행도의』, 그리고 경에서 설한 것을 인용하였다. 경행하거나 繞念(탑이나 불상을 돌면서 염불하는 것)하는 것이 무변세계의 제불이 설법하는 도량에 모두 나의 몸을 나투어 도는 것이니, 수행인에게 업장이 소멸하고 지혜가 밝게 하여 범부지로부터 불지에 이르는 매우 필요한 수행

---

83   당나라 때 譯經三藏. 于闐(新疆和闐) 사람이다. 불광사전 p5784-下

법이라 할 수 있다. 다만 몸과 마음으로 신중히 정진해야 하고, 가벼운 마음과 교만한 마음을 가져서는 안 된다. 만약 행도하지 않으면 능히 불과를 성취하지 못한다는 것을 증명하였다.

기 4. 설명함

集

지금 행도하는 작용과 공덕을 말하면 번뇌가 제거되고 마음이 깨끗해져 마치 눈병이 낫는 것과 같고, 물이 맑아지고 거울이 깨끗해 여러 가지 모양이 모두 나타나는 것과 같으며, 또한 마치 火珠(볼록렌즈)를 해에 비침에 불이 금방 일어나는 것과 같다.

今行道用功, 垢除心淨。如翳眼開明, 如水澄鏡淨, 衆像皆現。亦如日照火珠, 於火便出。

講

스님은 이어서 이렇게 설명하였다. 무릇 부처님 제자가 현재 경행하거나 繞念할 적마다, 이와 같이 행도하는 공용으로 번뇌가 모두 끊어지고['垢除'], 깨끗한 마음이 현전['心淨']함을 얻는다. 왜냐하면, 행도하고 요념함으로써 능히 삼업이 청정케 하기 때문이다. 『주역』에 "천체의 운행은 剛健하나니, 군자는 (이를 본받아) 自强不息(스스로 힘써 몸과 마음을 가다듬어 쉬지 않음) 하니라." 하니, 세상 사람이 군자가 되고자 하는 것도 그렇거든, 더 나아가서 성현도 마찬가지로 반드시 일월이 하늘에 운행하는 것과 같이 정진하여 휴식하지 않아야 한다. 더욱이 불제자가 성불작조를 생각한다면 어찌 용맹스럽게 행도하여 삼업을 청정히 하지 않겠는가!

'눈병이 밝아진 것 같다'는 것은, 세상의 맹인['翳眼']이 본래 아무것도 보지 못하다가 금강침을 써서 눈자위를 가리는 막을 걷어내면 금방 눈을 떠서 사물을 밝게 볼 수 있는 것과 같이, 청정 三業으로 경행요념하는 것은 금강침과 같아 능히 중생의 무시 번뇌업장을 치료할 수 있다. 이렇게 번뇌를 제거하고 마음이 깨끗해진 공능은 눈병이 밝아진 효과에 비교할 수 있다. 또한, 물이 맑으면 달이 나타나고 거울이 깨끗하면 얼굴을 비출 수 있는 것과 같으며, 또한, 볼록렌즈를 햇빛에 비추면 금방 불이 나오듯이 이런 것은 모두 필연적 인과다.

행도하는 사람이 身業으로 단정하고 공경히 걸으며 돌고, 口業으로 부처님 명호와 공덕을 찬탄하며, 意業으로 부처님을 기억하고 부처님을 생각하거나 혹은 법을 생각하고 승을 생각하여, 이와 같은 삼업이 모두 삼보에 의지하고 경계를 삼아, 세월이 오래되고 공덕이 깊어 물이 흘러 도랑이 되면, 자성삼보가 현전하여 佛果가 저절로 이루어진다.

기 5. 의심을 풀어줌

集

문 : 제법 실상은 선·악의 모양이 없습니다. 어찌 나타남이 있겠습니까?

답 : 비록 내[我]가 없고 지음이 없고 받는 자가 없으나, 선악의 업은 없지 않아서, 제법은 모양이 없으나[無相] 능히 모양이 있음[有相]을 보인다. 수행자가 행도할 적에 모양이 있음을 생각하지 말고 모양이 없음도 생각하지도 말며, 다만 찰나에 공이 이루어지기만 하면 그 모양이 저절로 나타난다. 마치 동이의 물을 밀실에 두는 것과 같아서, 비록 마음에 분별이 없으나 여러 가지 형상이 저절로 나타난다.

問. 諸法實相, 無善惡相, 云何有現耶。答. 雖無我無造(作)無受者, 善惡之業亦不亡。諸法無相, 能示有相。行者行道, 不念有相。不念無相, 但念念功成, 其相自現。猶如盆水處於密室, 雖無心分別, 衆像自現。

講

문답에서, 질문은, 空에 집착한 사람이 행도염불은 물이 맑고 거울이 깨끗해지면 여러 가지 모양이 모두 나타나는 것과 같다고 한 말을 듣고, 실상은 모양이 없다는 教義와 합치하지 않다고 의심하여, '어찌 나타남이 있는가?' 한 것이다.

대답은, "법성은 비록 공적하지만 업상은 털끝만큼도 없지 않다. 제법은 모양이 없으나 능히 시현하여 상이 없지도 않으니, 이를 '실상'이라 한다. 무엇을 의심할 것이 있는가?" 한 것이다. 무릇 진실로 정업을 수행하는 사람은 종일 행도염불하더라도 능념과 소념의 집착이 없어서, 염불함이 없이 염불하고 염불하지만 염불함이 없다. 더욱이 세 가지 마음[至誠心, 深心, 回向發願心]과 다섯 가지 생각(예배, 찬탄, 원을 세움, 관찰, 회향)을 구족하면 자연히 정업을 성취할 수 있어서, 미타와 안락정토를 보고자 하면 그 모습이 저절로 나타난다. 이것을 교리로 풀이하면, '현행이 종자를 훈습하고 종자가 현행을 일으킨다' 하는 것이니, 어찌 교의와 합치하지 않는다고 의심하겠는가!

스님은 다시 한 동이 깨끗한 물을 바람이 통하지 않는 방 안에 두면, 물에 여러 가지 색깔이나 모양이 나타난다는 비유를 들었다. 행도염불하여 이미 마음을 하나의 경계에 굳게 지킨 사람이면, 비록 분별심을 내지 않더라도 그 깨끗한 마음 가운데 여러 가지 모양이 저절로 나타난다는 것을 표현하였다.

集

문 : 모양이 나타날 때 참인지 거짓인지 어떻게 분별하여 취하거나 버립니까?

답 : 만약 취한다면 허공을 취하는 것과 같고, 버린다면 허공을 버리는 것과 같다.

問. 相現之時, 眞僞何辨。云何分別, 而取捨耶。答. 若取, 如取虛空。若捨, 如捨虛空。

講

이렇게 의심하여 물었다. "나타난 상이 부처인지 마군인지, 참인지 거짓인지 어떻게 구분합니까? 참이라면 마땅히 취해야 하지만 거짓이라면 버려야 하니까요."

대답한 말은, 반드시 취하지도 않고 버리지 않는 중도정관을 가지고, 다만 일심정념으로 생각생각 상속할 것만을 밝혔다. 그것이 '참'이면 수승하고 미묘한 모양을 더하고, '거짓이면 버리지 않아도 저절로 제거된다.

集

문 : 어떤 이는 오랫동안 수행했으나 깨닫지 못한 이가 있습니다. 그것은 무슨 까닭입니까?

답 : 경에 "중생의 마음은 거울과 같아, 거울에 때가 끼면 형상이 나타나지 않는다." 하였다.

問. 有人久修不證者何耶。答. 經云, 衆生心如鏡, 鏡垢像不現。

講

오랫동안 정업을 닦았으나 감응이 없고 성인의 경계가 나타나지 않는 것을 보고 의혹을 낸 것이다. 스님은 경에서 부처님이 하신 말씀을 들었다. 중생의 마음은 하나의 거울과 같다. 거울에 오랫동안 때가 끼면 당연히 여러 가지 형상을 비추지 못한다. 이것은 필연적 도리인데 무얼 의심한단 말인가!

集

문 : 논에 "걸으며 염불하는 것과 앉아서 염불하는 것이 그 공덕이 어떠한가?" 하였습니다.

답 : 비유하면 물을 거슬러 배를 저으면 갈 수 있기는 하겠지만, 물길을 따라 배를 띄우면 빨리 갈 수 있는 것은 말할 필요도 없는 일이다. 앉아서 염불하기를 하루 동안만 하여도 오히려 팔십억 겁 죄악이 소멸되거든, 걸으며 염불하는 공덕은 어찌 그 양을 알 수 있겠는가? 그러므로 偈에 "행도를 오백 바퀴 하거나 염불을 일천 번하여, 하는 일이 항상 이와 같으면 서방불이 저절로 이루어지네." 하였다.

問. 論云, 行道念佛與坐念功德如何。答. 譬如逆水張帆, 猶云得往。更若張帆順水, 速疾可知。坐念一日, 尙乃八十億劫罪消。行念功德, 豈知其量。故偈云, 行道五百遍, 念佛一千聲, 事業常如此, 西方佛自成。

講

질문한 글에 '論云' 한 것은 어떤 논에서 하신 말씀인지 미처 상고해 보지 못했다. 질문한 뜻은, 행도 염불하는 것과 앉아서 염불하는 공덕은 같은지 다른지를 물은 것이다. 답에서는 논에서 질문한 것을 들어 의심을 풀어준 것밖에, 다시 四句偈로 행도 염불하는 수승한 공덕을 설명하였다. '행도 오백 바퀴'는 부처님을 돌며 경행하는 것을 오백 바퀴 하는 것이다. 바쁜 사람은 한결같이 전념하지 못하거나, 또한 항상 부처님을 돌며 경행할 여가가 없으니, 만약 매일 오백 바퀴 부처님을 돌거나 일천 번의 아미타불을 불러 날마다 이렇게 하여 끊어짐이 없게 하고, 동시에 믿음[信]과 발원[願]을 갖추면 서방안락국에 왕생하여 일생에 불도를 원만히 이룰 수가 있다. 그러므로 '서방불이 저절로 **이루어진다**' 하였다. 만약 믿음과 원력이 없으면 비록 이와 같이 행하더라도 또한 서방에 왕생할 수 없다.

만약 예배하면 무명을 굴복하고 깨달음에 깊이 합하나니, 공경의 극치에 이르려면 마치 나무가 쓰러지고 산이 붕괴한 것과 같이 해야 한다.『업보차별경』에 "부처님께 한 번 예배하면 그의 무릎에서 아래로 금강제에 이르도록 하나의 가는 먼지마다 한번 전륜왕위를 굴러 열 가지 공덕을 얻는다. 첫째는 미묘 색신을 얻고, 둘째는 말을 하면 사람들이 믿으며, 셋째는 대중에 처하되 두려움이 없고, 넷째는 제불이 호념하며, 다섯째는 큰 위덕을 갖추고, 여섯째는 여러 사람이 가까이하며, 일곱째는 제천이 愛敬하고, 여덟째는 큰 복보를 갖추며, 아홉째는 목숨이 다하면 왕생하고, 열째는 속히 열반을 증득한다." 하고,

若禮拜, 則屈伏無明, 深投覺地, 致敬之極, 如樹倒山崩。業報差別經云, 禮佛一拜, 從其膝下至金剛際, 一塵一轉輪王位, 獲十種功德。一者得妙色身。二者出言人信。三者處眾無畏。四者諸佛護念。五者具大威德。六者眾人親附。七者諸天愛敬。八者具大福報。九者命終往生。十者速證涅槃。

여기서는 부처님께 예배할 적에 我慢禮가 되어서는 안 되고, 반드시 공경과 지성으로 부처님께 예배해야 한다는 것을 말하였다. 그렇게 하면 무명(번뇌)을 항복 받고 최후에는 모두 성불할 수 있다(깨달음에 깊이 합함). 그렇다면 어떻게 하는 것이 정성과 공경을 다한 예배인가? 스님은 하나의 비유를 들었으니, 나무가 자빠지고 산이 무너지듯이 해야 한다고 하였다. 다시『업보차별경』에서 설한 것을 인용하였다. 공경히 부처님께 한 번 절할 때마다 능히 전륜성왕이 되고 열 가지 공덕을 얻을 수 있다. '금강제'란 지층 가장 낮은 곳이니, 또한 '金剛輪際'라고도 한다.『구사론』에는 "器世間의 風輪이 가장 아래요, 그 위는 水輪인데 물이 응결하여 金輪이 되었다. 금륜 위에 아홉 개의 큰 산이 있는데 妙高山(수미산)

은 가장 가운데 있다. 금강제는 금륜의 가장 아래쪽이다." 하였다.

集

늑나 삼장은 "'지혜를 밝히는 청정한 예배[發智淸淨禮]'는, 부처님 경계를 통달하여 지혜의 마음이 밝고 예리함으로 말미암아 법계가 본래부터 장애가 없음을 깨닫는데, 우리는 무시이래로 凡俗에 수순하여 있지 않은 것을 있다고 생각하고 장애가 없는 것을 장애가 있다고 생각하였다. 지금은 自心이 허통하고 무애함을 통달하니, 그러므로 예불을 행하되 마음의 現量에 따라 한 부처님께 예배하는 것이 모든 부처님께 예배하는 것이며, 모든 부처님에게 예배하는 것이 한 부처님에게 예배하는 것이니, 부처님 법신의 본체와 작용이 융통하기 때문이다. 그러므로 一拜를 예하면 두루 법계에 통하는 것이다. 이와 같이 향과 꽃 등 갓가지로 공양하는 것은 법식이 이와 같으니, 육도 사생이 똑같이 부처라는 생각을 하기 때문이다." 하고,

三藏勒那云, 發智淸淨禮者, 良由達佛境界, 慧心明利。了知法界, 本無有閡。由我無始順於凡俗 非有有想, 非閡閡想。今達自心虛通無閡, 故行禮佛, 隨心現量, 禮一佛卽禮一切佛, 禮一切佛卽是禮一佛。以佛法身體用融通, 故禮一拜, 遍通法界。如是香華種種供養, 例同於此。六道四生, 同作佛想。

講

늑나마제Ratnamati[84]는 늑나발제라고도 하는데, 寶意라고 번역한다. 중인도 사람이다. 삼장에 정통하기 때문에 '늑나삼장'이라 하였다. 後魏(386~557) 때 낙

---

84   北魏의 역경승으로 중인도 사람이다. 『불광사전』 p4391-上.

양에 와서『究竟一乘寶成論』4권과,『十地論』20권을 번역하였다. 아울러 중국어에 능통하여 항상『법화경』을 강의하였다. 하루는 경을 강의할 때, 天帝가 사신을 보내 맞이하여 천궁에 와서『화엄경』을 강의하게 하니, 스님이 미소 짓고 대중과 헤어질 것을 고하고 법좌에서 앉아 죽으니, 강사나 유나도 동시에 입멸하였다. 이는『화엄경 전기』에 실려 있는 이야기다.

스님(영명)은 저(늑나삼장)가 설한 4종 예불[85] 가운데 네 번째 '발지청정례'를 인용하여, 행도예불은 참 수행을 갖추지 못했다고 하는 의심을 해석하였다. 이른바 '부처님 경계를 통달했다'는 것의 '부처님 경계'는 일심 이문의 제법실상이니, 일체법이 모양이 없고 모양이 없는 것도 아님을 통달한 것을 '불경계를 통달했다'고 부른다. '지혜의 마음이 밝고 예리하다' 한 것은, 제법 三性에 의해 일심삼관을 닦아 성취한 中道觀智이다. 三觀으로 법계 일체법에 계합하면, 有는 有가 아니요[空], 有가 아니면서 有[假]라, 空과 有가 본래 무애[中]하다. 다만 중생이 무시이래의 무명망상으로 實有한 것이라고 집착함으로 말미암아 서로 방애되었을 뿐이다. 지금은 三觀의 지혜가 밝고 예리하여 제법이 오직 일심뿐이라 본래 허공과 같이 청정하고, 세간과 출세간법이 모두 일심이 나타난 것이라 연기의 성이 공하여 원융무애함을 통달하였다. 그러므로 能禮의 마음과 所禮의 부처님이 모두 하나가 곧 일체요 일체가 곧 하나라서 항상 같고 항상 다르니, 육도와 사생이 똑같이 부처라는 생각을 한다. 이것을 '발지청정례'라 한다. 이러한 예불을 어찌 참 수행을 갖추지 못했다 비방하겠는가!

---

85   (1) 我慢禮. (2) 求名禮. (3) 身心禮. (4) 發智淸淨禮. 자세한 설명은 주 78) 참조.

集

문수가 "마음은 나지도 멸하지도 않기 때문에 경례하되 관할 것이 없네." 하였으니, 안으로 평등을 행하고 밖으로 修敬(공경하고 예의가 바름)에 수순하여, 안팎이 명합한 것을 '평등례'라 한다.

文殊云, 心不生滅故, 敬禮無所觀。 內行平等, 外順修敬, 內外冥合, 名平等禮。

講

'마음은 나지도 멸하지도 않는다'는 것은, 마음은 허공과 같아 불생불멸함을 관하는 것을 '안이 공하였다'고 하고, '경례함에 관할 것이 없다'는 것은, 마음의 실상을 관하듯이 부처님을 관하는 것도 이와 같으니, 이것을 '밖이 공하다'고 한다. 비록 안팎이 모두 공하였으나 空性의 마음(안으로 평등을 행함)이 有를 緣起하는 예배(밖으로 修敬에 수순함)에 장애되지 않으니, 색이 곧 공이요 공이 곧 색이라, 그러므로 '내외가 명합하다' 한 것이다. 이것은 4종 예불 가운데 세 번째, '평등례'라 한다. 『법화경』에 상불경보살은 안으로 평등한 마음으로 모든 부처님 제자 보기를 마치 부처님과 같이 공경하고 예배하였다. 그러므로 사람들에게 때림이나 꾸짖음을 당하더라도 "나는 감히 그대들을 경솔히 여길 수 없노라. 그대들은 모두 반드시 부처가 될 분인데…" 하였다. 만약 이러한 예불이면 참 수행일 뿐더러 또한 속히 성불할 수 있으니, 석가세존이 좋은 본보기이다.

集

『법화참』에 "예배할 때, 비록 能禮와 所禮를 얻지 못하지만, 법계의 낱낱 부처님 앞에 영상으로 나투어 모두 자신이 예배함을 본다." 하였다.

法華懺云, 當禮拜時, 雖不得能禮所禮, 然影現法界一一佛前, 皆見自身禮拜。

講

거듭 지자대사의 『법화삼매참의』 중에서 설한 것을 인용하였다. 예배할 때 비록 能(예배하는 자)과 所(예배를 받는 자)가 모두 공하지만, 一眞法界 가운데 性에 부합한 연기[稱性緣起]의 影像이 나타나니, 『화엄경』 「보현행원품」에 " '제불에게 예경한다'는 것은, 온 법계 허공계의 시방삼세 일체불찰 극미진수 제불세존에게, 내가 보현보살의 행원력을 깊은 마음으로 믿고 이해하여, 마치 눈앞에서 마주 대하듯이 모두 청정한 몸과 말과 마음으로 항상 예경을 닦는 것이다. 낱낱 부처님 처소에 모두 불가설 불찰극미진수 몸을 나투어 낱낱 몸이 두루 불가설 불찰극미진수 부처님께 예배하니, 허공계와 내지 중생의 번뇌가 다하지 않기 때문에 나의 이 예경도 다함이 없나니, 생각생각 상속하여 끊어짐이 없고 몸과 말과 뜻의 업도 싫어함이 없다." 한 것과 같다. 이것은 네 가지 예불 가운데 '발지청정례'니, 또한 '실상례'라고도 한다. 이것은 여래의 공덕을 성취하는 조건이니, 어찌 아직 참 수행을 갖추지 못했다 경시하겠는가?

集

부처님과 조사의 가르침을 대략 인용하였으니, 이·사가 분명하다. 그러니 부처님 뜻을 말살하고 부처님 말씀을 훼손하여, 편견에 의해 원교의 뜻을 해쳐서는 안 된다.

略引祖敎 理事分明 不可滅佛意而毁金文 據偏見而傷圓旨

講

스님이 부처님과 조사의 가르침을 인용하여 의심을 풀어준 후에, 제자들에게 이렇게 훈계하였다.

"절대 空에 집착하고 有를 폐하여 부처님을 비방하고('부처님 뜻을 말살함')

법을 훼방하는('부처님 말씀[金文]을 훼손함') 죄업을 지어서는 안 된다. 그리고 자신만이 옳다고 하고 다른 이를 비방하여 닦음 없는 것이 진정한 닦음이라는 편견에 집착하여, '닦되 닦음이 없는' 원교의 종지를 해쳐서는 안 된다."

集

문 : (『入一切佛境界經』에) 문수가 "마음은 허공과 같아서 경례하되 所觀의 (부처님이) 없네." 하고, (『大乘頂王經』에는) "깊고 깊은 수다라는 듣지도 수지하지도 않네." 하였습니다. (그런데) 어찌 모양에 집착하는 것을 '예불'이라 하고, 문자를 따르는 것을 '송경'이라 하면서 보살의 진실한 말씀을 어기고 제불의 깊은 뜻을 잃습니까?

답 : 이것은 비록 理를 잡아 말했으나 事를 드러내지 않음이 없고, 事를 좇아 시설했으나 理가 원만하지 않음이 없으니, 이와 사가 서로 보충하여 완성하여야 비로소 이 뜻이 드러난다.

　대저 '마음이 허공과 같기 때문에 경례할 적에 所觀의 부처님이 없다' 한 것은, 그 능·소의 見(能見의 중생과 所見의 부처)을 타파한 것이다. 왜냐하면, 마음이 허공과 같으면 能禮의 중생을 보지 않고 所觀의 부처가 없으니, 이와 같이 예배할 때 한 부처님이나 두 부처님을 대하는 것이 아니라, 마음이 태허공과 같고 몸은 법계에 두루하다.

　'듣지 않고 수지하지 않는다'는 것은, 듣지 않으면 볼 만한 法義가 없고, 수지하지 않으면 기억할 만한 문자가 없다. 이와 같이 경전을 수지하면 무슨 중간에 끊김이 있겠는가? 또한, 설하는 자는 내보임이 없고 듣는 자는 얻음이 없다. 그러나 理를 잡았으나 事 밖에 理가 되지 않고, 이미 事를 여의지 않았으니 곧 理 중의 事이다. 이렇게 하면 바로 예배할 때 예배가 없고, 수지할 당시에 수지가 아니니, 말에만 의지하고 뜻에는 의지하지 않아서 단멸하거나 한쪽에 치우쳐 형평을 잃는 소견을 내어서는 안 된다!

問. 文殊云, 心同虛空故, 敬禮無所觀。 甚深修多羅, 不聞不受持。 如何執相稱禮佛, 徇文云誦經。 違大士之誠言, 失諸佛之深旨。 答. 此雖約理而述, 且無事而不顯。 從事而施, 又無理而不圓。 理事相成, 方顯斯旨。 夫言心同虛空故, 敬禮無所觀者, 此是破其能所之見。 何者。 心同虛空, 不見能禮。 無有所觀, 則無所禮。 如是禮時, 非對一佛二佛, 心等太虛, 身遍法界。 不聞不受持者, 不聞, 則無法義可觀。 不受持, 則非文字可記。 如是持經, 有何間斷。 亦是說者無示, 聽者無得。 然雖約理, 非爲事外之理。 旣不離事, 卽是理中之事。 此乃正禮時, 無禮。 當持時, 不持。 不可依語而不依義, 而興斷滅偏枯之見。

講

여기 문답은, 혹시 불자들이 문수보살이 말한 '경례할 적에 보는 바가 없고, 듣지 않고 수지하지 않는다'고 한 게송을 듣고는, 불교의 예불과 송경을 오인하여 불보살이 중생을 제도하는 뜻을 어기고 斷滅空의 사견의 그물에 떨어질까 봐 걱정한 것이다. 이야말로 제호가 변하여 독약이 되니, 그 허물이 적지 않다. 그러므로 불교를 배우는 데는 반드시 뜻에 의거해야 하고 말에 의거하지 말아서, 반드시 이와 사가 원융해야 함을 거듭 자비로 해석하였다.

'수다라sūtra, sutta'는 범어니 契經이라고 번역한다. 넓은 의미로 말하면 三藏 十二分敎를 모두 수다라라 할 수 있으니, 모두 위로 제불의 理에 계합하고 아래로 중생의 근기에 계합하기 때문이다. 좁은 의미로 말하면 십이분교 가운데 한 부분을 수다라라 하니, 여러 가지 경전 가운데 長行의 문장을 가진 경전이다. '깊고 깊다'는 것은, 불경 가운데 심오한 畢竟空을 가리켜 '깊고 깊은 수다라'라 한 것이다.

답은 먼저 문수보살의 게송을 들었다. 비록 청정심의 理性을 잡아 설했으나, 아울러 청정심이 일체 事相을 시현함을 부정해서는 안 된다. 만약 緣起 施爲의 事相 당체에서 본다면 만법이 모두 평등한 空理로 돌아가니, 한 법도 예외가 없다. 제법실상을 통달하면 相이 없고[理] 상 아님이 없어서[事], 서로 의지하고 서로 보완하여 완성하니, 두 가지를 폐하면 한 가지도 성립하지 않는다. 그래야 비로소 中觀의 敎旨와 부합된다(비로소 이 뜻이 드러난다).

이어서 문수의 게송의 뜻을 해석하니, 이는 중생의 有에 집착하는 능·소의 邊見을 타파한 것이다. 마음이 공하였기 때문에 능례를 보지 않고 보는 바가 없기 때문에 소례가 없으니, 이것은 능례와 소례의 자성이 공적하기 때문이다. 이와 같은 觀智가 마음속에 있으면, 예불·송경할 때 겨우 어떤 한두 부처님께만 예경하는 것이 아니고, 겨우 한두 권 경문만 독송하는 것이 아니다. 마음이 허공과 같이 광대무변하고 몸이 법계와 같이 일체처에 두루하니, 이것은 공간을 가지고 설한 것이다. 만약 시간을 잡아 설한다면 「보현행원품」에서 설한 것과 같이, 허공과 내지 번뇌가 무진하니 나의 이 예경·독송 또한 다함이 없어 생각생각 상속하여 중간에 끊어짐이 없다. 이와 같이 시간과 공간으로 다함없이 수행하는 것을 '法界行'이라 하고, 종일 수행하여도 마음과 몸으로 수행한다는 집착이 없으니, 그러므로 '듣지도 않고 수지하지도 않는다' 하였다. 듣지 않고 수지하지 않음을 거듭 말한 것은, 비록 법을 듣고 수지하지만, 名義만 아는 것은 서로 객이 되어 일체 어언문자가 모두 방편으로 가시설한 것이라 명의의 실성을 얻을 수 없음을 밝힌 것이다. 달을 보고는 손가락을 잊고 강을 건너면 뗏목이 필요 없으니, 그러므로 볼 만한(집착할 만한) 法義가 없고 기억할 만한 문자가 없다(가시설하였기 때문이다).

'이와 같이 경전을 수지하면 무슨 중간에 끊어짐이 있겠는가?' 한 두 구절은,

반드시 이와 같이 수행하여 송경과 예불에 끊어짐이 없어야, 부처님이 설한 '가명을 파괴하지 않고 실상을 설한다' 한 것과, '설하는 자는 보임이 없고 듣는 자는 얻음이 없다' 한 것과 같음을 바로 보였으니, 또한 용수보살이 설한 "세속제에 의거하지 않고는 제일의제를 얻지 못한다." 한, 중관 사상과 서로 일치한다.

'그러나 理를 잡았으나' 한 것으로부터, '단멸하거나 한쪽에 치우쳐 형평을 잃는 소견을 일으키지 마라' 한 데까지는, 이사무애와 성상융즉의 불법의 바른 뜻으로서, 닦되 닦음이 없음 (예경할 때 예경이 없고 지경할 때 지경이 없음)을 해석하였으니, 말에만 의거해 뜻을 잃어버려 망령되이 외도의 단멸견을 일으키거나, 혹은 그릇 化城['偏枯']에 집착하여 보배가 있는 곳으로 삼아서는 안 된다.

무 5. 正·助가 서로 의지함
기 1. 질문

集

문 : 六念 법문과 열 가지 觀相을 비록 助道라고 부르지만, 생각에 따라 번뇌를 반연하여 잠깐이라도 일으키면 참[眞]을 어기니, 어찌 깨끗한 생각이겠습니까?
問. 六念法門, 十種觀相, 雖稱助道。徇想緣塵, 瞥起乖眞, 如何淨念。

講

질문한 뜻은, 마음을 깨끗이 하는['淨念'] 正行에만 집착하여 일체 助行을 부정한 것이다. 正行이 주가 되고 助行이 반이 되어 정과 조가 서로 의지해야 함을 알지 못하기 때문에 이런 질문이 있는 것이다.

'六念 법문'은 念佛, 念法, 念僧, 念戒, 念天, 念捨 등 여섯 가지다. '열 가지 觀相'은 천태의 十乘觀法을 가리킨다. 첫째는 부사의 경계를 관하는 것이요, 둘째는 진정으로 보리심을 내는 것이요, 셋째는 선교방편으로 마음을 편안하게 하는 것이요, 넷째는 法遍을 파하는 것이요, 다섯째는 通塞을 아는 것이요, 여섯째는 道品을 調適하는 것이요, 일곱째는 助開를 대치하는 것이요, 여덟째는 位次를 아는 것이요, 아홉째는 능히 安忍하는 것이요, 열째는 法愛를 여의는 것이다. (자세한 건 주6) 참조)

 '생각에 따라 번뇌를 반연한다'는 것은, 앞에서 설한 육념과 내지 갖가지 수행의 유위 事相을 가리키니, 모두 망상에 따라 육진경계에서 일어난 것을 반연하여 완전히 여여부동한 심성을 위배하니, 그러므로 '잠깐만 일어나면 참을 어긴다' 하였다. 그러니 무념 무위하여 일체 생각이나 행위가 없어야 이야말로 참 수행이라고 여기는 것이다.

기 2. 정답

集

답 : 무념이라는 한 법은 여러 가지 수행의 근본이니, 미세한 것까지 모두 없앤 이는 오직 부처님만이 능히 깨끗하시다. 그러므로 경(『인왕반야바라밀호국경』)에 "삼현 십성이 과보에 머무르나, 오직 부처님 한 분만이 정토에 계신다." 하였다. 더욱이 범부의 지위에 있고 또한 초심에 있으면서, 만약 助道의 문이 없으면 正道가 혼자 드러날 길이 없다.

 우선 六念의 법은 능히 魔幻을 소멸하니, 증진한 공덕은 선근을 떠받친다. (또한) 十觀의 문은 탐착을 잘 여의고 탁악한 생각을 가만히 깨끗하게 하며 眞源에 비밀리에 계합하게 하니, 모두 道에 들어가는 중요한 나루며 禪을 닦는 미묘한 법칙이다.

예컨대 지팡이는 곤경에서 구해주는 힘이 있고, 배에게서 저쪽 언덕에 이르게 하는 공을 얻을 수 있으나, 힘이 갖추어지고 공이 완료되면 배와 지팡이를 모두 버려야 하는 것과 같다.

答. 無念一法, 衆行之宗. 微細俱亡, 唯佛能淨. 故經云 三賢十聖住果報, 唯佛一人居淨土. 況居凡地, 又在初心, 若無助道之門, 正道無由獨顯. 且六念之法, 能消魔幻, 增進功德, 扶策善根. 十觀之門, 善離貪着, 潛清濁念, 密契眞源. 皆入道之要津, 盡修禪之妙軌. 似杖有扶危之力, 如船獲到岸之功. 力備功終, 船杖俱捨.

講

답은, 먼저 무념의 심성은 확실히 여러 가지 수행의 근본임을 밝혔다. 그러나 미세하여 보기 어려운, 생각이 아무것도 없는 경지에 이르는 것은 오직 佛地에 이르러야만 비로소 구경 청정이라 할 수 있다. 그러므로 『인왕호국반야경』에 "십주·십행·십회향의 삼현보살과, 더 나아가서 십지의 성위보살도 오히려 異熟識이 있으니, 이것은 중생 과보의 본체다." 했으니, 그러므로 '과보에 머무른다' 하였다. 오직 불과를 원만히 이룬 金剛道 후에야 異熟이 空하여 八識을 돌려 四智보리를 이루고, 본래 청정한 마음을 회복하여 정보와 습기가 모두 없으니, 그러므로 '정토에 거주한다' 하였다. 이를 보면 청정한 생각의 경계는 바로 부처님의 경계라, 범부 중생은 바라보기만 할 뿐 이룰 수는 없다는 것을 알 수 있다. 그러므로 범부의 지위에 있는 초발심보살이 만약 갖가지 助行이나 修道의 법문에 의지하지 않으면, 중생과 부처가 동체인 자성청정심을 자기 단독으로 현발한다는 것은 절대 불가능하니, 『중론』에 "세속제[助道]에 의지하지 않으면 제일의[正道]를 얻지 못한다." 한 것이다.

더욱이 六念 법문으로 능히 갖가지 마장을 소제할 수 있고, 도업을 증진하여 출세 공덕을 성취하고 출세 선근을 돕고 채찍질할 수 있으니, 이것은 보살도를 행하는 데 필수 방편이다. 또한, 十乘觀法으로는 능히 보살이 범부 외도와 이승의 일체 편벽되고 삿되며 옳지 않은 지견을 멀리 여읠 수 있게 하고, 갖가지 有에 집착하고 空에 집착하며 苦에 집착하고 樂에 집착하는 탐착을 제거할 수 있다. 그러므로 '탁악한 생각을 가만히 청정하게 한다' 하고, 성·상이 원융한 묘도에 가만히 합하게 하기 때문에 '비밀리에 진원에 계합하게 한다' 하였다. 이것은 모두 성불하는 데 반드시 거쳐야 하는 강이나 하천 같은 도로니, 그러므로 '도에 들어가는 나루'라 하였다. 또한, 깊고 깊은 미묘한 禪을 닦는 좋은 법칙이니 어찌 필요하지 않겠는가!

비유하면 노인은 반드시 지팡이를 짚고서야 보살피고 도와 위험에 이르지 않을 수 있고, 또한, 강을 건너려면 반드시 배를 타야만 비로소 저쪽 언덕에 도달할 수 있다. 이런 일은 세상에서 흔히 볼 수 있는 일이며, 또한 여러 사람들이 인정하는 일이니, 부정하고 폐기할 수 없다. 배와 지팡이는 正道를 도와주는 공력이 있으나, 반드시 정도에 도달했을 때만이 비로소 필요하지 않게 된다. 그러므로 '힘이 갖추어지고 공이 완료되면 배와 지팡이를 모두 버린다' 하였다. 이것은 세상의 당연한 도리니 잘못 이해하지 마라!

무 6. 지키고 범함에 집착이 없음
기 1. 질문

集

문 : 『수능엄경』에 "지키고 범하는 것은 다만 몸을 단속할 뿐이니, 몸이 아니면 단속할 것이 없다." 하고, 『법구경』에는 "계율의 자성이 허공과 같으니, 지키는 것은 미혹하고 전도된 것이다." 하였습니다. 어찌 고통스럽게 事相에 꼭 집착

하여 생각을 묶고 몸을 구속합니까? 어찌 종횡으로 호방하고 활달하게 생각을 비우고 도를 행하지 않습니까?

問. 首楞嚴經云, 持犯但束身, 非身無所束』 法句經云, 戒性如虛空, 持者爲迷倒。 何苦堅執事相, 局念拘身。 奚不放曠縱橫, 虛懷履道。

講

보살의 수행문은 비록 세간이나 출세간의 일체 좋은 일[善事]을 포함하지만, 귀납하면 계·정·혜 세 가지 무루학에서 벗어나지 않는다. 스님은 이미 정·혜가 균등한 중도원융의 도리를 가지고 문답으로 대략 해석하고서, 다시 戒學을 가지고 지키고[持] 범함에[犯] 집착이 없어야 하되, 범하지 않았으면 신중히 지키고, 범한 것이 있으면 반드시 참회하는 바른 뜻을 후학에게 보여 주어 준수하고 따르게 하였다.

질문은 『능엄경』과 『법구경』에 의하였다. '대승에서 어찌 굳이 계율을 가질 필요가 있는가? 삼업이 거리낌 없이 마음대로 행동하는 것만 못하다[放曠縱橫]. 空임을 관하기만 하면[虛懷] 道 아닌 것이 없으니[履道], 어찌 삿된 견해를 보인 것이 아니겠는가?' 하고 오해한 것이다.

『능엄경』은 돈오점수 법문임을 전혀 알지 못하였다. 깨달을 것은, 심성은 본래 청정하고 제법은 오직 일심뿐이라, 청정한 일심은 圓明 覺妙하여 찾아도 얻을 수가 없으니, 理로는 돈오했으나 事로는 점수하여야 한다는 것이다. 그러므로 경에 4종 청정 지계[86]의 가르침을 자세히 말했으니, 거기서 지계는 필요하지 않다고 오해할 수 있는 것이다.

---

86   四種持戒 (1) 悕望戒: 천상이나 善處에 태어나기 위한 바람으로 계율을 굳게 지키는 것. (2) 恐怖戒: 악도에 떨어지고 나쁜 이름을 얻을까 두려워 계율을 굳게 지키는 것. (3) 順覺支戒: 七覺支에 수순하여 그 마음을

질문에서 인용한 두 구절 가운데『능엄경』의 뜻은, '지계는 마음으로 힘쓰는 것이 중요하고, 身業을 단속하는 것은 필요치 않다. 그런데 중생의 생각은 이미 몸과 입이 아니니['非身'] 반드시 몸과 입을 단속할 필요가 있겠는가['無所束']!' 한 것이다. 그러므로『능엄경』후반부에는 어떻게 마음과 몸을 단속하여 그것을 본래 청정한 데로 복귀할 것인가를 보인 귀중한 성언량이다.

　『법구경』의 두 구절은, 불자는 반드시 行과 解를 아울러 중히 하고 복과 지혜를 쌍으로 닦아, 한쪽 편으로 치우쳐 집착해서는 안 된다는 것을 가르쳤다. 만약 '戒性이 허공과 같음'을 알지 못하면 이것은 解가 없고 慧가 없는 것이요, '지키는 것은 미혹하고 전도된 것이다' 한 것은 지계의 事相에 집착하여 지혜가 없음을 말하니, 그것은 비록 계행이 있으나 또한 어리석은 전도에 속한 것이니, 이것은 옳지 않다.

기 2. 정답

集

답 : 이것은 집착하는 생각을 파한 것이지, 계의 덕을 버린 것이 아니다. 만약 자신은 계행을 지키면서 다른 이가 범하는 것을 보고 비난하고 헐뜯는 마음을 낸다면, 계율은 잘못을 막기 위한 것인데 막기 위한 것으로 인하여 허물만 증장한다. 이와 같은 것이 실로 미혹이요 전도인 것이다.

答. 此破執情, 非祛戒德。若見自持他犯, 起譏毁心。戒爲防非, 因防增過。如斯之

장엄하여 계율을 굳게 지키는 것. (4) 淸淨戒: 무루계라 한다. 번뇌의 더러운 때를 버린 것을 말한다.

類, 實爲迷倒。

대답은, 자신이 지계하는 것에 집착하여 다른 사람이 범계하는 것을 보고 나무라고 헐뜯는 마음을 낸다면, 이 같은 지계는 미혹이요 전도에 속한다고 말하였다. 이는 요즘 불교계의 증세에 따라 처방한 좋은 약과 같은 말씀이니, 불법 배우기를 좋아하는 사부대중은 스님이 말씀하신 '이것은 집착하는 생각을 파한 것이지, 계덕을 제거한 것이 아니다' 한 말씀을 잘 기억하라. 인광 대사가 말씀하시기를 "그저 자신을 돌아볼 뿐 다른 사람은 상관하지 마라. 다만 좋은 본보기만을 볼 뿐 나쁜 본보기는 보지 마라. 모든 사람은 모두 보살이요 오직 나만이 범부임을 보아라." 한 것과 같다. 계율의 공용은 잘못을 막고 악을 그치게 하는 데 있으니, 만약 지계로 인하여 도로 잘못만 더한다면 이것은 실로 미혹하고 전도된 것이라, 당연히 해서는 안 된다.

기 3. 인용하여 증명하고 설명함

集

『정명경』에 "깨끗하지 않은 행과, 더럽지도 않은 행이 보살행이다." 하였다. 그러므로 지계와 범계 두 가지에 집착하지 마라. 이것이 진정한 지계다.

淨名經云, 非淨行, 非垢行, 是菩薩行。故不着持犯二邊, 是眞持戒。

講

처음은 『유마힐소설경』을 인용하였다. 유마힐 거사가 보인 갖가지 不二法門 가운데 한 단락인, '깨끗한 것도 아니고 더러운 것도 아니다' 하는 것으로, 지계는 반드시 중도불이의 觀慧로, 지·범 두 가지에 집착하여 찬탄하거나 훼방하는 마음을 내서는 안 된다는 것을 증명하였다. 계율을 범하는 것을 '깨끗하지 않은 행'이라 하고, 계율을 지키는 것을 '더럽지도 않은 행'이라 한다. 법성과 심성은 본래 더럽지도 않고 깨끗하지도 않아서 지킬 것도 없고 범할 것도 없다. 중요한 것은 마음에 분별하여 지키고 범하는 두 가지에 집착하지 말고 불이중도를 행하는 것이다. 이것이 진정한 지계니, 결코 지계가 필요하지 않다고 설한 것이 아니다.

集

『대반야경』에는 "지계 비구라 하여 천당에 올라가지 않고, 파계 비구라 하여 지옥에 떨어지지 않는다. 왜냐하면, 법계 중에는 지키거나 범함이 없기 때문이다." 하니, 이것도 또한 집착을 파한 것이다. 제법이 空했음을 깨달아 事와 理를 쌍으로 지키고, 몸과 마음을 모두 깨끗이 하라.

大般若經云, 持戒比丘, 不昇天堂。破戒比丘, 不墮地獄。何以故, 法界中無持犯故。此亦破着, 了諸法空, 事理雙持, 身心俱淨。

講

두 번째는 『대반야경』을 인용하여 증명하였다. 이것은 위에서 말한 백장 선사가 여우를 제도한 고사와 같으니, 절대 '불락인과'를 잘못 대답하였다고 오해하지 마라. 법성이 공적한 것에서 보면 無作戒體[87]가 상·락·아·정하니, 여기

---

87   無作은 無敎 혹은 無表라 한다. 戒體에는 作戒와 無作 두 가지가 있다. 作戒는 수계할 때 여법하게 동작하는 신·구·의 삼업이니, 곧 보고 들을 수 있는 業體이다. 無作戒는 作戒하는 인연에 의하되 몸 속에 보고 들을 수 없는 업체가 난다. 이 업체가 처음 발한 인연은 비록 신·구·의 동작(곧 作戒)으로 말미암아 잠깐 만에 일어나 곧 신·구·의의 행동을 빌리지 않고 항상 상속하니, 그러므로 無作이라 한다. 작계는 신·구·의 동작이 멈출 때 또한 따라서 없어지지만, 무작계는 일생에 걸쳐 항상 상속하여 방비지악의 공능을 갖춘다. 그러므로 '무작계체'라 한다. 이 계체는 외경이나 외연에 대하여 말한 것이니 가히 방비지악할 수 있으니 10계나

서 지·범을 말할 수 있겠는가? 그러므로 '법계에는 지·범이 없기 때문이다' 하였다. 法相緣起 쪽에서 보면 七衆의 계법에 모두 持·犯·開·遮가 있어서 조금도 소홀하게 여기지 않으니, '불매인과'를 결정하겠는가! 그러므로 스님이 '이것도 또한 중생의 집착을 파한 것'이라고 하신 것이다. 경전의 뜻은, '부처님 제자는 제법이 필경 자성이 없음[空]을 알아, 事에 집착하거나 理에 미혹하지 마라. 事에서는 반드시 엄격히 청정한 계율을 지키고, 理에서는 그 뜻을 허공과 같이 깨끗이 해야 한다' 한 것이니, 『법화경』 「방편품」에서 설한, "중생이 처처에 집착하니, 그들을 인도하여 여기에서 벗어나게 하였다." 한 것이다. 오직 事와 理, 가볍고 무거운 것을 좇아 평등하게 계율을 수지하여 더럽지도 않고 깨끗하지도 않으며 가짐도 없고 범함도 없으면, 곧 몸과 마음이 모두 청정할 수 있다.

集

또한, 만약 종횡으로 자재한 것을 논한다면 오직 부처님 한 분만이 淨戒를 가지시고, 그밖에는 모두 破戒者라 할 수 있다. 습기를 가지고도 오히려 경계에 이끌림을 당하는데 現行에서 어찌 인연의 묶임에서 도망할 수 있으랴. 三業은 보호하기 어렵고 방일함은 뿌리가 깊나니, 마치 술 취한 코끼리에 갈고리가 없고, 어리석은 원숭이가 나무를 얻었으며, 세찬 파도를 막고, 산새를 조롱에 가두는 것과 같으니, 만약 定의 물과 계율의 향이 없으면 지혜 횃불로만 고요를 비출 길이 없다.

250계 등과 같다. 그러므로 특별히 能防의 본체에 나아가 이 '무작'이라는 이름을 세우고, 所防의 외경이나 외연에 나아가서 구별하여 250가지 등의 모양이 된다. 이 무작계를 발하기 위해서 작계를 행한다.

그러므로 보살은 계율을 봉행하여 스승으로 삼고 부처님 명령을 분명히 지켜야 한다. 비록 작은 죄를 행하더라도 마음속에 큰 두려움을 품음으로 말미암아 삼가고 정결하여 범함이 없고, 가벼운 것이든 무거운 것이든 평등하게 지켜 세상의 비난과 혐오를 쉬고 의혹과 비방이 날까 두려워해야 한다.

　대저 계는 만선의 근본이라 밖으로 나가려면 반드시 문을 통해야 하듯이, 만약 이 계가 없으면 모든 선근 공덕이 아무것도 나지 못한다.

又若論縱橫自在, 唯佛一人持淨戒, 其餘皆名破戒者。帶習尙被境牽, 現行豈逃緣縛。三業難護, 放逸根深。猶醉象無鉤, 痴猿得樹。奔波乍擁, 生鳥被籠。若無定水戒香, 慧炬無由照寂。是以菩薩, 稟戒爲師, 明遵佛勅。雖行小罪, 由懷大懼, 謹潔無犯, 輕重等持。息世譏嫌, 恐生疑謗。夫戒爲萬善之基, 出必由戶, 若無此戒, 諸善功德, 皆不得生。

講

스님은 진실한 지계는 반드시 제법이 空함을 깨달아 空과 有가 서로 보충하여 성취하고, 事와 理를 쌍으로 가지며, 몸과 마음이 함께 깨끗해야 이것이 지계의 정지견임을 설명하고 나서, 이어서 텅 비어 공하다 하며 인과를 부정하는 것을 타파하여 종횡으로 방광하는 것은 자재해탈의 삿된 견해임을 알게 하였다. 만약 보살도를 행하고 보살계를 지키며 종횡으로 자재하고 역순이 모두 방편이고자 하면, 이는 오직 부처님만이 가능하고 그밖에는 아무도 이를 수가 없다. 왜냐하면, 등각 이하 보살은 부처님의 十八不共法을 깨달아 얻지 못하고, 삼업이 완전히 권·실 二智를 수순하여 행하지 못하여, 허물을 면하기 어렵기 때문이다. 그러므로 '오직 부처님 한 분만이 청정한 계율을 지키고, 그 외는 모두 파계자라 부른다' 하였다.

　'습기를 가지고서도 오히려 경계에 끄달림을 당한다' 한 데서부터, '지혜의 횃불로 고요를 비출 길이 없다' 한 데까지 모두 열 구절은, 청정한 계율을 가지는 것은 번뇌를 끊는 데 변함없이 중요한 일임을 밝혔다. 번뇌는 현행과 습기 두 종류로 나뉜다. 예컨대 술병에 술이 가득 담겨 있으면 이것은 현행번뇌요, 술병 속에 술이 없더라도 오히려 술지게미는 남아있으니 이것은 번뇌의 남 있는 습기이다. 경에서 "보살은 미혹을 보존하고 생을 윤택하게 한다." 한 것은, 현행번뇌는 없으나 오히려 번뇌의 남아있는 습기를 가지고 있어서, 능히 생사의 뿌리를 번식하고 윤택하게 한다는 것을 말하였다. 그러므로 '습기를 가지고도 오히려 경계에 이끌림을 당한다' 하였으니, 생사의 경계에 이끌려 육도윤회를 당한다는 것을 말하였다. 일반적인 중생은 현행번뇌도 치성한데 어떻게 삼계의 생사 경계에 구속되지 않겠는가? 그러므로 이승인은 삼계를 감옥과 같이 보고 생사를 원수와 같이 관하여, 힘써 벗어날 길을 찾아야 하니, 三乘聖果人이라도 신·구·의 삼업을 매우 청정하기 어렵기 때문이다. 그러므로 이미 성과를 얻었으나 털끝만큼의 번뇌습기가 모두 없어야 하고, 또한 쉽게 이르지 못한다는 것을 알 수 있다. 예컨대 대가섭존자가 과거 생에 춤추고 노래하는 창기의 숙습이 매우 깊어, 금생에 비록 이미 깨달음을 얻었으나 한번 거문고 소리를 듣고는 두 다리를 주체할 수 없어 일어나 춤을 춘 사실과 같다. 이것이 '삼업은 보호하기 어렵고 방일은 뿌리가 깊다' 한 사실적인 증명이다.

술 취한 코끼리는 위험하고 용맹스러워 감당하기 어렵고, 나무에 올라간 원숭이는 정신없이 뛰어다니며 쉬지 않는다. 스님은 이 두 가지 사례를 들어 삼업은 보호하기 어렵고 방일은 뿌리가 깊음을 형용하였다. 불자가 비록 조그만 수행이 있거나 혹은 계법을 수지하더라도 투박하고 무거운 현행번뇌를 능히 항복받지 못한다. 이것들을 항복받으려면 술 취한 코끼리를 갈고리를 써서 단단히 묶고, 산새를 쇠 조롱에 가두는 것과 같이 해야 한다. 그러므로 '세찬 파도를 막고, 산새를 조롱에 가두는 것과 같다' 하였다. 만약 선정을 닦고 계율을 지키는 공행이 일점도 없다면, 비단 반야의 지혜광명을 능히 개발하지 못할 뿐더러 인·법 二空을 관조하여 도과를 증득하지 못하여, 반드시 번뇌가 삼악도 가운데로 끌고 들어가 고통을 당하게 한다. 이때 비로소 지계하지 않은 것을 후회하더라도 때는 이미 늦다.

'그러므로 보살은' 한 데서부터, '의심하고 비방이 날까 두려워해야 한다' 한 데까지 아홉 구절은, 대승보살은 반드시 三聚淨戒를 갖추고 事와 理를 평등이 가져야 비로소 자신을 그르치지 않고 남을 그르치게 하지 않는다는 것을 설명하였다. 석가세존이 열반할 때 제자들에게 "불멸 후에 지계로 스승을 삼고, 四念處에 의해 주하라." 하고 가르치셨다. 이것은 분명히 事와 理를 평등하게 가지고 계율을 청정히 해야 함을 말씀한 것이 아니겠는가! 그러므로 무릇 부처님 제자라면 事 위에서 응당 계법을 품수하여 스승을 삼고, 理 위에서는 분명히 四念處(觀身不淨, 觀受是苦, 觀心無常, 觀法無我)[88]를 통달하여 부처님의 가르침을 준수하고 행해야 한다. 이렇게 사와 이를 평등이 가지는 것만이 진정한 불자며, 능히 부처님 은혜를 갚을 수 있다. 이 보살의 지계는 범부 이승에 비교하여 더욱 정밀하여, 비록 작은 죄['輕戒']를 짓더라도 마음속에 생각을 낸다면 바로 이것이 범죄라는 경각심을 가져, 가볍고 무거운 계법을 막론하고 모두 범할까 두려워하고 매우 근신 수지하여 보살의 계체가 시종 정결하여 일 점 흠도 없게 하여야 한다. 또한 세상이 불교에 대해 비난하고 혐오하는 것을 면하고 비불교도의 의혹과 비방을 일으키지 않게 해야 하니, 이야말로 자신을 이익되

---

88 '念'은 能觀의 觀이요 '處'는 所觀의 경계다. 『삼장법수』 p130 中.

게 하고 남을 이익되게 하는 보살행이다!

　'대저 계는 만선의 근본이며' 한 데서부터, '모든 선근 공덕이 아무것도 나지 못한다' 한 데까지 네 구절은 계학의 중요성을 들었다. 범어 '尸羅sīla'는 바르게 번역하면 '淸凉(맑고 시원함)'이라 하고, 또는 戒(조심하고 주의함)라고도 번역한다. 중생은 신·구·의 삼업으로 악을 지어 사람을 불태우고 괴롭게 하는데, 계는 능히 이것을 막고 그치게 할 수 있으니, 그러므로 '맑고 시원하다'고 하고, 또한 '조심하여 그친다[戒止]'라고도 한다. 계로 말미암아 定이 나고 定으로 말미암아 慧가 발하니, 그러므로 계는 문호와 같아서 삼계를 벗어나 열반에 이르자면 반드시 지나가야 할 통로이다. 그러므로 '계는 만선의 근본이라, 밖으로 나가려면 반드시 문을 통해야 하듯이 해야 한다' 하였으니, 만약 계행이 없으면 몸과 마음이 안정되지 않아 정·혜와 일체 선법 공덕을 아무것도 성취하지 못한다. 그러므로 '그러므로 이 계가 없으면 모든 선근 공덕이 아무것도 나지 못한다' 하였다. 그러므로 『화엄경』에 "계는 무상보리의 근본이니, 응당 일심으로 淨戒를 행해야 한다." 하였다.

集

『화엄경』에 "계는 능히 보리심을 개발하는 근본이요, 배움은 부지런히 공덕을 닦는 땅이니, 계와 배움에 항상 수순하여 행하면, 모든 여래가 미덕을 칭찬하시는 것이네.(대정장경 10권 72페이지 하)" 하고,

華嚴經云, 戒能開發菩提心(本), 學是勤修功德地, 於戒及學常順行, 一切如來所稱美。

講

세 번째는 『팔십화엄경』 「현수품」 중 게송을 인용하여 증명하였다. 지금 여기

서 청량국사가 지은 『화엄경소』 제18권(대정장경 35권 620페이지 중)에 의해 대략 다음과 같이 해석한다.

이것은 信과 解가 중도원융한 계행을 가지고 말했으니, 일반 지계와는 다르다. '계'는 능히 잘못을 막고 악을 그칠 수 있고, '배움[學]'은 보살이 배울 곳이니 일체 선행을 가리킨다. 『유가사지론』에 "이미 발심하고 나서는 응당 일곱 곳[七處]을 닦고 배우라." 한 것이니, 그러므로 '배우는 곳'이라 한다. 일곱 곳이란, 첫째는 자신에게 유익한 곳[自利處]이요, 둘째는 남을 유익하게 하는 곳[利他處]이며, 셋째는 진실의가 있는 곳[眞實義處]이요, 넷째는 위력이 있는 곳[威力處]이며, 다섯째는 중생을 성숙하게 하는 곳[成熟有情處]이요, 여섯째는 자기 불법을 성숙하게 하는 곳[成熟自佛法處]이요, 일곱째는 위없는 정등보리가 있는 곳[無上正等菩提處]이다. 여기서 인용한 게송의 첫 번째 구절은, 계율이 청정하면 심성이 청정하고 보리심을 개발한다. 두 번째 구절은, 부지런히 닦아야 할 일체 선법의 인과공덕이 모두 배우는 곳에 의해 일어나니. 그러므로 '地'라 하였다. 세 번째 구절은 계와 배워야 할 곳을 병행할 것을 쌍으로 頌했으니, 곧 법공양행을 수순하는 것이다. 네 번째 구절은 이와 같은 계와 배워야 할 곳, 두 가지 행으로 얻은 공덕은 일체 여래가 미덕을 칭찬하는 바가 됨을 송하였다.

集

『살차니건자경』에 "만약 지계하지 않으면 하다못해 옴 오른 승냥이의 몸도 얻지 못하는데, 어찌 하물며 반드시 공덕 법신을 얻을 수 있으랴." 하며,

薩遮尼乾子經云, 若不持戒, 乃至不得疥癩野干身, 何況當得功德法身。

講

네 번째는 『대살차니건자경』을 인용하여 증명하였다. 이 경은 대정장경 제9권

에 있는데, 元魏 때 보리유지가 번역한 것이다. 尼乾子(육사외도의 통칭) 외도 논
사 大薩遮(梵 Mahāhāsatya)가 불법에 귀의하여 깨달음을 얻은 후, 문수보살의 질
문에 응해 대승의 深妙한 법을 서술하니, 부처님이 깊이 칭찬하시고 아울러 수
기를 주었다는 내용이다. '야간'은 짐승 이름이다. 형체는 작으나 꼬리는 길어
나무에 잘 오른다. 여우같으나 그보다는 작고 색깔은 청황색이다. 떼를 지어
다니는데 밤에 이리 같이 운다. 보살이 만약 계율을 지키지 않으면 삼악도 가
운데 가장 낮은 축생이 될 분수도 없는데, 더욱이 인간이나 천상의 善趣인 삼
승성현이나, 더 나아가서 제불의 공덕법신을 얻을 수 있으랴. 이는 절대 불가
능한 일이다.

集

『월등삼매경』에 "비록 色族이나 多聞이 있더라도 만약 계행이나 지혜가 없으
면 금수와 같고, 비록 비천하고 낮은 곳에 처하여 듣고 본 것이 없더라도 능히
淨戒를 가질 수 있으면 '勝士'라 한다." 하며,
月燈三昧經云, 雖有色族及多聞, 若無戒智猶禽獸。雖處卑下少聞見, 能持淨戒名
勝士。

講

다섯 번째는 『월등삼매경』을 인용하여 증명하였다. 이것은 대정장경 제15권
에 있으니, 那連提耶舍Narendrayaśas[89]가 번역한 것이다. '色族'은 소년에 건장
하고 부귀·호족한 사람을 말한다. '多聞'은 박학다재한 인사를 말한다. 이런

---

89   약칭하여 耶舍라고도 한다. 隋나라 때 스님. 북인도 오장국 사람. 성은 석가, 찰제리 종이다. 열일곱에
출가하여 대소승의 삼학에 정통하였다. 부처님 聖蹟을 참배하려고 여러 나라를 주유하고, 나중에 어떤 존자

사람이 만약 부처님 계율을 수지하여 반야 정지를 수습하지 않으면, 반드시 탐·진·치 번뇌에 얽매여 반드시 의관을 쓴 금수와 같음을 면치 못해 사람들에게 창피를 당할 것이다. 반대로 비록 일개 평범한 사람[卑下]이 지혜와 지식이 없으며['少見聞'], 심지어 일개 성실한 거사나 노파, 어리석은 남녀라도 능히 부처님 淨戒를 지키거나 또한 능히 염불하며 정토에 왕생하기를 구하면, 그들을 '상등인[勝士']'이라 부른다. 『관경』에 "만약 염불하는 사람이면 이 사람은 사람 가운데 분다리화(백련화)와 같나니, 관음·세지가 그의 좋은 벗이 되어 반드시 도량에 앉아(成佛) 제불의 집에 태어날 것이다." 한 것이다.

集

『智論』에 "어떤 사람이 이 계를 버리고서 비록 산에 거처하며 고행하고 과실을 먹고 약을 먹더라도 금수와 다름이 없고, 비록 높은 집 큰 궁궐에 처하며 좋은 옷과 맛있는 음식을 먹더라도 이 계를 능히 행하는 자는 좋은 곳에 태어나 도과를 이룬다. 또한, 큰 惡病에는 계가 좋은 약이 되고, 큰 두려움에는 계가 수호자가 되며, 죽음의 어둠에는 계가 밝은 등불이 되고, 삼악도 가운데는 계가 교량이 되며, 죽음의 바다 가운데는 계가 큰 배가 되느니라." 하였다.

智論云, 若人棄捨此戒, 雖山居苦行, 食果服藥, 與禽獸無異。 若有雖處高堂大殿,

의 가르침을 받아 비로소 그의 나라로 돌아오다, 돌아오는 도중에 관음신주를 외워 도둑의 피해를 면하였다. 芮芮國(北狄. 흉노의 별종)에 이르러 돌궐의 난을 만나 결국 귀국하려는 의지가 꺾여 이에 총령을 넘어 北齊에 들어가니, 그때 나이 마흔이었다. 文宣帝의 예경을 받아 天平寺에 머무르며 『月燈三昧經』등 5부 49권을 역출하였다. 마침내 昭玄統이 되어 거기서 얻은 봉록으로 汲郡의 西山 三寺를 건립하였다. 周武帝가 齊를 멸하고 불법을 훼손할 때 마을에 숨어 속복을 입었으면서도 법사를 폐하지 않았다. 수나라가 일어나자 마침내 법복으로 다시 갈아입었다. 문제가 대흥선사에 주하게 하고 外國僧主에 배수하고 담연 등 30여 인과 함께 다시 역경 사업에 종사하게 하였다. 開皇 9년(589) 8월에 입적하니 세수는 백이었다.

好衣美食, 而能行此戒者, 得生好處, 及得道果。又大惡病中, 戒爲良藥。大怖畏中, 戒爲守護。死闇冥中, 戒爲明燈。於惡道中, 戒爲橋。死海水中, 戒爲大船。

講

여섯 번째는 『대지도론』에서 설한 것을 인용하여 증명하였다. 가령 어떤 사람이 갖가지 고행을 닦으며 산에 살고 동굴에 거주하며 인간의 음식을 먹지 않는다면 이야말로 매우 얻기 어려운 일이지만, 부처님 계율을 지키지 않는다면 이는 금수와 다름없으니 족히 귀하다 할 것이 못 된다. 반대로 능히 고행을 닦지 못하고 좋은 옷과 맛있는 음식으로 높은 지위에 있으면서 여유롭게 생활하더라도 능히 부처님 청정한 계율을 지킨다면, 현생에는 훌륭한 가문에 태어나 재물이 넉넉하고, 내생에는 인간이나 천상의 좋은 곳에 태어나 천제나 인왕이 되거나 혹은 부귀호족에 태어나며, 더 나아가 삼승 출세간의 도과인 아라한이나 벽지불, 혹은 관음 세지 등을 증득한다.

이 두 가지를 비교해 보면 무릇 지혜로운 자는 반드시 계율로 스승을 삼아 엄격하게 淨戒를 지켰음을 알 수 있다. 더욱이 부처님이 제정한 출가나 재가 계법은 세상의 윤리도덕을 포함하고, 지악작선과 자리이타를 포괄하였음이라. 이것은 이고득락하고 성현을 이루는 유일하게 좋은 방법이다. 그러므로 부처님 정계를 잘 가지면 확실히 나쁜 병에서 훌륭한 의사와 좋은 약을 얻어 병을 물리치고 수명을 연장할 수 있고, 재가 5계[殺·盜·婬·妄·酒]를 가지면 25위의 護戒神[90]이 항상 따라다니며 수호하니, 이는 대정장경 52권 도선율사의 『감통록』에 실려 있는 이야기다.

---

90   五戒에 따라 각기 다섯의 護戒神이 있으니 25위 신이다. 필요한 분은 『불학사전』을 찾아보시기 바란다.

또한, 계는 시원한 연못과 같아 모든 목마른 자를 능히 만족하게 하고, 계는 福田衣니 계를 가지면 벗은 자가 옷을 얻은 것과 같으며, 계는 마니주와 같아 능히 물건을 비 내려 가난을 면할 수 있으며, 계는 크고 밝은 등불과 같아 긴긴 밤('생사')의 어둠을 없앨 수 있으며, 계는 견고한 배와 같아 능히 생사의 바다를 건널 수 있으며, 계는 보배 거울과 같아 능히 일체 시·비나 득·실을 비추어 미혹하지 않으며, 계는 자비한 어머니와 같아 지계하면 자식이 어머니를 얻은 것과 같으며, 계는 영락주와 같아 지계하면 상인이 주인을 얻은 것과 같아 법재가 구족하다. 그러므로 『범망경』「보살계본」에 "여러 불자는 반드시 큰 용맹심을 내어 제불 정계를 마치 밝은 구슬과 같이 호지하라. 불도를 이루기 전에 다섯 가지 이익을 얻나니, 첫째는 시방의 부처님이 측은히 생각하여 항상 수호하고, 둘째는 목숨을 버릴 때 정견으로 마음이 환희하며, 셋째는 태어나는 곳마다 여러 보살의 벗이 되고, 넷째는 지계바라밀로 공덕의 무더기를 모두 성취하며, 다섯째는 금생이나 후생에 性戒의 복혜가 구족하다. 이것은 부처님이 행하신 곳이니 지혜로운 자는 잘 생각해 보라." 하였다.

集

또한 요즘 말세 종문[禪門] 중에 대승을 배우는 사람들이 흔히 계율을 가볍게 여기며 '작은 행에 집착한다' 하며 계율의 중요성을 잃어버린다. 그러므로 『대열반경』에 부처님이 열반에 다다라 계율을 扶助(보살피고 도와줌)하고 불성이 常住한 이치를 말씀하시니, 곧 교승과 계율을 모두 중요하게 여기셨다. 그러므로 이 경을 '常住[三寶]의 목숨을 구하는 重寶'라 하였다. 왜냐하면, 만약 이 교가 없으면 口解脫만을 취하고 전혀 수행하지 않아 교승과 계율을 모두 잃기 때문이다. 그러므로 경에 "尸羅가 청정하지 않으면 삼매가 현전하지 않는다." 하니, 定으로부터 지혜가 나고 事로 인하여 理를 나타내니, 만약 삼매가 결여하면 지혜가 어떻게 이루어지겠는가? 이로써 알 수 있는 것은, 계로 인하여 정을 얻고 정으로 인하여 지혜를 얻는다는 점이다. 그러므로 '常住의 목숨을 구하는 귀중한 보배'라 하였으니, 어찌 부처님 수명을 멸하고 올바른 율의를 파괴하여, 바다 속의 죽은 시체와 화합하고 장자의 원림 가운데 毒樹가 되겠는가! 여러 성인들께서 꾸짖은 바며 제천이 책망하는 바니, 선신이 가까이 하지 않고 악귀가 발자취를 쓸어버린다. 국왕의 땅에 살면서 살아서 역적이 되고, 염라의 마을에 처하면서 죽어 옥졸이 되니, 여러 지혜 있는 자는 의당 잠시 생각해 보라.

又如今末代宗門中, 學大乘人, 多輕戒律, 稱是執着小行, 失於戒急。所以大涅槃經, 佛臨涅槃時, 扶律談常, 則乘戒俱急, 故號此經爲贖常住命之重寶。何以故, 若無此敎, 但取口解脫, 全不修行, 則乘戒俱失。故經云, 尸羅不淸淨, 三昧不現前。從定發慧, 因事顯理, 若缺三昧, 慧何由成。是知 因戒得定, 因定得慧。故云贖常住命之重寶。何得滅佛壽命, 壞正律儀, 爲和合海內之死屍, 作長子園中之毒樹。衆聖所責, 諸天所訶, 善神不親 惡鬼削跡。居國王之地, 生作賊身。處閻羅之鄕, 死爲獄卒。諸有智者, 宜暫思焉。

講

여기서는 먼저 요즘 불문 가운데 하찮은 이해와 치우친 수행을 들었고, 다음에는 경전을 인용하여 계율과 교승이 다 같이 중요하다는 것을 밝혔으며, 나중에는 지계하지 않는 잘못을 정식으로 꾸짖었다.

　'요즘 말세 종문'이란, 현재 말법 시대의 修禪 한 종을 가리킨다. '대승을 배우는 사람'이란, 입으로는 空을 말하지만 행동은 有 가운데 있는 오만한 자들이다. 이 두 불자는 하나는 禪定 한 문에만 치우쳐 있고, 하나는 하찮은 이해로 올바른 지혜가 없으므로, 흔히 계율을 경시하며 '지계는 집착이라 하근 소승인이 하는 수행에 속한다. 나는 상근이지의 대승보살이라 중생을 제도하는 것이 중요하고 깨닫는 것이 우선이지 지계는 중요한 일이 아니다' 하고 말한다. 그러므로 '戒急(계율의 중요성)을 잃어버렸다' 하였다.

계율과 교승에 네 구절이 있다. 첫째는 교승은 중요하게(급하게) 여기고 계율은 대수롭지 않게 여기니, 큰 방편으로 시현한 濟公(1150~1209)[91] 선사 같은 분이다. 둘째는 계율은 소중히 여기고 교승은 대수롭잖게 여기니 소승 비구와 같다. 셋째는 교승과 계율을 모두 대수롭지 않게 여기니, 일반적으로 불교를 믿지 않는 사람이다. 넷째는 계율과 교승을 모두 중요하게 여기니 출가 보살과 같은 분이다.

스님은 특히 『대열반경』을 인용하여 율의를 경시하는 폐단을 바로 잡았다. '열반'은 泥洹(梵nirvāṇa, 巴nibbāna)이라고도 하니 모두 범어이다. 圓寂, 滅度라 번역하니, 덕을 갖추지 않음이 없는 것을 '圓'이라 하고, 장애를 다하지 않음이 없는 것을 '寂'이라 한다. 생사의 인과를 멸하고 생사의 긴 강을 건넌 것을 '멸도'라 한다.

『열반경』에 두 가지가 있다. 하나는 소승에 속한 것이다. 아함부(대정장경 제1권)에 있으니, 『佛般泥洹經』2권은 서진 白法祖가 번역하고, 『대반열반경』3권은 東晉의 法顯[92]이 번역하였다. 둘은 대승에 속한 것이다(대정장경 12권). 여기에 여섯 가지가 있다. 첫째는 『대반열반경』(北本) 40권이니, 북량 담무참

---

91   道濟 화상을 말함. 송대 임제종 양기파 스님. 이름은 心遠, 자는 湖隱, 호는 方員叟. 열여덟에 靈隱寺에 출가하다. 성품이 미치광이 같고 술 고기를 즐겼으므로 사람들이 '미치광이 濟스님'이라 함. 후에 호구산 瞎堂慧遠 문하에 들어가 그의 법을 이었다. 嘉定 2년에 앉아서 죽으니 세수는 예순. 호구탑 안에 안장하였다.
92   『불광사전』p3435-上

Dharma-rakṣa(385~433)[93]이 번역하였다. 둘째는『대반열반경』(南本) 36권이
니, 劉宋 慧嚴(363~443)[94] 등이 번역하였다. 셋째는『불설대반니원경』6권이
니, 동진 법현이 번역하였다. 넷째는『불설방등반니원경』2권이니, 서진 축법
호Dharmarakśa[95]가 번역하였다. 다섯째는『佛垂般涅槃略說敎誡經』1권이니, 요
진 구마라집이 번역하였다. 여섯째는『佛臨涅槃記法住經』1경이니, 당 현장 대
사가 번역하였다.

　스님이 인용한 것은 남본『대반열반경』이다. 부처님은 경에서 지계 범행의
중요성을 자세히 설하시고 법신의 상주불멸을 널리 밝혔다. 그러므로 중국 불
교에서는 이 경을 '상주(三寶)의 목숨을 구하는 귀중한 보배'라고 한다. 스님은
이렇게 말하였다. 이 경은 '교승과 계율을 모두 소중히 여긴다' 하니, 곧 이·사
를 모두 중히 하고 행·해를 아울러 가지고 있다. 만약 이 교가 없었으면 일반적
으로 대승 부처님 제자라 부르는 자들이 입으로만 해탈을 취하고 전혀 실수 실
증을 하지 않아서, 교승과 계율을 모두 잃고 이·사와 해·행이 모두 부족할 뻔
하였다.

　'시라가 청정하지 않으면 삼매가 현전하지 않는다' 한 것은,『大乘義林章』에
의해 경에서 설한 것을 인용하였다. 이를테면 계행이 청정하지 않으면 몸과 마
음이 편안하지 않고 선정을 성취하지 못한다. 그러므로 스님이 이어서 '정으로
부터 혜가 나고, 사로 인해 이가 드러나니, 만약 삼매가 이지러지면 혜가 무엇
에 의해 이루어지겠는가?' 하였으니, 이로써 계로 인해 정을 얻고 정으로 인해

93　北涼의 譯經僧.『불광사전』p6234-上
94　『불광사전』p6059-下
95　또는 支法護라고도 한다. 西晉의 譯經僧이다.『불광사전』p3488-中

혜를 얻음을 알 수 있다. 계·정·혜가 일어나는 차제는 당연한 인과 관계니, 틀림없이 이와 같다. 율장에서 부처님이 계를 제정한 인연을 설한 가운데 '정법을 오래 주하게 한다' 한 것과 같이, 정법이 세상에 주하면 삼보가 세상에 머물러 끊어지지 않으니, 그러므로 '상주의 목숨을 구하는 귀중한 보배다' 하였다.

『佛垂般涅槃略說敎誡經』에 "너희 비구들은 내가 멸도한 후에 반드시 바라제목차(계율)를 존중하고 공경할지라. 이것은 너희들의 큰 스승이니, 설령 내가 세상에 주하더라도 이와 다름없다는 것을 마땅히 알지니라. … 이것은 지계의 양상을 대략 설했으니, 계는 해탈을 올바르게 수순하는 근본이다. 이 계에 의지함으로써 모든 선정과 고통을 멸하는 지혜가 나니, 그러므로 비구는 반드시 청정한 계행을 지녀 훼손하지 마라. 만약 정계를 지니는 자가 있으면 이런 자에게는 능히 선법이 있고, 정계가 없으면 모든 선근 공덕이 아무것도 일어나지 않는다. 그러므로 계는 가장 편안한 공덕이 주하는 곳이라는 점을 반드시 알지니라. … 지금부터 이후로 나의 제자들이 변함없이 이를 행하면 여래 법신이 항상 주하여 멸하지 않느니라." 한 것이다.

'어찌 부처님 수명을 멸하겠는가' 한 아래는 지계하지 않는 허물을 꾸짖었다. 만약 지계하지 않으면 부처님 법신 수명을 훼멸한 것과 같거니와, 지계하면 부처님 법신 수명이 상주 불멸한다. 만약 지계하지 않으면 곧 출세 정도의 규율과 위의를 파괴하니 이는 정법을 훼멸하는 것과 같다. 만약 지계하면 정법을 오래 세상에 주하게 하고, 지계하지 않으면 승단 가운데 함께 주하기를 허락하지 않으니, 바다가 죽은 시체를 머무르게 하지 않는 것과 같다. 그러므로 '바다가 죽은 시체와 화합한다' 하니, 반드시 승단에서 쫓겨난다. 만약 지계하면 승보의 바다가 맑아 공동체가 화락하고, 지계하지 않으면 수달장자의 동산에 난 毒樹와 같다. 이 동산은 장자가 부처님과 스님들이 항상 주하며 법을 설해주시기를 청한 곳이라, 성현이 모였으니 파계비구가 없다. 만약 지계하지 않으면 반드시 승단에서 쫓겨나니, 마치 화원중에는 한 그루 毒樹도 허락하지 않고 반드시 제거하는 것과 같다. 지계하지 않는 사람은 삼승 성현에게 꾸짖음을 당하고 또한 삼계 제천에게 욕을 먹는다. 모든 선신이 와서 저를 가까이하지 않고, 일체 악귀가 모여 와서 그의 발자취를 쓸어버린다.

『범망경』「보살계」제43 輕戒에서 설하기를 "불자여! 신심출가하여 부처님 정계를 받았으면서 일부러 마음을 내어 성계를 훼범하는 자는 국왕의 땅 위에 걸어 다니지 못하고 국왕의 물을 마시지 못한다. 귀신이 큰 도둑이라 말하니, 만약 房舍나 성읍이나 집안에 들어가면 귀신이 항상 그의 발자취를 쓸어버리고, 모든 세상 사람들이 모두 그를 '불법 중 도적'이라 매도한다." 하니, 그러므로 '국왕의 땅에 살면 살아서 도둑이 된다' 하였다. 지계하지 않는 사람은 세세생생 생사해탈을 얻지 못하여 염라왕의 중요한 管轄(관리하고 통솔함)이 되니, 그러므로 '염라의 고향에 처하여 죽어서는 옥졸이 된다' 하였다. 마지막에 스님은 '무릇 지혜 있는 사람은 응당 잠시 미친 마음을 쉬고 여러 번 생각하고서, 반드시 행해야 하고 행하는 것이 옳다는 점을 깊이 생각하고 행하라' 하고 결론지어 권하였다.

무 7. 이·사로 아울러 참회함
기 1. 질문

集

문 : 空이 죄의 본성이고 業의 근본은 진여입니다. 모양을 취하면 허물을 더하니 어떻게 참회해야 합니까?

問. 空卽罪性, 業本眞如。取相增瑕, 如何懺悔。

講

어떤 불자는 '죄는 마음에서 일어나는지라 마음으로 참회해야 하니, 마음이 멸할 때는 죄도 또한 없다. 마음이 없고 죄도 멸하여 두 가지가 모두 공하면, 이것을 진정한 참회라 한다' 하고 오해하며, '어찌 범죄의 모양에 집착하여 事를 좇아 갖가지로 작법하여 참회할 필요가 있는가? 심성이 본래 깨끗하니 허물만 더하는 것이 아닌가?' 하며, 이런 질문을 하였으니, 참회법문은 理와 事로 나누어지는 줄 전혀 모르고 하는 말이다. 理에서 하는 것을 '實相懺'이라 하는데, 죄성이 본래 공하여 죄를 짓는 것은 다만 연기를 좇을 뿐, 당체는 곧 진여[空]라 마음이 공하면 죄도 멸한다 하고 관찰하는 것이다. 事에서 하는 것을 '作法懺'이라 하는데, 율장에서 설한 갖가지 참회가 죄의 갈마에서 나오니, 죄가 멸하고 마음이 깨끗함을 얻고자 하면 반드시 안으로 理觀을 부지런히 하고 밖으로 事懺을 더하여 이와 사가 쌍으로 돕고 안팎으로 서로 구제하여야 본래 깨끗한 마음을 회복하여 보리를 증득한다. 그러므로 『화엄경』「보현행원품」에 事에서 업장을 참회하는 행원을 나열하였고, 『법화경』「안락행품」에는 有相·無相 두 가지 안락행을 설하였으니, 이참은 無相行이요 사참은 有相行이다. 절대 이에 집착하여 사를 폐하거나, 사에 집착하고 이에 어두워 불법의 중도원융한 교지를 미혹해서는 안 된다.

기 2. 정답

集

답: 만약 煩惱道라면 理로 버려야 맞지만, 苦·業 두 道는 반드시 事懺을 행하여

몸을 던지고 목숨으로 귀의하며 비 오듯이 눈물을 흘리며 정성을 다 바치면, 부처님 위덕과 가피를 얻어 선근이 단번에 일어난다. 이는 연꽃이 햇빛을 받아 활짝 피고, 때 낀 거울이 문지름에 의해 빛나는 것과 같이, 三障이 제거되어야 十二因緣이 멸하고, 여러 가지 죄악이 소멸해야 五陰의 집이 빈다.

答. 若煩惱道, 理遣合宜。苦業二道, 修行事懺, 投身歸命, 雨淚翹誠, 感佛威加, 善根頓發。似池華得日敷榮, 若塵鏡遇磨光耀。三障除而十二緣滅, 衆罪消而五陰舍空。

講

지금 답은 모든 불제자의 좌우명이니, 크게 깨달은 사람이 아니면 어떻게 이렇게 말할 수 있겠는가! 중생이 무시이래로 생사에 윤회하는 것은 모두 惑·業·苦 三道에서 벗어나지 못하여, 순환하여 쉬지 않는다. 지금 생사를 깨달아 삼계 윤회에서 벗어나고자 하면 반드시 이 삼도를 절단해야 하고, 삼도를 끊고자 하면 또한 理와 事로 아울러 참회하지 않으면 불가능하다. 그러므로 스님이 "만약 번뇌장('道')을 끊고자 하면 실상참('理遣')을 닦는 것이 마땅하고, 업장과 보장('苦')을 끊고자 하면 반드시 작법참('事懺')을 닦아야 한다." 한 것이다.

'이참'은 일체 죄업이 모두 인연소생이라 자성이 없고, 심성이 본래 청정[眞如]한지라 모든 업은 오직 진여정심이 인연을 따라 나타나는 줄 관하는 것이다. 有는 곧 非有(空)요, 非有이면서 有(假)임을 깨달아 모양을 취하지 않고 여여 부동하니, 그러므로 '마음이 없고 죄가 멸하여 두 가지가 다 공하면, 이를 진정한 참회라 한다[心亡罪滅兩俱空 是則名爲眞懺悔]' 한 것이다.

'사참'은 반드시 신·구·의 삼업으로 경건하고 엄숙하게 삼보 앞에 귀명하여 통절히 죄를 말하고 참회하며 눈물을 흘리고 정성을 다하는 것이다. 간절한 정성으로 잘못을 뉘우치는 마음이 있으면, 영원히 다시 범하지 않으려는 상속을 끊는 마음이 있다. 그러면 제불보살의 위덕과 가피를 얻어 죄는 소멸하고 복은 생겨나서 선근이 단번에 일어난다. 이때에 이르면 그때마다 신령한 상서가 있으니, 이것이 사참으로 죄를 참회하는 모습이다.

　'연꽃이 햇빛을 받아 활짝 핀다' 한 아래 네 구절은, 먼저 비유를 들었고 나중에는 法合하여 반드시 사참을 행해야 비로소 좋은 이익을 얻는다는 것을 설명하였다. 더러운 진흙 속에 피는 연꽃은 햇빛을 받으면 반드시 활짝 피고, 때가 낀 지 오래된 거울은 문지르고 깨끗이 닦으면 청정한 광명이 하늘과 땅을 비춘다. 죄악으로 더러워진 중생의 몸은 진흙 속에 핀 연꽃과 때가 낀 거울에 비유하고, 불보살은 햇빛에 비유하였다. 중생이 만약 여법하게 죄악을 참회한다면 마치 거울을 깨끗이 닦는 것과 같다. 지성으로 귀명하는 것은 能感이 되고, 불보살의 자비와 위덕은 所應이 되어 감과 응이 서로 주고받으면 곧 三障을 소멸하고 三道가 절단하며 십이인연이 모두 소멸한다. '三障'은 번뇌장·업장·보장이니 또한 '삼도'라고도 한다. '여러 가지 죄악'은 불제자가 짓는 일체 죄업이니, 여법하게 계율의 작법참[事懺]과 같은 과정을 경과해야 소제할 수 있으니, 그러면 색·수·상·행·식의 오음 색신이 본래 청정[空]을 회복하여 모든 고액이 없다. 이러한 이익이 있는데, 어찌 상을 취하여 아무 공이 없으니 굳이 사참을 할 필요가 없다고 오해하겠는가!

기 3. 인용하여 증명함

集

『최승왕경』에 "일체지와 淨智와 부사의지와 부동지인 삼먁삼보리 정변지를 구하는 자도 또한 응당 참회하여 업장을 멸제해야 한다. 왜냐하면, 일체 제법이 인연을 좇아 나기 때문이다." 하고,

最勝王經云, 求一切智, 淨智, 不思議智, 不動智, 三藐三菩提正遍知者, 亦應懺悔, 滅除業障。何以故, 一切諸法, 從因緣生故。

講

첫째는『金剛明最勝王經』을 인용하였다. 당나라 義淨(635~713)[96] 스님이 번역하였다. 대정장경 제16권에 있다. '삼먁삼보리'(梵samyak-saṃbuddha 巴sammā-sambuddha)는 범어니, 正等覺(平等), 혹은 正遍智(圓滿)라 번역한다. 여기서는 중국어와 범어를 함께 들었다. 그래서 '삼먁삼보리정변지'라 하였다. 佛智의 총칭이다. 앞의 네 가지는 부처님의 別智니, 곧 四智菩提다. '일체지'는 진제를 증득한 것이니 곧 空임을 관찰하는 묘관찰지다. '정지'는 속제를 증득한 것이니 假를 벗어난 성소작지다. '부사의지'는 중도제일의제를 증득한 것이니 空·假가 하나가 아니고 다르지도 않은 평등성지다. '부동지'는 생멸의 이숙식을 돌려 불생불멸의 무구식이 되니 곧 대원경지다.

佛智나 더 나아가서 四智菩提를 구하고자 하는 보살도 응당 理와 事로 함께 참회하여 罪障을 제멸해야 비로소 능히 증득할 수 있다. 왜냐하면, 제법이 인연으로 나고 인연으로 멸하기 때문이니, 이것은 천고에 변함없는 진리이다. 만약 참회하는 인연이 없다면 업장을 능히 소멸하지 못하고 지혜를 개발할 길이 없다. 죄업과 지혜는 어둠과 광명과 같으니, 꼭 막힌 어두운 방에는 반드시 광명이 없고, 광장에는 반드시 어둠이 없으니, 이치로 봐서도 반드시 그렇고 사실로 봐도 반드시 그러하다.

---

96   『불광사전』p5571-下

또한 경에 "앞 마음으로 죄를 짓는 것은 마치 구름이 허공을 덮는 것과 같고, 뒤 마음으로 죄를 멸하는 것은 횃불이 어둠을 파한 것과 같다. 횃불이 꺼지면 어둠이 나는 줄 알고, 반드시 항상 참회의 횃불을 밝혀야 한다." 하며

又經云, 前心起罪, 如雲覆空。後心滅罪, 如炬破暗。須知炬滅暗生, 要須常燃懺炬。

두 번째로 인용한 경전은, 따로 어떤 경을 가리킨 것이 아니라 아마 앞의 『최승왕경』을 말한 것이지 싶다. 그러므로 '또한 경에 말씀하기를' 한 것이다. '앞 마음'은 죄를 지은 마음을 가리키니 구름이 해를 가리는 것과 같고, '뒤 마음'은 참회하는 마음을 가리키니 횃불이 어둠을 파하는 것과 같다. 그러므로 율장에 "범한 것이 있으면 반드시 참회하라. 참회하면 청정해지니라." 하였다. 유가에도 "사람이 성현이 아니면 누군들 죄가 없겠는가. 허물이 있으나 능히 고친다면 선행이 이보다 큰 것이 없다." 하니, 불자들도 이 점을 반드시 알아야 한다. 세상에 광명이 없으면 어둠이 나는 것과 같으니, 수행할 적에도 理·事 쌍참을 행하지 않으면 죄업장을 제거할 길이 없고, 또한 삼승 성과를 능히 성취하지 못한다. 그러므로 반드시 항상 시방 삼보에 대하여 지극한 정성으로 참회해야만 비로소 三垢(탐·진·치)가 소멸하고 善心이 자라니, 제불이 호념하시고 인천이 환희한다.

『미륵소문본원경』에는 이렇게 말하였다.

　"미륵보살이 선근 방편의 안락행으로 위없는 正眞道에 이르고서, 밤낮으로 옷

매무시를 단정히 하고 몸을 단속하고 무릎을 굽혀 땅에 대고 시방을 향하여 이 게를 말하였다. '저는 모든 허물을 참회하옵고, 여러 가지 도덕을 도와주시기를 권하오며 제불에게 귀명하고 예배 하옵나니, 위없는 지혜를 얻게 하옵소서.'"

彌勒所問本願經云, 彌勒大士, 善權方便安樂之行, 得致無上正眞之道, 晝夜六時, 正衣束體, 下膝着地, 向於十方, 說此偈言。我悔一切過, 勸助衆道德, 歸命禮諸佛, 令得無上慧。

講

세 번째는 『佛說彌勒大成佛經』을 인용하였다. 요진의 구마라집이 번역하니 대정장경 제14권에 있다. 인용한 경문은 증명이다. 미륵보살은 후에 佛位를 보충할 분인데, 이런 분도 오히려 매일 항상 事懺을 하신 것이다. '正衣'는 의관을 단정히 한다는 뜻이요, '束體'는 몸을 검속한 것이니, 먼저 목욕을 하고 깨끗한 옷으로 갈아입고 몸과 행동거지가 엄숙한 등이다. '무릎을 숙이고 땅에 대었다'는 것은 곧 호궤합장이다. 그런 후에 시방 제불을 향해 게를 설해 참회했으니, 우리들은 업이 무거운 범부인데 어찌 항상 참회를 닦지 않겠는가!

여기서 말한 참회어는 일반적으로 통용하는 '제가 예전에 지은 모든 악업, 모두 한없는 탐·진·치로 말미암으니[我昔所造諸惡業 皆由無始貪瞋癡 …]' 하는 네 구절에 의지하면 된다. 아니면 지금 미륵보살이 설한 참회게를 본받아도 된다. 이 네 구절을 보현보살의 십대원왕[97]에서 보면, 첫 구절은 바로 업장('모든

97　(一)禮敬諸佛, 常禮敬一切佛. (二)稱讚如來, 常稱讚如來之德. (三)廣修供養, 常侍奉一切佛, 竝豫最上之供養. (四)懺悔業障, 常懺悔無始以來之惡業, 竝遵守淨戒. (五)隨喜功德, 常隨喜一切佛 菩薩乃至六趣 四生所有之功德. (六)請轉法輪, 常禮請一切佛宣說敎法. (七)請佛住世, 請求佛 菩薩不入涅槃, 而能住於世間說法. (八)常隨佛學, 常隨毘盧遮那佛, 而學佛之敎法. (九)恆順衆生, 應衆生種別, 而作種種供養. (十)普皆迴向 將以上功德, 迴向於一切衆生, 以完成佛果之願.

허물')을 참회한 데 속하고(제4 참회업장원), 둘째 구절은 여러 가지 도덕을 더해 주시기를 권하니, 그밖에 아홉 가지 행원을 말한다. 그러므로 '여러 가지 도덕'이라 하였다. 셋째 구절은 시방 제불인 참회주에게 귀명하고 예경함(제1 예경제불원)이요, 넷째 구절에 **'위없는 지혜를 얻게 하옵소서'** 한 것은, 곧 십대행원으로 불과보리에 회향한 것이다.

集

『대집경』에 "백 년 동안 때 묻은 옷도 하루 만에 씻어 깨끗하게 할 수 있나니, 이처럼 백 겁 중에 지은 모든 불선업도 부처님 법력으로 잘 수순하고 사유하면, 하루나 한때에 모두 능히 소멸할 수 있다." 하고, 또한 경에 "그러나 여러 복 중에 참회하는 것이 으뜸이니, 큰 장애를 제거하기 때문이며, 큰 선근을 얻기 때문이다." 하였다.

大集經云, 百年垢衣, 可於一日浣令鮮淨。如是百劫中, 所集諸不善業, 以佛法力故, 善順思惟, 可於一日一時, 盡能消滅。又經云, 然諸福中, 懺悔爲最, 除大障故, 獲大善故。

講

네 번째는 『대집경』을 인용하여 증명하였다. 이 경은 모두 60권인데, 대정장경 제13권에 있다. 인용한 경문은 쉽게 이해할 수 있다. 큰 장애를 제거하고 큰 선근을 얻는 것은 뒤에 僧史를 인용하여 사실을 증명한다.

集

『대지도론』에 "보살이 참회할 때는 온 눈에 슬픔을 담아야 한다. 더욱이 큰 성인께서 이 사면법 세우심을 만나지 않았던들 죄를 안고 죽음을 지키며 장겁에

재앙을 받을 뻔하였다." 하며,

論云, 菩薩懺悔, 衛悲滿目。況不蒙大聖, 立斯赦法, 抱罪守死, 長劫受殃。

【講】

다섯 번째는 『대지도론』을 인용하여 증명했으니, 보살이 항상 事懺을 행할 적에는 반드시 간절하고 중후한 마음과 은혜에 감사하는 마음을 내어, 만나기 어렵다는 생각과 사면을 받는다는 생각을 내어야 한다는 것을 설명하였다. 오장이 비통하여 참회하며 통곡하고 눈물을 흘리는 것이 마치 형을 받고 사면을 얻은 것과 같고, 죄수가 출옥한 것과 같으니, '만약 제불 보살(大聖)이 이 참회법문을 설하여 나의 잘못을 뉘우침을 받아주시지 않았던들 반드시 죄업을 멸제할 길이 없어('抱罪') 죄업에 매여 생사에 윤회하여('守死') 장겁을 지나도록 끝없는 고통을 겪을 수밖에 없었다. 지금은 선지식을 만나 이 참회 감로문을 듣고 기사회생할 수 있으니, 어찌 은혜에 감사하고 기뻐하며 항상 참회를 행하지 않겠는가!' 하고 스스로 생각하는 것이다.

【集】

『바사론』에 "만약 잠깐이라도 시방 부처님 앞에서 일체 중생을 대신하여 五悔를 수행한다면, 그 공덕에 만약 모양[形]과 양[量]이 있다면 삼천대천세계에도 담지 못할 것이다." 라 하고,

婆沙論云, 若人於一時, 對十方佛前 代爲一切衆生, 修行五悔。其功德若有形量者, 三千大天世界着不盡。

【講】

여섯 번째는 『아비달마대비바사론』을 인용했으니, 생략하여 『바사론』이라 한다. 이 논은 200권인데, 당 현장 대사가 번역하였다. 대정장경 제27권에 있다.

'오회를 수행한다'는 것은, 앞의 '六根을 참회하고, 勸請·隨喜·回向·發願(五悔)하는 법(141페이지)'에서 인용한 지자대사의 『법화참의』에서 이미 설명하였다. '着不盡'은 대천세계가 능히 용납하지 못한다는 뜻이다.

集

『고승전』에 "담책이 도량 중에서 참회법을 행하다가, 칠불이 '너의 죄는 이미 소멸하였으니, 현겁 중에 보명불이라 하리라' 하는 것을 보았다." 하였다.

高僧傳, 曇策於道場中行懺, 見七佛告曰, 汝罪已滅, 於賢劫中, 號普明佛。

講

일곱 번째는 『고승전』의 사실을 인용하여 증명하였다. '七佛'은 과거장엄겁에 일천불이 시현하여 이 세계에서 성불하시니, 가장 마지막 세 부처님은 비바시불, 式棄(尸棄)佛, 毗舍婆(毗葉羅)佛인데, 현제 현겁에도 또한 일천불이 세상에 나와 중생을 제도하였으니, 최초는 구류손불, 두 번째는 구나함모니불, 세 번째는 가섭불, 네 번째는 석가모니불이다. 이것을 합하여 7불이라 한다. '보명이라 호한다' 한 것은 현겁 1천불 가운데 한 분이다.

集

慧思 대선사가 방등참을 행하노라니, 범승 마흔아홉 명이 수계를 소중히 할 것을 명하는 꿈을 꾸고 정진고행을 배가하여 마침내 三生(行道事跡)을 볼 수 있었다. 지자대사는 大蘇山에서 법화참을 닦다가 旋陀羅尼辯을 증득하였다.

思大禪師行方等懺, 夢梵僧四十九人, 命重受戒。倍加精苦, 了見三生。智者大師, 於大蘇山, 修法華懺, 證旋陀羅尼辯。

慧思 선사와 지자대사의 사적에 대해서는『天台九祖傳』을 읽어보기 바란다. 이전은 대정장경 제51권에 있다.

集

道超[98] 스님은 도량에서 참회법을 닦다가 혼자 말하고 웃으며 "무가보주를 내가 지금 얻었다." 하고, 東都의 英[99] 법사는 『화엄경』을 강의하다가, 선도 대사 도량에 들어가 삼매에 노닐다 슬피 울며, "오랫동안 허송세월하며 몸과 마음만 허비한 것이 한스럽구나!" 하고 탄식하였다. 고승 慧成[100]은 삼장을 배우고 궁구하느라니, 혜사 대사가 "그대의 일생 학문은 내가 손에 뜸을 떠 주었지만 아직 온기도 얻지 못했으니, 공부를 헛되게 잃었구나." 한 꾸짖음을 입고, 관음 도량에 들어가 중생의 어언삼매 증해함을 보였다.

沙門道超, 於道場中修懺, 獨言笑曰, 無價寶珠, 我今得矣. 東都英法師, 講華嚴經, 入善導道場, 便遊三昧, 悲泣歎曰, 自恨多年, 虛廢光陰, 勞身心耳. 高僧慧成, 學窮三藏, 被思大師訶曰, 君一生學問, 與吾灸手, 猶未得暖, 虛喪功夫, 示入觀音道場, 證解衆生語言三昧.

98 　梁나라 때 스님. 집안이 대대로 高華하였으나 소년에 入道하였다. 靈基와 僧旻의 講業을 부러워하여 마음속으로 이들을 넘어설 것을 서원하고 부지런히 연구하여 얼마 후 통철하고 "내가 지금 靈珠를 얻었다" 하였다. 天監 초(502)에 죽었다. 나이는 36이었다.

99 　미처 상고해 보지 않았음.

100 　수나라 정토종 스님. 생몰년대 미상.『불광사전』p6029-下

위에서 인용한 몇 분 고승대덕은 양나라 慧皎(497~554)[101] 법사가 지은 『高僧傳』을 읽어보기 바란다. 대정장경 제50권에 있다.

集

경전에 "밤낮으로 上法을 행하는 것은, 칠보를 가지고 염부제에 가득 채워 부처님에게 공양하는 것과 비교하면 앞 공덕이 그 위를 지나간다." 하고, 경에 "만나기 어렵다는 생각을 내지 못해 금생이나 말세에 단지 遺形(부처님의 주지삼보)을 볼 뿐이면, 응당 단정하고 엄숙하게 눈물을 뚝뚝 흘리고 목메어 흐느껴 울며, 마치 사당에 들어가 아버지를 뵙지 못한 듯이 하라." 하였다.

經云, 晝夜六時, 行上法者, 如持七寶, 滿閻浮提, 供養於佛, 比前功德, 出過其上.

經云, 不能生難遭之想, 今生末世, 但見遺形, 理宜端肅, 涕零瀉淚, 欷歔咎躬. 如入廟堂, 不見嚴父.

講

여기서 인용한 경전은 어떤 경인지 미처 살펴보지 못했다. '上法을 행한다' 한 것의 '상법'은 방등참법을 수행하는 것이다. 고덕의 게에 "부처님이 세상에 나왔을 때 나는 윤회하였더니, 지금 사람 몸 받았으나 부처님은 멸도하셨네. 자신의 업장이 무거워 여래 금색신을 보지 못한 것이 슬프네." 한 것이 곧 '만나기 어렵다는 생각'이다. '유형을 볼 뿐이다' 한 것은, 단지 주지삼보의 遺像을 볼 뿐임을 말하였다. '응당 단정하고 엄숙하게' 한 것은, 단지 부처님의 초상화

101　南朝 梁나라 때 스님. 『불광사전』 p6044-上

나 소상을 볼 뿐이면 반드시 진불이라는 생각을 내어 삼업을 단정하고 엄숙히 하여 스스로 슬퍼하고 책망하기를 마치 부모가 돌아가신 것과 같이 안팎으로 정성을 다하고 공경히 하며 시방 부처님 앞에 五悔의 事懺을 행해야 한다는 뜻이다.

기 4. 설명함

集

그러므로 혜사 대선사는 방등참을 행하고서 三生을 볼 수 있었고, 고승 曇策은 도량에 들어가 직접 十號를 수기 받았으며, 지자대사는 선다라니변을 증득하고, 도초는 무가보주를 얻었었다. 이것들은 모두 참회문에 몸을 던지고 부처님 말씀에 귀명하여, 이 불가사의한 감응[玄感]에 이르고 성인의 계단에 단번에 오를 수 있었으니, 그러므로 참회의 한계는 등각에 이르렀던 것이다. 이를테면 조그마한 무명이 있으면 마치 작은 연기와 같으니, 그러므로 모름지기 깨끗이 씻어야 한다.

또한, 법신 보살도 오히려 부지런히 참회하거든, 어찌 업에 얽매인 몸이 무거운 때[垢]가 없겠는가? 그러므로 십팔불공법 중에 삼업이 청정한 이는 오직 부처님 한 분뿐이었다. 남악 대사가 "육근참 닦는 것을 '모양이 있는 안락행'이라 하고, 법공을 직관하는 것을 '모양 없는 안락행'이라 부르니, 妙覺을 증득할 때 두 가지 행을 모두 버린다." 하였다.

故思大禪師行方等(懺), 而了見三生。高僧曇策入道場, 而親蒙十號。智者證旋陀羅尼辯。道超獲無價寶珠。此皆投身懺門, 歸命佛語。致玆玄感, 頓躋聖階, 是以懺悔劑至等覺。謂有一分無明, 猶如微煙, 故須洗滌。又法身菩薩, 尙勤懺悔。豈況業繫之身, 而無重垢。所以十八不共法中, 三業清淨, 唯佛一人。南嶽大師云, 修六根懺, 名有相安樂行。直觀法空, 名無相安樂行, 妙證之時, 二行俱捨。

講

스님은 이 설명문에서 먼저 옛 고승들의 사실을 열거하였다. 그들은 참회법문에 몸을 던졌고 대승경 가운데 부처님 가르침에 귀명하였으니, 여법하게 참회하면 능히 불가사의('玄')한 감응에 이르러 무명을 단박 파하고 법신의 성위에 증입할 수 있다. '참회의 分劑(한계)는 등각에 이른다' 한 것은, 보현보살 십대행원에 '업장을 참회하는 원'이 있는데, 이로 말미암아 참회를 닦는 한계는 범부위에서 등각보살에 이르는 줄 알 수 있다. 왜냐하면, 등각보살도 오히려 부분적인 俱生無明이 있어서 마치 '미미한 연기'와 같이 청정한 마음을 가리게 되니, 그러므로 모름지기 안으로 理觀을 부지런히 하고 밖으로 事懺을 더하여, 더욱더 씻고 소제한 후에 묘각불의 지위에 오르는 것이다.

스님은 다시 '하물며' 한 아래에서 理에 집착하고 事를 폐하며 예송 참회할 필요가 없다고 하는 사람에게, 범부로서 함부로 성인을 참람해서는 안 된다고 간곡히 권유하였으니, "삼업이 궁극적으로 청정한 이는 오직 부처님 한 분뿐이다. 그대는 이왕 부처가 아니니, 어찌 참회하여 삼업을 청정하게 하지 않겠는가?" 한 것이다. 마지막에 혜사 선사가 설한 '유상·무상 안락행'으로 이사쌍참의 필요성을 설명하였다. 그대가 묘각을 증득할 때를 기다려 비로소 두 가지 행을 모두 버릴 수 있으니, 이것을 '제불이 가신 곳'이라 부른다.

무 8. 버리고 취하는 것이 알맞음
기 1. 첫 질문

集

문 : 結業(악업)이 곧 해탈의 眞源이라, 죄악의 더러움은 三際(三世)에 주하지 않는데, 어찌 무생임을 깨달아 바로 멸하지 않고, 닦고 지음[有作]에 따라 공만 수고롭게 하겠습니까?

問. 結業卽解脫眞源, 罪垢不住三際。 何不了無生而直滅, 隨有作而勞功乎。

講

질문한 말은, '중생의 미혹과 번뇌로 맺힌 악업[結業]은 때 묻고 더럽지만 자성이 없어서 완전히 眞空의 청정한 마음으로 인하여 연기한 것이다. 그러므로 만약 空임을 관하여 무생의 심성을 깨닫기만 하면, 혹·업·고 삼도를 바로 멸할 수 있다. 무엇 하러 망념에 따라 굳이 참회법을 닦아, 생각함이 있고 일으킴이 있는 생멸심으로 생각이 없고 일으킴이 없는 불생불멸의 과덕을 얻고자 하는가! 이는 실로 한갓 부질없이 노력만 할 뿐 전혀 이익이 없는 것이다'한 것이다.

기 2. 정답

集

답 : (질문한 대로) 죄성은 본체가 없지만 업도는 인연을 좇는다. (그래서) 물들지 않으면서 물드니 습기와 때가 없지 않고, 물들면서도 물들지 않아서 본래 항상 깨끗하다. 도업[緣起]과 죄성[性空]이 이와 같으니 버리고 취하기가 더욱 어렵다.

일체중생의 업이 삼세에 통하여 眞慧(반야)를 내지 않으면 두 가지 장애[二

障]에 얽히고, 妙定이 이루어지지 않으면 다섯 가지 덮힘[五蓋]에 덮인다.

오직 圓乘(원교)의 佛旨만이 반드시 청정한 곳에서 도량을 장엄하고 건설하고, 간절하고 성실한 마음으로 널리 유정을 대신하여 부지런히 참회법을 행하되, 안으로는 오직 자력에 의지하고 밖으로는 전적으로 부처님 가피를 우러러보면, 마침내 장애가 다하고 지혜가 밝아 구름이 개고 달이 밝은 듯하다.

그러므로 안이 아니고 밖도 아니어서 참회하는 사람[能悔]과 참회할 죄악[所懺]이 모두 공하지만, 안이기도 하고 밖이기도 하여 性과 罪, 차단해야 하는 것과 허물이 분명하다.

그러므로 보살이 모두 至敎(원교)를 좇아 전에 저지른 죄를 참회할 것을 설하고, 다른 사람의 잘못을 설하지 않았던 것이다. 또한, 地에 오르고 位에 들어간 이도 오히려 때를 씻고 허물을 제거하거든 범부의 흐트러진 마음[散心]으로 도리어 헛소리를 하고 팔짱을 끼고서 가만히 있겠는가!

答. 夫罪性無體. 業道從緣. 不染而染, 習垢非無. 染而不染, 本來常淨. 業性如是, 去取尤難. 一切衆生, 業通三世. 眞慧不發, 被二障之所纏. 妙定不成, 爲五蓋之所覆. 唯圓乘佛旨, 須於淨處嚴建道場. 苦到懇誠, 普代有情, 勤行懺法. 內則唯憑自力, 外則全仰佛加. 遂得障盡智明, 雲開月朗. 是以非內非外, 能悔所懺俱空. 而內而外, 性罪遮愆宛爾. 故菩薩皆遵至敎, 說悔先罪, 不說人過惡。且登地入位, 尙洗垢以除瑕. 毛道散心, 卻談虛而拱手。

講

스님은 보살이 불교를 배울 적에는 반드시 교승과 계율을 모두 중요하게 여겨, 버리고 취하는 것을 적당하게 하는 것이 올바른 뜻이라고 대답하였다. 性空緣起에서 보면 물들지 않으면서 물들어 혹·업·고 삼도와 십이인연이 있으니, 그러므로 '습기와 때가 없지 않다' 하였다. '습기'는 종자요 '때'는 현행이니, 종자와 현행이 서로 훈습하여 본래 항상 있다. 緣起性空에서 보면 혹·업·고와 십이인연법이 그 본체는 자성청정심이니, 그러므로 '본래 항상 청정하다' 하였다. 본래 불변이면서도 수연이니 그러므로 수연하면서도 불변할 수 있어서, 그 청정한 심성을 잊어버리지 않는다. 왜냐하면, 業(緣起)과 性(性空)이 본래 이와 같이 서로 의지하고 서로 보충하여 완성하기 때문이다. 그러므로 연기의 事相에 집착하기도 하고 혹은 성공의 理體에 집착하기도 하니, 만약 한쪽 면에만 치우쳐 집착한다면 능히 버리고 취하는 것을 적당히 하지 못한다. 그러므로 '어려운 일'이라 하였다.

'일체중생' 아래의 여섯 구절은, 중생에게 삼세 십이인연이 있어 서로 상속함으로 인하여 寂·照의 心性 功能이 능히 나타나지 못한다는 것을 설명하였다. '眞慧'는 반야요, '二障'은 번뇌장과 업장이다. '五蓋'[102]는 貪欲·瞋恚·睡眠·掉悔·疑法 등 다섯 가지니, 청정자성심을 덮어 선법이 개발하지 못하게 한다. 중생과 내지 삼승 수도인에게 정·혜가 능히 나타나지 못하게 하는 까닭은, 완전히 이장과 오개가 덮혀있기 때문이다.

'오직 원승 불지만이' 한 아래 아홉 구절은, 오직 일승원교의 교의인 佛旨에만 의지하여 보리심을 발하고, 널리 일체 유정을 대신하여 부지런히 참회법을 행하여 자력과 타력 두 힘인 자신의 感과 부처님의 應이 서로 주고받아 능히 二障이 다하고 지혜가 열릴 수 있음을 설하였다. 이것은 하늘에 먹구름이 많으나 바람

---

102 '蓋'는 뚜껑, 덮개의 뜻. 心性을 덮어서 善法이 나지 않게 하는 다섯 가지 번뇌를 말함. (1) 貪欲蓋: 五欲 경계를 집착하고 탐애하되 싫어함이 없어 심성을 덮음. (2) 瞋恚蓋: 마음에 어긋나는 경계에 분노를 내는 것이니 또한 심성을 덮음. (3) 惛眠蓋: 또한 睡眠蓋라고도 한다. 혼침과 수면에는 모두 심성을 적극적으로 활동하게 하는 법이 없다. (4) 掉擧惡作蓋: 또는 掉戲蓋·調戲蓋·掉悔蓋라고도 한다. 마음이 躁動(掉)하는 것과 혹은 이미 한 일을 憂惱하는 것(悔)이 모두 심성을 덮는다. (5) 疑蓋: 법에 머뭇머뭇하며 결단을 내리지 못하여 이로 인하여 심성을 덮는다.

[感·應]이 한 번 불면 즉시 구름이 흩어지고 밝은 달을 볼 수 있는 것과 같다.

'그러므로 안이 아니고 밖이 아니며' 한 아래 네 구절은, 일심 이문의 중도실상을 밝혔다. 앞에 두 구절은 심진여문이니, 그러므로 '안이 아니고 밖이 아니어서 能悔와 所懺이 모두 공하다' 하고, 뒤에 두 구절은 심생멸문이니 그러므로 '안이기도 하고 밖이기도 하여 자성과 죄, 차단하는 것과 허물이 분명하다' 하였다.

'그러므로 보살이 모두 至敎를 좇아…' 한 아래 여덟 구절은, 일체 보살이 보살도를 행할 적에, 버리고 취하는 것을 적절히 하여 자신을 이롭게 하고 남을 이롭게 한다는 것을 설하였다. '반드시 지교를 좇아' 한 것의 '지교'는 가장 구경원만한 교법이니, 천태·화엄 두 교에서 판석한 '圓敎'이다. '지나간 죄를 참회할 것을 설하고' 한 것은 곧 발로참회하는 것이니, 이것은 응당 취하여 닦아야 하는 것이요, '다른 사람의 과오를 말하지 않는다' 한 것은 다른 이의 옳고 그른 것을 말하지 않는 것이다. 속설에 '병은 입으로 들어가고, 화는 입에서 나온다' 하니, 그러므로 응당 버려야 하는 것이다.

'또한 地에 올라 位에 들어간다' 한 아래 네 구절은, 응당 어진 이를 보고 같아지기를 생각하고 함부로 버리고 취해서는 안 된다는 것을 설하였다. '登地나 入位'는 十地 이상에 오른 보살을 가리키니, 이미 대승 성인의 지위에 들어갔으니 보현보살과 같은 분이다. 그런 분도 오히려 항상 참회법을 행하여 때와 허물(三道(혹·업·고)와 십이인연)을 씻고 제거하여 여래의 광대 공덕을 성취하였다. '털과 같은 도[毛道]', '흩어진 마음[散心]'의 '모도'는 별교의 十信位 보살을 가리키니, 이를 '가벼운 털과 같은 보살'이라 한다. 대승에 대한 청정한 믿음도 아직 견고하지 못하여, 혹 나아가기도 하고 물러가기도 하여 바람(外緣)에 따라 떠돌아 움직이기 때문이다. '산심'은 아직 삼매를 얻지 못해 정·혜가 없는 일반 보살을 가리키니, 대부분 마음이 산란하여 입으로는 空을 설하지만 행동은 有 가운데 있다.

앞에서 질문한 자가 "어찌 무생을 깨달아 바로 멸하지 않는가?" 한 것은, 교승은 중요하게 여기고 계율은 불필요한 것으로 여겨 응당 취하지 말아야 할 것을 취하는 것으로 여기니, 이것을 '헛소리[虛談]'라 한다. 또한, 앞 질문에서 "有作에 따라 공만 수고롭다." 한 것은, 응당 버리지 말아야 할 것을 버리는 것이니, 이것이 팔짱만 끼고 가만히 있는 것이다. 이것이 전도된 것이다.

기 3. 두 번째 질문

集

문 : 『정명경』에 "罪性은 안이나 밖이나 중간에 있지 않다." 하였으니, 어찌 속이는 말이겠습니까? 어찌 굳이 믿지 않고 바른 법륜을 비방하십니까? 지은 것이 있는 罪根에만 집착하니 실로 그 병만 더욱 더할 뿐입니다.

問. 淨名經云, 罪性不在內外中間, 豈是虛誑。何堅不信, 謗正法輪。執有所作罪根, 實乃重增其病。

講

스님은 버리고 취하는 것에 전도된 사람이 매양 되풀이하여 옳고 그른 것을 혼동하므로, 특별히 다시 이러한 질문을 시설한 것이다.

어떤 이는 『유마경』에서 설한 '罪性은 내·외·중간에 있지 않다'고 설한 것은, 죄성은 비록 공적하지만 업과는 털끝만치도 없지 않다는 중도정견을 혼동하여, 참회할 만한 죄가 없다는 사견에 잘못 집착한다. '虛誑'은 망어(거짓말)이다. '어찌 굳이 믿지 않고 정법륜을 비방하는가?' 한 것은, 버리고 취하는 것을 잘못한다는 말이다. 이를테면 '어찌 참회할 만한 죄가 없음을 믿지 않고 항상 참회법을 행하는가? 이것은 정법륜을 비방한 것과 같다' 한 것이다.

기 4. 두 번째 답

集

답 : 부처님 말씀은 진실하여 이·사가 분명하니, 능히 깊은 의심을 뽑아 주시고 거듭된 의혹을 잘 열어주신다. 만약 (이러한 부처님 말씀을) 깊이 믿는 자라면 한 번 듣고 천 가지를 깨달아 설하신 대로 행하여 이미 전의 잘못을 씻어버렸으니 뒤의 잘못이 드러나지 않는다. (이렇게 하여) 걸음걸음 관조하고 생각생각 잘못이 없으면, 이야말로 宿習이 경미하고 선근이 깊고 두터워 계율과 교승을 모두 중요하게 여기고 理와 行이 서로 좇는다. 이것이 敎門을 깊이 깨달아 부처님 말씀을 굳게 지키는 것이니, 허물이 저절로 나지 않으니 어찌 事懺할 필요가 있겠는가?

答. 佛語誠諦, 理事分明, 能拔深疑, 善開重惑。若深信者, 一聞千悟, 稱說而行, 旣蕩前非, 不形後果。步步觀照, 念念無差。此乃宿習輕微, 善根深厚, 乘戒俱急, 理行相從。斯卽深達敎門, 堅持佛語。何須事懺, 過自不生。

講

이 두 번째 답한 대목을 두 단으로 나눈다. 이것은 첫 번째 대목이다. 여기에서는 만약 교승과 계율을 모두 중시하는 원교 대보살이라면 닦되 닦음이 없고 참회하되 참회함이 없다는 것을 설명하였으니, 이것을 '어찌 **事懺**할 필요가 있겠는가?' 한 것이다. 부처님 언교는 참으로 진실하여 헛되지 않으니, 그 가운데는 이와 사가 분명하여 잘못이 없다. '깊은 의심'이란 원교에서 설한 일심 이문을 알지 못한 것을 말하고, '거듭된 의혹'이란 이미 일심 이문에 대해 의심을 내고서 거듭 제법이 오직 일심뿐이라 마음밖에 법이 없다는 것에 대해 의혹을 내는 것이다. 원교인이 원교에 의해 수행하면 이 두 가지 의심이 없을 뿐만 아니라,

또한 의심할 것도 없고 뺄 것도 없으며, 의혹도 없고 풀어줄('開') 것도 없다. 그러므로 '능히 깊은 의심을 뽑고 거듭된 의혹을 잘 열어주시었다' 하였다. 만약 능히 문·사·수 세 가지 지혜가 있다면, 원교의 일심 이문과 만법이 유심으로 짓는 것임을 깊이 믿어 교승과 계율을 모두 중요시 하고 버리고 취하는 것을 적절히 하여 자연히 한 가지를 듣고 천 가지를 깨달아, 어떤 이는 십여시의 법상을 깨닫고, 어떤 이는 마침내 공의 법성으로 돌아감을 깨달으니, 이것이 원교에서 설한 것과 서로 걸맞아 이사쌍참의 중도행을 닦는 것이다. 이렇게 되면 예전에 지은 모든 죄업을 제멸[蕩]하고, 또한 영원히 거듭 후래의 죄악을 짓지 않게 된다.

'인연에 따라 구업을 소멸하고, 다시 새로운 재앙을 짓지 마라' 하는 말이 있으니, 이것이 시방 삼세 모든 대보살이 수행하여 과덕을 증득한 모범이다! 이와 같이 하면 자비와 지혜를 갖춘 보살이 걸음걸음 심진여문의 性空 도리를 관조하고, 생각생각 심생멸문의 인과 사실을 깨닫고 살펴, 하는 일이나 하는 행동이 완전히 이사무애하고 중도원융하다. 이것은 숙세의 습기 종자가 경미함으로 인하여 반야의 선근이 깊고 두텁게 된 것이다. 그러므로 금생에 능히 교승과 계율을 모두 중요시할 수 있고 理(空) 行(有)이 서로 좇아[相成], 원교 법문을 깊이 통달하여 제불이 똑같이 증득하고 똑같이 설한 일심 이문과 이제융통의 성언량을 굳게 가진다. 그러나 항상 참회를 닦으나 마음속에 참회하는 일에 집착하지 않으니, 이것이 참회하되 참회함이 없는 것이요 참회함이 없이 참회하는 것이라, 옛 죄를 완전히 소멸하고 새로운 죄가 나지 않으니, 그러므로 '허물이 저절로 나지 않는다' 하였다.

만약 때가 무겁고 장애가 깊으며 지혜가 황폐하고 덕이 박하면서, 일체 죄성이 내외중간에 있지 않다고만 허황하게 생각한다면, 그 삼업의 현행을 살펴보면 근·진·법[識] 내에 푹 빠져있다. 예컨대 맛있는 음식을 말로만 해서는 마침내 주린 배를 채울 수 없고, 약방문을 생각하는 것만으로 어찌 능히 병을 고칠 수 있겠는가? 만약 그 말만을 구하여 죄를 소멸할 수 있다면 모든 업에 얽매인 사람이 응당 쉽게 벗어나야 할 것인데, 어찌 누겁에 생사에 윤회하는 것이 旋火輪(불을 쥐고 재빨리 돌릴 때 보이는 불 바퀴) 같겠는가? 이로써 알 수 있는 것은, 업의 바다가 아득하니 반야의 배가 아니면 건너기 어렵고, 장애의 산이 높고 험하니 금강의 지혜가 아니면 무너지게 하기 어렵다. 그런 후에 몸과 마음이 한결같고 이와 사가 쌍으로 행하여야 비로소 고통의 종자가 말라 영원히 업의 줄이 끊어진다는 점이다.

如若垢重障深, 智荒德薄, 但空念一切罪性不在內外中間。觀其三業現行, 全沒根塵法內。如說美食, 終不充饑。似念藥方, 焉能治病。若令但求其語, 而得罪消。則一切業繫之人, 故應易脫。何乃積劫生死, 如旋火輪。以知業海渺茫, 非般若之舟罕渡。障山孤峻, 匪金剛之慧難傾。然後身心一如, 理事雙運, 方萎苦種, 永斷業繩。

여기서는 두 번째로 대답한 가운데 두 번째 단락이다. 초심보살이 죄성이 공하다는 것만 생각하면 원교의 뜻을 어긴다는 말을 피하기 어려우니, 믿지 않는다는 비방은 바로 이런 사람을 두고 말한 것이다. 이러한 보살은 과거 垢習이 두텁고 업장이 깊기 때문이요, 또한 반야의 지혜종자가 적고, 많은 선근 공덕의 자량을 쌓지 않았기 때문이다. 금생에 처음 큰마음을 내어 비로소 대승 불법을 들었으나, 단지 일체 죄성이 공하다고[不在內外中間] 한 것만 생각하면 십중팔구는 능히 空을 관하여 道에 나아가지 못하고, 공을 관하고 업을 폐하는 깊은 구덩이에 떨어진다. 왜냐하면, 이 초심인은 이 신·구·의 삼업을 관찰하여 전혀 지혜를 따라 행하지 않고, 모두 근·진·식 삼업이 실유하다고 집착하기 때문이다. 이것이 입으로는 空을 설하나 행은 有에 있는 것이니, 보살이 매우 경계하고 금하는 일이다. 비유하면 맛있는 음식을 말로만 하여 능히 굶주린 배를 채우지 못하고, 또한 약방문만을 생각해서는 (聞慧만 있음) 어찌 능히 병을 치료하겠는가? (思·修의 지혜가 없음) 이런 사람은 세간이나 출세간법을 도무지 알지 못한다.

'만약 그 말만을 구하여…' 한 아래는, 초심보살은 응당 이·사를 쌍참하여 진실하게 닦아 실제로 증득해야 비로소 생사를 요달할 분수가 있다는 것을 바로 보였다. 경전 가운데 어떤 몇 구절 경문만을 취한다면 ('그 말만을 구함') 그런 口頭禪의 살림살이로는 죄업을 소제할 수 없다고 말한 것이다. 그렇게 조그맣게 문자만 아는 범부는 아무도 능히 해탈열반의 聖果에 이르지 못하니, 참으로 무량겁래로 육도 생사에 윤회하여 마치 선화륜을 빙빙 돌리는 것과 같이 아득한 예로부터 지금까지 잠시도 쉬지 못한다. 이로 인하여 잘 알 수 있는 것은, 중생이 지은 생사업은 바다가 아득한 것과 같으니 般若觀智의 배가 아니면 능히 건너가지 못하고, 업장이 이미 바다와 같이 광활하고 무변하니 혹장도 또한 수미산과 같이 한없이 높고 크다는 점이다.

『보현행원품』에 "중생이 무시겁에 걸쳐 무량무변한 악업을 지었으니, 만약 이 악업에 체상이 있다면 허공계가 다하더라도 능히 수용하지 못한다." 한 것처럼, 장애의 산이 높고 험준하니 어떻게 겨우 이렇게 해서 장애의 산을 무너뜨릴 수 있겠는가? 오직 금강의 지혜력으로만이 비로소 三障을 소제할 수 있으니, 이렇게 해서야 어찌 금강의 지혜가 되겠는가? 『유마힐경』 「불이품」에 "죄성과 복성이 다름이 없음을 알아, 금강의 지혜로 이 相을 결단하라." 하였으니, 금강혜는 곧 상을 파하는 지혜이며 또한 실상을 분명히 아는 지혜인데, 이렇게 해서야 어떻게 능히 이 지혜를 갖출 수가 있겠는가?

　　근기에 따라 같지 않으니, 어떤 이는 一心三觀으로 인하여 능히 얻을 수 있고, 어떤 이는 一眞法界觀으로 얻을 수 있으며, 어떤 이는 五重 唯識觀을 닦아 얻고, 혹 어떤 이는 염불삼매를 닦아 얻고, 혹은 참선을 하여 개오하며, 혹은 신·구·의 삼밀로 인하여 상응하고, 혹은 대승경전을 독송 수지함으로써 증득할 수 있다. 이미 금강혜를 얻었으면 몸과 마음과 세계가 동일한 진여 청정심이다. 이 일심 이문에 의지하여 理와 事를 병행하고 무애하여 항상 중도원융의 행을 닦으면, 苦도 없고 고를 뺄 것도 없으며, 業도 없고 업을 끊을 것도 없으니, 그러므로 '비로소 고의 종자가 말라(곧 惑) 영원히 업의 밧줄을 끊는다' 하였으니, 自利가 이미 충만하고 利他도 역시 넓으며, 더 나아가 지옥문에 유희하여 관음·세지·지장 등 보살과 손을 잡고 함께 갈 것이니, 이것이 보살이 수행하고 성불하여 자신을 위하고 남을 위하는 둘이 없는 법칙이다.

기 5. 인용하여 증명함

集

그러므로 조사가 "허공의 마음으로 허공의 理에 합하며, 또한 허공의 분량이 없어야 비로소 과보를 갚지 않을 수 있다." 하였고,

所以祖師云, 將虛空之心, 合虛空之理, 亦無虛空之量, 始得報不相酬。

講

첫 번째는 조사 스님 말씀을 인용하여 증명하였다. 반드시 마음이 없고 죄가 멸하여 두 가지가 다 공한 진여실상을 증득한 후에 비로소 과보를 갚지 않는, 모양

을 취하는 참회[取相懺悔]가 필요 없다 말할 수 있다. '허공의 마음'은 無記의 마음이 아니고 無想의 定이 아니라, 생각하지 않아도 알고 感이 있으면 應하는 자성청정심체니, 이미 이 심체를 증득했으면 반드시 작용을 일으키니, 그러므로 '허공의 마음으로 허공의 理에 합한다' 하였다. 청정심이 작용을 일으킨 경계는 선·악, 죄·복과 내지 삼천 性相의 제법이 모두 안도 아니고 밖도 아니며 하나도 아니고 다른 것도 아니니, 이것을 '허공의 理에 합한다'고 한다. 청정심의 체·용과 이·지가 명합하면 또한 能合, 所合도 없고 能緣, 所緣도 없어 二取(見取와 戒取. 또는 五見 가운데 見取見과 戒禁取見)와 空과 有가 상대하는 모양이 다시 앞에 나타나지 않으니, 그러므로 '또한 허공의 분량도 없다' 하였다. 이 순일한 진여정심 중에서 생각생각 능히 진·속의 식에 반연하니, 眞識에 의해 과보를 갚지 않고 俗識에 의해 인연에 따라 과보를 갚는다. 석가세존이 성도한 후에도 오히려 현재 아홉 가지 남은 과보[103]를 보였으니, 이것이 좋은 예증이다.

---

103 부처님의 과거세 업장으로 성도 후에 받은 인과보응의 아홉 가지 재난을 말한다. 佛九惱라고도 한다. (1) 부처님이 예전에 바라문 아들 火鬘이었을 때, 질그릇 굽는 장인 아들 護喜와 친하게 지냈다. 호희가 여러 차례 가섭여래를 拜見할 것을 청했으나, 화만은 "어찌 이런 禿道人을 만날 필요가 있겠는가" 하고 惡言하며 세 번이나 거절하였는데, 이러한 인연으로 '6년 고행'의 보응을 받았다. (2) 부처님이 예전에 博戱浪人(각종 遊戱를 즐기는 자) 이었을 때, 일찍이 음녀 鹿相을 꾀여 벽지불이 수도하는 동산에 가서 오락하고, 나중에는 鹿相女를 죽여 화를 벽지불에게 떠넘겼다. 그러므로 '孫陀利 비방'의 보응을 받았다. (3) 부처님이 예전에 장사치였을 때, 배 때문에 동료와 싸워 창으로 다른 장사치의 발을 찔러 죽였다. 그러므로 걸식할 때 '木槍으로 발등을 찔리는' 보응을 받았다. (4) 부처님이 예전에 바라문이었을 때, 일찍이 비바시여래와 비구 대중이 槃頭王의 공양을 받는 것을 시기하여 악언을 퍼부었고, 또한, 오백 동자에게 馬麥을 먹게 하였다. 그러므로 부처님과 오백 나한이 毘蘭邑에서 '90일간 馬麥을 먹는' 보응을 받았다. (5) 예전에 釋種族이 못의 고기를 잡아 죽일 때, 부처님이 몽둥이로 물고기의 머리를 친 적이 있었다. 그러므로 '琉璃王이 釋種을 죽이는' 보응을 받았다. 또한, 그 때문에 부처님이 두통을 앓았다. (6) 부처님이 예전에 걸식하는 이에게 발우를 채워주지 않은 적이 있는데, 그

또한 教에 "마음을 깨끗이 하기 허공과 같이 하라." 하니, 여기에 두 가지 뜻이 있다. 하나는 저 청정한 허공에 한 점 구름이 없는 것과 같이 허망한 執取를 버리라는 것이다. 둘은 저 청정한 허공에 아무 장애가 나지 않는 것과 같이 경계를 대함에 막힘이 없이 하라는 것이다. 이미 마음과 경계가 넓고 광대하다면 죄악이 어디서 나겠는가?

又敎云, 淨意如空, 此有二義。一者離虛妄取, 如彼淨空, 無有雲翳。二者觸境無滯, 如彼淨空, 不生障閡。旣廓心境, 罪垢何生。

두 번째는 경교를 인용하여 증명하였다. 경(『화엄경』)에 '반드시 그 뜻을 허공과 같이 깨끗이 하라[當淨其意如虛空]'한 데 두 가지 뜻이 있다. 하나는 能緣의 마음에 나아가 설한 것이니, 마치 구름 한 점 없는 허공 만 리에 구름이나 비 등 虛相이 허공을 가리지 않는 것처럼, 능연의 청정심 중에서 이 마음에 집착하지 말고 어떤 모양이든 맡겨둘지니, 그러므로 '허망한 집취 버리기를 저 청정 허공과 같이 하라' 하였다. 우리들이 일심 삼관을 닦아 일경삼제를 증득하여 본래 청정한 마음에 회복할 때, 청정한 마음의 모양이 어떻든지 집취하지 않으니, 만약 집착함이 있으면 곧 청정한 마음이 아니다. 둘째는 所緣의 경계에 나

리하여 바라문 마을에 들어가 밥을 빌었으나 밥을 얻지 못하고 빈 발우로 돌아왔다. (7) 부처님이 예전에 비구였을 때, 無勝 비구가 大愛 장자의 며느리 善幻의 공양 받는 것을 보고 질투하여, 무승이 선환과 통정했다고 비방하였다. 이로 인하여 부처님이 법을 설할 때 '전도녀가 발우를 배에 묶고 부처님의 애기를 뱄다고 무고를 비방하는' 보응을 받았다. (8) 부처님이 예전에 須摩提였을 때, 그의 배다른 동생에게 재산을 나누어주지 않으려고 동생을 절벽에서 떠밀어 돌을 던져 쳐 죽였다. 그러므로 '제바달다가 돌로 부처님을 쳐 죽이려는' 보응을 만났다. (9) 부처님이 阿羅婆伽 숲속에서 동지 전후 여드레 밤 동안 추위를 견디지 못한 적이 있는데, 일찍이 三衣를 잘라 추위를 막은 적이 있다. [大智度論 권9 大明三藏法數 권33]

아가 설하니, 마치 허공중에 만물이 어지러우나 아무 장애가 일어나지 않는 것과 같이 하는 것이다. 우리가 본래 청정한 마음을 회복한 후에 일으키는 법계대용은 무량무변하고, 또한 서로 방애하지 않아 막히는 것이 없다. 이미 능연의 마음과 소연의 경계가 모두 허공('旣廓心境')과 같으면 거기에 죄악이 일어나겠으며, 이미 죄악이 없으면 참회할 필요도 없다.

기 6. 설명함

集

만약 능히 이와 같을 수 있으면 (앞에서 한, 두 번의 답과 두 번의 인증으로 이사쌍참과 버리고 취함을 적절하게 할 수 있으면) 이를 '교에 의거한다' 하거니와, (교에 의거한 원교보살도) 오히려 죄가 없음을 보지 못하는데, 더욱이 허물이 있는 이랴.

또한 罪性이 본래 청정한 것은 체성이 청정한 것이요, 理(청정심체)에 계합하여 연기가 없으면 이것은 방편이 청정한 것이다. 방편이 청정한 것으로 인하여 체성이 청정함을 나타내고, 체성이 청정함으로 인하여 방편이 청정함을 이룬다. 방편이 청정하다는 것은 힘써 熏治(익히고 다스림)를 행하는 것이요, 체성이 청정하다는 것은 일념이 (본래 구족한 무루를) 圓照하는 것이니, 본·말이 상응하고 내·외가 번갈아 도운다. 그러므로 모름지기 이·사가 쌍으로 부축하여야 두 가지 청정을 이루고, 正·助로 겸하여 참회하여야 이 일심을 증득한다.

만약 空이라는 말만을 생각해서는 실로 敎와 어긋나지 않기 어렵나니, 믿지 않는다는 비방은 이것이 아니고 무엇이겠는가!

若能如是, 名爲依敎, 尙不見無罪, 豈況有愆耶。又罪性本淨, 是體性淨。契理無緣, 是方便淨。因方便淨, 顯體性淨。因體性淨, 成方便淨。方便淨者, 力行熏治,體性淨者, 一念圓照。本末相應, 內外更資, 故須理事雙扶, 成其二淨。正助兼懺, 證此一心。設但念空言, 實難不違敎, 不信之謗, 非此誰耶。

스님은 경교와 조사의 말씀을 인용하여 증명한 후에, 이어서 理事雙懺을 수행하고 버리고 취하는 것을 적절히 하는 올바른 뜻을 理에 의해 설명하였다. '만약 능히 이와 같을 수 있으면 교에 의거한다고 한다'고 한 두 구절은 설명이다. 만약 우리가 앞에서 두 번 대답한 것과 두 가지 인용하여 증명한 것으로 이사 쌍참을 수행하고 버리고 취하는 것을 적절하게 할 수 있다면 이는 교에 의거하여 봉행하는 원교보살이건만, 이 원교보살도 오히려 죄가 없음을 보지 못하는데, 더욱이 허물이 있는 자랴?

'또한 본래 청정한 것은 체성이 청정한 것이다' 한 것부터, '이 일심을 증득한다' 한 데까지는, 원교보살은 응당 중도원융하고 이사쌍참하여 버리고 취하는 것을 잘못해서는 안 된다는 것을 바로 보였다. 경에서 '죄성이 본래 청정하다'고 한 것은, 중생과 부처가 동체인 청정심을 가리켜 설한 것이니, 본래 죄도 없고 복도 없으며 더러움도 없고 깨끗함도 없으니, 이를 '체성이 청정하다'고 한다. 경 · 율 · 론에서 설한 갖가지 참회는 죄를 발로하는 법이니, 이것은 청정 심체에 계합하여 연기한 체성 청정을 회복한 공능이다. 비록 事에는 확실히 능참과 소참의 갖가지 청정을 회복하는 방편이 있으나, 감 · 응의 도가 주고받고 이 · 지가 명합한 후에 하나가 청정하고 일체가 청정하면 二取의 모양이 없고, 능연 · 소연과 능참 · 소참을 모두 얻을 수 없으니, 이것을 '方便淨'이라 한다. 유식에서는 '체성이 청정한 것은 심중에 본래 구족한 無漏種이니, 반드시 緣生을 빌려야 한다'고 하였다. 그러므로 '방편정으로 인하여 체성정을 드러낸다' 하였다. 본래 구족한 무루종이 있기 때문에 선지식과 불법 인연을 만나 반야지의 현행과 종자를 훈습한('力行熏治') 공능을 일으킨다. 그러므로 '체성정으로 인하여 방편정을 이룬다' 하였다. 이와 같이 본·말(本具와 新熏)이 상응하고 안팎으로 교대로 도우면 (안으로 일념으로 말미암아 본래 구족한 무루를 圓照하고, 밖으로 智力으로 熏治함으로 말미암아 그 무루를 이루어 서로서로 돕는다) 능히 더러운 것을 돌려 깨끗한 것이 될 수 있고, 범부를 돌려 성인을 이루 수 있다. 그러므로 반드시 이와 사가 쌍으로 떠받치는 것이 필요하니, 방편정으로 말미암아 체성정을 이루기 때문이다. 또한, 반드시 正(理觀)과 助(作法)를 겸참해야 하니, 그래야 비로소 이 자성청정의 일심을 증득할 수 있다.

  '만약 공이라는 말만을 생각해서는…' 한 아래는, 공이라는 말(罪性이 空하다는 말)만을 생각하는 것을 바로 꾸짖었으니, 대승의 참회법문을 준수하여 행하지 않고는 실로 교를 어기는 허물을 면하기 어렵다. 단지 체성정이 있는 것만을 믿고[取] 방편정이 있는 것은 믿지 않으면[去], 곧 버리고 취하는 것이 전도하여 정법을 비방하는 것이 된다. 불신하는 비방은 이것이 아니고 무엇인가!

集

남산 율사의 『사분율 초』에,
"문 : 누구는 '죄와 죄 아닌 것을 얻을 수 없다' 하였다. (그렇다면) '戒'라는 것은 무엇인가?
답 : 삿된 견해나 거친 마음에 죄가 없다고 말한 것이 아니다. 만약 제법 실상에 깊이 들어가서 空三昧를 행하면 혜안으로 관하기 때문에 죄를 얻을 수 없다고 말한 것이다. 만약 육안으로 보는 것이면 소나 양과 다름이 없으니, 대승의 말씀을 독송하는 자(초심학인)가 어찌 의거할 만하겠는가!
南山四分鈔問, 有人言罪不罪不可得, 名戒者何耶。鈔答, 非謂邪見粗心, 言無罪

也。若深入諸法實相, 行空三昧, 慧眼觀故, 言罪不可。若肉眼所見, 如牛羊無異
誦大乘語者, 何足據焉。

스님은 버리고 취하는 것을 적절히 하는 올바른 뜻을 설명한 후에, 당나라 도
선 율사가 지은 『四分律行事鈔』 가운데 하나의 질문과 대답을 거듭 인용하여,
절대 범부로 성인을 참람하여 육안으로 혜안을 대신하지 말 것을 후학에게 경
고하였다.

『행사초』는 모두 12권인데, 대정장경 제40권에 있다. '대승의 말씀을 독송
하는 자가 어찌 의거할 만하겠는가!' 한 이 두 구절은, '단지 문혜만이 있고 사
·수혜는 없는 초심보살이 대승경 중에서 몇 구절 경문을 따서 구두삼매로 이
것에 집착하고 저것을 비난하며 버리고 취하는 것에 전도하니, 이것은 의거할
만한 것이 못 된다' 한 것이다. 경에서 설한 "죄의 자성이 공하다." 한 것은, 무
명을 타파하고 법신을 증득한 성인이 혜안으로 본 말씀이다. 범부위에서 인과
를 알고 죄와 복을 알고자 하면, 버리고 취하는 것을 적절히 해야 한다.

集

그러므로 理로 苦諦를 관찰하고 事로 의지하고 부축을 행하면, 마치 바람이 배
를 보내면 재빨리 이르는 곳이 있고, 기름이 불을 도와 더욱 광명을 더하는 것
과 같다. 단지 空하다는 말만을 보장할 뿐 전혀 큰 깨달음[剋證]이 없으면, 다른
이를 속이고 자신은 침몰하여 그 과보로 아비지옥에 떨어져, 생을 버리고는 몸
을 받아 神識이 업의 거물에 의탁하는 것과 어찌 같겠는가." 하였다.
是以理觀苦諦 事行須扶 如風送船 疾有所至 猶膏助火 轉益光明 豈同但保空言 全
無剋證 誑他陷己 果沒阿鼻 捨生受身 神投業網

講

여기서는 먼저 이익을 보이고, 나중에는 ('어찌 단지 空하다는 말만을 보장할 뿐…' 한 아래) 허물을 보여, 보고 듣는 자가 허물을 버리고 이익을 취하여 함께 보리를 증득하게 하였다. '理로는 고제를 관하고, 事로 의지하고 부축을 행한다' 한 두 구절은 이익을 얻는 원인을 들었으니, 곧 이와 사가 쌍으로 부축하고 解와 行을 아울러 중요시하여 중도원융하여 한쪽으로 집착이 없게 하였다. 세·출세간 유위법이 모두 무상하고, 무상하기 때문에 苦이며, 고이기 때문에 空이며, 공이기 때문에 無我임을 이해하는 것이다. 이것은 삼승이 똑같이 닦는 보살도며 삼승 성인이 성과를 성취하는 기본 원인이니, 진실하여 허망하지 않기 때문에 '진리[諦]'라 하였다.

삼승의 聖道門에 모두 理와 事가 있으니, 그러므로 理에 의해 空門을 관하는 것밖에 동시에 삼승의 계·정·혜 등 事有門을 반드시 닦아야 한다. 이 두 문이 서로서로 부축하고 의지하여야 하니, 마치 수레에 두 바퀴가 있어야 넘어지지 않는 것과 같다. 스님은 두 가지 비유 들기를 매우 좋아한다. 배는 능히 앞으로 나아갈 수 있고 불은 어둠을 밝힐 수 있다. 이것들은 전적으로 좋은 바람과 기름에 의지하여 배는 능히 하루에 천 리를 갈 수 있고 불은 능히 광명을 멈추지 않을 수 있다. 배와 불은 三乘이 空을 관하여 도를 얻는 正行에 비유하였고, 바람과 기름은 계·정·혜 등의 助行에 비유했으니, 정과 조가 서로 의지하여야 하고 한쪽을 폐해서는 안 된다. 이렇게 이와 사가 쌍으로 부축하여야 속히 성과를 증득할 수 있다. 이 같은 이익이 있으니 우리들은 응당 이를 본받아 행해야 한다.

'空하다는 말만 보장할 뿐, 전혀 극증이 없다' 한 두 구절은 허물이 있는 원인을 들었으니, 곧 理에 집착하고 事를 폐하여 解만 있고 行이 없어 (空하다는 말만을 보장할 뿐) 호리만큼도 수증공부는 없으니, 모두 망상집착에 속한다. (전혀 剏證이 없다) 이로 말미암아 법을 비방하고 사람을 비방하여 무간업을 이룬다. 이 같은 원인이 있으면 반드시 이 같은 과보가 있으니, 그러므로 이어서 '다른 이를 속이고 자신은 침몰하여 그 과보로 아비지옥에 빠진다' 하였다. 고덕이 "만약 지옥업을 초래하지 않으려거든 여래 정법륜을 비방하지 마라." 한 것이다. '아비Avīci'는 범어니, 無間이라 번역한다. 지옥 가운데 가장 커서, 가장 길고 가장 많은 고통을 받는 과보처니, 그러므로 '그 과보로 아비에 떨어진다' 하였다. 경에 "무간지옥에 떨어진 죄보 중생은 거기에서 벗어날 기약이 없으니, 마치 큰 돌덩이가 일직선으로 침몰하여 바다 밑바닥에 닿는 것과 같이, 시간도 길고 고통도 많으니 참으로 두려운 일이다." 하고 설하였다.

'생을 버리고 몸을 받아 神識이 업의 그물에 의거한다' 한 두 구절은, 법을 비방함으로 인하여 자신을 그르치고 다른 이를 그르치는 불제자가 이 세계의 아비지옥에서 과보 받음을 끝내고 나면 다른 세상의 아비 가운데 생을 바꾸기도 하고, 혹은 그밖에 지옥에서 생을 바꾸며, 내지 아귀나 축생도에서 생을 바꾸기도 한다. 저 神識(아뢰야식)은 모두 그가 지은 죄업에 의지하여 집착하고 태에 의탁해 몸을 받아, 몸을 버리고 몸을 받아 수천 번 수만 번 한없이 업력의 부림에 의하고 自主를 얻지 못하니, 그러므로 '업의 그물'이라 하였다. 이 같은 허물이 있으니 우리들은 응당 버리고 행하지 말아야 한다.

정 5. 체·용이 자재함 (圓修十義 중 第五)
무 1. 태어남은 태어남이 없고, 태어남이 없는 것에서 태어남
기 1. 질문

集

문 : 유심정토는 시방에 두루한데, 어찌 몸을 蓮臺에만 의탁하고 형상을 안양에만 맡깁니까? 그런데 취하고 버리는 생각을 내어 어떻게 무생의 문에 다다르며, 기뻐하고 싫어하는 정을 내어 어찌 평등을 이루겠습니까?

問. 唯心淨土, 周遍十方。何得託質蓮臺, 寄形安養。而興取捨之念, 豈達無生之門。欣厭情生, 何成平等。

講

'圓修 十義' 가운데 네 번째 성과 상이 융즉[性相融卽]함은 이미 문답으로 해석하여 마쳤다. 이 아래는 다섯 번째 체와 용이 자재[體用自在]함에 대해 자세히 해석한다. 첫 번째 단락은 먼저 태어남은 태어남이 없고, 태어남이 없는 것에서 태어남을 밝힌다. 태어남이 없는 것은 體요 태어남은 用이니, 체와 용이 서로 여의지 않아 원융무애하다. 여기서 질문한 것은 체는 있으나 용은 잊었으니, 그러므로 이러한 질문이 있는 것이다.

기 2. 정답

集

답 : 유심정토는 마음을 깨달아 비로소 태어나는 곳이다.

答. 唯心淨土者. 了心方生。

대답은 매우 간단하다. '유심정토'는 체요, '마음을 깨달아 비로소 태어난다'
한 것은 용이다. 체는 있고 용은 없으면 결국 그림 속에 떡일 뿐이니, 용으로 말
미암아 체를 알아야 비로소 주린 배를 채울 수 있다. 체로 말미암아 용을 일으
키는 것은 '태어남이 없는 데서 곧 태어남'이요, 용을 섭수하여 체로 돌아가는
것은 '태어남이 곧 태어남이 없다' 한 것이다. 반드시 마음을 깨달아 비로소 태
어나는 곳[用]이 유심정토[體]이다.

기 3. 인용하여 증명하고 설명함

集

『여래부사의경계경』에 "삼세 일체 제불은 모두 소유한 것이 없고 오직 자심에
만 의지한다. 보살이 만약 제불과 일체법이 모두 오직 心量뿐임을 깨달으면 隨
順忍을 얻기도 하고, 혹은 初地에 들어가 몸을 버리고 속히 묘희세계에 들어가
며, 혹은 극락 청정불토 중에 태어난다." 하였다. 그러므로 識心으로 비로소 유
심정토에 내어나고, 경계에 집착하면 다만 所緣 경계 중에 떨어질 뿐임을 알
수 있다. 인·과가 차이가 없음을 이미 밝혔으니, 이로써 마음밖에 법이 없음을
알 수 있다.

또한, 평등한 門과 무생의 뜻은, 비록 敎義를 우러러 믿음을 내더라도, 역량
이 충분하지 않으면 觀力이 얕고 마음이 들뜨며 경계가 강하고 익힌 것이 무거
우니, 모름지기 불국에 왕생하여 수승한 인연에 의지해야 한다. 그러면 無生法
忍의 힘이 쉽게 이루어져서 보살도를 속히 행한다.

如來不思議境界經云, 三世一切諸佛, 皆無所有, 唯依自心。菩薩若能了知諸佛, 及一切法, 皆唯心量, 得隨順忍, 或入初地。捨身速生妙喜世界, 或生極樂淨佛土中。故知識心, 方生唯心淨土。着境, 祇墮所緣境中。旣明因果無差, 乃知心外無法。又平等之門, 無生之旨, 雖卽仰教生信, 其乃力量未充, 觀淺心浮, 境强習重, 須生佛國, 以仗勝緣, 忍力易成, 速行菩薩道。

講

첫 번째는 『대방광여래부사의경계경』을 인용하여 증명하였다. 이 경은 단지 1권뿐인데, 화엄부에 속한다. 당나라 실차난타가 번역하였다. 대정장경 제10권에 있다. 여기 경문은 覺林보살이 설한 "만약 삼세 일체 불을 알고자 하면, 응당 法界性을 관할지니 일체가 유심으로 지은 것이네." 한 게송과 대의가 서로 같다. 일체 경계가 모두 자심의 現量('량'은 비판·분별의 뜻. 비판이나 분별이 없이 바깥의 현상을 그대로 깨달아 아는 것)이니, 마치 밝은 거울 가운데 나타난 여러 가지 모습이 안팎이 아니면서 안팎이라, 인연이 갖추어지면 나타나고 인연이 떠나면 없어지는 것과 같이, 심성은 본래 청정한지라 제법이 오직 일심뿐이다. 이 마음이 중생을 나타내고 이 마음이 보살과 부처를 나타내니, 생사도 이 마음이며 열반도 또한 마음이어서 일심이 두 가지를 짓고 두 가지가 도로 두 가지 상이 없다.

　『금강경』에 "아상·인상·중생상·수자상이 없으나(심진여문) 육도만행인 일체 선법을 닦으면(심생멸문) 가히 위없는 정등보리를 얻을 수 있다." 한 것이다. 아직 성불하지 못한 보살도 중에서 어떤 이는 隨順忍[104]을 얻기도 하고, 어

104　隨順忍 : 忍은 忍辱, 忍耐, 忍可, 安忍 등을 말함. 타인의 모욕이나 괴롭힘 등을 받더라도 진심을 내지 않고, 혹은 몸으로 고통을 받지만 부동심으로 진리를 증오하여 마음이 진리에 안주하는 것. 隨順忍은 제법 진리에 수순하여 법에 안주하는 것. 無生法忍은 상을 여의고 법의 진리를 단번에 계합하여 안주하는 것.

떤 이는 無生法忍을 얻어 초지에 들어가고, 이미 무명을 타파하고 법신을 증득하여 이 보신을 버리면 제불의 정토 가운데 왕생하여 연화에 화생하여 *法性生身*[105]을 받는다. 이로써 경계가 오직 마음[識心] 뿐임을 알고 나면 밖으로 塵境을 버리고 분별이 나지 않아, 평등진여를 깨닫는다. 만약 마음밖에 법이 없음을 알지 못하면 반드시 진경에 집착하여, 그렇게 되면 더럽거나 깨끗한 所緣경계 중에 떨어져 속박되어 해탈을 얻지 못한다. 왜냐하면, 세간이나 출세간법이 결코 원인이 없이 결과가 있는 것이 아니기 때문이다. 그러니 반드시 마음으로 부처가 되기를 버리고 정토에 왕생키를 구해야[因] 비로소 무생에 증입할 수 있으니, 마음이 부처이기 때문이다[果]. 모든 修證, 因果가 일심의 체·용을 여의지 않으니, 그러므로 '마음밖에 법이 없다' 하였다.

보살이 비록 일승 불법을 들음으로 인하여, 제불이 증득하고 설한 평등법성의 무생 교리에 대하여 믿고 이해하여 아무 의심이 없더라도, 안으로 반야의 관혜가 매우 얕고 망상의 심식이 매우 들뜨며, 밖으로는 오탁 경계가 매우 강력하고 과거 악습이 매우 중하여, 더러운 마음과 더러운 경계가 서로 훈습하고 서로 나타나면, 어느 때 능히 자신의 힘으로 번뇌를 끊어 제거하고 유심정토를 증득할 수 있겠는가!

그렇기 때문에 석가세존이 특별히 수승하고 손쉬운 방편을 열어 중생에게 五念法을 닦아 안락세계(불국)에 왕생하기를 구할 것을 권하였으니, 아미타불의 본

---

105 *法性生身* : 佛과 대보살이 받는 세계 밖에 화생하는 몸. 여래 5종 법신 가운데 하나이며, 보살의 2종 법신 가운데 하나. 이 生身은 법성을 증득하여 무생법인을 얻으니 胎胎에 처하거나 혹은 업으로 감득한 육신이 아니고 여래의 몸이 이로 말미암아 출생한다. 만약 이를 三身에 배대하면 보신불에 해당된다. 부처님의 법성생신에 무량무수아승지의 일생보처의 菩薩侍從이 있으니 이것은 부처님이 무량아승지겁에 일체 善本功德을 모았기 때문이니, 그러므로 어떤 일이든지 이루지 못할 일이 없고 어떤 원이든지 만족하지 않은 것이 없다.

원으로 중생을 섭수하고 교화하는 수승한 인연에 의지하면, 비록 미혹을 끊지 못하더라도 정토에 왕생하여 필경 반드시 일생보처에 이르러 삼현 십성의 계위를 일생에 능히 원만히 얻을 수 있다. 그러므로 '忍力을 쉽게 이루고 보살도를 속히 행한다' 하였다. 이것과 일반적인 행하기 어려운 보살도와 서로 비교하면 하루와 겁만큼이나 서로 차이나고, 하늘과 땅만큼이나 구별된다 할 수 있으리라.

集

『기신론』에 "중생이 이 법을 처음 배워 올바른 믿음을 구하고자 하나 그 마음이 겁약하면, (이 때문에) 이 사바세계에 머물면서 모든 부처님을 항상 만나 직접 받들고 공양하지 못할까 스스로 두려워하며 '신심은 참으로 성취하기 어렵다'고 말하며 의욕이 퇴타하는 자가 있다.

(그런 자는) 마땅히 알지니, 여래는 수승한 방편이 있어 신심 있는 이를 거두어 보호하신다는 것을. 이는 온 마음을 기울여 염불한 인연으로 원에 따라 타방불토에 태어나 항상 부처님을 뵙고 영원히 삼악도를 여의는 것을 말한다.

수다라에서 말한 것처럼, 어떤 사람이 오로지 서방극락세계의 아미타불만을 생각하며 수행한 선근을 회향하여 그 세계에 왕생하기를 발원하고 구하면, 즉시 왕생하여 항상 부처님을 뵙고 그 때문에 결코 퇴전함이 없다. 만일 저 부처님의 진여법신을 관찰하고 항상 부지런히 닦고 익힌다면 필경에 왕생할 수 있으니, (왜냐하면 그는) 正定聚에 머물기 때문이다.(대정장경 32권 583페이지 上)"하고,

起信論云, 衆生初學是法, 欲求正信, 其心怯弱, 以住於此娑婆世界, 自畏不能常値諸佛, 親承供養。懼謂信心難可成就, 意欲退者。當知如來有勝方便, 攝護信心, 謂以專意念佛因緣, 隨願得生他方佛土。常見於佛, 永離惡道。如修多羅說, 若人專念西方極樂世界阿彌陀佛, 所修善根, 回向願求生彼世界, 即得往生。常見佛故, 終無有退。若觀彼佛眞如法身, 常勤修習, 畢竟得生, 住正定故。

講

두 번째는 마명 보살의『기신론』한 부분을 인용하여 증명하였다. 여기서는 明末 우익대사(1599~1655)[106]의 注疏에 의해 다음과 같이 대략 해석한다.

먼저 염불하여 장애를 제거함을 설명하였다. 이를테면 초심보살이 이 사바 세계에서 어떤 때는 추위나 더위, 바람이나 비가 때맞추어 오지 않아 기근 등의 고통을 만나고, 혹은 여러 악중생이 삼독이 치성하고 사견이 전도하여 선을 등지고 악을 행하는 것을 보면, 초심보살이 그 가운데서 마음에 겁약을 내어 제불보살을 만나지 못하여 능히 신심을 성취하지 못할까 두려워하며 의심을 내어 퇴보하려는 자는 응당 이런 마음을 내어야 한다. '시방 제불보살은 모두 큰 신통방편이 있어 중생을 구호하여 신심 있는 이를 건지고 보호하신다. 나는 반드시 큰 보리심을 내어 일심으로 부처님과 보살을 전념하여 불국토에 왕생하기를 구하리니, 무량 중생을 제도하기 위해서다' 한다. 이 같은 결정심을 내었기 때문에 여기서 목숨이 다하면 반드시 제불국토에 왕생하여 불보살을 뵙고 신심을 성취하여 영원히 악도를 벗어난다.

'수다라의 설과 같다' 한 아래는, 극락에 왕생하기를 구할 것을 간절히 가리켰다. '수다라의 설과 같다'는 것은, 정토삼부경은 전문적으로 설하시고, 나머지 여러 대승 경론이 이를 겸하여 설한 것을 지적한 것이다. 만약 오로지 서방 극락세계 아미타불만을 생각하며 여러 가지 선근을 원왕생하는 것에 회향하면, 결정코 왕생을 얻어 항상 저 부처님을 뵙고 신심이 증장하여 영원히 퇴전

---

106 『불광사전』 p6285-下

하지 않는다. 저기에서 법을 듣고 부처님 법신을 관하고 점차 수행하면 正位에 들어갈 수 있다.

　여러 경론에서 극락으로 돌아갈 것을 가리킨 데는 네 가지 뜻이 있다. 첫째 는 저 부처님과 이 국토 중생과 인연이 깊기 때문이다. 둘째는 미타의 본원으로 중생을 섭수하는 힘이 수승하기 때문이다. 셋째는 아미타를 마음에 두고 잊지 않으면 그 마음을 전일하게 할 수 있기 때문이다. 넷째는 한 부처님을 뵈면 곧 무량불을 뵙고, 하나의 정토에 왕생하면 곧 무량 불토에 왕생하기 때문이다.

集

『왕생론』에 "지옥문에 유희하던 자가 저 국토에 왕생하여 무생인을 얻고 나면, 생사국에 도로 들어가 지옥을 교화하여 고통받는 중생을 구제하니, 이러한 인 연으로 정토에 왕생하기를 구한다.(대정장경 26권 233페이지 상)" 하며,

往生論云, 遊戱地獄門者, 生彼國土, 得無生忍已, 還入生死國, 敎化地獄, 救苦衆 生。以此因緣, 求生淨土。

講

세 번째는 세친Vasubandhu보살[107]의 『무량수경 우바제사』(『왕생론』이라 간칭함) 논문의 대의를 인용하여 증명하였다. 이 논은 '五念門修法'으로 안양국에 왕생 할 수 있음을 밝혔다. 먼저 정토에 왕생키를 발원하고서 비로소 정토에 왕생할 수 있다. 태어남이 있음(俗諦)으로 인하여 태어남이 없음(眞諦)을 얻을 수 있음 은 당연한 일이다.

107　音譯으로 婆藪槃豆라 한다. 付法藏 제21조. 『불광사전』 p1529-中

集

『십의론』에 "지혜로운 자가 치열하게 정토에 왕생하기를 구하나, 왕생하는 본
체를 얻을 수 없음을 아는 것이 진정한 無生이다. 이것을 '마음이 청정하기 때
문에 곧 불토가 청정하다'고 말한다. 어리석은 자는 태어난다는 것에 얽매여,
태어난다는 말을 들으면 곧 태어난다는 알음알이를 내고 태어남이 없다는 말
을 들으면 곧 태어남이 없다는 알음알이 내니, 태어남이 곧 태어남이 없고 태
어남이 없는 것에서 곧 태어난다는 것을 알지 못한다. 이러한 이치를 알지 못
하고 부질없이 서로 시비한다면, 이것은 사견으로 법을 비방하는 사람이다 (대
정장경 47권 78페이지 상)" 하고,

十疑論云, 智者熾然求生淨土, 達生體不可得, 卽眞無生。此謂心淨故卽佛土淨。
愚者爲生所縛, 聞生卽作生解, 聞無生卽作無生解, 不知生卽無生, 無生卽生。不達
此理, 橫相是非, 此是邪見謗法人也。

講

네 번째는 천태지자대사가 지은 『정토십의론』 가운데 두 번째 의심을 인용하
여 증명하였다. 여기서 든 의문은 이 책(『만선동귀집』)과 대체로 같다. 지자대사
가 대답한 것은 총답과 별답으로 나누는데, 여기 문장은 별답의 결론이다. '왕
생하는 본체를 얻을 수 없음을 아는 것이 진정한 무생이다' 한 것은 무엇 까닭
인가? 대저 '불생불멸'이란, 태어나는 인연 가운데는 제법이 화합하여 자성을
지키지 않으니 태어나는 본체를 찾더라도 또한 얻을 수가 없다. 이 生이 태어
날 때 온 곳이 없으니 그러므로 '불생'이라 하고, '불멸'이란 제법이 멸할 때 가
도 이르는 곳이 없으니 그러므로 '불멸'이라 한다. 인연으로 태어나는 것밖에
따로 불생불멸이 있음을 말한 것이 아니요, 또한 정토에 왕생하기를 구하지 않
는 것을 '무생'이라 부르는 것이 아니다. 그러므로 지혜가 있는 사람은 생이 곧

무생이요 무생이 곧 생이라, 二諦가 원융무애함을 의심하지 않는다.

集

『군의론』에

"**문**: 제불국토도 또한 모두 空하니, 중생을 관하건대 제5大[空]와 같다. 어찌 有相에 집착하여 이곳을 버리고 저곳에 태어나겠는가?

답: 제불 설법은 二諦를 여의지 않았다. 진제로 속제를 통합하면 속제가 진제 아님이 없고, 속제로 진제를 회합하면 만법이 완연하다. 경(『유마힐소설경』)에 '일체법을 성취했으나 모든 법상을 여의었다' 하니, 일체법을 성취하였다는 것은 世諦니 제법이요, 모든 법상을 여의었다는 것은 제일의제니 無相이다.(대정 장경 47권)" 하였다.

群疑論問云, 諸佛國土, 亦復皆空。 觀衆生如第五大, 何得取着有相, 捨此生彼。 答. 諸佛說法, 不離二諦, 以眞統俗, 無俗不眞。 以俗會眞, 萬法宛爾。 經云, 成就一切法, 而離諸法相。 成就一切法者, 世諦諸法也。 而離諸法相者, 第一義諦無相也。

講

다섯 번째는 당나라 懷感 법사가 지은 『釋淨土群疑論』 중 한 대목 문답을 인용하여 증명하였다. '중생을 관하건대 제5대와 같다' 한 것은, 地·水·火·風·空·見·識을 『능엄경』에서는 七大[108]라고 부르는데, 공은 다섯 번째에 해당하므로 제5대라 하였다. 대답은, 二諦라는 불법의 바른 뜻으로써 生과 無生이 相依 相成하니 한쪽으로 집착해서는 안 된다고 설명하였다.

---

108 칠대는 色·心 만법의 체성을 크게 나누어 대별하면 地大·水大·火大·風大·空大·見大·識大 7종이 된다. 또는 七大性이라고도 한다. '大'는 법계에 두루한다는 뜻이다. 『불광사전』 p91-下

集

또한 경에 "비록 제불 국토와 중생이 空한 줄은 알지만, 항상 정토행을 닦아 여러 군생을 교화하네." 하였으니,

又經云, 雖知諸佛國, 及與衆生空, 常修淨土行, 敎化諸群生。

講

여섯 번째도 『유마힐경』에서 설한 것을 인용하여 증명하였다. 앞의 두 구절은 진제니 無生에 속하고, 뒤에 두 구절은 속제니 有生에 속한다. 또한, 진·속 이제와, 태어남이 없는 것과 태어남이 서로 같지도 않고 여의지도 않았다.

集

그대는 원성실성의 無相의 가르침 설한 것만을 보고 변계소집의 필경 空無의 문장을 파괴하며, 의타기성의 인연의 가르침 설한 것을 믿지 않으니, 곧 인과를 믿지 않는 사람이 제법 단멸상을 설하는 것이다.

『마하연』에 이런 말이 있다. "제불을 떠나지 않는 보살이 이런 말을 하였다. '나는 因地에 나쁜 선지식이 반야를 비방하는 것을 만나 악도에 떨어져 무량겁을 지나도록 비록 거기서 벗어나지 못했으나, 다시 한 때 선지식의 가르침에 의지하여 염불삼매를 행하였다. 그때 능히 여러 가지 장애를 물리치고 비로소 해탈을 얻을 수 있었다. 이러한 이익이 있기 때문에 부처님 떠나기를 원하지 않노라' 하였다."

그러므로 『화엄경』게에 "차라리 무량겁에 모든 고통을 골고루 받더라도 끝내 여래를 멀리하여 자재력 보지 않기를 원하지 않노라." 하였다.

汝但見說圓成實性無相之敎, 破遍計所執畢竟空無之文, 不信說依他起性因緣之敎, 卽是不信因果之人, 說於諸法斷滅相者。摩訶衍云, 菩薩不離諸佛者, 而作是言, 我於因地遇惡知識, 誹謗般若, 墮於惡道, 經無量劫, 雖未得出。復於一時, 依善知識敎, 行念佛三昧, 其時卽能倂遣諸障, 方得解脫, 有斯大益, 故不願離佛。故華嚴偈云, 寧於無量劫, 具受一切苦, 終不遠如來, 不睹自在力。

講

여기서 설명한 문장을 세 단락으로 나눌 수 있다. 스님은 먼저 제법 三性을 들었으니, 원성실성은 진제요, 의타기성은 속제며, 변계소집성은 망상에 집착하는 것이다. 보살이 만약 眞空의 이치만을 알아 허망 집착을 파제하고, 연이어 의타기성에 의지한 인연으로 태어나는 법도 또한 서로 믿지 않으면, 이는 인과를 믿지 않는 단멸견을 가진 사람이 되고 마니, 이는 옳지 않다.

다시 『대승경('마하연')』에서 설한 것을 들었다. 염불삼매를 수행하여 능히 모든 장애를 버리고 제불을 뵙고 부처님 앞에 왕생하여 해탈도를 성취하였으니, 이러한 이익이 있기 때문에 모름지기 불국에 왕생하기를 구하고 부처님 떠나기를 원하지 않아야 한다.

마지막에 『화엄경』 게송을 들어, 보살은 어떤 고난을 만나더라도 두려워하지 말고 정토에 왕생하기를 구해야 하니, 그러면 항시 부처님을 뵙고 법을 듣고 속히 보리를 증득할 수 있다는 것을 설명하였다.

무 2. 자력으로는 이루기 어렵고, 타력은 이루기 쉽다
기 1. 첫 번째 질문과 답

集

문 : 일생 악을 익혀 번뇌의 인을 쌓은 것이 깊은데, 어떻게 임종에 열 번 염불로 단번에 버릴 수가 있습니까?

問. 一生習惡, 積累因深, 如何臨終, 十念頓遣。

[講]

수행하여 도를 이루는 데는 자력과 타력을 함께하고 함께하지 않는 차이가 있음을 알지 못하기 때문에 이런 의문을 낸 것이다. 일생 악을 저지르는 것은 자력이지만, 임종에 열 번의 염불로 단박 벗어나는 것은 자신과 부처님 두 가지 힘이니, 감·응의 도가 서로 주고받는 불가사의한 힘인 것이다.

[集]

답 : 『나선경』에 "국왕이 나선 사문에게 묻되 '사람이 세상에 살면서 악을 저지른 지 백 년이나 되는데, 임종할 때 염불로 죽은 후에 불국토에 왕생한다 하니, 나는 이 말을 믿을 수가 없소' 하니, 나선이 '큰 돌 백 장을 배 위에 두더라도 배이기 때문에 물에 가라앉지 않듯이, 사람에게 비록 지난번에 저지른 죄악이 있더라도 잠깐 염불하면 지옥 에 들어가지 않습니다. (그런데) 작은 돌이 가라 앉는 것은 사람이 악을 저지르고도 염불할 줄 모르기 때문에 다시 지옥에 들어 가는 것입니다' 하고 말하였다." 하였다.

答. 那先經云, 國王問那先沙門云, 人在世間作惡至百歲, 臨終時念佛, 死後得生佛國, 我不信是語。那先言, 如持百枚大石置船上, 因船故不沒。人雖有本惡, 一時念佛, 不入泥犂中。其小石沒者, 爲人作惡不知念佛, 更入泥犂中。

[講]

　스님은 『나선비구경』[109]을 인용해 대답하여, 자력으로는 이루기 어렵고 타력으로라야 쉽게 이룰 수 있다는 것을 설명하였다. '사문śramaṇa, samaṇa은 범어니 勤息이라 번역한다. 여러 가지 선행을 부지런히 닦고 여러 가지 악을 息滅한다는 뜻이다. 또한, 識心으로 本源을 통달하는 것을 '사문'이라 부르니, 이것은 이미 성과를 증득한 것으로 말한 것이다.

'임종 염불로 불국토에 왕생할 수 있음을 믿지 못하겠다' 한 것은, 타력으로 쉽게 성취할 수 있음을 알지 못하기 때문이다. 만약 부처님 힘은 불가사의하다는 것을 믿는다면 (배는 능히 돌을 실을 수 있어서 결코 침몰하지 않는다는 사실을 믿는다면) 이러한 의심은 없을 것이다. 나선 비구가 답한 것은, 중생이 백 년 동안 악을 저지른 것은 백 장의 큰 돌과 같고, 배에 놓아둔다는 것은 아미타불의 큰 원의 배에 의지하는 것이다. 만약 능히 信·願·念行을 갖추면 부처님 힘으로 거두어주심을 얻어 삼악도에 들어가지 않는다. 참으로 부처님 힘[他力]은 불가사의하니 무엇을 의심하겠는가! 이 경은 모두 2권인데, 논집부에 속한다. 대정장경 제32권 694~702까지에 있다.

기 2. 두 번째 질문과 답

集

또한 『지도론』에 이렇게 말하였다.
"문 : 죽음이 다다랐을 때 잠깐의 마음이 어떻게 평생의 수행력보다 나을 수가 있는가?

---

109   那先Nāgasen은 那伽斯那라고도 하는데 龍軍이라 번역한다. 기원전 2세기 후반에 생존한 인도 스님이다. 중인도 설산 산록 羯蠅揭羅村(梵 Kajaṅgala) 바라문 아들이다. '那'는 那伽의 약칭이니 '코끼리의 범어다. 그가 태어날 때 집에 코끼리가 새끼를 낳았기 때문에 그런 이름을 얻었다. 처음에 베다를 배웠으나 바라문 교학에 부족함을 느껴 樓漢尊者(巴 Rohaṇa)를 따라 출가하여 論藏과 7부 阿毘曇을 수학하여 아라한과를 증득하였다. 나중에 북인도 舍竭國(梵 Sāgala)에 가서 泄坻迦寺에 머물며 彌蘭陀王(巴 Milinda)과 논의하여, 인생무상과 선악보응 등 교의를 널리 설하였다. 미란타왕은 깊이 불교에 귀의하니, 그때 대담한 내용이 『彌蘭陀王問經』(漢譯은 『那先比丘經』)이다. 『불광사전 p3022-下 참조.

답: 마음이 비록 시간적으로는 잠깐이지만 마음의 힘이 맹렬하기가 마치 불이나 독과 같으면 비록 잠깐이지만 능히 큰일을 할 수 있다. 죽음에 다다랐을 때 마음은 틀림없이 용맹하고 씩씩하니, 그러므로 백 년의 수행력보다 낫다. 이 최후의 마음을 '큰마음'이라 부르는데, 여러 가지 감관의 일이 매우 위급한 데 이르렀기 때문에 마치 사람이 진중에 들어가 신명을 아끼지 않는 것과 같으니, 이를 '강건함'이라 한다. 그러므로 선과 악이 정해진 것이 없고 인연의 본체가 공적하지만 자취에 오르내림이 있고, 일에는 낫고 못함으로 나뉜다는 것을 알 수 있다. 지금 한 냥은 만 냥의 종이돈보다 낫고, 작은 불씨의 미미한 빛은 만 길이나 되는 풀 더미를 불태운다."

又智論問云. 臨死時少許時心, 云何能勝終身行力. 答. 是心雖時頃少, 而心力猛利, 如火如毒, 雖少能作大事. 是垂死時心, 決定勇健, 故勝百歲行力. 是後心, 名爲大心, 及諸根事急故. 如人入陣, 不惜身命, 名爲健. 故知善惡無定, 因緣體空, 跡有昇沈, 事分優劣. 眞金一兩, 勝萬兩之疊華. 燋火微光, 蓺萬仞之積草.

講

다시 용수보살의 『대지도론』의 한 부분 문답에 의거하여, 임종에 염불하는 마음이 시간상으로는 작지만 공덕은 크다는 도리를 밝혔다. 임종에 염불하는 마음이 어떠한지가 오르내림과 고락을 결정하는 관건이다. 이때 일념의 선과 악으로 인하여 평생의 여러 가지 악과 여러 가지 선을 물리칠 수 있다. 이 맹렬한 마음과 최후의 마음과 틈이 없는 마음을 '큰마음'이라 하니, 능히 다음 생을 받아 나는 힘 있는 增上緣을 짓는다.

　사람이 죽을 때에 다다라 앞의 五根은 모두 작용을 잊어버리고, 오직 意根만이 神識을 인도하여 이곳을 버리고 저곳에 태어나니, 이것이 생사윤회 가운데 가장 긴요한 일이다. 임종에 염불하는 마음은 진중에 들어가 적을 대적하는 것

433

에 비유할 수 있다. 용맹하게 앞으로 달려 나아갈 뿐 모든 것을 돌아보지 않으니, 이것을 '강건함'이라 부른다. 그러므로 죽은 후에 선도나 혹은 악도에 태어나는 것이 완전히 임종 시의 마음으로 결정되니, 비록 때는 잠깐이지만 능히 큰일을 이룰 수 있어서, 오르거나 혹은 침몰하며, 우수하거나 혹은 하열하며, 염불하여 부처님을 뵙거나 정토에 왕생하기를 원하여 정토에 왕생하는 것이 절대로 임종 시의 마음과 상응하는 줄 알 수 있다.

그러므로 정토종에서는 평상시 발원과 회향과 임종에 다른 사람이 助念해 주는 것을 특히 중시하니, 이것이 정토에 왕생하는 중요한 조건이다.『지도론』에서 말한 두 가지 비유인 '진금'과 '불씨'는 모두 임종에 맹렬히 염불하는 마음에 비유하였고, '만 냥의 종이돈보다 낫다'는 것은, 평소에 산란한 마음으로 염불하는 것이나 복을 짓고 선을 닦는 공행보다 훨씬 수승하다는 것을 설하였다. '만 길이나 되는 풀 더미를 태운다'는 것도 임종에 정념 염불로 능히 일생의 악념이나 악습을 물리쳐 제거할 수 있음을 설했으니,『무량수경』에 "부처님 광명을 만나면 三垢(탐·진·치)가 소멸하고 善心이 난다." 한 것이다. 광명을 보면 능히 악을 멸하고 선이 나고, 부처님을 뵈면 틀림없이 정토에 왕생한다는 것을 어찌 의심하겠는가!

무 3. 감·응의 길이 교차하여, 부처님 위신력은 부사의 하시다
기 1. 질문

集

문 : 마음밖에 법이 없고 부처님은 가고 옴이 없는데, 어찌 부처님을 뵙는 것과

來迎하는 일이 있을 수 있습니까?

問. 心外無法, 佛不去來, 何有見佛, 及來迎之事。

講

여기서 질문한 것은, 자력에 집착함으로 말미암아 타력[佛力]을 알지 못하고, 감·응의 길이 서로 교차함을 알지 못하기 때문에 이런 의문을 낸 것이다.

기 2. 정답

集

답 : 唯心으로 염불하고 唯心으로 관하면 두루 만법을 포괄하니, 이미 경계가 唯心임을 알았으면 마음이 곧 佛임도 안다. 그러므로 생각에 따라 佛 아닌 것이 없다.

答. 唯心念佛, 以唯心觀, 遍該萬法。 旣了境唯心, 了心卽佛, 故隨念無非佛矣。

講

스님의 대답은 매우 정밀하다. 염불은 바로 唯心으로 관하는 것이요, 또한 오직 마음속에 생각생각 끊임없이 염불해야만 비로소 진정으로 염불하는 사람이다. 마음은 허공을 품어 그 양이 沙界에 두루하니, 그러므로 '두루 만법을 포괄한다' 하였다. 모든 선·악과 염·정의 경계 인연이 모두 유심으로 나타난 것이라, 눈앞의 일념의 마음에 삼천의 性相을 갖추어 마음밖에 법이 없음을 관하면, 부처를 생각하면 부처가 나타나 부처를 보고, 사람을 생각하면 사람이 나타나 사람을 본다. 먼저 염불하는 원인이 있어야 나중에 부처를 보는 결과가 있다. 부처님은 자심의 정업 인연으로 인하여 나타나니, 밝은 거울에 스스로 얼굴을 비추어 보면 안이 아니고 밖도 아니며 옴도 없고 감도 없는 것으로 비유할 수 있다.

거울과 형상은 하나도 아니고 다르지도 않듯이, 마음과 부처도 하나도 아니고 다르지도 않다. 그러므로 '경계가 유심인 줄 알면 마음이 곧 부처임을 안다' 하였다. 能見의 마음과 所見의 佛이 감·응의 길이 서로 교차하여 유심으로 스스로 보면 생각 생각이 부처 아닌 것이 없고 생각 생각에 부처를 볼 수 있는 것이다.

기 3. 인용하여 증명하고 설명함

集

『반주삼매경』에 "어떤 사람이 꿈에 칠보와 친척을 보고 기뻐하더니, 꿈을 깨고 나서 곰곰이 생각해 보니 (칠보와 친척이) 어디에 있는지 알지 못하는 것과 같다." 하였으니,

般舟三昧經云, 如人夢見七寶親屬歡喜, 覺已追念, 不知在何處.

講

첫 번째는 『반주삼매경』[110]을 인용하여 증명하였다. 이 경은 後漢 지루가참 Lokaṣema(147~?)이 번역하였는데 모두 3권이다. 대정장경 제13권에 있다. 인용한 경문은 『증도가』에서 설한 "꿈속에서는 분명히 六趣가 있으나, 깨고 나면 비고 비어 대천세계가 없네." 한 것과 의미가 서로 같다.

集

이와 같이 염불할지니, 이것은 唯心으로 지은 것임을 비유하였다. 有에 의해 空

---

110 또는 支讖이라고도 한다. 大月氏(원래 돈황·기련 지역의 유목민) 사람. 후한 환제 말년에 洛陽에 와서 역경에 종사하였다. 靈帝 光和·中平 년간(178~189)에 『道行般若經』·『般舟三昧經』·『阿闍世王經』 등 20여

하니 그러므로 오고 감이 없고, 또한 幻과 같아 진실한 것이 아니라서 마음과
佛이 둘 다 없으며, 幻相이 없지 않으니 곧 마음과 부처를 파괴하지 않는다. 공
과 유가 걸림 없어서 오고 감이 없고, 널리 봄[普見]이 장애되지 않아서 보는 것
이 곧 봄이 없는 것이라 항상 중도에 계합한다. 그러므로 佛은 실로 옴이 없고
마음도 또한 감이 없으나, 감·응의 길이 교차하여 유심으로 스스로 보니, 마치
죄지은 중생이 지옥의 모양을 느낄 수 있는 것과 같다.

如是念佛, 此喩唯心所作。卽有而空, 故無來去。又如幻非實, 則心佛兩亡。而不
無幻相, 則不壞心佛。空有無閡, 卽無去來。不妨普見, 見卽無見, 常契中道。是以
佛實不來, 心亦不去, 感應道交, 唯心自見。如造罪衆生, 感地獄相。

講

스님은 경문을 인용하여 증명한 후에, 감·응의 길이 교차하여 유심으로 스스
로 봄을 설명하였다. 먼저 앞의 답문에서 설한 것을 들었으니, 유심이 나타난
것임을 관하여 염불하라 하였으니, 그러므로 '이와 같이 염불할지니, 이것은
유심으로 지은 것임을 비유하였다' 하였다. 다음에는 『반주삼매경』에서 설한
것에 의하니, 꿈속에서는 있으나 깨고 나면 없는 것처럼, 유에 의해 공한지라
유심으로 나타난 것이니, 그러므로 오고 감이 없다. 뒤에는 전체적으로 밝혔
다. 세간 출세간법이 항상 중도법성에 합하니, 만약 한쪽으로 치우쳐 집착하면
제법실상이 아니다. 능념의 마음과 소념의 불이 모두 인연으로 나는 것이 환상
과 같아서, 비록 진실이 없으나 환상이 없지도 않아서 모두 일심 이문에서 벗

부를 역출하였으나 현존하는 것은 겨우 12부밖에 안 된다. 그가 번역한 반야 계통 경전은 위진 시대 현학청담
을 촉진하는 바람을 일으켰으니, 대승불교인 반야학 이론을 번역 전포한 제일 큰스님이시다. 또한 『般舟三昧
經』은 우리나라 불교사 초기 미타 정토신앙을 야기한 중요한 경전으로서, 慧遠의 여산 동림사 등 念佛結社에
서 채택한 경전이다.

어나지 않는다.

심진여문은 마음과 불을 모두 얻을 수 없는 것이요(兩亡), 심생멸문은 마음과 불이 환으로 나타난 형상을 파괴하지 않으니, 이와 같이 일심 이문에 공과 유가 무애하여 비록 佛이 가고 오는 환상을 보지만, 사실은 곧 자심이 나타난 것이라 오고 가는 실법이 없다. 그러므로 염불이 널리 불을 보는 것에 방애되지 않으니, 비록 보지만 마음 밖에 있지 않아서 보는 것이 있다.『능엄경』에 "見을 볼 적에 보는 것은 見이 아니다.[見見之時 見非是見]"¹¹¹ 한 것이니, 마음으로 마음을 보지 않아서 볼 만한 형상이 없으니, 그러므로 '보는 것이 곧 보는 것이 없어서 항상 중도에 계합한다' 하였다.

'그러므로 佛은 실로 오지 않는다' 한 아래 네 구절은, '능견과 소견의 자성이 공적하여 감·응의 길이 교차함이 불가사의하니, 佛力과 心力으로 정토에 왕생하니 모두 유심으로 나타난 것이다' 하는 뜻을 바로 보였다. 죄를 지은 중생이 느낌으로 본 지옥의 모습과 같으니, 확실히 그러한 事相과 작용이 있다.

集

『유식론』에 "모든 것이 지옥에서 옥졸 등이 능히 핍박하고 해치는 일을 하는 것을 똑같이 보는 것과 같으니, 그러므로 네 가지 뜻이 모두 이루어진다." 하였다. '네 가지 뜻'이란, 지옥에도 시기가 정해져 있고[時定], 처소가 정해져 있으

---

111 '見을 볼 적에 보는 것은 見이 아니다' 한 것에서 '見'은 見精 중에 가지고 있는 無明妄見이니, 우리가 有를 보고 暗을 보는 등의 妄見이요, '볼 적에 보는 것'은 見精 중의 본체인 眞見이라, 무시이래로 이 망견이 진견 중에 들어 있었으니, 마치 사람이 물에 빠져서는 물을 보지 못하는 것과 같다. 뒤에 부처님 말씀을 듣고 깨달았을 때는 진견이 문득 앞에 나타나면서 망견의 본체를 분명히 알게 되니, 마치 언덕에 올라가서야 물을 보는 것과 같다. - 『능엄경』운허 스님 주해에서 전재.

며[處定], 몸이 정해져 있지 않고[身不定], 작용이 정해져 있지 않아서[作用不定] 모두 유식 죄인에게 악업심이 나타나나, 결코 마음 밖에 실로 구리로 만들어진 개나 쇠로 된 뱀 등이 없는 것과 같으니, 세간의 일체 事法도 이와 같다.

그러나 노사나불토는 동서가 국한되어 있지 않으니, 만약 확실히 바르게 알면 習(種子)이나 累(現行)가 모두 다하고, 如理智와 如量智를 쌍으로 갖추어 무생을 친히 증득하며, 이미 성인의 계위를 거치고서는 지위가 불퇴위에 거처하여 생사의 고통을 싫어하지 않고 육도에서 중생을 교화한다. 만약 신심이 처음 갖추어지면 忍力이 원만하지 못한지라, 물에 빠진 자를 건지고자 하나 실제로는 아무것도 건지기 어려우니, 배가 없이 물에 빠진 자를 구제하고 약한 날개로 높이 날며, 큰 병을 앓아누워있으면서 좋은 의사를 버리려 하고, 강보에 싸인 채 자모의 품을 버리면 오래지 않아 추락을 만나 반드시 죽고 만다는 것은 의심할 여지가 없으니, 다만 자신을 함정에 빠뜨리는 근심을 얻을 뿐, 남을 이롭게 할 분수가 없다.

그러므로 『지도론』에 "비유하면 어린아이가 부모를 가까이하지 않으면 구덩이에 떨어지거나 우물에 빠지고, 물이나 불의 환난으로 젖을 먹지 못하고 죽는다. 그러니 모름지기 항상 부모를 가까이하여 장성할 때까지 키워주어야 비로소 가업을 이을 수 있고, 초심 보살은 다분히 정토에 왕생할 것을 발원하여 제불을 가까이하여 법신을 증장해야만 비로소 능히 부처님 가업을 계승하고 시방 중생을 건질 수가 있다. 이러한 이익이 있기 때문에 누구라도 왕생하기를 발원해야 하는 것이다." 하였다.

唯識論云, 一切如地獄, 同見獄卒等, 能爲逼害事, 故四義皆成。四義者, 如地獄中, 亦有時定, 處定, 身不定, 作用不定。皆是唯識罪人, 惡業心現。幷無心外實銅狗鐵蛇等事。世間一切事法, 亦復如是。然遮那佛土, 匪局東西。若正解了然, 習累俱殄, 理量雙備, 親證無生, 既歷聖階, 位居不退, 卽不厭生死苦, 六道化群生。如信心初具, 忍力未圓, 欲拯沈淪, 實難俱濟。無船救溺, 翅弱高飛。臥沈痾而欲離良醫, 處襁褓而擬抛慈母, 久遭沈墜, 必死無疑。但得陷己之虞, 未有利他之分。故智論云, 譬如嬰兒, 若不近父母, 或墮坑落井, 水火等難, 乏乳而死。須常近父母, 養育長大, 方能紹繼家業。初心菩薩, 多願生淨土, 親近諸佛, 增長法身, 方能繼佛家業, 十方濟運。有斯益故, 多願往生。

講

두 번째는 『성유식론』을 인용하여 증명하였다. '모든 것이 지옥에서⋯ 같다'는 것은, 일체 제법이 모두 죄인이 본 지옥상과 같아서 본래는 없지만 지금은 있고, 지금은 있으나 도로 없으니, 모두 유심으로 지은 것이라서 오는 것도 없고 가는 것도 없다. 죄지은 사람이 옥졸이 핍박하고 해치는 등의 일을 똑같이 보고 갖가지 苦報를 똑같이 받는데, 그가 지은 죄업 인연에 따라 자연히 四法('義')을 성취한다.

사법이란, 첫째는 시기가 일정하다[時定]. ‒ 과보를 받는 길고 짧은 시간이 결정되어, 과보가 다하지 않으면 면함을 얻지 못한다. 둘째는 처소가 일정하다[處定]. ‒ 고통을 받는 처소가 결정되어 지은 죄업과 상응하여 바꿀 수가 없다. 셋째는 몸이 일정하지 않다[身不定]. ‒ 죄업의 경중에 따라 고통을 받는 몸의 모양과 크기가 일정하지 않다. 예를 들면 무간지옥의 죄인은 몸이 무간지옥에 두루 가득한 것과 같다. 넷째는 작용이 일정하지 않다[作用不定]. ‒ 苦報를 받을 때의 작용이 각기 서로 같지 않다. 예를 들면 경 · 율 · 론에서 설한 갖가지 지옥상이 모두 업에 따라 발현하여 결정된 것이 없는 것과 같다. 그렇지만 또한 마음 밖에 실제로 있는 구리로 된 개나 철로 된 뱀 등의 일이 없다.

'세간의 일체 事法도 또한 이와 같다' 한 것은, 앞을 예하여 부연해 확대한 것이니 세간 만법도 또한 죄인이 과보를 받는 정형과 같아서 모두 업에 따라 유심으로 나타난 것이다. 본체는 비록 공적하나 작용은 분명하여 선에는 선보가 있고 악에는 악보가 있어서 인과와 보응이 털끝만치도 어긋나지 않는다. 무릇 지혜 있는 자는 응당 모든 악을 짓지 말고 여러 가지 선을 봉행할지니, 이 마음이 佛이고 이 마음이 佛이 되니, 체·용이 자재하여 자신이나 다른 이를 똑같이 이롭게 한다.

'그러나 노사나불토는…' 한 아래는, 보살이 염불하여 부처님을 뵙고 정토에 왕생하는 정의를 바로 밝혔다. '자나'는 노사나Vairocana의 간칭이니, 遍淨이라 번역한다. 원만보신 노사나불의 몸과 국토는 법계에 두루하니, 그러므로 '동서에 국한하지 않고 부처님은 가고 옴이 없다' 하였다. 만약 법안과 혜안을 갖추었다면 볼 수 있고, 육안과 천안으로 보는 것이 아니니, 이것을 '확실히 바르게 안다[正解了然]'고 한다. 곧 능히 생각마다 진리를 따르고 마음마다 幻塵을 쉰다면, 견·사 번뇌의 현행('累')과 종자('習')가 모두 완전히 소멸('俱殄')하여 如理智와 如量智를 갖추어('理量雙備') 한번 무명을 파괴하고 한번 법신(無生)을 증득하여 범부를 돌려 성인에 들어가 초지 이상의 불퇴위에 오른다. 이러한 공행이 있기 때문에 육도윤회의 생사 苦處를 싫어하지 않고 종류에 따라 삼계육도에 몸을 나투어 중생을 교화하니, 지장보살이나 관음보살과 같은 이들이다.

만약 地上 성인이 아니면, 초심보살은 공력이 많지 않아서 삼계 가운데서 중생을 제도하고자 해도('欲拯濟沈淪') 실제로는 불가능하다. 왜냐하면, 배가 없으면 물에 빠진 사람을 어떻게 구할 것이며, 날개가 성장하지 않은 새는 어떻게 높이 날 수 있겠는가? 비단 남에게 아무런 이익을 주지 못할 뿐만 아니라 또한 똑같이 물에 빠지고 말 것이니, 이는 참으로 옳지 않은 일이다. 예를 들면 오랫동안 병을 앓아 자리를 보전하고 누운 자가 의사를 찾아 약 먹기를 원하지 않고,

또한 막 태어난 갓난아이('襁褓')가 자모가 젖을 먹여 길러주는 것을 포기하는 것과 같으니, 어찌 반드시 죽고 말 것이라고 의심하지 않겠는가? 자신이나 남에게 아무런 이익도 없을 뿐더러, 실제로는 자신이나 타인이 모두 피해를 입는다.

'그러므로『지도론』에' 한 아래는『대지도론』에서 설한 것을 인용하여, 초심보살은 반드시 정토왕생을 구하여 제불을 가까이해야 비로소 두 가지 이익을 얻어 복과 지혜가 원성할 뿐만 아니라, 불퇴보살도 부처님을 뵙고 법을 듣고 수승한 이익을 얻기 때문에 또한 흔히 왕생을 발원해야 한다. 그러므로『무량수경』하권에 부처님이 분명히 이렇게 설하시었다. "이 세계에 67억 불퇴전 보살이 극락에 왕생하였고, 그밖에 행실이 작은 보살과 작은 공덕을 닦은 자가 이루 헤아릴 수 없는데 모두 반드시 왕생하였다. … 시방세계 무량 불국에 왕생한 자도 또한 이와 같아, 그 수를 헤아릴 수 없을 만큼 매우 많다." 하였다.

集

또한 여러 가지 경전을 살펴보니 "안양에 왕생한 자는 인연이 강하고 因地가 수승하며, 복을 갖추고 수명이 길며, 연화에 화생하며, 부처님이 직접 영접하며, 곧 보살의 지위에 오르며, 단박에 여래의 집안에 태어나며, 영원히 아비발치(불퇴전)의 문에 처하며, 모두 보리의 수기를 받으며, 몸에는 광명의 묘상을 갖추며, 자취는 寶樹와 香臺를 밟으며, 시방에 공양을 바치며, 삼매로 마음을 편안히 하며, 귀에 들리는 것은 항상 대승의 법을 들으며, 어깨를 나란히 하는 자는 모두 보처를 이웃한 사람이며, 생각생각이 虛玄(적막하고 고요함)하고 마음마음이 고요하며, 번뇌의 불꽃이 꺼지고, 애욕의 샘이 말랐으니, 오히려 악취의 이름도 없는데 어찌 윤회의 일이 있겠는가!" 하고,

又按諸經云, 生安養者, 緣强地勝, 福備壽長, 蓮花化生, 佛親迎接。便登菩薩之位,頓生如來之家。永處跋致之門, 盡受菩提之記。身具光明妙相, 跡踐寶樹香臺。
獻供十方, 寧神三昧。觸耳常聞大乘之法, 差肩皆隣補處之人。念念虛玄, 心心靜
慮。煩惱欻滅, 愛欲泉枯。尙無惡趣之名, 豈有輪廻之事。

講

마음은 본체로 인하여 작용을 일으키니, 미타를 칭념하여 극락에 왕생하는 이
익이 매우 많다. 스님은 여러 경전에서 설하신 것을 살펴보고, 중요한 것 18가
지를 뽑아 소개하였다. 첫째 '인연이 강하고 땅(因地)이 수승하다' 한 것은『무
량수경(대본)』에서 설한 것이니, 미타가 因地에 法藏 비구가 되어 먼저 48대원
을 세우고, 나중에 무량겁이 지나도록 그 발원에 의해 수행하여 佛身淨土를 성
취하여 시방 중생을 섭수하여 극락에 왕생케 하니, 이것이 인연이 강하고 인지
가 수승한 것이다. 둘째 '복을 갖추고 수명이 長久하다'는 것은『아미타경(소
본)』에서 설한 것이니, "그 나라 중생은 여러 가지 고통이 없고 다만 여러 가지
즐거움만을 누리며, 그 부처님 수명과 그 인민들의 수명은 무량무변 아승지겁
이시다." 하였다.

  셋째 '연화에 화생한다' 한 것은『법화경』「약왕품」에 설한 것과 같으니, "만
약 여래가 돌아가신 후 후5백세에 만약 어떤 여인이 이 경전 말씀을 듣고 설하
신 바와 같이 수행한다면, 여기서 목숨이 다한 후에 곧 안락세계에 가서 연화
가운데 보좌 위에 태어나 보살의 신통과 무생법인을 얻는다." 하고, 『관무량수
불경』에 (『觀經』이라 간칭함) "구품연화에 수생한다." 한 것이다. 넷째 '부처님이
직접 영접하신다' 한 것은, 『보현행원품』에 "원컨대 제가 목숨이 다하려 할 때
모든 장애 모두 없어지고, 저 부처님 아미타불을 직접 뵙고 금방 안락찰에 왕
생해지이다." 하였다. 또한『소본』에는 "그 사람이 목숨이 다하려 할 때 아미타
불과 여러 성중이 그 사람 앞에 나타나면, 그 사람은 목숨이 다할 때 마음이 전

도하지 않고 금방 극락국토에 왕생한다." 하였다.『대본』에는 "설사 내가 부처가 되더라도 시방 중생이 보리심을 내어 여러 가지 공덕을 닦아 지극한 마음으로 발원하여 나의 국토에 태어나고자 하면, 수명이 다하려 할 때 가령 대중과 에워싸고 그 사람 앞에 나타나지 않으면 정각을 이루지 않겠나이다." 하고,『관경』에는 "구품에 왕생하는 자는 모두 아미타불이 직접 손을 내밀거나 혹은 화불이 영접한다." 하였다.

다섯째 '곧 보살의 지위에 오른다' 한 것은,『소본』에 "응당 발원하여 저 나라에 왕생하기를 원하라. 왜냐하면, 이와 같은 여러 上善人과 함께 한곳에 모이기 때문이다." 한 것이다. 여섯째 '단박 여래의 집안에 태어난다' 한 것은,『관경』에 "염불하는 자는 반드시 알지니, 이 사람은 사람 가운데 분타리화 puṇḍarīka(白蓮華)니, 관음·세지가 그의 좋은 벗이 되어 반드시 도량에 앉아 제불의 집안에 태어난다." 하였다. 일곱째 '영원히 발치(불퇴전)의 문에 처한다' 한 것은,『소본』에 "중생으로 태어난 자는 모두 아비발치다." 하였다. 여덟째 '모두 보리의 수기를 받는다' 한 것은,『보현행원품』에 "저 부처님 중회가 모두 청정하니, 내가 그때 勝蓮花에 태어나 여래 무량광을 직접 뵙고 현전에서 보리기를 받아지이다." 하고,『대본』에는 "저 장엄청정한 국토에 이르면 속히 신통을 얻고 반드시 무량존에게 수기를 받고 정각을 이루어지이다." 한 것이다.

아홉째 '몸에 광명묘상을 갖추었다' 한 것은,『대본』에 "그 나라 天人이 모두 서른두 가지 대인상을 원만히 이루지 않으면 정각을 이루지 않겠나이다." 하고, 또 "설령 제6 천왕이라도 무량수불국의 보살과 성문에 비하면 빛나는 얼굴색이 미치지 못하여 백천만억에 그 배 만큼이라도 헤아리지 못한다." 한 것이다. 열 번째 '자취는 寶樹와 香臺를 밟는다' 한 것은 정토 삼경에 널리 설하였다. 열한 번째 '시방에 공양을 바쳤다' 한 것은『소본』에서 설한 것이니, "그 나라 중생이 항상 이른 새벽에 각기 바구니에 갖가지 묘화를 담아 타방의 십만 억 부처님께 공양한다." 하였다. 열두 번째 '삼매를 얻어 정신을 편안히 한다'는 것은,『대본』에 "저 나라 여러 보살은 지혜는 대해와 같고 삼매는 산왕과 같다." 한 것이다. 열세 번째 '귀에 스치는 것은 항상 대승의 법을 듣는다' 한 것은,『대본』에 "팔공덕수가 무량한 자연스러운 미묘한 음성을 물결쳐 그들이 응하는 데 따라, 어떤 때는 佛聲을 듣고 내지 감로로 관정하는 여러 가지 묘법의 소리를 듣는다." 하였다.『소본』에는 "이 여러 가지 새들이 밤낮 온종일 화아한 음성을 내니, 그 소리는 오근·오력·칠보리분·팔성도분인 이 같은 여러 가지 법을 연창한다." 하였다.

열네 번째 '어깨를 나란히 한 것은 모두 보처를 이웃한 사람들이다' 한 것은,『소본』에 "그 가운데 일생보처가 매우 많으니, 다만 무량무변 아승지라 설할 수 있으리라." 한 것이다. 열다섯 번째 '생각마다 허현하고 마음마다 고요하다' 한 것은,『대본』에 "제법 자성이 일체 空無我('虛玄')임을 통달하여 오로지 청정불토('靜慮')만을 구하여 반드시 이 같은 국토를 이루었다." 하였다. 열여섯 번째 '번뇌의 불길이 꺼졌다' 한 것은,『대본』에 "생사[生身]와 번뇌를 두 가지 모두 다하였다." 하였다. 열일곱 번째 '애욕의 샘이 말랐다' 한 것은,『대본』에 "저 불국에 태어난 여러 보살은 그 국토에 있는 만물에 내 것이라는 마음이 없고 집착하는 마음이 없어서 마음에 얽매임이 없고 취하고 버리는 마음이 없으며, 나와 남이 없고 다툼이 없다." 한 것이다. 열여덟 번째 '오히려 악취의 이름도 없는데 어찌 윤회의 일이 있겠는가' 한 것은,『소본』에 "저 불국토에는 오히려 악도라는 이름도 없는데 어찌 실제로 그런 것이 있겠는가?" 한 것이다.

『안국초』에는 "말한바 극락에는 스물네 가지 즐거움이 있다. 하나는 欄楯이 막아주고 방어하는 즐거움이요, 둘은 보배 그물이 공중에 걸쳐있는 즐거움이며, 셋은 나무 그늘이 사방 거리에 통하는 즐거움이요, 넷은 칠보 못에 목욕하는 즐거움이며, 다섯은 팔공덕수의 맑고 잔물결이 이는 즐거움이요, 여섯은 금모래를 내려다보는 즐거움이요, 일곱은 계단에 광명이 있는 즐거움이며, 여덟은 누대가 공중에 솟아있는 즐거움이요, 아홉은 네 가지 연꽃이 화려하고 향기로운 즐거움이며, 열은 황금으로 땅이 된 즐거움이요, 열하나는 八音이 항상 연주하는 즐거움이며, 열둘은 밤낮으로 꽃비가 내리는 즐거움이요, 열셋은 이른 새벽에 다그쳐 노력하는 즐거움이며, 열넷은 아름다운 꽃을 가지는 즐거움이요, 열다섯은 타방불에게 공양하는 즐거움이며, 열여섯은 본국에 돌아와 경행하는 즐거움이요, 열일곱은 여러 가지 새가 서로 화목한 울음을 우는 즐거움이며, 열여덟은 밤낮으로 법을 듣는 즐거움이요, 열아홉은 삼보를 생각하는 즐거움이며, 스물은 삼악도가 없는 즐거움이요, 스물하나는 부처님의 변화가 있는 즐거움이며, 스물둘은 나무에 그물이 흔들리는 즐거움이요, 스물셋은 千國(삼천대천세계)에서 동시에 소리하는 즐거움이며, 스물넷은 성문이 발심하는 즐거움이다." 하였다.

安國鈔云, 所言極樂者, 有二十四種樂。一 欄楯遮防樂。二 寶網羅空樂。三 樹蔭通衢樂。四 七寶浴池樂。五 八水澄漪樂。六 下見金沙樂。七 階際光明樂。八 樓臺陵空樂。九 四蓮華香樂。十 黃金爲地樂。十一 八音常奏樂。十二 晝夜雨華樂。十三 清晨策勵樂。十四 嚴持妙華樂。十五 供養他方樂。十六 經行本國樂。十七 衆鳥和鳴樂。十八 六時聞法樂。十九 存念三寶樂。二十 無三惡道樂。二十一 有佛變化樂。二十二 樹搖羅網樂。二十三 千國同聲樂。二十四 聲聞發心樂。

『안국초』에서 설한 것을 거듭 인용하여 극락세계에 스물네 가지 즐거운 일이 있음을 소개하였다. 이것은 완전히 『아미타경』 경문에 의지하였다. 경에 "극락 국토에는 일곱 겹의 난간, 그물, 줄지은 나무, 칠보의 못, 팔공덕수, 연못 속에 네 가지 색깔의 연화가 있고, 항상 하늘음악을 연주하며, 황금으로 땅이 되고, 밤낮으로 항상 하늘 꽃이 내린다. 그 나라에는 항상 이른 새벽에 각기 바구니에 갖가지 아름다운 꽃을 담아 타방 부처님께 공양하고 밥 때가 되면 본국으로 돌아와 밥을 먹고 경행한다." 한 것은 제1부터 제16까지 즐거운 일이다. 제17부터 제 22까지 즐거운 일은, 경에서 "저 나라에는 항상 백학 등의 새가 … 저 불국토에는 미풍이 불어 여러 줄지은 보배나무와 보배 그물에 미묘한 소리를 내니, 마치 백 천 가지 음악이 동시에 연주하는 것 같은데, 이 소리를 듣는 자는 저절로 모두 불을 생각하고 법을 생각하고 승을 생각하는 마음을 낸다." 한 것이다.

제23에 '千國에서 동시에 소리하는 즐거움'은, 경에 "육방 제불이 넓고 긴 혀를 내어 삼천대천세계를 널리 덮고 찬탄하며 믿을 것을 권하였다." 한 것이다. 제24 '성문이 발심하는 즐거움'은, 경에 "만약 이미 발심했거나 지금 발심하거나 나중에 발심하여 저 불국에 왕생코자 하는 자는 모두 무상보리에 불퇴전을 얻어, 저 국토에 이미 태어났거나 지금 태어나거나 나중에 태어날 것이다." 한 것이다.

『군의론』에는 "서방정토에 서른 가지 이익이 있다. 첫째는 청정 불토를 수용하는 이익이요, 둘째는 큰 법락을 얻는 이익이요, 셋째는 청정 佛壽의 이익이요, 넷째는 시방에 노닐며 부처님께 공양하는 이익이요, 다섯째는 제불에게서 들은 법에 수기를 받는 즐거움이요, 여섯째는 복·혜 자량으로 빨리 원만함을 얻는 이익이요, 일곱째는 속히 무상정등보리를 얻는 이익이요, 여덟 번째는 여러 대인 등과 똑같이 모이는 이익이요, 아홉 번째는 항상 퇴전이 없는 즐거움이요, 열 번째는 한없는 행원이 생각생각 증진하는 이익이요, 열한 번째는 앵무·사리가 법음을 선양하는 이익이요, 열두 번째는 청풍이 나무에 불어 마치 여러 가지 음악과 같은 이익이요, 열세 번째는 마니수가 소용돌이쳐서 苦·空을 말하는 이익이요, 열네 번째는 여러 가지 악기 소리가 갖가지 묘음을 연주하는 이익이요, 열다섯 번째는 사십팔원으로 영원히 삼악도가 끊어진 이익이요, 열여섯 번째는 진금 색신의 이익이요, 열일곱 번째는 몸이 추함이 없는 이익이요, 열여덟 번째는 오신통을 얻는 이익이요, 열아홉 번째는 항상 정정취에 머무는 이익이요, 스무 번째는 여러 가지 不善이 없는 이익이요, 스물한 번째는 수명이 길고 아득한 이익이요, 스물두 번째는 의식이 자연스러운 이익이요, 스물세 번째는 오직 여러 가지 즐거움만을 수용하는 이익이요, 스물네 번째는 삼십이상의 이익이요, 스물다섯 번째는 여인이 없는 이익이요, 스물여섯 번째는 소승이 없는 이익이요, 스물일곱 번째는 八難을 여의는 이익이요, 스물여덟 번째는 三法忍을 얻는 이익이요, 스물아홉 번째는 몸에 常光이 있는 이익이요, 서른 번째는 那羅延身을 얻는 이익이다." 하고, 위와 같이 법의 이익이 무변함을 대략 말하였다.

群疑論云, 西方淨土, 有三十種益。一 受用清淨佛土益。二 得大法樂益。三 清淨佛壽益。四 遊歷十方供佛益。五 於諸佛所聞法授記益。六 福慧資糧疾得圓滿益。七 速證無上正等菩提益。八 諸大人等同一集會益。九 常無退轉益。十 無量行願念念增進益。十一 鸚鵡舍利宣揚法音益。十二 清風動樹如衆樂益。十三 摩尼水漩宣說苦空益。十四 諸樂音聲奏衆妙音益。十五 四十八願永絶三途益。

十六 眞金色身益。十七 形無醜陋益。十八 具足五通益。十九 常住定聚益。二十
無諸不善益。二十一 壽命長遠益。二十二 衣食自然益。二十三 唯受衆樂益。
二十四 三十二相益。二十五 無有女人益。二十六 無有小乘益。二十七 離於八難
益。二十八 得三法忍益。二十九 身有常光益。三十 得那羅延身益。如上略述法
利無邊。

『釋淨土群疑論』을 다시 인용하여, 서방정토에 태어나면 서른 가지 이익이 있다
는 것을 말하였다. 이것은 모두 정토삼부경에서 설한 것에 따른 것이다. 첫째
原文은, '갖가지 공덕으로 장엄한 청정 불토를 수용하는 이익'이라 하였다. 세
번째 원문은, '무량수불께 친근 공양하는 이익'이라 하였다. 여덟 번째 원문은
'여러 大士들과 똑같이 한곳에 모이는 이익'이라 하였다. 열일곱 번째 원문은,
'몸에 美·醜가 없는 이익'이라 하였다. 서른 번째는 나라연신을 얻는 이익이
다. '나라연Nāryaṇa'은 범어인데, 하늘의 力士 이름이다. '금강' 혹은 '견고'라
번역한다. 인도의 비뉴천신을 '나라연'이라 부른다.

성인의 경계는 허망하지 않고 진실한 말씀은 그릇되지 않건만, (세상 사람들은)
어찌하여 애정의 강물 속에 깊이 빠져있으면서도 근심이 없고, 불난 집의 불길
속에 불태워지면서도 두려워하지 않는가! 촘촘히 짜진 어리석음의 그물은 작
은 지혜 칼로는 능히 자르지 못하고, 깊이 심어진 의심의 뿌리는 변변찮은 믿
음의 힘으로 어찌 능히 뽑을 수 있겠는가?

그리하여 마침내 만족하고 복종하며, 불행을 행복하게 여기고 재앙을 즐거
워하며 도리어 청정한 나라를 비난하고, 두렵고 무서운 세상을 사모하니, (이

는 마치) 불에 그슬린 나방과 썩어 문드러진 누에고치가 스스로 후환에 처하고, 새장에 갇힌 새와 솥 안에 든 물고기가 오히려 쾌락하다고 하는 것과 같다.

　그러므로 佛力이라도 業力만 못하고 邪因으로는 正因에 나아가기 어려우니, 業身을 벗지 못하면 마침내 三障에 얽매인다는 것을 알 수 있다. 이미 연대에서 몸을 변화하기 좋아하지 않으면 응당 胎藏에서 몸을 받을 수밖에 없으니, 만약 육신을 받는다면 온몸이 고통이라, 이미 삼계에 침륜하였으니 어찌 윤회를 면하랴!

聖境非虛, 眞談匪謬。何乃愛河浪底, 沉溺無憂。火宅燄中, 焚燒不懼。密織癡網, 淺智之刃莫能揮。深種疑根, 汎信之力焉能拔。遂卽甘心伏意, 幸禍樂災。卻非淸淨之邦, 顧戀恐畏之世。燋蛾爛繭, 自處餘殃。籠鳥鼎魚, 翻稱快樂。故知佛力不如業力, 邪因難趣正因。且未脫業身, 終縈三障。旣不愛蓮臺化質, 應須胎藏稟形。若受肉身, 全身是苦。旣沉三界, 寧免輪廻。

講

스님은 감·응의 도가 교차하여 법의 이익이 무한함을 인용하고 증명하여 설명한 후에, 이 책을 보고 듣는 모든 사람은 부처님 힘은 불가사의하고 극락정토의 聖境은 결코 허탄한 것이 아닌 줄 믿을 것을 간절히 권하였다. 『정토삼부경』에서 설한 말씀은 참다운 말씀이고 진실한 말씀이어서 결코 그릇된 것이 아니다. 세상 사람들은 깊이가 천 길이나 되는 애정의 강과, 파도가 만 겹으로 치는 고통의 바다에서 나왔다 사라졌다 하며 수많은 고통을 받으면서도 근심하거나 두려워하지 않고, 삼계가 편안하지 않아 마치 불난 집과 같은 곳에서 다섯 가지 고통을 받고 다섯 가지로 불태워지면서도 어찌하여 놀라거나 두려워하지 않는가! 삼독과 四倒로 말미암아 촘촘히 짜져 한없는 번뇌의 그물이 되고, 고치가 되어 스스로를 얽매어, 육도에 윤회하여 말할 수 없는 고통을 당한다. 만약 불보살이 깨우쳐 인도함을 만나지 않으면 비록 세상의 총명한 이라도 영원히 애정의 강과 고통의 바다를 건너지 못하고, 비록 삼보의 인연을 만나더라도 의심하기만 하고 믿지 않으면 결코 생사의 큰 고통을 구원하지 못하니, 이런 사람들이야말로 실로 불쌍하다 할 것이다.

또한, 정토 법문을 경시하고 부처님 힘으로 접인 왕생한다는 것을 믿지 않으면, 사바세계에 거주하는 것을 마음에 달게 여기고 자원하여 생사에 빠진다. 이것은 참으로 '불에 그슬린 나방과 썩어 문드러진 고치가 스스로 후환에 처한다' 한 것과 같고, 또한 '쇠 조롱 속에 갇힌 새와 뜨거운 솥 안에 든 물고기가 몸이 죽음의 문에 있으면서도 오히려 즐겁다고 여긴다' 한 것에 비할 수 있으리니, 어찌 슬프고 애통하지 않은가! 이런 것들은 모두 중생의 업력으로 그렇게 된 것이니, 비록 불보살이 자비로 이들을 구하려고 해도 업력에 장애되어 어찌하지 못하는데, 부처님 힘을 등지고 버리니 참으로 애석한 일이다. 더욱이 중생이 비록 조그만 수행이 있더라도 만약 자력에만 의지한다면 결코 업보의 몸을 벗어나지 못하여 마침내 三障[惑·業·苦]에 얽매여 생사에 해탈하지 못한다.

우리들이 사바에 살고 있지만, 한편으로는 정토에 화생하여 구품의 청정 연대에 몸을 의탁해 즐거움을 누리기도 하고, 또 한편으로는 예토에 태어나 온몸이 피와 살로 더럽혀져 고통을 받는데, 이 가운데 어떤 것을 취하고 어떤 것을 버릴지는 그대들 스스로 선택하라. 그러나 업식이 망망한 어리석은 중생은 무시겁 이래로 삼계에 빠지고 육도에 윤회하여 업에 따라 과보를 받으나 의지할 곳이 없으니, 『법화경』「비유품」에서 말한 "이 같은 갖가지 고통 속에 빠져 환희하고 즐겁게 노닐고, 깨닫지도 못하고 알지도 못하며, 놀라지도 않고 두려워하지도 않으며, 또한 싫어하는 마음도 내지 않고 해탈도 구하지 않으면서, 이 삼계의 불난 집에서 이리저리 제멋대로 뛰놀며 비록 큰 고통을 당하더라도 걱정하지 않는다." 한 것과 같으니, 이것이 현재 세상 사람들의 진정한 초상화가 아닌가!

스님은 "깊이 심어진 의심의 뿌리를 보통 믿음의 힘으로 어찌 뽑을 수 있겠는가?" 하였으니, 탐·진·치·만·의는 중생의 가장 보편적인 번뇌이다. 그러므로 불교를 배우고 수행하는 데는 가장 먼저 삼보에 대한 청정한 믿음을 가져야 하는데, 더욱이 염불법문은 반드시 깊이 믿어 의심하지 않아야 한다.

徹悟(1741~1810)[112] 대사는 "태어난 것은 반드시 죽는다는 것을 믿어야 한다. 사람의 목숨은 무상하다는 것을 믿어야 한다. 윤회의 길은 험난하다는 것을 믿어야 한다. 苦趣의 시기는 장구하다는 것을 믿어야 한다. 부처님 말씀은 거짓말이 아니라는 것을 믿어야 한다. 진실로 정토가 있음을 믿어야 한다. 왕생하기를 원하면 곧 그곳에 태어난다는 것을 믿어야 한다. 왕생하면 물러가지 않는다는 것을 믿어야 한다. 일생에 성불한다는 것을 믿어야 한다. 법은 본래 유심임을 믿어야 한다." 하며 '열 가지 믿음'을 열거하고, 또한 사바와 극락에 대략 열 가지 고통과 즐거움이 있음을 열거하여, 사바는 정말 고통스러운 곳이고 서방은 정말 즐거운 곳임을 알고 스스로 즐거워하고 싫어함이 분명하여, 믿음과 발원으로 왕생하게 하였다.

1. 사바세계는 항상 부처님을 만나지 못하는 고통이 있고, 극락에는 꽃이 피고 부처님을 뵙고 항상 가까이할 수 있는 즐거움이 있다.

---

112 184페이지. 주 62) 참조.

2. 사바세계는 설법을 듣지 못하는 고통이 있고, 극락에는 물과 새와 나무 숲이 모두 묘법을 연설하는 즐거움이 있다.

3. 사바세계는 나쁜 벗과 얽히는 고통이 있고, 극락에는 여러 상선인과 한곳에 모이는 즐거움이 있다.

4. 사바세계는 여러 가지 마군이 괴롭히고 어지럽게 하는 고통이 있고, 극락에는 제불이 호념하여 멀리 마군의 일을 여의는 즐거움이 있다.

5. 사바세계는 윤회가 쉬지 않는 고통이 있고, 극락에는 생사를 끊어 영원히 윤회에서 벗어나는 즐거움이 있다.

6. 사바세계는 삼악도를 면하기 어려운 고통이 있고, 극락에는 악도를 영원히 여의어 이름조차 듣지 못하는 즐거움이 있다.

7. 사바세계는 세상의 번거로운 인연과 도를 장애하는 고통이 있고, 극락에는 수용이 자연스러워 경영할 필요가 없는 즐거움이 있다.

8. 사바세계는 수명이 짧은 고통이 있고, 극락에는 수명이 부처님과 같아 한정이 없는 즐거움이 있다.

9. 사바세계는 수행이 퇴보하는 고통이 있지만, 극락에는 정정취에 들어가 영원히 퇴전함이 없는 즐거움이 있다.

10. 사바세계는 불도를 이루기 어려운 고통이 있지만, 극락에는 일생에 수행이 만족하여 하는 일을 성취하는 즐거움이 있다.

이상 열 가지로 대비하면 고통스럽고 즐거운 것이 판연히 다르다. 중생은 이고득락을 바라지 않는 이가 없으니, 만약 정토법문을 보고 듣고 믿고 받아들인다면, 능히 깊은 믿음과 간절한 원력으로 정토에 왕생하여 고통을 여의고 즐거움을 얻을 수 있다. 예전에 白雲 법사라는 분이 '사바는 고통스럽고, 극락은 즐겁다[娑婆苦, 極樂好]'라는 글을 지어 우리에게 '이고득락'할 것을 호소하고 있는데, 여기서 그 가운데 2수만을 소개하면 다음과 같다.

"娑婆苦. 세월은 급하기 흐르는 물과 같은데, 총애와 치욕, 슬프고 기쁜 일을 언제 다하며, 인아를 시비하는 일을 어느 때나 쉬랴. 생사의 길은 아득하기만 하네. 삼계는 물 위에 뜬 하나의 물거품. 설사 영웅의 공이 세상을 덮더라도 백골만이 남아 거친 들판에 쌓였으니, 어찌 하루빨리 뉘우치고 바꾸지 않는가.

極樂好. 우리 부처님 대자비로, 三心을 갖추고 十念이 원만한 것만으로 구품에 올라 삼지겁을 초월하니, 부처님 위신력 참으로 부사의하네. 죽음에 다다라 접인하시는 것은 진정 의심할 여지가 없으니, 중생이 함께 염불하여 금대와 하늘 음악이 함께 맞이할 때 금방 연지에 이르네." 하였다.

불자 여러분! 그대들은 생사윤회에서 벗어나고자 하십니까? 여러분들은 먼저 마음을 극락으로 돌려보내고, 한 점 귀의하는 마음은 지는 해에 의거하고 수많은 먼지 같은 일은 뜬구름에 부치십시오. 인간 세상은 그저 번거롭고 바쁠 뿐이니 온갖 인연을 모두 놓아버리고 한 구절 '나무아미타불'을 지금 바로 생각하십시오. 나무아미타불! 나무아미타불!

集

여기서는 여덟 가지 고통 중 대략 생·사 두 가지 고통에 대해 말하려 한다.

첫째 태어나는 고통은, 아버지 정기와 어머니 피를 본체로 삼고, 生臟(밥통)과 熟臟(창자) 가운데 처하다가 마흔두 번 변화하여 환과 같은 몸이 이루어진다. 위에서는 더러운 음식이 내리누르고 아래는 악취 구덩이에서 냄새를 풍긴다. 찬 것을 마시면 얼음 강과 같고, 뜨거운 것을 삼키면 화로의 숯불 같으며, 몸을 움직일 때마다 정신이 혼미한 것은 이루 다 말할 수가 없다. 태어날 때에 다다르면 여러 가지 고통이 한정 없다. 더러운 손으로 받아 땅에 떨어지면 마치 소가죽을 산채로 벗기는 것 같고, 좁은 길은 어렵고 어려워 마치 거북 껍질을 산 채로 벗기는 것 같다. 억울함을 참고 한을 품으니 어머니 몸을 해치려는 듯하고, (외부의) 뜨거운 바람에 닿자마자 괴로운 인연을 몰록 잊는다. 갓난아이는 어리석어 물과 불로 비명에 죽고, (다행히 이를) 벗어나 성인이 되었더라도 자신과 혈통을 경영하여야 하고, 업의 밭이 이미 익었으면 애욕의 물이 자주 번성하고, 무명이 발생하여 고통의 싹이 증장한다. 七識에 달라붙어 九居의 새장에 갇히니, 마치 火輪을 돌리는 것 같이 순환하여 다할 때가 없다.

둘째 죽음의 고통은, 칼을 놀려 몸을 해체하고 불이 몸을 태우듯 하며, 소리는 공허하고 안으로 떨리니 혼백이 놀란다. 극심한 고통이 아울러 일어나고 악업이 몰록 나타난다. 온갖 근심으로 답답하고 괴로워하고 갖가지 두려움으로 넋을 잃고 허둥댄다. 그리하여 목숨이 물러가고 기가 다하면 고요히 혼자서 간다. 아득한 길은 캄캄하고 어두운 길은 아득하다. 예전에 원수진 이와 분명히 마주한다. 하늘을 우러러 울부짖고 땅을 치고 원망하며, 벗어날 길을 찾지만 문이 없다. 업의 얕고 깊음에 따라 육도를 거쳐 혹은 전도하여 지옥에 태어나고, 혹은 음습하게 귀신 몸을 받는다. 주리고 목마름을 참으며 장겁에 울부짖고, 죄고를 받아 온몸이 불에 타서 문드러진다. 25유를 벗지 못하여 선악의 업이 없지 않고, 몸을 따라 과보를 받아 일찍이 유실한 적이 없다. 생사의 바다가 광활하고 업의 길이 다함없으니, 성문도 오히려 출태에 매하고 보살은 격음에 혼미하거든, 더욱이 생사에 具縛[113]한 비천한 중생이 어찌 태어나는 고통에 속

---

113 具縛의 '具'는 見 · 修 二惑을 구족함을 말하고, '縛'은 번뇌의 異名이니, 煩惱(心之惑)가 유정을 繫縛하여 생사 윤회의 苦境에 떨어지게 하기 때문이다.

박되고 죽음의 마에 얽매이지 않겠는가.

今於八苦之中, 略標生死二苦。 一生苦者。 攬精血爲體, 處生熟臟中。 四十二變而成幻質。 上壓穢食, 下薰臭坑。 飮冷若氷河, 呑熱如爐炭, 宛轉迷悶, 不可具言。 及至生時, 衆苦無量。 觸手墮地, 如活剝牛皮。 逼窄艱難, 似生脫龜殼。 衝寃抱恨, 擬害母身。 纔觸熱風, 苦緣頓忘。 嬰孩癡騃, 水火橫亡。 脫得成人, 有營身種。 業田旣熟, 愛水頻滋。 無明發生, 苦芽增長。 膠粘七識, 籠罩九居。 如旋火輪, 循環莫已。 二死苦者。 風刀解身, 火大燒體, 聲虛內顫, 魄悸魂驚。 極苦併生, 惡業頓現。 千愁鬱悒, 萬怖憧惶。 乃至命謝氣終, 寂然孤逝。 幽途黯黯, 冥路茫茫。 與昔寃酬, 皎然相對。 號天叩地, 求脫無門。 隨業淺深, 而歷諸趣。 或倒生地獄, 或陰受鬼形。 忍飢渴而長劫號咷, 受罪苦而遍身燋爛。 未脫二十五有, 善惡之業靡亡。 追身受報, 未曾遺失。 生死海闊, 業道難窮。 聲聞尙昧出胎, 菩薩猶昏隔陰。 況具縛生死底下凡夫, 寧不被生苦所羈, 死魔所繫。

[講]

여덟 가지 고통은 무엇인가? 생·노·병·사와, 사랑하는 이와 이별하는 고통 [愛別離], 원수진 이와 만나는 고통[寃憎會], 구하더라도 얻지 못하는 고통[求不得], 오음이 치성한 고통[五陰熾盛] 등 여덟 가지는 모든 중생이 누구나 가지고 있는 고통스러운 일이다. 이 여덟 가지 가운데 생과 사 두 가지 고통이 근본이다. 그러므로 고인이 '생사의 일이 크다' 하였다. 스님은 태어나는 고통과 죽음의 고통으로 구별하여 매우 분명히 말씀하였으니, 인연 있는 사람은 모두 생사의 고통을 알고 보리의 마음을 내어 수행하기 쉬운 도[易行道]에 의해 정토왕생을 구하여, 이 보신을 다하고 함께 극락국에 왕생하여 부처님을 뵙고 생사를 마치고 부처님과 같이 일체중생을 제도하기를 바라마지 않노라. 할머니 마음과 같이 입이 쓰도록 간절히 충고하시어 말씀은 소중하고 마음은 깊으니, 바라건대 놓치지 마시라.

　사람이 태어나는 것은 최초에 부정·모혈이 화합하여 태가 이루어지고, 그런 후에 위장[生臟]과 창자[熟臟]와 함께 어머니 배속에 처한다. 49일이 지나[114] 점점 사람 몸으로 변화하여 성숙하는데, 태중에서 위에는 위장에 더러운 음식이 산과 같이 아래로 누르고, 아래는 똥과 오줌이 항상 냄새를 풍긴다. 어머니가 냉수를 마실 때는 얼음 강에 처한 것 같은 고통이요, 뜨거운 음식을 먹을 때는 화로에 몸을 태우는 것 같아 지내기가 어렵다. 열 달 임신하는 동안에는 막과 태반에 싸여 몸을 움직일 때마다 정신이 혼미하니, 그 고통은 무어라 형용할 수 없다. 태어날 때는 마치 소가죽을 산 채로 벗기고 거북 껍질을 살아있는 채로 벗기듯이 괴롭고 어렵고 위태롭고 고통스러워, 모자가 함께 죽어가는 정상이니, 그러므로 '원한을 품고 어머니를 해치려는 듯하다' 한 것이다. 응애응애 하며 땅에 떨어져 외부 공기('熱風')와 접촉하면 크게 소리쳐 수없이 울어대니, 이것은 '태어나는 것은 모두 고통이니, 사람마다 면하기 어렵다' 하고 소리

114　胎內五位를 말한 듯하다. 태아가 어머니 몸에서 受胎할 때부터 출생할 때까지 266일간을 차례대로 나눈 다섯 단계. (1) 羯刺藍(梵 kalala). 凝滑·雜穢라고 의역한다. 受胎한 후 처음 7일간을 말한다. 父精母血이 응결되지만 아직 아무 형태가 없다. (2) 頞部曇(梵 arbuda). 皰·皰結이라고 의역한다. 두 번째 7일간을 말한다. 거품같이 아주 얇은 막이 생긴다. (3) 閉尸(梵 pesī). 凝結·肉段이라 의역한다. 세 번째 7일간을 말한다. 피가 살덩이 모양으로 점차 응결되어 굳어진다. (4) 鍵南(梵 ghana). 凝厚·硬肉이라 의역한다. 네 번째 7일간을 말한다. 살의 보드라운 것이 점차 액체에서 고체로 변한다. (5) 鉢羅奢佉(梵 praśākhā). 支節·枝枝라 의역한다. 受胎한 후 다섯 번째 7일부터 출생할 때까지다. 지절이 생기고 두 손 두 발과 피부와 골격이 생겨 서서히 발육한다.
胎外五位는 출생한 후 일생을 말한다. 『俱舍論』권 15에는 사람이 출생한 후 일생을 다섯 단계로 나누었다. (1) 출생한 후 6세까지를 嬰孩(어린 아이)라 한다. (2) 7세부터 15세까지를 童子라 한다. (3) 16세부터 30세까지를 少年이라 한다. (4) 31세부터 40세까지를 中年이라 한다. (5) 41세 이후는 老年이다. 『大毘婆沙論』권 114에는 初生·嬰孩·童子·少壯·衰老의 五位로 나누었다. 곧, 初生과 嬰孩를 나누고, 少年과 中年을 합하여 少壯이라 하였다. 數論外道는 少年時와 中年時를 합하여 少壯時라 하였다. 그러므로 겨우 四位가 있다. 위 [集文]에서는 '四十二變'이라 하였고, 지금 [강의]에서는 '49일'이라 하였다.

치는 것이다.

태어난 후에는 전생과 태중에서 받은 고통은 한꺼번에 깡그리 잊고, 단지 먹을 것을 구하고 살아갈 길을 도모할 뿐이다. 어린아이 때는 육근이 어리석고 우둔하여 쉽게 비명횡사한다. 요행히 커서 성인이 되면 내 한 몸을 위해 갖가지로 경영하니, 羅壯元의 시에 "아침저녁 집안 살림 경영하느라 정신은 혼매하고 머리는 세었네." 한 것과 같다. 팔식이 밭이 되고 탐애가 물이 되며 무명으로 종자가 되어 이로 말미암아 생·노·병·사의 고통의 싹과 꽃과 열매가 증장한다. 사람의 팔식 가운데 제7식이 아견과 신견을 집착하여 인·아를 분별하니, 마치 끈끈하기 옻칠과 같아 접착하여 버리지 않는다. 그러므로 '칠식에 달라붙는다' 하였다.

인·아가 이미 나누어졌으면 삼독이 항상 일어나, 모든 유루업연을 지어 삼계 가운데 구류중생이 생사에 윤회하여 순환하여 끊어지지 않는다. 그러므로 '九居의 새장에 갇힌다' 하였다. '九居'는 첫째는 欲界의 人天이요, 둘째는 梵衆天이요, 셋째는 極光淨天이요, 넷째는 遍淨天이요, 다섯째는 無想天이요, 여섯째에서 아홉째는 네 가지 無色界天이다. 중생은 오직 이 아홉 가지만을 좋아하여 머물기 때문에 아홉 가지 유정의 거처를 세웠다. 나머지 악취는 중생이 스스로 좋아하여 거주하는 곳이 아니라, 마치 감옥과 같기 때문에 유정의 거처를 세우지 않았다. 또한, 삼계를 九地로 나누어 또한 '九居'라고도 한다. 욕계로 一地를 삼고 색과 무색계에 각기 四地를 나누어 도합 九地가 된다.

죽음의 고통은 모든 고통이 아울러 일어나는 지극히 큰 것이니, 그러므로 '극심한 고통이 아울러 일어난다' 하였다. '아울러 일어난다'는 것은, 생리적인 것과 심리적인 것, 정신적인 것과 육체적인 것의 네 가지 고통과 여덟 가지의 한없는 고통이 동시에 일어난다는 것을 말하였다. 죽은 후에 업경대 앞과

望鄕臺畔(죽은 뒤에 혼백이 저승에서 이승에 있는 자신의 집을 바라본다는 대)의 유명세계에 고혼이 혼자 가서 우수에 젖고 두려워하며 어쩔 바를 모르다가, 어떤 때는 생시의 원수와 마주쳐도 달아날 길이 없고, 구원해 주기를 간구하여도 문이 없으며, 어떤 때는 여러 악업 인연에 따라 삼악도에 떨어져 과보를 받아 피하고자 하여도 그러지 못한다. '하늘을 우러러 울부짖고 땅을 치고 원망하여 장겁에 목을 놓고 크게 운다' 한 것은, 죽은 후에 고보를 받는 비참한 정경을 형용하였다. 업보를 다하지 못하면 결코 25유에 몸을 받는 것을 벗어나지 못한다. '25유'는 欲界 四惡趣와 四洲와 六欲天 이렇게 14유와, 色界 四禪天과 大梵天과 淨居天과 無想天 이렇게 7유와, 無色界의 四空天이 4유니, 삼계를 합하면 모두 25유의 과보이다. 그러므로 '생사의 바다가 광활하고 업의 길을 다하기 어렵다' 하였다. 비록 소승 성문의 初·二果와, 대승 삼현의 보살위를 증득하더라도 오히려 출태에 전생 일을 기억하지 못하고 격생(죽음)에 전세에 수행한 공부를 잊어버리거든, 더욱이 외범위에 있는 생과 사에 모두 얽매인 범부가 어떻게 생사의 魔事를 벗어나 생사의 큰 고통의 핍해를 입지 않겠는가!

그러므로 대비 세존이 성도하시고 법을 설하실 적에 가장 먼저 苦諦를 설하여, 중생이 苦를 알고 集을 끊고 滅을 사모하여 道를 닦아 생사의 큰 고통을 해탈케 하였던 것이다.

여기서 정토종 11조 省庵대사가 지은 十想觀頌과 四念處頌을 아래와 같이 공경히 기록하였으니, 여러분이 생사를 싫어하여 버리고 정토를 기뻐하여 구하는 信願을 내는 데 도움이 될 것이다.

十想觀頌(열 가지를 생각하고 관찰하는 頌)

1. 죽음을 생각함

사랑하는 이와는 결국 긴 이별을 해야 하니, 그 처량함은 차마 볼 수 없고

지식인이라도 죽은 몸을 버리고, 시신은 이미 빈 관속에 들어갔네.

밤의 등불은 빈방에 싸늘하고, 가을바람은 흰 휘장에 차가우니,

그대에게 권하나니 아직 살아있을 때, 먼저 죽음에 대해 관할지니라.

2. 부어오름을 생각함

風大가 안을 쳐서, 잠깐 사이에 부어오르니

몸은 물을 담은 주머니 같고, 배는 꼭지 떨어진 박 같네.

더러운 기름때는 수렁과 숯불에 이글거리고, 지네나 벌레들은 모래 무더기같이 어지럽네.

일찍이 얇은 가죽에 속아 이에 옛날의 잘못을 후회하네.

3. 푸르스름하게 어혈 든 것을 생각함

바람과 태양이 오랫동안 불고 찌니, 푸르스름하니 참으로 불쌍하네.

살은 말라 처음으로 문드러지고, 뼈는 썩어 반쯤 마른 서까래 같네.

귀와 코는 문드러졌으나 아직 남아있고, 힘줄과 골격은 끊어졌다가 다시 붙었네.

돌사람은 비록 말을 하지 못하나, 이것에 비하면 왕성하네.

4. 무너짐을 생각함

살가죽은 막 탈락하고, 형체는 상처를 입었네.

박이 벌어져 반쯤 살이 나왔고, 뱀이 뚫고 들어갔다가 창자에서 나오려 하네.

마른 등걸은 어지러운 머리카락이 엉킨 것 같고, 젖은 이끼는 옷이 헌 것 같네.

청년들에게 고하나니, 똥으로 장식한 주머니를 사랑하지 마라.

5. 피가 풀을 적심을 생각함

한 조각 무정한 핏덩이는, 오랜 세월이라도 사람을 일으키지 못하나니

촉촉하게 젖어 묵을 풀을 적시고, 낭자하여 먼지를 더럽히네.

곱고 미운 모양을 분별하지 마라, 어찌 남녀의 몸을 알 수 있으랴.

슬프다, 어리석은 육안이여, 가짜를 진짜라고 잘못 아네.

6. 고름이 썩은 것을 생각함

얇은 가죽은 풀 먹인 헌 종이 같고, 썩은 살은 버려진 묵은 국 같네.

고름과 피는 그 가운데서 엉기고, 파리와 개미는 밖에서 다투네.

먹은 멧돼지도 창자를 도리어 토하고, 물로 씻은 개도 깨끗이 하기 어렵네.

깊은 증애심이 아니면, 무슨 수로 망정을 끊을 수 있으랴.

7. 먹힘을 생각함

시체는 먹힘을 당하고, 심장만 조금 완전하니

주린 새 뱃속도 배부르게 하지 못하고, 게걸스런 개 침도 마르게 하기 어렵네.

그때는 부질없이 自愛하더니, 지금은 누가 불쌍히 여기랴.

멧돼지나 양고기가, 오히려 몇 푼어치 가치 있는 것만 못하네.

8. 흩어짐을 생각함

온몸이 홀연히 분산하니, 저 몸은 어디에 있는가.

어찌 자태를 잃을 뿐이랴, 또한 姓名도 空하네.

길고 짧은 건 가을 풀을 보고, 무성하고 가는 건 저녁 바람에 물어보라.

그대, 높이 눈을 떠, 이 일을 세밀히 추궁하라.

9. 뼈를 생각함

가죽과 살은 이미 다하여 없어지고, 뼈만 아직 남아있네.

비는 이끼 색깔을 더하고, 물은 흙과 모래 흔적을 적시네.

많은 개미 떼를 불러들여, 어린 자손을 갈무리하니

풍류는 어디로 갔는가, 슬프다, 혼이 돌아오지 않네.

10. 불태워짐을 생각함

뜨거운 불꽃은 마른 뼈를 태우고, 잠깐 만에 세차게 타오르네.

붉게 나르는 건 하늘 가 불이요, 검게 번지는 건 나무 끝 연기네.

망념은 재가 다한 것과 같고, 진심은 해가 공중에 달린 것 같네.

생사의 길을 초월하고자 하면, 이를 정밀히 관찰하라.

四念處頌

1. 몸이 부정한 것임을 관함[觀身不淨]

한번 전도된 생각을 내면 결국 幻緣의 몸이 있어 피고름이 항상 모이고 누린 내가 매양 넓게 깔려있네. 가죽 속에 살은 종이에 달라붙은 것 같고, 뼈에 붙은 힘줄은 등나무로 싼 것 같네. 머리털은 한 무더기 풀이요, 벌레가 사는 것은 연이은 이웃이네. 안에는 오직 더럽고 냄새나는 것만 저장하였으면서, 밖에 옷과 두건으로 장식하였을 뿐이네. 四大는 원래 진실한 것이 없으니, 六根이 어찌 진실한 것이 있겠는가? 언어는 바람이 저절로 울리는 것이요, 행동은 기운이 서로 순환하는 것이네. 억지로 남녀라 하고, 헛된 이름으로 주인과 손을 세웠네. 일생은 석 자 흙이요 만고는 한 무더기 흙먼지라, 귀한 이나 천한 이가 허망하게 죽고, 어진 이나 어리석은 이가 모두 슬퍼하네. 헛되이 태어났다 다시 부질없이 죽으니 누가 本來人을 알겠는가?

2. 受(느낌)가 고통임을 관함[觀受是苦]

갖가지 고통은 어디서 오는가? 受者(느낌)의 작용을 깊이 알지니라. 따르고 어기는 것은 겨우 領納하는 것일 뿐이요, 취하고 버리는 것은 교차하는 것일 뿐이네. 성함이 있으면 쇠함이 도로 이르고, 영화가 없으면 욕도 이루어지지 않네. 원수는 친한 것에서 나오고, 슬픔은 즐거움 가운데서 나네. 왕 씨나 사 씨가 어디에 있는가? 조 씨나 유 씨 나라도 이미 기울었네. 슬프고 기쁨은 한바탕 꿈이요, 이기고 지는 건 한 대국 바둑이네. 일은 마음과 어긋나고, 가난은 병과 함께하네. 돈신[錢神]은 '오지 않는다'고 부르고, 가난한 귀신은 보내도 가지 않네. 슬퍼한들 결국 무슨 이익 있나, 불평한들 넘쳐흘러 화평하지 않네. 구함이 없으면 낮은 이도 귀하고, 만족한 줄 알면 모자라는 것도 도로 가득 차네. 만약 眞空의 이치를 깨달으면, 근심과 기쁨이 어디서 싹트겠는가?

3. 마음은 무상한 것임을 함을 관함[觀心無常]

妄心은 머무는 곳이 없으니, 體相은 마침내 어떻겠는가? 바람 속에 등불 같이 깜박이고, 물 위의 파도 같이 흔들리네. 한 집에 문이 다른데(六根), 많은 여섯 형제가(六識) 시끄럽게 각기 달리고 다투고(六根이 六塵을 쫓음), 어지럽게 모두 화합하지 않네. 靑黃이 금방 바뀌고(眼識無常), 動靜이 누차 변화하네(耳識). 냄새가 향기와 이별하고는 오는 것을 따르고(鼻識), 단맛이 와서는 싱거운 맛이 또 지나가네(舌識). 더위와 추위가 쉽게 번복하고(身識), 좋고 나쁜 것이 매양 공평하지 않네(意識). 경계가 없어지면 마음이 어디에 의지하고, 情이 없으면 智도 또한 외롭네. 五欲의 굴을 파헤치고, 육근의 집을 고치라. 도둑을 잡으면 王化로 돌아와, 나는 새가 그물을 벗어나듯 하리니, 어찌 반드시 常住를 깨달아, 諸妄을 모두 녹이랴.

4. 법이 무아임을 관함[觀法無我]

제법이 인연으로 인해 일어나니, 조금도 나[我]라고 주장할 것 없네. 인연은 나고 멸함이 있고, 생각은 낮았다가 높아짐을 따르네. 얻고자 하면 도리어 잃고, 한가함을 구하면 도리어 바쁜 것을 만나네. 추위를 두려워하나 겨울은 그치지 않고, 더위를 싫어하나 여름은 유독 기네. 가난한 이는 부유할 때의 즐거움을 생각하고, 늙은이는 젊을 때 힘센 것을 추억하네. 누가 마음에 드는 것을 싫어하랴만, 이는 위태로운 것을 좋아하는 것과 같네. 자재해야 비로소 주인이 되니, 遷流해서야 어찌 常住할 수 있으랴. 六根을 버리면 생각이 어디에서 일어나며, 六識이 없으면 경계도 또한 없네. 안팎에 아무것도 없고, 중간에 모은 것이 없으면 六窓이 텅 비어 고요하고, 한 방이 드러나 당당하리니, 塵勞가 다함을 얻으면, 편안한 大覺王이네.

[해석]

四念處는 모든 불법을 배우고 닦는 총 강령이며, 또한 범부를 돌려 성인을 이루는 관건이다. 왜냐하면, 신념처와 수념처는 곧 고·집 두 성제요, 심념처와 법념처는 멸·도 두 성제니, 사념처가 곧 사성제이기 때문이다. 부처님이 열반하실 때, 이것에 의해 주하라고 최후에 부촉하셨다. 그러므로 37도품에서 사념처가 도에 들어가는 첫 관문이니, 모든 불자는 반드시 사념처에 의해 도를 행해야 한다. 만약 사념처의 觀慧가 없으면 부처님 제자가 아니다! 그러니 모든 도품을 이루지 못하고, 모든 수행이 불법이 아니며, 도를 행하는 사람이 아니니, 생사에 침륜하여 해탈할 기약이 없다.

정토법문은 반드시 기뻐하고 싫어하는 두 마음을 갖추어야 비로소 정토에 왕생할 수 있으니, 만약 사념처관이 없으면 진실한 厭離心을 성취하지 못하여 이 국토에 태어나는 인연을 절단하여 왕생할 분수가 없다. 그러므로 蓮友 여러분! 이 사념처송을 매일 한 편씩 읽고 명심하여 잊어버리지 말고 때때로 항상 정념으로 관찰하시오. 그러면 반드시 정업을 성취하여 정토에 왕생하여 연화에 화생할 수 있소. 반드시 알아야 할 것은, 정토삼경은 모두 사념처관을 여의지 않았다는 점이다.

『아미타경』에 "본사께서 능히 오탁악세에서 성불하시고 이 믿기 어려운 법을 설할 수 있었던 것은 매우 어려운 일이다." 하였으니, 겁탁과 견탁과 번뇌탁은 곧 집제와 심념처요, 명탁과 중생탁은 곧 고제와 신념처니, 이 오탁을 관찰하는 것이 바로 觀受是苦니 도제이다. 사념처관이 있어야 비로소 사바세계가 오탁악세임을 인식할 수 있고, 비로소 악탁을 돌려 청정함이 되어 열반인 성제를 증득할 수 있다. 『무량수경』 상권에 "법장비구가 대원을 발하고 나서 한결같이 장엄한 妙土만을 오로지 생각하였느니라. … (그는 또한) 空·無相·無願에 머물러 지음도 없고 일으킴도 없이 법이 幻化와 같음을 관찰하였느니라. … 일체법에 자재함을 얻었느니라." 하니, 이것은 곧 법념처관이니 그러므로 미타의 佛身清淨을 성취할 수 있었다.

하권에도 "부처님이 미륵에게 말씀하였다. … 너희는 이제 생·사·노·병의 고통과 죄악이 넘치고 깨끗하지 않아서 즐거워할 만한 것이 없음을 싫어할 것이니, 반드시 스스로 결단하여 몸을 단정히 하고 행을 바르게 하여 마음의 때를 씻을지니라. … 후세에는 무량수불국에 태어나 쾌락이 다함없고, … 無爲自然을 얻고 다음에는 열반의 도를 얻느니라." 하였으니, 이것은 우리는 반드시 먼저 사념처관을 닦아 몸을 단정히 하고 행을 바르게 하여 마음의 때(惑業)를 씻어야 하고, 그런 후에 정토에 왕생하여 쾌락이 다함없고 구경에 제불의 대열반에 증입한다는 것을 매우 분명히 보인 것이다.

또한 『관경』 중에 빈바사라왕과 위제희 부인이 아들에 의해 옥에 갇히고서, 이로 인해 부처님께서 『관경』을 설하시는 발기인연이 되었고, 또한 피가 흥건한 사실(죽임을 당함을 말함)로써 淨宗 蓮友에게 반드시 사념처관으로 정토법문을 수행하는 발동기로 삼을 것을 가르쳤다. 예를 들면, 위제희 부인이 "원하옵건대 세존이시여, 저희를 위해 근심과 번뇌가 없는 곳을 널리 설해주소서. 저는 반드시 왕생하리니, 염부제의 탁악한 세상을 좋아하지 않나이다. …바라건대, 태양과 같은 부처님께서 저에게 청정업처를 관찰하게 하소서." 한 것처럼, 지명염불과 십육묘관은 모두 반드시 먼저 사념처관을 갖추어 오탁악세를 싫어하여 버리는 것이 문에 들어가는 방편임을 이를 통해서 알 수 있다.

불법 중에 모든 수행은 현묘하고 신비한 것이 없고, 오온의 몸과 마음을 지혜로 관찰하여 갖가지 전도된 집착을 멀리 버리고 해탈 열반을 얻는 데 있다. 부처님이 경에서 "바른 생각과 바른 관찰로 바른 해탈을 얻는다." 하고, 『심경』에는 "오온이 모두 공한 것임을 조견하고서 모든 고액에서 벗어났다." 하였으니, '오온이 공하다' 한 것이 바로 사념처를 성취한 것이다. 色蘊이 공한 것이 신념처니 청정하다고 여기는 전도된 생각[淨倒]을 다스리고, 受蘊이 공한 것이 수념처니 즐거움이라고 여기는 전도된 생각[樂倒]을 다스리며, 想·行蘊이 공한 것이 법념처니 나[我]라고 여기는 전도된 생각[我倒]을 다스리며, 識蘊이 공한 것이 심념처니 변하지 않는다는 전도된 생각[常倒]를 다스린다.

오온이 모두 공하면 능히 네 가지 전도를 여읠 수 있다. '照見'은 곧 올바른 생각과 올바른 관찰이니, 모든 번뇌 집착을 멀리 여의었기 때문에 '모두 공하다'고 하였다. 이것은 불교의 각 종파에서 수행하는 不二法門이니, 누구라도 이를 도외시하지 못한다. 불교가 다른 종교보다 뛰어난 까닭은 또한 여기에 있다. 지자대사가 사념처에 대해 설한 것이 있는데, 章安존자에 의해 4권으로 기록한 것이 대정장경 46권 중에 실려 있다. 대사께서 장·통·별·원 사교에 의해 사념처관을 자세히 해석하여 넓고 정밀하니, 반드시 읽고 연구하여 부처님 지견을 얻기 바란다.

이 송[觀身不淨頌]에 '한번 전도를 일으키면' 한 것은, 몸을 집착하여 청정하다고 하고, 受를 집착하여 즐거움이라 하며, 마음을 집착하여 常이라 하며, 自我와 神我 등이 있다고 집착하는 네 가지 전도된 사상관념이니, 이것이 이 사바 국토의 삼계 가운데 四生 六道 중생이 삶을 받는 親因緣이다. 깨달음이 있으면 사대 오온이 화합한 허환한 몸과 마음이 홀연히 났다가 홀연히 멸하는 업과가 상속함을 알 수 있다. 그러므로 '부질없이 태어났다 다시 부질없이 죽으니, 누가 本來人을 알랴' 한 것이다. '본래인'이란, 몸 밖의 몸이요 나지도 않고 죽지도 않는 하나의 신령한 眞性이다.

송(觀心無常頌)에 '망심은 주처가 없다' 한 것은,『능엄경』에서 설한 일곱 곳에서 마음을 물었고[七處徵心], 여덟 번 見을 밝힌[八番辨見] 것이니, 모두 망심은 안팎과 중간에 있지 않음을 밝힌 것이다. 또한『화엄경』에서 "마음은 몸에 주하지 않고 몸은 마음에 주하지 않으니, 자재하기가 이런 것이 없으나 능히 불사를 지을 수 있다." 한 것이다. 만약 망심에 의해 常住眞心을 깨달을 수 있으면 여러 가지 망이 모두 소멸하여 없다. 그러므로 경에 "하나가 청정하면 일체가 청정하며, 하나가 해탈하면 일체가 해탈하니, 절대 망심을 여의고 따로 진신을 찾지 마라." 하였다. 중요한 것은 '오욕의 굴을 파헤치고, 육근의 집을 파괴한다' 하는 것이니, 그러면 妄에 의해 眞이고, 도둑[妄心]을 잡아 왕화[眞心]로 돌아가 나는 새가 그물에서 벗어날 수 있다.

송(觀法無我頌)에 '六窓이 비어 고요하고, 一室이 드러나 당당하다' 한 것의 '육창'은 중생의 육근과 육식이 모두 인연으로 난 법이라 본래부터 허망공적함을 가리키고, 그러나 根에 의지에 識을 발해 塵을 취하는 일념 심성이 바로 一眞法界니, 靈靈覺覺하고 如如不動하여 常住不變하니, 그러므로 '일실이 드러나 당당하다' 하였다. '진로가 다함을 얻으면 평안한 대각왕이다' 한 것은, 심성이 본래 청정하여 닦고 증득할 것이 없으니, 수행이란 더러워진 인연으로 말미암아 일어난 진로(번뇌망상집착)를 끊어 다하는 것이다. 미혹이 다하고 망정이 공하면 그 자리에서 곧 부처니, 그러므로 '평안한 부처다' 하였다.

集

그러므로 『목련소문경』에 이렇게 말하였다.

"부처님이 목련에게 말씀하였다. '비유하면 수많은 하천이 항상 흘러가는데, 떠가는 초목이 앞엣것은 뒤를 돌아보지 않고 뒤엣것은 앞을 돌아보지 않고모두 바다에 모이듯이, 세상도 그러하여 비록 부귀영화에 자재하더라도 모두생로병사를 면하지 못한다. 다만 불경을 믿지 않기 때문에 후세에 사람이 되더라도 다시 매우 곤궁하여 천 부처님 국토에 태어나지 못한다. 그러므로 나는무량수불 국토에 쉽게 가고 쉽게 얻을 수 있다고 말하였건만, 사람들이 능히수행하여 왕생하지 못하고 도리어 96종 사도를 섬긴다. 나는 이런 사람을 눈이 없는 사람이라 하며, 귀가 없는 사람이라 하노라'"

故目連所問經云, 佛告目連, 譬如萬川常注, 有浮草木, 前不顧後, 後不顧前, 都會大海。世間亦爾, 雖有豪貴富樂自在, 悉不得免生老病死。祇由不信佛經, 後世爲人, 更深困劇, 不能得生千佛國土。是故我說無量壽佛國土, 易往易取, 而人不能修行往生, 反事九十六種邪道。我說是人名無眼人, 名無耳人。

講

『목련소문경』1권은 律部에 속하는데, 송나라 法天(? ~1001)[115]이 번역하였다.대정장경 제24권에 있다. 『안락집』에서 먼저 이 경문을 인용하였는데, 스님이거듭 이를 끌어다 인용하여 증거로 삼은 것이다. 그런데 이 경을 찾아보니 여기서 말한 것과 같은 경문이 없다. 혹시 인용한 경전 이름을 착오한 것이 아닌지 모르겠다. 부처님은 이 경문에서, 마치 바다가 평등하여 한 맛인 것과 같이,

---

115 중인도 사람이니 원래 摩揭陀國 那爛陀寺 스님이었다. 宋나라 開寶 6년(973)에 중국에 와서 처음에는『無量壽經』과 『七佛讚』 등을 번역하였다. 『불광사전』p3338-下

중생의 생로병사는 일률적으로 평등하다는 것을 말씀하였다.

'온갖 강'은 강이나 하천에 흘러가는 물을 가리키니, 생사에 비유하였다. '항상 흘러간다'는 것은, 마치 강과 냇물이 서로 연이어 끊어지지 않는 것처럼, 태어난 것은 반드시 죽음이 있고 죽은 이는 반드시 태어나서 생과 사가 상속하여 잠시도 정지가 없는 것에 비유하였다. 그러므로 공자도 강물을 보고 "가는 것은 이처럼 밤낮을 가리지 않구나!" 하며 개탄하였고, 속설에는 "장강의 뒷 물결이 앞 물결을 떠민다." 하였다. 이것이 '앞엣것은 뒤를 돌아보지 않고 뒤엣것은 앞을 돌아보지 않는다' 한 것이다. 사람이 세상에 살면서 만약 삼보를 가까이하지 않고 불경을 믿지 않으면, 육도에 윤회하여 쉬지 않고 고통에서 고통으로 들어가기 일쑤다. 그러므로 '매우 곤궁하다' 하였다.

이미 제불 정토에 왕생하지 못했으면 또한 이 오탁악세에서 자력에 의해 번뇌를 끊고 생사에서 벗어나기 어렵다. 그러므로 석가세존이 격식 밖에 은혜를 베풀어 중생을 위해 서방정토에 왕생하는 법문을 열어 보였으니, 이것은 실행하기 쉬운 도이며 가장 수승한 방편이다. 그러므로 '가기 쉽고 얻기 쉽다' 하였다. '가기 쉽다'는 것은, 비방하거나 믿지 않으며 오역과 십악을 저지르지 않으면 누구나 부처님 접인에 힘입어 안락국에 왕생하는 것이요, '얻기 쉽다'는 것은 三輩든 九品이든 어떤 근기를 막론하고 모두 미타의 본원과 섭수에 의지하기만 하면 이번 생에 정업을 성취하여 정토에 왕생하여 영원히 퇴전치 않고 바로 성불에 이를 수 있으니, 참으로 부처를 이루기 손바닥을 뒤집는 것과 같이 쉽다.

세상에는 정토법문을 믿지 않고 도리어 다른 종교를 믿거나, 혹은 다른 법문을 믿는 자가 있으니, 이것은 참으로 비록 눈이 있고 귀가 있으나 눈멀고 귀먹은 것과 같으니, 참으로 불쌍한 일이다. 그밖에 믿지만 닦지 않거나, 닦지만 힘쓰지 않거나, 왕생하기를 원하지 않는 것은 눈이 없는 사람이나 귀가 없는 사람과 다를 바 없다.

集

『대집월장경』에는 "이 말법 시대에 수많은 중생이 수행하여 도를 닦으나 한 사람도 얻은 자가 없다. 지금 말법, 현재 오탁악세에 오직 정토 한 문만이 아무 탈 없이 통하여 들어갈 수 있는 길이다." 하였으니,

大集月藏經云, 我末法時中, 億億衆生, 起行修道, 未有一得者。當今末法, 現是五濁世中, 唯有淨土一門, 可通入路。

講

스님은 다시 『대집월장경』을 인용하여 권유하였다. 이 경은 대정장경 제13권에 있는데, 60권 『대집경』의 46~55까지에 속한다. 이는 高齊(北齊) 나연제야사Narendrayaśas(490~589)[116] 가 번역하였다. '오직 정토 한 문만이 아무 탈 없이 통하여 들어갈 수 있는 길이다' 한 것은, 이것은 부처님 마음으로 직접 아신 것이요, 부처님 눈으로 직접 보신 것이며, 부처님 입으로 직접 설하신 것이니, 그대가 만약 믿지 않는다면 부처님 또한 어쩌지 못한다. 이런 이는 참으로 업장이 깊고 무거워 악도에서 온 것이요, 만약 이 정토 법문을 듣고 온몸의 털이 모두 거꾸로 설 정도로 기뻐하고 신수 봉행한다면, 부처님의 절친한 선우라 반드시 善道에서 인간에 온 것이니, 왕생할 분수가 있고 성불할 기한이 있으니 기쁘고 경사스러운 일이다.

---

116 나련제려야사니 약칭 '야사'라고 한다. 隋나라 때 스님으로 북인도 烏場國 사람이었다. 자세한 것은 『불광사전』 p3027-下를 참조하십시오.

'사람 몸 얻기 어렵건만 지금 이미 얻었고, 정토법 듣기 어렵건만 지금 이미 들었으니, 이 몸 금생에 제도하지 않으면 다시 어느 생을 기다려 이 몸을 제도하랴' 하였으니, 정토와 인연 있는 사람이기를 바라 신중히 하고 신중히 하라!

集

반드시 알지니, 自行으로는 원만하기 어렵고 他力으로는 나아가기 쉽다는 점을! 마치 능력이 변변찮은 선비가 전륜왕의 세력에 의지하여 사천하에 높은 벼슬에 나아가고, 범부가 仙藥의 공덕에 힘입어 三島에 오르는 것과 같이, 실로 易行의 도는 빨리 상응함을 얻는다. 자비의 뜻이 간곡하시니 모름지기 뼈에 새길지니라.

當知, 自行難圓, 他力易就。如劣士附輪王之勢, 飛遊四天(下), 凡質假仙藥之功, 昇騰三島。實爲易行之道, 疾得相應。慈旨叮嚀, 須銘肌骨。

講

'반드시 알라, 자행으로는 원만하기 어렵고, 타력으로는 이루기 쉽다는 것을!' 한 것은, 무릇 정업행인은 간절한 마음으로 몸소 체험하여 알고, 노력하여 행하고 보전할 것을 가르치신 것이다. '자행으로는 원만하기 어렵다'는 것은 보살의 難行道를 가리킨 것이니, 완전히 자력에만 의지하면 반드시 1만 겁을 지나야 비로소 대승의 신심을 성취할 수 있으니, 그 어려움은 상상하고도 남음이 있다. '타력은 이루기 쉽다'는 것은, 아미타불의 본원과 신통력으로 염불중생을 섭수하심을 가리킨 것이니, 마치 자석이 쇠를 끌어당기듯이 만에 한 명이라도 유실함이 없이 반드시 삼계를 초월하여 정토에 왕생하여 생사를 벗어난다.

'변변찮은 선비'와 '범부'는 업이 중한 중생에 비유하였고, '윤왕'과 '선약'은 미타의 접인에 비유하였다. '높은 벼슬에 나아간다'는 것과, '오른다'는 것은 쉽게 행하고 쉽게 이루는 염불법문에 비유하였다. '사천하'는 四洲요, '三島'는 蓬萊, 方丈, 瀛州니 고인이 '仙島'라 하였다. 이곳은 여러 가지 고통이 없고 여러 가지 즐거움만 받는 무량광 무량수의 극락세계에 비유하였다. '빨리 상응함을 얻는다'는 것은, 이 일생에 생사를 벗어나고 다른 생이나 다른 세상을 거치지 않으니, 이것이 가장 쾌활하고 민첩한 해탈도이다. 그러므로 고인이 이 법문을 '지름길 가운데 지름길'이라 하였다. '자비의 뜻이 간곡하시다' 한 것은, 부처님이 정토 삼경과 여러 가지 대승경전에서 거듭거듭 간곡히 이르시되 "설사 세계가 불바다가 되더라도 반드시 이곳을 빠져나가 이 법을 들어라. 그러고는 반드시 불도를 이루어 널리 중생들을 제도하라." 하였으니, 무릇 부처님 제자는 반드시 뼈에 새겨 영원히 기억하여 잊어버리지 말고, 가르침에 의지하여 받들어 행하라!

무 4. 九品이 왕생하여 위 아래가 모두 도달함
기 1. 첫 번째 질문

集

문 : 방 거사가 "事에서 불국에 대해 말하면 여기서 거리가 십만 리나 된다. 바다가 아득하여 끝이 없고 움직이면 흑풍이 일어나니, 가는 자가 비록 천만 명이지만 도달한 자는 한 둘에 불과하다. 홀연히 本來人을 만나면 인연 가운데 있지 않다." 하였습니다. 어떻게 회통하여 왕생을 증명하시겠습니까?

問. 龐居士云, 事上說佛國, 此去十萬里。大海渺無邊, 動卽黑風起。往者雖千萬, 達者無一二。忽遇本來人, 不在因緣裏。如何通會 而證往生

방 거사(？~808)[117]의 자는 道玄이요, 양주(지금의 호북성 襄陽縣) 사람이다. 선종 남악하 제2세. 유교로 업을 삼다가 소년 시절에 덧없는 세상이 무상하고 괴롭고 부질없음을 깨닫고, 재산 수만을 강 속에 처넣어 버리고는 오직 道로써 자기 임무로 삼았다. 나중에 마조대사를 참알하고 현묘한 뜻을 깨닫고는 "아들이 있으나 결혼하지 않고 딸이 있으나 시집가지 않았네, 온 집안이 단란하게 함께 모여 無生話를 이야기하네." 하는 게를 읊었다. 거사는 입멸에 다다라 州牧인 于公에게 "모든 있는 것을 비우기 원할 뿐, 모든 없는 것을 채우려 하지 마십시오. 잘 계십시오. 세상은 모두 그림자나 메아리 같습니다." 하고는, 곧 우공의 무릎을 베고 죽었다. 여기서 한 말은 그의 3권 어록 가운데 한 부분을 인용한 것이다.

기 2. 첫 번째 질문에 대한 답

集

답 : 종지를 제시하고 근본을 고찰한다면 오히려 부처가 있거나 국토가 있다고도 설하지 못하는데, 어찌 도달하고 도달하지 않고를 말하겠는가. 그러므로 天眞이 본래부터 갖추어 인연을 따르지 않고, 털끝만큼도 움직이지 않고도 항상 眞體에 합한다. (그러나) 만약 事를 가지고 말한다면 한결같이 평등한 것이 아니니 九品이 왕생하여 위아래가 모두 이른다. 어떤 때는 化國에 노닐며 부처님

---

117 龐蘊을 말한다. 당나라 때 저명한 재가 禪者. 세칭 龐居士, 혹은 龐翁이라 하였다. 『불광사전』p6655-中 참조.

응신을 보기도 하고, 혹은 報土에 태어나 부처님 眞體를 보기도 하며, 혹은 하루 저녁에 곧 上地에 오르기도 하고, 혹은 겁을 지나서야 비로소 소승을 증득하기도 하며, 혹은 이근이거나 둔근이기도 하고, 혹은 뜻이 안정되었거나 뜻이 산란하기도 하며, 혹은 깨닫는 것이 더디기도 하고 빠르기도 하여 근기가 다르며, 혹은 꽃이 피는 것이 빠르기도 하고 더디기도 한 것처럼 시한의 차이가 있으니, 고금에 (이런 사실이) 구체적으로 실려 있고 범부나 성인이 함께 태어나니, 행상이 분명하여 명백한 증거를 스스로 증험할 수 있다.

그러므로 석가세존이 친히 문수(용수)에게 수기하시기를 "반드시 아미타불토에 왕생하여 지위가 초지에 오르리라." 하시기도 하였다.

答. 若提宗考本, 尙不說有佛有土, 豈言達之不達乎。所以天眞自具, 不涉因緣, 匪動絲毫, 常冥眞體。若約事論, 故非一等。九品往生, 上下俱達。或遊化國, 見佛應身。或生報土, 睹佛眞體。或一夕而便登上地。或經劫而方證小乘。或利根鈍根, 或定意散意。或悟遲速, 根機不同。或華開早晚, 時限有異。今古具載, 凡聖俱生。行相昭然, 明證自驗。故釋迦世尊, 親記文殊, 當生阿彌陀佛土, 位登初地。

講

스님의 답은 이·사 양면으로 나누어 설하였다. 理(心眞如門)를 잡아 설한다면, 천진이 본래 구족하여 인연에 따르지 않는다. 그러므로 '종지를 들고 근본을 고찰한다' 하였으니, '종지'와 '근본'은 理이다. 事(心生滅門)를 잡아 설한다면, 구품이 왕생하고 위아래가 모두 도달하니, 그러므로 '똑같이 평등하지 않다' 하였다. 똑같지 않은 것은 곧 事이다. 그러니 어찌 理에 집착하여 사를 폐하고는, 부처가 있고 정토가 있어 태어날 수도 있고 볼 수도 있음을 믿지 않겠는가! 정토 삼경과 『왕생전』에 실려 있는 것에 의하면, 고금에 극락에 왕생한 자를 모두 증험할 수 있고 증명할 수 있어 진실하여 거짓이 아니다. 석가여래가 『능가경』에서 용수 보살에게 수기하시기를 "초지를 증득하여 정토에 왕생하리라." 하였으니, 그러므로 '범부와 성인이 모두 왕생하는 분명한 증거를 스스로 증험할 수 있다' 하였다.

기 3. 인용하여 증명함

[集]

『大經』에는 "미륵보살이 부처님께 '이 세계에 몇 명이나 되는 불퇴전 보살이 저 나라에 왕생하는지 궁금합니다' 하고 물으니, 부처님이 '이 사바세계에는 67억 불퇴전 보살이 모두 반드시 왕생하니라' 하였다." 하고,(대정장경 12권 278페이지 하)

大經云, 彌勒菩薩問佛, 未知此世界有幾許不退菩薩, 得生彼國。佛言此娑婆世界, 有六十七億不退菩薩, 皆當往生。

[講]

인용한 '대경'은 魏譯『무량수경』이다. 경에서 설한 바에 의하면, 열네 불국토의 보살이 극락에 왕생하는 자가 다소 있고, 시방 불국의 보살이 왕생하는 자는 셀 수 없을 정도로 많다 하였다. 이것으로 정토에 왕생하는 것을 증명하였으니, 부처님 입으로 직접 하신 말씀을 어찌 없다고 하겠는가!

[集]

지자대사는 일생 서방업을 닦아 수행한 복과 지혜 두 가지 장엄을 모두 회향하였다. 임종에 문인에게 『십육관경』의 이름을 부르게 하고, 합장하고 찬탄하기를 "사십팔원으로 정토를 장엄하시니, 香臺와 寶樹에 쉽게 이를 사람이 없다.

(그러나) 火車(지옥)의 모양이 나타나더라도 잠시 회개하면 반드시 왕생한다. 더욱이 계·정·혜로 熏修 行道한 힘은 마침내 헛되이 버림이 없으니, 부처님 범음의 음성은 결코 사람을 속이지 않는다." 하였다.

智者大師, 一生修西方業, 所行福智二嚴, 悉皆回向。臨終令門人唱起十六觀名, 乃合掌讚云, 四十八願, 莊嚴淨土, 香臺寶樹, 易到無人。火車相現, 一念改悔, 尙乃往生。況戒定慧熏修行道力, 終不唐捐。佛梵音聲, 終不狂人。

講

천태종 창시자인 지자대사의 왕생 사적과 가르침을 거듭 인용하여 증명하였다. 지자대사가 말씀한 '화거 모양'은 지옥의 모양을 말한다. 정토왕생에 대해 이해하기 쉽게 설명하고 있다.

集

『칭찬정토경』에 "십만 항하사 제불이 넓고 긴 혀를 내어 대천세계를 두루 덮으시고 왕생 얻을 것을 증명하셨으니, 어찌 허구이겠는가?" 하였다.(대정장경 12권 350페이지)

稱讚淨土經云, 十萬恒河沙諸佛, 出廣長舌相, 遍覆大千, 證得往生, 豈虛構哉。

講

당나라 현장 대사가 번역한 『칭찬정토불섭수경』을 다시 인용하여 증명하였다. 이 경과 구마라집 대사가 번역한 『불설아미타경』은 同本異譯이다. 제불이 똑같이 넓고 긴 혀를 내어 왕생이 허구가 아님을 증명하였으니, 어찌 믿지 않겠는가?

기 4. 두 번째 질문과 답

集

문 : 『유마경』에는 "여덟 가지 법을 성취하면 이 세계에서 수행이 허물없어 정토에 태어나니라. 여덟 가지는 어떤 것인가? 첫째는 중생을 유익하게 하되 과보를 바라지 않는 것이요, 둘째는 일체중생을 대신하여 여러 가지 고뇌를 받는 것이요, 셋째는 지은 공덕을 모두 남에게 보시하는 것이요, 넷째는 평등한 마음으로 중생을 대하여 겸손하고 하심하되 한정을 두지 않는 것이요, 다섯째는 여러 보살을 마치 부처님 같이 보는 것이요, 여섯째는 듣지 못한 경전을 듣고 의심하지 않는 것이요, 일곱째는 성문과 서로 어기지 않고 저들의 공양을 질투하지 않으며 자신의 이익을 자랑하지 않고 그 가운데서 마음을 조복하는 것이요, 여덟째는 항상 자신의 허물을 반성하고 남의 단점을 들추지 않으며 항상 일심으로 여러 가지 공덕을 구하는 것이다." 하였습니다. (그러니 굳이 염불 왕생을 구할 필요가 있겠습니까?)

답 : 理에서 보면 구족한 것이 마땅하지만 이것은 대근에 속한다. 여덟 가지 법에 험이 없으면 上品을 성취하고, 만일 중·하근이라도 한 법만을 갖추어 뜻을 결정하여 옮기지 않으면 또한 下品을 얻는다.

問. 維摩經云, 成就八法, 於此世界, 行無瘡疣, 生於淨土。何等爲八, 饒益衆生, 而不望報。代一切衆生, 受諸苦惱。所作功德, 盡以施之。等心衆生, 謙下無閡。於諸菩薩, 視之如佛。所未聞經, 聞之不疑。不與聲聞, 而相違背, 不嫉彼供, 不高己利, 而於其中調伏其心。常省己過, 不訟彼短, 恒以一心, 求諸功德。

答. 理須具足, 此屬大根。八法無瑕, 成就上品。如其中下, 但具一法, 決志無移, 亦得下品。

講

『유마힐경』에서 설한 것은, 보살이 여덟 가지 법을 성취하여 과실['瘡疣']이 없으면 제불 정토에 태어난다는 것을 말하였다. 이것은 上根利器가 자타를 겸리하고 복혜를 쌍수하며 여러 가지 공덕을 구하여 정토에 회향하는 경우를 말하니, 곧 일반적인 보살도에 속한다. '제불 정토에 태어난다'고 한, '정토'는 안락세계(극락세계)에 한정되지 않고 뜻에 따라 시방 정토에 태어나니, 정토 삼경에서 설한 것은 『유마경』과는 다르다. 이것(정토법문)은 세 가지 근기에 널리 이익을 입히니, 예리하거나 둔한 근기를 모두 거두는 법문이다. 보리심을 내어 신·원·행을 갖추고, 자·타 두 힘으로 감·응의 도가 교차하며, 더 나아가서 한 번만 염불하거나 열 번의 염불로 아미타불을 생각하면 모두 미타의 접인을 입사와 극락에 왕생한다. 왕생하는지 왕생하지 않는지는 전적으로 믿음과 원력이 있는지 없는지에 달려 있으니, 품위가 높거나 낮은 것은 공행이 깊거나 얕은 것에 의해 좌우된다. 이것은 만 사람이 닦아 만 사람이 가는 특별한 법이니, 일반 보살도와 같이 말해서는 안 된다. 그러므로 스님이 "여덟 가지 법에 허물이 없으면 상품을 성취하고, 만약 중·하 근기라도 하나의 법을 갖추기만 하면 또한 하품은 얻을 수 있다." 하였다. 이 '하나의 법'이란 무엇인가? 곧 깊은 믿음과 원력으로 부처님 명호를 부르며 목숨을 다할 때까지 정밀히 닦아 뒤섞이지 않는 것을 말한다.

기 5. 세 번째 질문과 답

集

문 : 『관경』에서는 열여섯 가지 관문을 밝혔는데, 모두 마음을 섭수하여 정을 닦

거나 부처님의 상호를 관하되, 자세하고 뚜렷해야 비로소 청정한 세계에 오른 다고 하였습니다. (그런데) 어떻게 산란한 마음으로 능히 왕생할 수 있습니까?

답 : 구품 경문에는 스스로 오르내림이 있지만, 위아래를 통괄하는 것은 두 가지 마음에서 벗어나지 않는다. 첫째는 定心이니, 정을 닦고 관을 익히는 것과 같으니, 상품에 왕생한다. 둘째는 專心이니, 오직 부처님 명호만을 염하고 여러 가지 선행으로 도와 훈습하고 회향하고 발원하면 末品을 이룬다. 그리하여 일생 귀명하여 목숨이 다할 때까지 정밀히 닦으며, 앉거나 눕더라도 항상 서쪽을 마주하며, 행도 예경할 때나 염불 발원할 때 간절히 애쓰고 정성을 다해 여러 가지 잡념이 없으며, 마치 죽임을 당해 감옥에 있거나 원수진 도적에게 추격을 당하거나 물이나 불이 밀어닥칠 때 일심으로 구해주기를 바라며 고통에서 벗어나기를 원하며, 속히 무생을 증득하여 널리 중생을 제도하여 삼보를 잇고 네 가지 은혜 갚기를 서원하면, 이처럼 지극한 정성은 반드시 헛되이 버려지지 않는다.

만약 말과 행동이 일치하지 않거나, 믿음의 힘이 경미하여 생각생각 서로 이어지는 마음이 없고 자주자주 단절되고 끊어지는 뜻이 있으면서, 이를 믿고 게으르며 임종에 왕생하기를 바란다면, 다만 업장에 차단되어 아마도 선우를 만나기 어렵고 풍화가 핍박하여 정념을 이루지 못할 것이다. 왜냐하면, 지금의 원인이 임종의 결과라, 응당 원인이 진실해야 결과가 허망하지 않으니, 소리가 온화하면 메아리가 순종하고, 모양이 곧으면 그림자가 단정하기 때문이다. 만약 임종에 십념을 성취하되, 미리 나루와 교량을 갖추고 공덕을 모아 이때(임종)에 회향하여 매 순간 조금도 부족하지 않으면, (왕생하기에) 아무 염려가 없다.

問. 觀經明十六觀門, 皆是攝心修定, 觀佛相好, 諦了圓明, 方階淨域, 如何散心而能化往。

答. 九品經文, 自有昇降。上下該攝, 不出二心。一定心, 如修定習觀, 上品往生。二專心, 但念名號, 衆善資熏, 回向發願, 得成末品。仍須一生歸命, 盡報精修。坐臥之間, 常面西向。當行道禮敬之際, 念佛發願之時, 懇苦翹誠, 無諸異念。如就刑戮, 若在牢獄, 怨賊所追, 水火所逼, 一心求救, 願脫苦輪。速證無生, 廣度含識。紹隆三寶, 誓報四恩。如斯志誠, 必不虛棄。如或言行不稱, 信力輕微, 無念念相續之心, 有數數間斷之意。恃此懈怠, 臨終望生。但爲業障所遮, 恐難値其善友。風火逼迫, 正念不成。何以故, 如今是因, 臨終是果, 應須因實, 果則不虛。聲和則響順, 形直則影端故也。如要臨終十念成就, 但預辦津梁, 合集功德, 廻向此時, 念念不虧, 卽無慮矣。

講

이 답문은 대수행인이 경험한 이야기다. 스님이 말한 '구품에 왕생하는 데는 두 가지 마음에서 벗어나지 않으니, 하나는 定心이요, 둘은 專心이다' 한 것은 완전히 정토 삼경에서 설한 것에 의해 논하였다. 어떤 사람은 산란한 마음으로 염불하여도 능히 왕생할 수 있다 하는데, 실로 경전의 뜻과 부처님의 뜻에 부합되지 않는다. 염불하는 사람은 많은데 왕생하는 자는 적다고 의심하는데, 이것은 定心과 專心을 성취하지 못하였기 때문이다. 무릇 정업행인은 스님이 여기서 한 말씀에 대해 응당 뒤통수에 일침을 맞은 것같이 깊이 반성해야 할 것이다. '미리 나루와 교량을 갖춘다'는 것은, 평소에 지극한 마음으로 온 정성을 다해 염불해야 한다는 것을 가리키니, 가장 좋은 것은 능히 일심불란[定心]을 얻는 것이요, 그렇지 못하면 한결같이 아미타불에 전념[專心]하는 것이다. '공덕을 모아 이때(임종) 회향한다' 한 것은, 닦은 공덕을 중생과 함께 극락에 왕생하기를 원하는 것이다. 목숨이 다할 때 다다라 몸에는 병고가 없고 마음은 탐욕이 없으며 뜻은 전도하지 않아서 부처님의 접인을 입고 정토에 왕생한다.

그런 후에 사바에 다시 돌아와 널리 일체중생을 제도한다. 이것은 정토 삼경에 부합하니, 삼배 구품이 왕생하는 조건이다. 그리하여 이 보신을 버리면 반드시 안락세계에 태어나니 우려할 필요가 전혀 없다.

　　스님(영명연수 선사)은 임종에 이렇게 게를 설하였다.

　　미타는 입으로 끊임없이 부르고(專心)

　　백호는 늘 생각하여 잠시도 잊지 마라(定心)

　　이렇게 하여 마음이 퇴보하지 않으면

　　반드시 안양에 왕생하리.

　　[彌陀口口稱

　　白毫念念想

　　持此不退心

　　決定生安養]

　　그리고는 곧 법좌에서 왕생하여 가시어 몸으로 모범을 보였으니, 중생을 위한 만세의 사표이시다.

기 6. 체와 용이 자재함을 설명함

集

대저 선과 악 두 바퀴와 고와 락 두 과보는 모두 삼업으로 지은 것이고, 네 가지 인연으로 나는 것이며, 여섯 가지 원인으로 이루어진 것이며, 다섯 가지 결과로 섭수된다. 만약 일념의 마음이 성내고 사음하면 이것이 지옥업이요, 간탐하여 베풀지 않으면 아귀업이며, 어리석고 어두우면 축생업이요, 아만을 떨고 잘난 체하면 수라업이다. 五戒를 굳게 지키면 사람의 업이요, 十善을 정밀히 닦으면 하늘 업이며, 人空을 깨달으면 성문업이요, 인연의 자성이 여의었음을 알면 연각업이며, 6바라밀을 가지런히 닦는 것은 보살업이요, 진정한 자비가 평등하면 곧 부처의 업이다.

만약 마음이 청정하면 香臺나 寶樹의 청정 세계에 화생하고, 마음이 더러우면 구릉이나 구덩이의 예토에 몸을 받으니, 모두 서로 대등한 과요, 능히 증상의 인연을 감득한다. 그러므로 자심의 근원을 버리고는 다시 별다른 체성이 없다.

夫善惡二輪, 苦樂二報, 皆三業所造, 四緣所生, 六因所成, 五果所攝。 若一念心, 瞋恚邪淫, 卽地獄業。 慳貪不施, 卽餓鬼業。 愚癡闇蔽, 卽畜生業。 我慢貢高, 卽修羅業。 堅持五戒, 卽人業。 精修十善, 卽天業。 證悟人空, 卽聲聞業。 知緣性離, 卽緣覺業。 六度齊修, 卽菩薩業。 眞慈平等, 卽佛業。 若心淨, 卽香臺寶樹, 淨刹化生。 心垢, 卽丘陵坑坎, 穢土稟質。 皆是等倫之果, 能感增上之緣。 是以離自心源, 更無別體。

講

스님이 여기서 설명한 것은, 일심이 본체요 만행이 작용이어서 본체와 작용이 자재한 문장이니, 이는 대승 불법의 강령이다. 선도 아니고 악도 아니며 고도 없고 낙도 없는 것은 마음의 본체요, 선과 악 두 바퀴와 고와 낙 두 가지 과보는 마음의 작용이다. 그러나 본체로 인하여 작용이 일어나니 이것은 일심의 만행이요, 작용을 섭수하여 본체로 돌아가니 이것은 만행이 일심이다. 여섯 가지 범부[六凡]와 네 성인[四聖]이 마음으로 인하여 짓고, 사바와 극락이 마음에 의해 이루어진다. 그러므로 스님이 후면에서 '모든 것이 마음으로 돌아가고 만법이 나[我]로 인하니 어찌 족히 의심할만한 일이랴' 하였다.

'삼업으로 지은 것'이란, 「참회게」에 "과거에 지은 모든 악업, 모두 무시의 탐·진·치로 말미암으니, 몸과 말과 뜻[三業]으로 생긴 것을 모두 제가 지금 참회하나이다." 한 것이다. 또한 「팔식규구송」에 "말을 하고 몸을 움직이는 데는 이것[意]이 제일이니, (이것이) 이끄는 것이 충만하면 능히 업력을 불러 끌어당긴다." 한 것이다. 삼업이 경계를 대하여 일으키는 선·악의 생각은 모두 의식의 작용이니, 그러므로 제6 의식이 죄악의 괴수며, 또한 공신이기도 하다. 범부가 무명을 타파하기 전에 닦는 참선이나 염불이나 지관, 더 나아가서 육도만행을 모두 업식에 의해 닦는다. 그러므로 이 악을 그치고 선을 행하며 더러운 것을 바꾸어 깨끗하게 하는 데는 가장 먼저 자신의 마음을 일으키고 생각을 움직이는 것[意]에 주의하여 삼업을 청정하게 하는 것으로 근본을 삼아야 한다.

'네 가지 인연으로 난 것이며' 한 것의 '네 가지 인연'은, 因緣, 等無間緣, 所緣緣, 增上緣이다. 첫째, '인연'은 육근으로 인을 삼고 육진으로 연을 삼으니, 안근으로 색진을 대할 때 안식이 따라 나는 것과 같다. 다른 여타의 근도 마찬가지다. 이것을 '인연'이라 한다. 둘째, '등무간연'은 팔식 심왕이 심소법과 함께 차례가 틈이 없이 서로 평등하게 일어나는 것을 말한다. 셋째, '소연연'은 심왕과 심소법이 모두 境緣에 의해 일어났다가 도로 이것에 의해 심소의 緣慮가 된다. 넷째, '증상연'은 근·진·식을 말하니, 마치 악차취akṣa[118]가 서로 증상의 역용이 있는 것과 같다. 그러므로 경에 "마음은 無生因境(塵)을 근본하여 있다." 하고, 또한 "마음이 일어나면 갖가지 법이 일어난다." 하였다. 예를 들면

---

118 또는 嚕捺囉义rudrākṣa라 하고 '연관주' 혹은 '금강자'라고 의역한다. 나무 이름이기도 하고 또는 열매 이름이다. 이 열매는 꼭지 하나에 모두 낱알 세 개가 있는데, 땅에 떨어진 후에 한 곳에 모인다. 그래서 혹·업·고 세 가지가 서로 연관이 있는 것에 비유하였다. 이 열매는 자색인데 인도인이 이것을 주워 물들이는 데 사용하거나 기름을 짜기도 한다. 씨로 염주를 만든다.

종자는 인연이요, 물과 흙은 등무간연이며, 뿌리와 싹은 소연연이며, 햇볕을 쪼이고 물을 주며 비료를 주고 제초해주는 것은 증상연이다.

'여섯 가지 因으로 이루어지고 다섯 가지 果로 섭수한다' 한 것은, 불법은 일체 유위법이 모두 반드시 인연에 의해 화합하여 과를 낸다고 설한다. 인을 논하면 여섯 가지가 있고, 과를 말하면 다섯이 있다. 첫째는 能作因이다. 안근으로 안식의 인을 내는 것과 같다. 얻은 과는 증상과라 한다. 둘째는 俱有因이다. 지·수·화·풍 사대의 종자가 능히 사대를 내는 것과 같으니, 이것은 동시에 俱有한 법이다. 소득의 과는 士用果라 한다. 셋째는 同類因이다. 선·악·무기 세 가지 성이 각기 세 가지 법이 일어나는 인이 되어 절대 善性에서 惡法이 나는 경우가 없다. 그러므로 同類因이라 하고, 얻은 果는 等流果라 한다. 넷째는 相應因이다. 심과 심소법이 반드시 동시에 상응하여 나니, 소득의 과를 또한 士用果라 한다. 다섯째는 遍行因이다. 동류인 중에서 따로 번뇌를 내어 因이 三毒의 十使가 되어 능히 일체 번뇌를 두루 낸다. 그러므로 변행인이라 하고, 소득의 과는 等類果라 한다. 여섯째는 異熟因이다. 五逆의 악법이 내생에 지옥에 떨어지는 과보를 감득하니, 이 지옥은 무기성에 속하니 인·과가 종류가 달리 성숙한다. 그러므로 인이 異熟因이 되고 과는 異熟果라 한다.

'만약 일념의 마음이…' 한 아래부터, '곧 불업이다' 한 데 까지는, 마음의 작업이 다름으로 말미암아 십법계가 다른 의·정의 과보를 감득함을 설명하였다. 마음이 능히 업을 짓고 마음이 또한 업을 바꾸기도 한다. 그러므로 불법 가운데 수행은 모두 일심으로 주된 뜻을 삼는다. 그러므로 '자심의 근원을 버리고 다시 별다른 체성이 없다' 하였다. ·

스님은 자신이 지은 『註心賦』에서 이렇게 말하였다.

"이로써 알 수 있는 것은, 제불이 본래 탔던 것이요 보살이 이 심법을 타고 모두 여래지에 도착했으니, 그러므로 이 일심을 버리고는 별달리 수승한 것이 없다는 점이다. 그러므로 지금 노래하면서 뜻을 여기에 두려는 것이다. 오승의 도는 마음에서 나오고, 십법계는 처음 마음에서 잉태한다. 오르고 내리는 것은 작용을 표현하고, 본체는 靈知를 갖추었다. 심체는 허공과 달라서 자성이 스스로 신비하게 알지만, 또한 일부러 지어내서 하지 않고 자연히 안다. 뚜렷하여 어둡지 않고 환하게 밝으니 무엇이 모자라리오. 고요하여 의지하지도 주함도 없고, 엄숙하여 합하지도 여의지도 않는다. 자성에 맡겨 펴고 오므리고, 인연에 따라 나가고 가라앉는다[體用自在]. 한 몸을 일으키는 시초요, 만유를 총괄하는 강골이니, 들어도 들리지 않고 보아도 보지 못한다. 항상 있으니 다시 찾지 말고, 본래부터 밝으니 어찌 수고롭게 익히고 단련하랴. 삼계의 문이 체성이 없으나 골짜기 속에서 소리를 전하는 것 같고, 육진의 경계가 본래 공하나 거울 속에 얼굴을 나타낸 것과 같다. 가는 먼지가 識으로 인해 변하지 않음이 없어 도리가 환히 나타나고, 한 가지가 마음에 의해 이루어지지 않음이 없으니 언어와 생각이 끊어졌도다!" 하였다.

集

『유마경』에 "정토를 얻고자 하면 다만 그 마음을 깨끗이 할 뿐이다. 그 마음이 청정한 데 따라 곧 불토가 청정하다." 하고, 또한 경에 "마음이 더럽기 때문에 중생이 더럽고, 마음이 깨끗하기 때문에 중생이 깨끗하다." 하였다. 『화엄경』에는 "비유하면 심왕의 보배가 마음에 따라 여러 가지 색깔을 나타내듯이, 중생의 마음이 깨끗하기 때문에 청정한 세계를 볼 수 있다." 하고, 『대집경』에는 "너의 세계를 깨끗이 하고자 하면 다만 너의 마음을 깨끗이 할 뿐이다." 하였다. 그러므로 모든 것이 마음으로 돌아가고 만법이 나로 인하여 있으니, 청정한 결과를 얻고자 하면 다만 청정한 원인을 행해야 할 뿐임을 알 수 있다. 마치 물의 성질은 아래로 내려가고 불의 성질은 위로 오르듯이, 형세의 법이 이와 같으니 무엇을 의심하겠는가!

維摩經云, 欲得淨土, 但淨其心。隨其心淨, 卽佛土淨。又經云, 心垢故衆生垢, 心淨故衆生淨。華嚴經云, 譬如心王寶, 隨心見衆色, 衆生心淨故, 得見淸淨刹。大集經云, 欲淨汝界, 但淨汝心。故知一切歸心, 萬法由我。欲得淨果, 但行淨因。如水性趣下, 火性騰上, 勢數如是, 何足疑焉。

講

여기서는 경전을 인용하여 '청정한 결과를 얻고자 하면 다만 청정한 원인을 행할 뿐이다' 한 문장을 증명하였다. 이것은 불법의 총강이며 제법의 본원이다. 그러므로 물과 불의 성질이 본래부터 이와 같음을 비유하였으니, 신령하게 아는 청정한 마음의 본체와 작용이 자재하다는 것에 대해 어찌 의심을 내겠는가! 印順 법사의 「정업송」에 "마음이 청정하면 국토가 청정하고, 마음이 청정하면 중생이 청정하다. 불교의 수많은 뜻은 한 가지 '청정'으로 근본이 된다. 戒는 몸과 입을 청정히 하고, 定은 情欲을 청정히 하며, 慧는 지견을 청정히 하여 三學이 차례대로 청정하게 한다. 탐내는 마음은 삼매의 물로 청정하게 하고, 성내는 마음은 자비의 바람으로 청정하게 하며, 어리석은 마음은 반야의 불로 청정하게 하지만, 자성의 땅은 본래 청정하다. 한없는 번뇌가 청정하면 한없이 청정한 행이 모이니, 곧 이 청정한 마음과 행으로 극락국을 장엄한다." 한 것이다.

　반드시 알 것은, 오직 청정한 마음[體]과 청정한 업[用]이 있어야 비로소 정토에 왕생하여 성불하는 근본이 된다는 점이다. 거기에다 다시 부처님 힘의 수승한 증상연을 더하여 자·타 두 가지 힘으로 감·응의 도가 교차하여 반드시 극락국에 왕생할 수 있다. 무릇 나의 蓮友는 응당 이 말을 마음속 깊이 새기기 바란다.

(상권 끝)

萬善同歸集 講義 - 上

1판 1쇄 인쇄 / 2023년 9월 01일
1판 1쇄 발행 / 2023년 9월 18일

북송 영명연수 저
대만 석성범 강
연관 역

펴낸이 / 이미현
펴낸곳 / 사유수출판사
만든이 / 이미현, 권영화, 유진희

서울시 마포구 동교로 19길 86 제네시스 503
대표전화 / 02-336-8910

등록/ 2007년 3월 4일

법공양 발원문

이 법공양의 수승한 인연공덕으로 불국정토를 장엄하고
네 가지 큰 은혜 보답하며 삼악도 중생들을 구제하게 하소서.
이 법문을 보고 듣는 사람들마다 한결같이 보리심을 일으켜서
온갖 죄업 다 참회하고 모든 마군의 장애 사라지며
복덕과 지혜 부지런히 갈고 닦아
선근공덕 원만히 성취하여지이다.
금생 인연이 다하여 이 몸을 버릴 때
다 함께 극락정토에 왕생하여 아미타불 친견하옵고
무생법인을 완전히 깨달은 뒤 무량한 중생들을 널리 제도하여
모두 함께 불도를 이루게 하소서.
나무마하반야바라밀

법공양 발원제자

부산광역시 동래구 온천천로 431번길 18-3

건명 경자생 선   겸 진복현
곤명 경자생 공덕생 김부경

장녀 병인생 보경화 진우혜
장남 기사생 혜   경 진민균

불기 2567(2023)년 9월 18일

늘기쁜마을 관음사
부산시 사하구 제석로 79-33